Das Australien-Lesebuch

Alles, was Sie über Australien wissen müssen

Das Australien-Lesebuch

Alles, was Sie über Australien wissen müssen

Inhalt

Vorwort **11**

1 Natur
Australien – Kontinent der Besonderheiten **13**

Geburt: Die Entstehung Australiens 14
    Die Ediacara-Hügel – Schlammbeutel und Steppmatratzen 17
Geographie und Klima 19
    Land der Gegensätze 19
    Geographisch dreigeteilt 19
    Der „Jahrhundert-Sturm" 23
Australiens bekannteste Naturschätze 24
    Great Barrier Reef 24
    Great Ocean Road 27
    Uluru oder Ayers Rock 29
    Fraser Island – die größte Sandinsel der Welt 31
    Tasmanien 33
Buschfeuer – Fluch und Segen 35
Flora und Fauna 38
    Australiens Sonderstellung 38
    Die australische Pflanzenwelt 40
        Eukalypten 42
        Akazien 44
        Australische Nahrungspflanzen 46
    Die australische Tierwelt 48
        Land der Kuriositäten und Giftrekorde 48
        Kängurus 51
        Koala 53
        Wombats 57
        Beutelteufel (Tasmanischer Teufel) 57
        Beutelmarder 59
        Possums 60
        Bilby 61
        Dunnarts 62

Ameisenigel und Schnabeltier – zwei besondere Tiere	62
Dingo	64
Vögel	65
Reptilien	68
„Unerwünschte Einwanderer"	69
Gefährliche Tiere	72
Erste Hilfe bei Bissen durch Schlangen und andere Gifttiere	80
Sagenumwobene Wesen – Seepferdchen auf Tasmanien	83

Der Himmel über Australien 84
Umweltschutz 86

2 Erste Besiedlung
Die Ureinwohner Australiens 91

Ursprung und Kultur 92
   Herkunft 92
   Lebensweise und Sozialstruktur 93
   Weltbild und Schöpfungsmythos 94
   Zeremonien 99
   Einige traditionelle Gegenstände 103
   Kunst 104
   Traumpfade – die mythische Landkarte 107
   Sprachen der Ureinwohner 109

Ureinwohner und Europäer 110
   Verfolgung und Unterdrückung 110
   Emanzipation und Anerkennung 112
      „Sorry" 116
      Landrechte 120
      Anerkennung der Stammesgesetze (Tribal Law) 121
      Heutige Situation 121
      Der Gurindji-Streik und seine Neuauflage 124
   Bekannte historische Figuren der Aborigines: Bennelong und Truganini 129
   Wichtige Daten und Fakten 132

3 ZweiteBesiedlung
Die englische Kolonisierung 139

Mythos und Entdeckung Australiens 140
    Die Erste Flotte 143
    Die Sträflinge 146
    Lebensbedingungen 147
    Die Ursprünge des Weinanbaus in Australien 148
Die Eroberung des Kontinents 154
    Frühe Expeditionen 154
        Tragische Forscher: Robert O'Hara Burke und William John Wills ... 154
        Furchtloser Abenteurer: John McDouall Stuart 156
        Deutsche Legende in Australien: Ludwig Leichhardt 158
    Australiens Robin Hood: Ned Kelly 159
    Die Eisenbahn 161
    Der Goldrausch 162
Die Entstehung des australischen Staates 166
    Federal Commonwealth of Australia 166
    Eine Hauptstadt vom Reißbrett - Canberra 166
    1. Weltkrieg: erste Kriegsteilnahme als Nation – Stolz trotz Niederlage ... 168
    2. Weltkrieg und Erlangung der Unabhängigkeit von Großbritannien ... 169
    Der berüchtigte „Kokoda Track" 171

4 Politik und Gesellschaft
Das heutige Australien 173

Australische Politik 174
    Verfassung und Wahlsystem 174
    Australische Regierungen von 1894 bis 2010 175
    Außenpolitik: Starker Partner USA 176
    Politikverständnis und politisches Gefüge 177
    Australische Parteienlandschaft 177
Der australische Staat 180
    Sozial- und Gesundheitssystem 180
        Das australische Motto: „A Fair Go" 180
        Kurze Fakten zum Sozialsystem 181
        Gesundheitssystem 181
    Wohnen und Arbeiten in Australien 182

Schulsystem 185
Verkehrsmittel 187
Verkehrsregeln 188
Die australische Gesellschaft 189
　Einwanderungsland Australien 189
　　Herkunftsländer und Religionen 189
　　Konflikte 191
　　Deutsche Einwanderung nach Australien 193
　　Aus Wien allein ins Feindesland 196
　　Lola Harding-Irmer: Choreographin und Fackelträgerin 198
　　Heidi Giersch Patzold: Tänzerin und Asylantin 198
　Berühmte Kriminalfälle der vergangenen 50 Jahre 200

5 Australiens Wirtschaft
Mehr als Gold und Diamanten 209

Wirtschaftspolitik und -beziehungen 210
　Wirtschaftsaustausch mit Deutschland 210
Energieversorgung 211
Geldwirtschaft 214
　Australische Alternativen zum Bankkredit 215
　　Ein ‚Fair Go' für Jeden – Kredit ohne Bank 215
　　Kredit ohne Geld: Tauschen statt Kaufen 220
Rohstoffe 223
　Schatzsucher auf dem fünften Kontinent 226
Konsumgüter 228
　Australische Mode 229
　Schick mit Hut 231
Landwirtschaft 232
　Australischer Wein – eine Erfolgsgeschichte 234
　Der teuerste Wein Australiens 235
Bauwirtschaft 237
Tourismus 238
　Beliebte Reiseziele in den einzelnen Regionen 239
　Außergewöhnliche Feriendomizile 243
Forschung und Technik 246
　Einige Beispiele Australischer Erfindungen und Forschungserfolge 246
　Eine infektiöse Geschichte 249

6 Australische Lebensart
No worries mate! 257

Australische Mentalität 258
Waltzing Matilda 259
Höflich, entspannt und gesellig 262
The Great Australian Dream 264
„The Lucky Country" 264
Von Underdogs und Tall Poppies 265
Australische Kämpfernaturen in Ausnahmesituationen 267
Mateship 269
Nationalstolz – das Phänomen „Australia Day" 270
Besondere Vorlieben... 270
Weihnachten 273
Typisch australische „Utensilien": Ute und Hills Hoist 273
Do's and Don'ts – Dinge, die es zu beherzigen gilt.......................274

Australisches Essen 276
Australische Spezialitäten 277
    Bush Tucker 277
    Das australische Brot: Damper 278
    Der australische Brotaufstrich: Vegemite 278
Einige Rezepte aus der australischen Küche 279
    Steak – das australische Lieblingsessen 279
    Das australische Gebäck: Lamingtons 279
    Das australische Dessert: Pavlova 281

Australischer Sport 282
Ballsportarten... 282
Rad- und Motorsport 283
Pferderennen 284
Wassersport 286

7 Kultur und Medien
Australiens kreative Seite..289

Kunst 290
Albert Namatjira (1902 – 1959) 292
Kunst-Extreme..295
Kunst am Meer - Sculptures by the Sea.. 296

Architektur	297
Literatur	301
Patrick White (1912-1990)	306
Musik	308
Tanz und Theater	315
Theaterregisseurin Down Under	316
Film	319
Kulturveranstaltungen	321
Medien	323
Portrait: Julian Assange – der Enthüller	325
Zehn australische Persönlichkeiten	326

8 Städte und Regionen
Vom Großstadt-Dschungel ins Outback 333

Land der Großen Entfernungen	334
Die beiden Metropolen Sydney und Melbourne	337
Sydney – weit weg und doch mittendrin	338
Melbourne: europäisches Flair	343
Die Top Ten der australischen Strände	345
Städte des aufstrebenden Queenslands	350
Das Krankenhaus der Fledermäuse	354
Australiens Hauptstadt Canberra	355
Adelaide alias Adelheid – Wiege des Weines	357
Wildtierbeobachtung auf Kangaroo Island	358
Darwin – die Unverwundbare	359
Der wilde Westen und seine Metropole Perth	361
Hobart – die romantische Hauptstadt Tasmaniens	364
Azurblau, so weit das Auge reicht – eine Reisereportage aus Tasmanien	366
Das Outback und sein Zentrum Alice Springs	369
Rasthäuser im Outback – das „Pink Roadhouse"	373
Australiens Inselarchipel – die Torres Strait Islands	375

Anhang
Was man sonst noch wissen muss......378

Australische Sprachen......**378**
    Aussie Slang......378
    Australian Aboriginal English......382
    Kriol......384

Adressen und Websites......**385**
    Allgemeines......385
    Deutsche Einwanderer in Australien......386
    Ureinwohner......387
    Ausstellungen......387
        Geschichte und Gesellschaft......387
        Kunst......388
        Musik......389
        Naturkunde......389
    Veranstaltungen und Festivals......390
        Kultur-Festivals: Musik, Theater, Kunst etc.......390
        Film-Festivals......392
        Literatur-Festivals......394
        Sport-Veranstaltungen......395
        Umzüge......396

Tiere und Pflanzen......**397**
    Allgemeines......397
    Orte zum Beobachten von Tieren in der Wildnis......398
    Zoos und Aquarien......400
    Nationalparks......402
    Reservate......405

Einkaufen......**406**
Essen und Trinken......**407**
Unterkünfte......**408**
Reiseziele außerhalb des Festlandes......**409**
Institutionen, Vereine etc.......**410**
    Behörden......411
    Botschaften......411
    Studium......411
    Monarchien......411

Wichtige Adressen und Telefonnummern......**412**
Klimatabellen......**413**

Vorwort

Australien ist groß, heiß wie eine Bratpfanne und weitestgehend trocken. Hier leben auf 7,69 Millionen Quadratkilometern die giftigsten und auch die knuddeligsten Tiere der Welt. Die Australier sind ein gut gelauntes Völkchen, das sich freut, wenn es denn mal regnet. So weit Australien für Anfänger in der Kurzzusammenfassung. In Wirklichkeit hat das Land am anderen Ende der Welt natürlich einiges mehr zu bieten. Und das Wetter ist auch nicht immer gut. Im Norden herrscht im australischen Sommer Regenzeit und im Süden wird es im Winter auch mal zapfig kalt. (Während ich diese Sätze schreibe – an meinem kleinen Laptop mit Blick auf die beiden üppig wuchernden Palmen in unserem Garten – ist es hier in Sydney schwülwarm. Gestern hat es geschüttet wie aus Kübeln und heute scheint die Luft zu stehen. Das Wetter schlägt hier gerne Kapriolen.)

Das „Australien-Lesebuch" versteht sich als buntes Kaleidoskop, das in möglichst unterhaltsamer Form alles Wichtige über Land und Leute vermitteln soll. Darüberhinaus bietet es viele Details, die – ob von weltbewegender Bedeutung oder nicht – den Lesern dazu dienen können, eine Idee dieses faszinierenden Kontinents zu entwickeln. Es wird um Fauna und Flora gehen, um die wichtigsten Städte und Landschaften, um Politik, Wirtschaft, Wissenschaft und Geschichte und natürlich um die Menschen selbst.

Als ich bei einem Urlaub im Jahr 2001 das erste Mal australischen Boden betrat, fragte ich mich, warum Australien die Menschen so sehr fasziniert. Auch ich hatte es kaum erwarten können, mich 24 Stunden in ein enges Flugzeug zu quetschen. Und die Faszination wurde nicht geringer. Im Gegenteil. Kaum sechs Monate später standen wir mit Sack und Pack da, um ein ganzes Jahr in Down Under zu verbringen. Aus diesem einen Jahr wurden schließlich ein paar mehr. Es ist nicht einfach, ein Gefühl in allgemeinverständliche Worte zu fassen. Zum einen ist es die teilweise karge Landschaft, die blassgrünen Eukalyptusbäume, die aus der oft roten Erde hervorschießen, das Glücksgefühl, wenn ein Känguru hinter einem Busch hervorhüpft oder die schier endlosen Ausblicke aufs tosende Meer, die mich immer wieder gefangen nehmen. Zum anderen sind es aber auch die Menschen, die diesen fünften Kontinent zu etwas Besonderen machen. Nur 22 Millionen bevölkern einen Kontinent, der mehr als 21 Mal so groß ist wie Deutschland. Trotzdem ist Australien äußerst urbanisiert. Der größte Teil der Einwohner drängt sich an der Ostküste des Landes zusammen – Sydney zum Beispiel platzt aus allen Nähten. Dies macht sich nicht nur in extrem hohen Mieten und Immobilienpreisen bemerkbar, sondern auch in verstopften Straßen und – für Australien eigentlich schwer vorstellbar – überfüllten Stränden. Doch trotz allem zivilisationsbedingten Stress funktioniert das Miteinander im Großen und Ganzen ausgesprochen gut. Vor allem aber haben Australier eine Eigenschaft, die mich als Deutsche besonders fasziniert: Sie sehen stets ein halbvolles, nie ein halbleeres Glas. Sprich: Sie sind ausgesprochen positiv, risikofreudig, optimistisch, hilfsbereit, freundlich und in einem gewissen Grade sorglos. In ein Land voller „Happy as could be"-Leute zu kommen, war ein wirkliches Lernerlebnis für mich! Last but not least hat mich die abgelegene Lage des Landes fasziniert. Selbst bis nach Neuseeland sind es mehrere Stunden Flug – quasi eine Kurzstrecke für Australier, die selbst innerhalb des Landes meist fliegen müssen, um von einer Stadt zur nächsten zu gelangen.

Nun möchte ich Sie gern mitnehmen auf eine Reise auf den Fünften Kontinent, die Sie hoffentlich genießen werden – ganz ohne Jetlag, aber auch ohne Garantie, nicht trotzdem seinem Suchtpotenzial zu erliegen.

Barbara Barkhausen

Kapitel 1
Natur

Australien –
Kontinent der Besonderheiten

Australiens Relief ist eher moderat. Sehr hohe Gebirgszüge gibt es hier nicht

Natur

Australien – Kontinent der Besonderheiten

Geburt: Die Entstehung Australiens

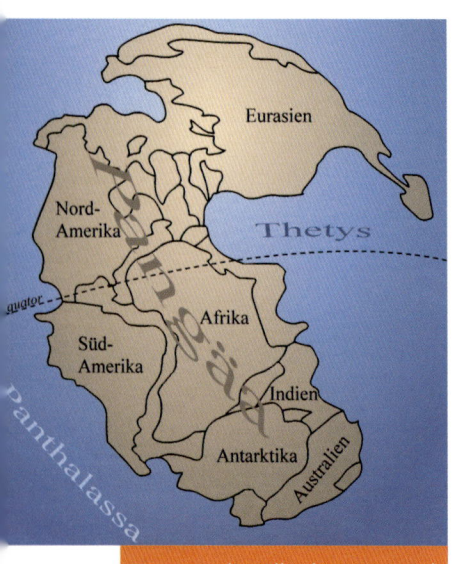

Pangäa, die Allerde, vor rund 200 Millionen Jahren. Der Äquator bildet ungefähr die Grenzlinie zwischen Laurasia im Norden und Gondwana im Süden. Das zukünftige Australien befindet sich ganz im Südosten.

Der Kontinent Australien, zu dem neben der heutigen australischen Landmasse auch die Insel Neuguinea gehört, war einst Teil des südlichen Superkontinents Gondwana. Außer Australien gehörten zu diesem die Landmassen Südamerikas, Afrikas, Indiens, der Antarktis und Neuseelands. Gondwana seinerseits hatte noch bis vor 180 Millionen Jahren eine Einheit mit dem nördlichen Superkontinent Laurasia (Europa, Nordamerika und Asien) gebildet, den riesigen Kontinent Pangäa („Allerde"). Vor etwa 140 Millionen Jahren begann auch Gondwana auseinanderzubrechen, indem sich zunächst Antarktika, Indien und Australien als zusammenhängender Block abtrennten. Erst vor rund 95 Millionen Jahren vollzog sich die Bildung Australiens als eigener Kontinent, als es sich von der Antarktis löste. Noch heute wandert Australien langsam in nordöstliche Richtung, immerhin einige Zentimeter pro Jahr. Man schätzt, dass es sich in etwa 40 Millionen Jahren wiederum mit Asien verbinden wird.

Seine heutigen Umrisse erhielt Australien am Ende der letzten Eiszeit vor 10-15.000 Jahren, als durch den ansteigenden Meeresspiegel die bis dahin zusammenhängende Landmasse in drei Teile untergliedert wurde: Neuguinea im Norden, die Hauptlandmasse in der Mitte und Tasmanien im Süden, getrennt durch die Torres-Straße bzw. Bass-Straße (Torres Strait bzw. Bass Strait).

Australien teilt seine Entstehungsgeschichte mit den anderen Kontinenten der Erde, aber im Gegensatz zu diesen ist es in seiner „jüngeren" geologischen Geschichte kaum von einschneidenden

Ereignissen geprägt worden. Seine Kruste ist also verhältnismäßig „stabil" und zeigt deshalb eine geringe seismische Aktivität. Die letzte Gebirgsbildungsphase, die Hunter-Bowen-Orogenese am Ostrand Australiens, war bereits in der Trias vor ca. 225 Millionen Jahren abgeschlossen, während die großen Gebirge der anderen Kontinente wie die Alpen, der Himalaya oder die Anden sich erst 90-70 Millionen Jahre später, im Jura und in der Kreide, zu erheben begannen. Das tun sie heute noch, was nicht nur geophysikalische Messungen, sondern auch häufige Erdbeben und hohe vulkanische Aktivität eindrücklich bezeugen. Australiens Gebirge sind dagegen alt und erodiert und die Höhenunterschiede des Landes deshalb relativ gering. Die einzige nennenswerte Erhebung ist die Great Dividing Range, die sich im Osten des Landes von Queensland bis Victoria erstreckt. Sie besteht aus mehreren Plateaus und Gebirgsketten, zu denen auch der höchste Berg Australiens, der Mount Kosciuszko gehört. Er misst im internationalen Vergleich eher bescheidene 2.228 Meter.

Gosses Bluff Crater bei Hermannsburg im Zentrum Australiens, ein alter Meteoriten-Einschlagskrater

Betrachtet man den Kontinent in einem anderen Maßstab, stellt sich die Situation etwas weniger beschaulich dar, denn die australische Platte erstreckt sich über ein weit größeres Gebiet als die australische Landmasse: Zu ihr gehören Teile Neuseelands ebenso wie die Insel Neuguinea; im Nordwesten grenzt sie an den indonesischen Sundabogen; ihr östlicher und nördlicher Rand gehören damit zum sogenannten Zirkumpazifischen Feuerring, der durch starke Vulkan- und Erdbebentätigkeit charakterisiert ist. Die australische Platte taucht hier unter die angrenzenden Platten ab (sie wird „subduziert"), was, wie man sich leicht vorstellen kann, nicht störungsfrei vonstatten geht. Immer wieder kommt es zu katastrophalen Ereignissen. Die

Natur

Die Great Dividing Range ist ein sehr altes Gebirge, das lange der Erosion ausgesetzt war und deshalb keine sehr großen Höhen aufweist.

bekanntesten sind die Explosion der Vulkaninsel Krakatau im Jahr 1883 und der gewaltige Tsunami mit dem Epizentrum vor dem indonesischen Sumatra, der am 26. Dezember 2004 rund um den Indischen Ozean etwa 230.000 Opfer forderte. Auch Neuseeland hat mit der Taupo-Vulkanzone ein seismisch sehr aktives Gebiet, in dem es in der Vergangenheit immer wieder zu größeren Eruptionen und Erdbeben gekommen ist. Die anderen Grenzen der Australischen Platte entlang der antarktischen, afrikanischen und pazifischen Platte verhalten sich deutlich ruhiger. Im Wesentlichen entsteht hier an den Riftzonen (von engl. *Rift* = „Spalte") der ozeanischen Rücken neuer Ozeanboden oder die Platten „gleiten" an sogenannten Transformstörungen aneinander vorbei. Dies läuft natürlich auch nicht ganz reibungslos, ab aber weit weniger spektakulär ab.

Eine Fundgrube für Geologen

Die Größe und Unerschlossenheit der Landschaft machen Australien auch heute noch zu einer Fundgrube für Geologen. Im November 2008 fand ein pensionierter Geologe auf Google Earth einen möglichen Meteoritenkrater im Outback von New South Wales. Eigentlich war er auf der Suche nach einer geeigneten Stelle für die Suche nach Opalen gewesen. Im Jahr zuvor hatte der Geologe Dr. Arthur Hickman von der GSWA (Geological Survey of Western Australia) über Google Earth einen 260 Meter breiten und 30 Meter tiefen Krater in den Hamersley Ranges in der westaustralischen Pilbara-Region gefunden, der bis dahin unentdeckt geblieben war. Einer der bekanntesten Meteoritenkrater ist der Gosses Bluff Crater bei Hermannsburg in Zentralaustralien – ein etwa 140 Millionen Jahre altes, fünf Kilometer großes Relikt eines ursprünglich wahrscheinlich 22 Kilometer messenden Einschlagkraters.

Übrigens...
Relativ geringe seismische Aktivität" bedeutet nicht, dass Erdbeben in Australien ausgeschlossen sind: Im Osten wie auch im Westen kann die Erde bisweilen in Unruhe geraten, größere Ereignisse blieben aber bislang aus – bis auf eine, allerdings bedeutende, Ausnahme: ein Erdbeben in Newcastle, einer Industriestadt etwa 160 Kilometer nördlich von Sydney. Die Stadt wurde am 28. Dezember 1989 von einem Erdbeben der Stärke 5,6 erschüttert. 13 Menschen starben und über 160 weitere wurden verletzt.

Die Ediacara-Hügel – Schlammbeutel und Steppmatratzen

350 Kilometer nördlich von Adelaide liegen im nördlichen Teil des Flindersgebirges die kahlen, unscheinbaren Ediacara Hills. Niemand würde bei ihrem Anblick ahnen, dass sie eine der größten Sensationen der Wissenschaftsgeschichte bergen. 1946 fand hier der Minengeologe Reginald C. Sprigg Fossilien, die offenbar von Tieren mit weichen Körpern stammten und beschrieb sie als medusenartig oder gliederfüßerähnlich. Da man die Gesteinsschichten damals dem Kambrium zuordnete (542 bis 488 Mio Jahre v. u. Z.), jenem Erdzeitalter, das nach allgemeiner Lehrmeinung die ersten komplexen vielzelligen Tiere hervorbrachte, war das zunächst nicht überraschend und die Sache geriet aus dem Fokus der Aufmerksamkeit. Gründlichere Untersuchungen in den 1950er Jahren zeigten jedoch, dass es sich bei der Ediacara-Formation um sehr viel ältere Schichten handelt. Damit war klar, dass komplexe Vielzeller schon deutlich früher existierten, als bislang angenommen worden war, und die Entstehungsgeschichte des Lebens umgeschrieben werden musste. Ähnliche Fossilien hat man inzwischen auch in Neufundland, im Weißen Meer in Russland, in Namibia, China und den USA gefunden. Überdies hat man festgestellt, dass schon im 19. Jahrhundert Wissenschaftler entsprechende Lebensformen beschrieben hatten, ohne sie aber zeitlich richtig einzuordnen – oder sie überhaupt als Lebensformen zu erkennen. Nirgendwo ist diese fossile Fauna aber so umfangreich erhalten wie in den Ediacara-Hügeln. Als Bezeichnung dieses einst weltweit verbreiteten Organismenspektrums wurde daher der Begriff „Ediacara Biota" geprägt, und seit 2004 wird die letzte Zeitstufe des ausgehenden Proterozoikums (635-542 Mio Jahre v.u.Z) offiziell als „Ediacarium" bezeichnet.

Dieses Exemplar von Dickinsonia costata, einem häufigen Vertreter der Ediacara-Biota, zeigt die typische „Absteppung"

Doch um was für Lebewesen handelt es sich nun? Kurz gesagt: So genau weiß das niemand, denn die meisten dieser Vielzeller scheinen so ganz anders gewesen zu sein als man es vom „modernen" Leben her kennt. Da gibt es rätselhafte Röhren und Scheiben und noch eigenartigere Individuen, die aussehen wie mit Schlamm gefüllte, geriffelte Beutel oder wie aufgeblasene Steppmatratzen. Andere zeigen Ähnlichkeit mit Schwämmen, Blumentieren und Mollusken, aber „dass sie so aussehen, heißt noch nicht, dass sie es wirklich sind", warnt der australische Paläontologe James Gehling, einer der beiden Entdecker von *Charnia wardi*, einem tatsächlich zwei Meter langen Fossil, das bis 2007 in Gesteinsschichten Neufundlands schlummerte. Was man weiß ist, dass diese Lebensgemeinschaft dicke Bakterienmatten abgraste oder im Sand steckte, eine Räuber-Beute-Beziehung scheint es nicht gegeben zu haben.

Wegen der Schwierigkeiten, die Fauna in eine Beziehung zum Stammbaum des Lebens zu setzen, haben einige Paläontologen vorgeschlagen, sie als ausgestorbene Linien zu betrachten, die keine Nachfahren hinterlassen haben – sozusagen als ein fehlgeschlagenes Experiment der Natur. Demzufolge wäre das vielzellige Leben im Kambrium ein zweites Mal entstanden und hätte sich dann gemäß der alten Lehre in der so genannten „Kambrischen Explosion" rasant diversifiziert. Der Tübinger Paläontologe Adolf Seilacher prägte für diese und die anderen seltsamen Organismen den Begriff Vendobionta und hält sie für miteinander enger verwandt als mit irgendetwas anderem.

Die Zuordnungsprobleme sind auch darauf zurückzuführen, dass man bei den typischen Ediacara-Organismen keine innere Struktur, keine Münder und keine irgendwie gearteten Darmausgänge finden konnte. Dies könnte zum einen daran liegen, dass die Fossilien in relativ grobkörnigen Sand eingebettet sind, der keine feinen Strukturen abbilden kann, aber es könnte auch einen ganz anderen Grund haben. Seilacher nämlich hält die meisten Ediacara-Formen gar nicht für komplexe Tiere, sondern für gigantische Einzeller. Bislang hat er sich mit seiner Meinung in der Fachwelt nicht durchsetzen können, aber er hat ein paar triftige Argumente auf seiner Seite: Riesige Einzeller mit bis zu 25 cm Durchmesser gibt es auch heute; es sind die am Meeresgrund lebenden Xenophyophoren, auf den ersten Blick Schwämmen oder Korallen ähnliche Organismen, die über mehrere Zellkerne verfügen, zur Stabilisierung gekammert sind und Scheinfüßchen aufweisen, die Spuren im Sediment hinterlassen. Spurenfossilien, wie man sie aus den Ediacara-Formationen kennt, könnten also auch von Einzellern verursacht worden sein. Noch ein Faktum spricht für Seilachers Idee: In Namibia hat man Fossilien von Pteridina, einem fischfiletartigen Lebewesen gefunden, die sich gegenseitig durchdringen, ein Verhalten, das man von komplexen Vielzellern mit Sicherheit nicht erwarten kann.

Wie dem auch sei, die Informationslücken sind groß, es gibt zu wenige gut erhaltene Fossilien, um wirklich zuverlässige Daten zu erheben, und so muss man zweifeln, ob die wahre Natur der Ediacara-Sonderlinge jemals aufgeklärt werden kann.

Charnia, ein weiterer typischer Ediacara-Organismus – hier Charnia masoni. Benannt wurde er nach der ersten Fundstätte, dem Charnwood Forest in England, und dem Schuljungen Roger Mason, der sie 1957 entdeckte

Geographie und Klima

Land der Gegensätze

Australien ist mit seiner Fläche von rund 7,69 Millionen Quadratkilometern der kleinste Kontinent, oder nach anderer Auffassung die größte Insel der Erde. Im Vergleich ist die Hauptlandmasse Australiens zusammen mit der Insel Tasmanien rund 21,6 Mal so groß wie Deutschland, 92 Mal so groß wie Österreich, 186,8 Mal so groß wie die Schweiz und fast so groß wie Europa. Es ist das sechstgrößte Land der Erde – nur Russland, Kanada, China, die USA und Brasilien sind größer. Zugleich ist es das Land mit der niedrigsten Bevölkerungsdichte der Welt: Nur zwei Einwohner leben hier im Durchschnitt pro Quadratkilometer. Das Land ist relativ flach, die durchschnittliche Höhe über Meeresniveau beträgt nur 330 Meter und auch der höchste Berg ist mit 2.228 Metern kein Mount Everest. Doch was dem Mount Kosciuszko an Höhe fehlt, kompensiert das Land mit Entfernungen. Von Sydney nach Perth sind es 3972 Kilometer, von Sydney nach Darwin 4301 Kilometer, von Adelaide nach Darwin 3051 Kilometer und von Melbourne nach Cairns 3055 Kilometer. Die Landschaft ist dabei so bizarr wie kaum eine andere: von den Wüsten und ariden bzw. semiariden Landschaften im Zentrum bis hin zu üppigen Regenwäldern im Norden und spektakulären Klippen und Felsformationen sowie kilometerlangen Stränden an den Küsten.

Deutlich ist hier die geographische Dreiteilung Australiens zu erkennen: im Westen das Tafelland, im Osten die Great Dividing Range, dazwischen das Tiefland.

Geographisch dreigeteilt

Das Land lässt sich grob in drei große Gebiete unterteilen (s. Abb. rechts): das Tafelland im Westen, das Tiefland im Zentrum und die Great Dividing Range im Osten. Das Tafelland des westaustralischen Plateaus nimmt nahezu zwei Drittel der Landesfläche ein und zählt zu den trockensten Regionen der Erde. Es ist ein ausgedehntes Wüstengebiet, in dem keine permanent Wasser führenden Flüsse und – außer nach starken Regenfällen – keine Oberflächengewässer existieren. Der Untergrund besteht aus den Gesteinen des alten Kontinentalschildes, der schon Bestandteil Gondwanalands war. Mit den Höhenzügen der Hamersley Range, den MacDonnell Ranges und der Musgrave Range erhebt es sich immerhin bis auf Mittelgebirgsniveau. Das Gebiet ist, wenig

Natur

Im östlichen Tafelland: Die Glen Helen Schlucht in den Mac Donell Ranges

Australiens Klimazonen. Eine Klimatabelle befindet sich im Anhang

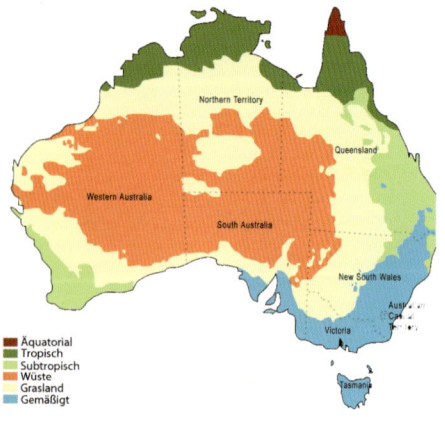

überraschend, extrem dünn besiedelt, denn im Becken des Lake Eyre regnet es beispielsweise im Durchschnitt gerade einmal 125 Millimeter pro Jahr. Eine ebenso menschenfeindliche Gegend ist die Simpsonwüste im Nordwesten, deren Durchquerung seit Ende 2008 während der Sommermonate verboten ist. Zuviel ist in den vergangenen Jahren bei unvorbereiteten Trips passiert – nicht nur in der Simpsonwüste. Im Oktober 2008 zum Beispiel wurde ein 53-jähriger Ornithologe und Fotograf tot in einer einsamen Gegend der Kimberley-Region in Westaustralien gefunden. Mindestens eine Woche war der Mann orientierungslos durch die Wildnis gelaufen und schließlich qualvoll verdurstet. Neben seinem leblosen, dehydrierten Körper fand man das Wort „HELP" in den Boden geritzt. Doch Hilfe kam in seinem Fall um Tage zu spät. Und der Tod dieses Australiers ist leider kein Einzelfall. Ein Aufenthalt in derselben Region hatte fünf Jahre zuvor sogar zwei erfahrene Aborigine-Buschmänner das Leben gekostet, die dort ohne Wasser gestrandet waren. Und das, obwohl die meisten Ureinwohner wissen, wie man Wasser im Outback findet, welche der Früchte man essen kann und wie man Feuer macht und einen Notunterschlupf baut…
Im Osten senkt sich das Plateau ab zum zentralen, ebenfalls ariden bis semi-ariden Tiefland. Trotz der Trockenheit befindet sich in seinem südöstlichen Teil mit dem Murray-Darling-Becken das Kernland der australischen Landwirtschaft. Dank den größten australischen Flüssen Murray und Darling River, die aus dem östlichen Bergland kommen, kann hier Milchwirtschaft betrieben sowie Getreide und Obst angebaut werden. Doch die teilweise extreme Trockenheit, die Australien Anfang des Jahrhunderts für mehrere Jahre im Griff hatte, hat hier erhebliche

Probleme bereitet und tiefe Narben im Ökosystem hinterlassen. Auch Adelaide, die Hauptstadt von South Australia, ist von diesem Flusssystem abhängig und hat erheblich unter dem Wassermangel zu leiden.

Unter dem größten Teil des Tieflandes liegt mit 64.900 Kubikkilometern Volumen das größte unterirdische Wasserreservoir der Erde, das Große Artesische Becken. Es erstreckt sich über 1.711.000 Quadratkilometer und damit über 23 Prozent der Landesfläche. Für die Wasserversorgung der zentralen Landesteile ist es von immenser Bedeutung; ganze Gemeinden sowie große Teile der Bergbauindustrie und Landwirtschaft hängen von ihm ab; deshalb wurde von den Wasser entnehmenden Regionen das *Great Artesian Basin Coordinating Committee* (GABCC) eingesetzt, das sich um die nachhaltige Wassernutzung kümmert. Schon die Aborigines nutzten die artesischen Quellen, an denen das Grundwasser zu Tage tritt. Die gigantischen Grundwassermengen sind in mächtigen Schichten mesozoischer („erdmittelalterlicher") Sandsteine gespeichert, die nach oben durch feinkörnige Meeressedimente abgedichtet sind. Gespeist wird das Reservoir hauptsächlich durch die Niederschläge der im Osten gelegenen Great Dividing Range, des „Großen Scheide-Gebirges", das das dritte Hauptelement der geographischen Dreiteilung Australiens bildet. Der bedeutendste Gebirgszug des Kontinents erstreckt sich über 3.500 Kilometer von der Nordspitze Queenslands bis nach Victoria im Süden und trennt die schmale Küstenebene vom Rest des Landes. Ihre höchsten südlichen Teile werden auch als Australische Alpen bezeichnet, wenn die maximale Höhe auch deutlich unter 2.500 Metern bleibt. Mancherorts kann man aber Skifahren, zum Beispiel in den Snowy Mountains in New South Wales oder rund um Halls Gap in Victoria.

Zwischen der Küste und den östlichen Teilen der Great Dividing Range gedeihen im Südwesten und Osten die sogenannten „*Eastern Australian tempered forests*", üppige Wälder gemäßigter Klimazonen, die als „Gondwana-Regenwälder Australiens" den Status eines Weltnaturerbes haben. Diese Gebiete haben das ausgeprägteste Relief, die reichste Flora und Fauna Australiens und mit mehr als 2500 Millimetern pro Jahr sehr hohe Niederschläge. Auch die Böden sind in diesen Gegenden fruchtbar und eignen sich für die Landwirtschaft – Gründe genug für die Menschen, hier dichter zu siedeln als anderswo auf dem Kontinent. So versammeln sich hier die größten und bekanntesten Städte des Landes wie Sydney, Melbourne, Newcastle und Brisbane. Im nördlichen Teil des Landes herrscht bei

Heißwasser-Bohrung bei Thargomindah im Großen Artesischen Becken

Übrigens...
Voraussetzung für einen artesischen Brunnen (benannt nach Artois, der Landschaft in Frankreich, wo 1126 erstmals ein solcher Brunnen gebaut wurde) ist eine beckenartig gelagerte, poröse und wasserführende Gesteinsschicht (z.B. Sandstein wie im Großen Artesischen Becken), die nach oben mit wasserundurchlässigen Schichten abgedichtet ist. Dort wo der durch die abdichtenden Schichten „erzwungene" Grundwasserspiegel niedriger liegt als der freie Grundwasserspiegel, steht das Wasser unter Druck. Bohrt man einen solchen Grundwasserleiter an der richtigen Stelle an, steigt das Wasser nach dem Prinzip kommunizierender Röhren bis maximal zur Höhe des freien Grundwasserspiegels. Es gibt auch natürliche, nach demselben Prinzip funktionierende artesische Quellen.

NATUR

Gondwana-Regenwald im Dorrigo-Nationalpark

noch höheren Niederschlagsmengen tropisches Klima. Hier bedecken üppige Regenwälder, wie z.B. der *Daintree Forest*, große Gebiete. Es kann hier zu heftigen, folgenschweren Wirbelstürmen kommen, wie im Falle des Zyklons „Yasi" im Jahre 2011 oder „Larry" 2005, der fast die gesamte Bananenernte Queenslands zerstörte. Darwin gilt als die Sturm-Hauptstadt Australiens. Durch das tropische Klima ist die Stadt in den Sommermonaten nicht nur durch Wirbelstürme gefährdet. In Darwin gibt es im Durchschnitt zwischen Oktober und März rund 100 Gewitter, was die Region zu einer der Gegenden mit der höchsten Gewitteraktivität der Welt macht. Die im Sommer intensive Sonne im Norden erhitzt den Erdboden und läßt die tropisch-feuchte Luft in die obere Atmosphäre steigen, wo sie sich abkühlt und die enthaltene Feuchtigkeit zu Wassertröpfchen und Eiskristallen kondensiert. Die starken Aufwinde lassen Tropfen und Kristalle kollidieren. Dies führt zu großen elektrischen Spannungen, die sich schließlich in den Blitzen entladen. Die Blitze über der Stadt sind ein eindrucksvolles Schauspiel und lassen Meteorologen aus der ganzen Welt ins Northern Territory reisen, um die dortigen Wetterphänomene zu beobachten.

Eine Sonderstellung nimmt die der australischen Landmasse in Südosten vorgelagerte Insel Tasmanien ein. Sie liegt im Bereich der „Roaring Fourties", der zwischen dem 40. und 50. Breitengrad ganzjährig vorherrschenden Westwinde, die viel Feuchtigkeit mitbringen. Tasmanien hat wegen des starken maritimen Einflusses wenig ausgeprägte Jahreszeiten. Die Winter sind mild, die Sommer kühl, Schneefälle das ganze Jahr über möglich.

Übrigens...
Das Ozonloch ist in Australien kein großes Thema mehr. Wissenschaftliche Untersuchungen haben ergeben, dass Mitteleuropa genauso gefährdet ist wie Australien. Die hohe Hautkrebsrate ist vielmehr darauf zurückzuführen, dass die normale Sonneneinstrahlung in Australien höher ist. Inzwischen ist man in Australien aber „sun smart" geworden. Jeder cremt sich ein, und Hüte und Sonnenbrillen gehören im Sommer zum ganz normalen Alltagsbild.

Der „Jahrhundert-Sturm"

Ein Sturm, der in die Geschichte Australiens einging, war der Zyklon „Tracy", der an Heiligabend 1974 Darwin dem Erdboden gleich machte. Niemand hatte mit solch einer Intensität gerechnet. Die Bewohner Darwins waren eher dabei, sich auf Weihnachten vorzubereiten, als die Stadt sturmsicher zu machen. Der vorherige Sturm, der auf die letzten Berichte und Warnungen gefolgt war, war nicht allzu schlimm gewesen, und so nahm man auch "Tracy" nicht wirklich ernst.

Zerstörte und beschädigte Häuser in Darwin am 1. Weihnachtstag 1974

Um Mitternacht hatte Tracy jedoch seine volle Stärke entfaltet, und Winde mit 300 Stundenkilometern fegten sechs Stunden lang durch Darwin und zerstörten fast sämtliche Gebäude. Neben den schlimmen Buschfeuern in Victoria im Februar 2009 und den Überschwemmungen an der Ostküste 2010/2011 ist der Sturm bis heute eine der schlimmsten Naturkatastrophen Australiens. Es grenzt an ein Wunder, dass nicht mehr als 50 Menschen ums Leben kamen.

Bob Collins, der damals bei der australischen Forschungsbehörde CSIRO (Commonwealth Scientific and Industrial Research Organisation) arbeitete, war zu Hause, als der Zyklon so an Stärke gewann, dass er das Dach seines Hauses abriss. Nach einem kurzen „reißenden und zerrenden Geräusch" war das Dach weg und Regen und Wind gingen mit Gewalt auf das Haus nieder. Collins rettete sich mit Freunden, die gerade zu Besuch waren in seinen Geländewagen und sie fuhren in die Innenstadt, um im Büro der CSIRO Zuflucht zu suchen. Obwohl Trümmer umherflogen und die Straßen großenteils nicht mehr befahrbar waren, gelang es ihnen mit viel Glück dorthin zu gelangen und sich in Sicherheit zu bringen. In einem Interview für die Bibliothek des Northern Territory beschrieb er, wie Bäume wie Streichhölzer umgeknickt wurden und wie ihn die Situation an eine Kriegsszenerie erinnerte. In den folgenden Tagen nach der Katastrophe arbeitete er als Rettungswagenfahrer und half, Tote zu bergen und Verletzte zu verpflegen. Zunächst dachte er, es hätte Zehntausende Tote gegeben, da die Straßen wie leer gefegt waren. Die meisten Menschen hatten jedoch überlebt und in den kommenden sechs Tagen mussten 20.000 Menschen evakuiert werden.

NATUR

Australiens bekannteste Naturschätze

Australien ist für europäische Besucher, die grüne Wiesen und Hügel gewohnt sind, oft ein beeindruckender Kontrast. Die rote Erde des Outbacks, der gelbe Sand der kilometerlangen Strände, die braunen, zerklüfteten Klippen an den Küsten, die blaß-grünen Eukalyptusbäume und das türkis bis dunkelblau schimmernde Meer... Zu den besonderen landschaftlichen Sehenswürdigkeiten des Landes zählen das Great Barrier Reef, der Kakadu-National-Park, der Uluru (Ayers Rock), die Great Ocean Road, Fraser Island und Tasmanien.

Great Barrier Reef

Fische wohin das Auge blickt. Zwischen den Tunneln und Gassen, die die Korallenstrukturen des Riffs bilden, tummeln sich Clown- und Anemonenfische. Majestätische und sehr giftige Rotfeuerfische gleiten durchs Wasser. Das *Great Barrier Reef* ist ein Traum für Schnorchler und Taucher. Es ist die einzige lebende Struktur, die selbst aus dem Weltraum noch sichtbar ist. Es ist 2000 Kilometer lang und besteht aus 2900 individuellen Riffen mit 1500 Fischspezies und 400 Korallentypen.

Die Korallenriffe der Erde gehören zu den ersten Zeugen des Klimawandels. Steigende Wassertemperaturen haben zur großflächigen Bleiche der Steinkorallen geführt: Die in ihnen lebenden symbiontischen Algen, die durch ihre Photosynthese unter anderem wesentlich zum Aufbau der Kalkskelette beitragen, reagieren auf die höheren Temperaturen mit der Produktion von Giftstoffen und werden infolgedessen von den Korallen abgestoßen. Ohne die Algen verlieren die Korallen nicht nur ihre Farbe – da ihr Stoffwechsel und ihr Wachstum stark von ihren Symbionten abhängen, sterben sie letztendlich ab. Auch das *Great Barrier Reef* ist in Teilen davon betroffen. Australien hat daher ein Programm zur Überwachung seines berühmten Weltnaturerbes eingeleitet und unter anderem in ein neues Satellitenprogramm investiert, mit dessen Hilfe vorhergesagt werden kann, wie heiß die jeweiligen Sommer werden. So soll das Riff besser erforscht werden und frühzeitig herausgefunden werden, wie sehr die Korallen am *Great Barrier Reef* gefährdet sind.

> **Übrigens...**
> *Der heißeste Tag in Australien seit Beginn der Temperaturmessungen war der 16. Januar 1889 in Cloncurry, Queensland. Dort wurden an diesem Tag 53,1 Grad Celsius gemessen. Aufgrund der damals noch relativ ungenauen Messmethoden geht man allerdings heute davon aus, dass es tatsächlich „nur" etwa 49 Grad Celsius waren. Am kältesten war es dagegen am 28. Juni 1994 am Charlotte Pass in New South Wales mit -23 Grad Celsius.*

Das Great Barrier Reef vor Queensland

Natur

Kakadu National Park

Der rund 20.000 Quadratkilometer große *Kakadu National Park* ist ein weiteres Weltnaturerbe der Unesco in Australien, das in Europa seinesgleichen sucht. In der Regenzeit von November bis April ist der Park häufig überschwemmt – ein riesiges Feuchtgebiet, das nur schwer zu bereisen ist. In den übrigen Monaten trocknet er wieder aus. Übrig bleiben Wasserstellen, Flüsse und Wasserfälle. Ein Drittel aller australischen Vogelarten lebt im *Kakadu National Park* – Papageien, Reiher, Störche, Gänse, Emus, ganz abgesehen von den Kängurus, Krokodilen und Dingos. Die hier erhaltenen Felsenmalereien der Ureinwohner sind teilweise bis zu 20.000 Jahre alt und machen den Park nicht nur zu einem Naturerlebnis, sondern auch zu einem kulturellen Höhepunkt, der dem Park zu einem Unesco-Doppelstatus verholfen

Beeindruckend in Größe und Vielfältigkeit: der Kakadu-Nationalpark

hat: Er wurde nämlich auch zum Welt*kultur*erbe erklärt. Doch wie auch das *Great Barrier Reef* ist der *Kakadu National Park* in seiner Einzigartigkeit gefährdet. Übeltäter ist in diesem Fall die aus Amerika eingeführte Aga-Kröte, die aufgrund ihrer Giftigkeit und infolge ihrer starken Ausbreitung eine Bedrohung für die einheimische Flora und Fauna darstellt. Im *Kakadu* gefährdet sie vor allem die Tiere, die sie in ihren Speiseplan aufgenommen haben und an dieser tödlichen Beute qualvoll zugrunde gehen (siehe auch *Unerwünschte Einwanderer*).

Great Ocean Road

Zwischen Melbourne und Adelaide befindet sich eine der berühmtesten Straßen dieser Erde: die Great Ocean Road. Sie wurde einst von Soldaten gebaut, die aus dem Ersten Weltkrieg zurückgekehrt waren. 1932 wurde sie nach 15-jähriger Bauzeit eröffnet. Sie führt in vielen teils engen Kurven an der spektakulären Küstenlandschaft im Süden Australiens entlang. „Great Ocean Road" wird übrigens nicht die gesamte Küstenstraße zwischen Melbourne und Adelaide genannt, auch wenn sich wahrlich eine Fahrt auf der gesamten Strecke lohnt. Die offizielle Great Ocean Road beginnt westlich von Geelong und endet kurz vor der Grenze zu Südaustralien.

Berühmte Küstenlandschaft an der Great Ocean Road

Fast der gesamte Straßenverlauf der Great Ocean Road bietet einen schönen Ausblick nach dem anderen. Hinter jeder neuen Biegung wartet ein weiteres Highlight. Die schönsten Orte, die sich wie bunte Perlen an der Strecke aufreihen, sind Lorne, Apollo Bay mit dem *Otway National Park* und seinen gigantischen Farnbäumen sowie Port Fairy. Entlang der Strecke, die durch den *Port Campbell National*

NATUR

Park (zwischen Apollo Bay und Port Fairy) führt, befinden sich viele weltberühmte Steinformationen, wie die „Twelve Apostles", „London Arch", „The Grotto" und etliche mehr.

Eine der bekanntesten Sehenswürdigkeiten sind die als „Zwölf Apostel" bekannten, aus dem Wasser ragenden Felsen. Bis 1922 noch als „Sow and Piglets" („die Sau und ihre Ferkel") bezeichnet, wurden sie zur besseren touristischen Vermarktung in „The Apostles" umbenannt, obwohl sie bereits damals nur aus neun Felsen bestanden. Majestätisch aus dem Meer ragend erinnern sie an Helgolands „Lange Anna", und mindestens ebenso sentimental wie die Helgoländer mit ihrem Wahrzeichen sind die Australier mit ihren Felsbrocken. Als im Juli 2005 einer der Apostel in sich zusammenbrach, trauerte die gesamte Nation. Ein ähnliches Schicksal hatte im Januar 1990 die nicht viel weniger berühmten Felsbögen ereilt, die in Anlehnung an die Brücke über die Themse als „London Bridge" bezeichnet wurden und deren erhaltener Rest heute „London Arch" oder schlicht „The Arch" genannt wird: Der Verbindungsbogen zum Festland brach zusammen und zwei Touristen saßen auf dem isolierten Felsstück fest. Sie wurden per Hubschrauber gerettet, womit der Ausdruck „Glück im Unglück" aber auf sie wohl nur bedingt zutraf, denn die Kamera-Crews, die sie erwarteten, enthüllten ein Liebespaar, das sich eigentlich nicht in der Öffentlichkeit und vor allem nicht vor ihren eigentlichen Partnern zeigen wollte...

Emu im Tower Hill Nationalpark

An der Strecke, zwischen Warrnambool und Port Fairy, liegt ein auf den ersten Blick eher unscheinbares Kleinod, der *Tower Hill National Park*, der schon seit 1892 existiert und damit der älteste Victorias ist. Der kleine, übersichtliche Nationalpark liegt im Krater eines erloschenen Vulkans, der teilweise von einem See ausgefüllt wird, und ist ein Paradies für Tier- und Pflanzenliebhaber. Hier leben Kängurus, Koalas und Emus auf begrenztem Raum und sind deshalb einfach zu entdecken. Wer in den Park hineinfährt, kann sich ein wenig wie in „Jurassic Park" fühlen. Der Park ist aber auch geeignet, um sich mit Aborigine-Geschichte und -Kultur zu befassen. Hier gefundene Artefakte beweisen, dass Aborigines bereits vor 30.000 Jahren in dieser Gegend gelebt haben, und wer einmal erfahren will, was Buschpflanzen an Essbarem hergeben und wie man sie medizinisch nutzt, kann sich dies vom aus Aborigines bestehenden Parkpersonal erläutern lassen. Touren zu Pflanzen und Tieren werden tagsüber und auch nachts angeboten, wenn Wildtiere oft besser zu beobachten sind. Die Firma Worn Gundidj, die diese Touren anbietet, ist aus einer Kooperative hervorgegangen, die Arbeitsbeschaffungsprojekte für Aborigines betreut und seit 2002 das kommerzielle Besucherzentrum des Parks betreibt. Man kann hier auch australische Textilien und anderes Kunsthandwerk kaufen und sich über die Kultur- und Naturgeschichte der Region informieren.

Uluru oder Ayers Rock

440 Kilometer südwestlich (fünf Autostunden) von Alice Springs gelegen, zieht der berühmteste Sandsteinfelsen Australiens das Auge des Betrachters magisch auf sich. Die staubige Straße scheint ins Unendliche zu führen, der „Uluru", wie die Aborigines ihn nennen, nur Zentimeter für Zentimeter auf einen zuzurücken. Besucher sehen ihn lange, bevor sie überhaupt im Nationalpark ankommen, der ihn umgibt. Kein Wunder, ragt er doch fast 348 Meter hoch aus dem sonst sehr flachen Outback. Ernest Giles und William Gosse waren die ersten Europäer, die die Region erkundeten. Der Vermessungsingenieur und Entdecker William Gosse benannte ihn 1873 nach dem damaligen Premierminister Südaustraliens, Sir Henry Ayers. Der Park ist nicht nur Weltnatur-, sondern auch Weltkulturerbe, denn der Fels ist vor allem das Heiligtum der dort ansässigen Aborigine-Völker der Pitjantjatjara und Yankunytjatjara, die sich selbst „Anangu" nennen (was ursprünglich „Menschen" bedeutet, aber nach der Ankunft der Europäer zur Bezeichnung für die Ureinwohner im Gegensatz zu weißen Nicht-

> **Übrigens...**
> Der Uluru ist nicht der größte Monolith der Erde, nicht einmal dann, wenn man davon absieht, dass Geologen diesen Begriff generell vermeiden und lieber von „Inselberg" sprechen. Der weit weniger bekannte, auch häufig als Monolith bezeichnete Mount Augustus in Westaustralien ist doppelt so groß wie der Uluru.

Uluru und die etwa 25 Kilometer entfernte Felsformation Kata Tjuta sind die Reste eines alten Schwemmkegels.

Der Uluru: Seit vielen Jahrtausenden Gegenstand mythischer Erzählungen

Aborigines wurde). Wer den Uluru bereist, sollte dem Felsen also eine gewisse Pietät entgegenbringen, ein Gefühl, das der Stein aber ohnehin ganz von allein auszulösen scheint. Dazu gehört auch, den Uluru nicht zu besteigen, da das die Ureinwohner nicht wünschen – obwohl sie es offiziell nicht verbieten und viele Touristen leider auch nicht widerstehen können.

Entstanden ist der Uluru zusammen mit der etwa 25 Kilometer entfernten Felsgruppe „Kata Tjuta" („The Olgas") in einer Phase der Gebirgsbildung vor rund 400 Millionen Jahren. Erdbewegungen falteten die ursprünglich horizontal geschichteten Sedimente eines (aus einer noch älteren Gebirgsbildungsphase stammenden) Schwemmkegels schüsselförmig auf, so dass dieser nun in seiner Mitte bis weit in den Untergrund hinabreicht und uns an zwei

Enden nur die Spitzen zeigt, die aus dem umgebenden Sediment herausragen. Wegen der relativen Verwitterungsbeständigkeit des Sandsteins – er ist sehr homogen und nicht zerklüftet – wurde er während der vergangenen Jahrmillionen teilweise aus seiner Umgebung „herauspräpariert" und ließ so die beiden prominenten Felsgruppen Form annehmen. Die Legenden der Aborigines erzählen dagegen von Ursprungswesen wie Menschen, Pflanzen und Tieren, die die einst leere Erde überquerten und dabei Landschaftsformen wie den Uluru hinterließen. Andere Geschichten berichten von Schlangen oder von zwei Jungen, die im Schlamm spielten und den Uluru erschufen.

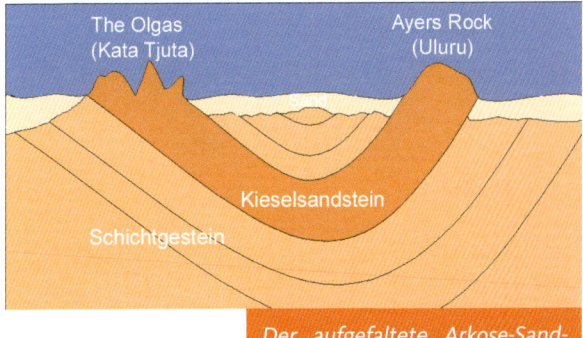

Der aufgefaltete Arkose-Sandstein eines alten Schwemmfächers ist sehr verwitterungsbeständig.

Fraser Island – die größte Sandinsel der Welt

Auch *Fraser Island* ist nicht umsonst zum Weltnaturerbe ernannt worden. Mit 185.000 Hektar Sandfläche und 124 Kilometern Sandstrand ist es die größte Sandinsel der Welt. Zu den besonderen Attraktionen der Insel gehören die vielen Frischwasserseen wie insbesondere der Lake McKenzie, dessen feinster weißer Sandstrand fast ausschließlich aus Quarz besteht, und der Lake Wabby neben einer spektakulären Sanddüne, die Flussläufe wie Eli Creek und Wanggoolba Creek und die Champagne Pools im Norden der Insel. Die Central Station, das frühere Zentrum der Forstindustrie auf der Insel, ist heute Informationszentrum, Picknick- und Camping-Areal und Ausgangspunkt für verschiedene Tracks zur Erkundung des Regenwalds. Diese Orte üben eine seltsame Anziehungskraft aus: vom fröhlichen Badeplatz bis hin zum mystischen Ort, der Spiritualität pur ausstrahlt, reicht das Spektrum. Die äußerst vielfältige Landschaft verändert sich vom Heideland an der Küste hin zu Mangrovenwäldern und subtropischem Regenwald. Neben Landschaft, Flora und Fauna zieht auch ein berühmtes Schiffswrack, die „Maheno", die Besucher an. Der einstige Luxusdampfer lief nach einem Sturm bei *Fraser Island* auf Grund. Heute lassen die wenigen verrosteten Spanten den Komfort von damals nur noch vage erahnen. 1935 war die „Maheno" nach einer langen Geschichte als Passagier- und Krankenhausschiff während

Natur

des ersten Weltkrieges an japanische Stahlhändler verkauft worden. Als diese das Schiff jedoch in ihre Heimat schleppen wollten, kappte ein Zyklon die Abschleppleine und das Schiff strandete führungslos auf der Insel. Man entschied sich, es vor Ort zu lassen und einfach alles Bewegliche zu verkaufen. Somit fand eines Tages ein großer Ausverkauf am Strand von *Fraser Island* statt. Und der Zöllner, den die australische Finanzbehörde zum Kassieren der Steuern vorbeigeschickt hatte, nutzte die Gelegenheit und heiratete am gleichen Tag auf dem Wrack am Strand.

Fraser Island scheint der ideale Boden für spektakuläre Ereignisse zu sein. Nicht umsonst hat die Insel ihren Namen von einer Frau, die in der Nähe Schiffbruch erlitt und mit ihrer sensationellen Geschichte eine Menge Aufsehen erregte. Die Schottin Eliza Fraser und ihr Mann, Kapitän James Fraser, strandeten auf der Insel, als ihr Schiff, die „Stirling Castle", 1836 auf Grund lief und unterging. Nach der Ankunft wurden sie von den lokalen Aborigines gefangen genommen und

Sand soweit das Auge reicht: Dünen auf Fraser Island

angeblich ihrer Kleidung beraubt. Kapitän Fraser starb entweder an Entkräftung oder wurde getötet, weil er zu schwach zum Holztragen war, seine Frau wurde später von einem entflohenen Sträfling namens John Graham, der sechs Jahre unter Aborigines gelebt hatte (und dabei seinerseits zur Gewinnung ihres Vertrauen unbekleidet aufgetreten war), entdeckt und befreit. Um ihre Erlebnisse auf der Insel ranken sich eine Menge sensationslüsterne Geschichten.

Ob Eliza nun nackt mit den Ureinwohnern lebte oder nicht – auf *Fraser Island* fühlt es sich gut an mit nur wenig am Körper. Der Sand bei den Süßwasserseen ist weich und geschmeidig und das klare Wasser streichelt die Haut.

Fraser Island ist übrigens auch berühmt für seine Dingos. Aufgrund des starken Tourismus ist hier auch die Zahl der registrierten Angriffe von Dingos auf Menschen besonders hoch. Ein spektakulärer Fall war etwa die Tötung des neunjährigen Clinton Cage durch eine Gruppe von Dingos im Jahre 2001. In der Regel sind solche Übergriffe aber auf menschliches Fehlverhalten zurückzuführen. Wichtig ist, in Gruppen zusammenzubleiben und vor allem auf Kinder und Jugendliche stets ein Auge zu haben. Auf keinen Fall sollte man Dingos füttern oder anlocken.

Majestätischer Cradle Mountain in Tasmanien

Tasmanien

Tasmanien, benannt nach dem niederländischen Seefahrer Abel Tasman, der die Insel 1642 auf der Suche nach der mythischen „Terra australis" entdeckt hatte, ist der einzige Insel-Bundesstaat Australiens. Durch den Anstieg des Meeresspiegels vor ungefähr 12.000 Jahren wurde die Landfläche Tasmaniens vom Rest Australiens abgetrennt. Zu den wenigen Zeugen gehörten damals die Aborigine-Stämme,

Natur

Wilde Küste Tasmaniens im Freycinet National Park

die die Gegend bereits seit 25.000 Jahren bevölkerten. Während die Ureinwohner durch dieses allmählich vonstatten gehende Naturereignis nicht beeinträchtigt wurden, sahen sie sich von den britischen Neuankömmlingen Anfang des 19. Jahrhunderts in arge Bedrängnis gebracht; die systematische Verfolgung durch die Europäer überlebten nur wenige. 1803 war die Insel in eine Strafkolonie der britischen Krone umgewandelt worden. Der historische Ort Port Arthur ist heute noch bedrückender Zeuge der Grausamkeiten, die sich auf der idyllischen Insel abgespielt haben.

60 Kilometer (etwa anderthalb Autostunden) von Port Arthur entfernt liegt Hobart, die Hauptstadt Tasmaniens. Sie ist bekannt als der Endpunkt der berühmten Segelregatta „Sydney to Hobart", die jedes Jahr am zweiten Weihnachtsfeiertag stattfindet. Im geschichtsarmen

Australien sticht die Stadt durch ihr europäisches Flair hervor, die zahlreichen historischen Häuser und Kirchen erinnern an englische Dörfer. Hobart bietet – wie auch sein verschlafener Gegenpol Launceston auf der nördlichen Seite der Insel – ein entspanntes Stadterlebnis.

Doch nichts fasziniert auf der Insel mehr als ihre endlosen Nationalparks. Neben dem *Cradle Mountain National Park* mit seinem fast alpinen Charakter besticht vor allem der *Freycinet National Park*: Sein türkisfarbenes Wasser, Strände, die von roten und rosafarbenen Granitfelsen durchzogen sind, und die berühmte Wineglass Bay, einer der angeblich zehn schönsten Strände der Welt, machen den Nationalpark zu den touristischen Hauptattraktionen der Insel. Auch früher schon hat die Schönheit dieser Gegend die Menschen angezogen. Walfänger, Schafhirten, Zinn- und Kohlebergleute haben hier ihre Spuren hinterlassen und bereits die frühen Entdecker waren von der Landschaft Tasmaniens fasziniert.

Tasmanien ist ein bedeutendes Zentrum der Antarktisforschung. Nur 2700 Kilometer trennen die Insel von dem eisigen Kontinent. Deswegen wird von Hobart aus geforscht und gereist – es besteht ein wöchentlicher Linienflug zur australischen Antarktis-Forschungsstation, der nach dem australischen Politiker Baron Casey benannten „Casey Station" (mehr dazu im Abschnitt *Forschung und Technik* des Kapitels *Australiens Wirtschaft*). Auch Urlaubsflüge und Kreuzfahrten starten von der tasmanischen Hauptstadt aus. (Siehe auch das Kapitel *Städte und Regionen*.)

Buschfeuer – Fluch und Segen

Der Satz „Irgendwo brennt es in Australien immer" ist vermutlich korrekt. Beim Zusammentreffen mehrerer unglücklicher Faktoren wie langer Trockenheit, extremer Hitze, der Lage von Häusern zu nah am oder mitten im Busch, Brandstiftung etc., sind Menschen und ihre Behausungen gefährdet. Die verheerendsten Buschfeuer, die auch Menschenleben gefordert haben, waren der sogenannte „Black Friday" (13.1.1939), der „Ash Wednesday" (16.2.1983) und der „Black Saturday" (8.2.2009). Selbstverständlich brannten die Feuer nicht nur einen Tag, doch an den genannten Daten waren die meisten Menschenleben zu beklagen, so dass sie als Synonyme für das gesamte tragische Ereignis stehen. Weitere verheerende Buschfeuer gab es 1994 im Großraum Sydney und 2002/03 in Canberra. Trotz neuer Technologien und viel Aufklärung gab es die meisten Todesopfer bei den Feuern 2009 im Bundesstaat Victoria. Fast 200 Menschen verbrannten in ihren Häusern oder im Auto auf der Flucht. Mehr als 2000 Häuser wurden zerstört. Wie es zu diesen bis dahin folgenschwersten Buschfeuern Australiens kommen konnte, wurde unter Experten im Anschluss noch wochenlang diskutiert. Die einen argumentierten, zu viele Menschen seien in den vergangenen Jahren zu nah an den Busch gezogen. Andere beklagten falsche Informationen. Die Empfehlung lautete: entweder früh fliehen oder bleiben und das Haus verteidigen. Doch bei Feuerwalzen, die mit 100 Kilometern pro Stunde und 1000 Grad Celsius heranrollen, sind die Chancen, sein Haus und sich selbst mit einem Schlauch oder ein paar Wassereimern zu retten, gering. Die Situation wurde falsch eingeschätzt, und das kostete in diesem Fall viele Menschen das Leben. Ein drittes Argument, das die Diskussion anheizte, war, es habe zu wenig „Back Burning" stattgefunden, eine Methode der Feuerwehr, bei der streng abgesteckte Teile des Busches niedergebrannt werden, um zum einen Unterholz zu beseitigen, das schnell in Flammen aufgeht und dem Feuer zusätzliche Kraft gibt, und zum anderen Korridore zu schaffen, die Dörfer oder Ansiedlungen schützen. Schon die Aborigines praktizierten ähnliche Methoden seit Jahrtausenden. „Back Burning" wie auch das Abholzen von Bäumen in der Nähe von Ansiedlungen war in den Jahren vor dem Unglück verringert worden, und vor allem die Grüne Partei, die sich gegen „Back Burning" ausgesprochen hatte, musste nach den Bränden schwere Kritik einstecken. Doch bei all dem Unglück kam wieder eine der besonderen Seiten der Australier zum Vorschein: ihre selbstlose Hilfsbereitschaft, die in der Welt ihresgleichen sucht. In nur wenigen Tagen wurden Millionensummen

Buschfeuer bedrohen im Sommer oft die Stadtränder der großen Metropolen

Erstes Grün nach dem Feuer: Das Leben geht weiter

für die Opfer gesammelt, Menschen stellten ihre Häuser und Wohnungen zur Verfügung und zogen selbst in Wohnwagen, und in den Hallen des Roten Kreuzes stapelten sich Hilfsgüter. Der damalige Premierminister Kevin Rudd fasste die Situation während einer Trauerrede mit den Worten zusammen: „Was wir gesehen haben […], war das Schlimmste der Natur und doch das Beste an Menschlichkeit."

Die gefürchteten Buschfeuer sind aber auch Teil der australischen Natur und für die australische Pflanzenwelt von erheblicher Bedeutung, denn die Samenkapseln etlicher Pflanzen wie der Eukalyptus- oder Grasbäume brauchen die Hitze eines Feuers, um sich überhaupt öffnen zu können. Ohne Brände wäre ihr Bestand gefährdet. Ob die Stärke der Feuer vergangener Jahre und das dadurch bedingte Ausmaß der Zerstörungen zugenommen haben, wird von Medien und Wissenschaftlern stets diskutiert.

Flora und Fauna

Australiens Sonderstellung

Australiens Flora und Fauna sind in vielerlei Hinsicht einmalig, das bemerkt man fast schon auf den ersten Blick: Hier begegnen uns Schnabel tragende, Eier legende Säugetiere mit Pelz, die zudem noch giftig sind, Tiere, die ihren Nachwuchs in Bauchbeuteln umherschleppen und Tier- und Pflanzenarten, die seit hunderten von Jahrmillionen unverändert existieren, also so etwas wie „lebende Fossilien" sind. Auch fällt der hohe Anteil an besonders giftigen Spinnen und Schlangen auf. Bestätigt wird der Eindruck der Sonderstellung durch die Statistik; auf keinem anderen Erdteil ist der Anteil an endemischen, das heißt nur vor Ort vorkommenden Arten höher als in Australien. Er liegt bei vielen Organismengruppen bei über 90 Prozent. Wie ist es dazu gekommen? Was unterscheidet Australiens Evolution der Lebenswelt von der anderer Kontinente? Um diese Frage zu beantworten, muss man weit in die Erdgeschichte zurückschauen, bis zu der Zeit, als es mit allen anderen Südkontinenten Teil Gondwanalands war (s. o.). Aus dieser Zeit haben sich bis heute einige Gemeinsamkeiten erhalten – beispielsweise kommen Beuteltiere und Araucaria-Gewächse *auch* in Südamerika vor. Die Trennung Australiens von Antarktika vor rund 85 Millionen Jahren und die damit einsetzende Isolierung von anderen Erdteilen sorgte dort aber für die weitgehende Erhaltung der vorhandenen Lebensformen ohne Störung durch die sich anderswo immer mehr durchsetzenden Höheren Säugetiere. Gleichzeitig erzeugten die Drift nach Norden und die damit einhergehenden klimatischen Veränderungen einen starken Selektionsdruck innerhalb der Arten

Die relative Annäherung Australiens an Indonesien änderte an der Situation nur wenig. Lediglich ein paar versprengte Arten von Höheren Säugetieren (was nicht bewertend, sondern entwicklungsgeschichtlich zu verstehen ist) schafften den Sprung nach Down Under, z.B. Flughunde, Fledermäuse, Nagetiere und Robben; die Pflanzenwelt zeigt im Norden Verbindungen zu den Monsunwäldern Neuguineas und Ozeaniens, aber dieser Umstand wird von Wissenschaftlern auch als Erbe der Gondwana-Flora angesehen. Erst die europäischen Siedler brachten das ökologische Gleichgewicht nachhaltig durcheinander, indem sie Tier- und Pflanzenarten ihrer Heimat einführten.

210 Millionen Jahre alte versteinerte Araucarienzapfen aus Patagonien (Südamerika), wo auch heute noch Araucarien leben, und Zapfen der Queensland-Araucarie mit „Nüssen" – gemeinsames Gondwana-Erbe

AUSTRALIEN – KONTINENT DER BESONDERHEITEN

Banksia – diese nur in Australien vorkommende Gattung von Blütenpflanzen erhielt ihren Namen zu Ehren von Joseph Banks (1743 - 1820), dem Botaniker auf Cooks erster Reise. Wegen der vielen endemischen Pflanzenarten wird Australien als eigenes Florenreich geführt

Beutelsäuger, hier ein Wallaby mit Jungtier, sind für die meisten Australienbesucher der deutlichste Hinweis darauf, dass hier die Evolution etwas anders verlaufen ist

NATUR

Trodia-Gras beherrscht weite Teile des ariden Landesinneren

Die australische Pflanzenwelt

Die Erforschung der australischen Flora begann mit den ersten britischen Forschern, die australischen Boden betraten. Bereits 1770 – während Kapitän Cooks Entdeckungsreise auf der „Endeavour" – sammelten die Naturforscher Joseph Banks und Daniel Solander über 30.000 Pflanzenproben, und Sydney Parkinson fertigte 674 Zeichnungen an.

Auch heute weist Australiens Pflanzenwelt noch immer eine ungemeine Vielfalt auf, obwohl das Abholzen großer Waldbestände in den vergangenen 200 Jahren Erosion und Bodenversalzung förderte und enorme Schäden an Flora und Fauna verursachte. Bisher sind rund 24.000 verschiedene Samenpflanzenarten gezählt worden, von denen über 80 % endemisch sind, also nur in Australien vorkommen. Manche Pflanzen des fünften Kontinents sind hinsichtlich ihres Alters wahre „Dinosaurier" der Botanik. Der Regenwald im Daintree-Nationalpark gilt als lebendiges Relikt aus der Zeit Gondwanas. Es wird vermutet, dass er der älteste bis heute existierende Regenwald der Erde ist. Einer der seltensten Bäume der Welt und zugleich ein „Lebendes Fossil" ist die zu den Araukariengewächsen gehörende Wollemie (*Wollemi Pine*). Sie galt als seit 65 Millionen Jahren ausgestorben, bis sie im September 1994 von dem Parkranger David Noble in einer einsamen Schlucht des Wollemi-Nationalparks erstmals nicht in versteinertem, sondern in lebendigem Zustand entdeckt wurde. Der Name des Parks stammt aus einer Sprache der Aborgines und kann als Leitspruch nicht nur für Naturforscher, sondern für jeden Reisenden gelten: „aufmerksam sein – die Augen offen halten". Um die Bäume (insbesondere vor durch Touristen eingeschleppten Pilzen) zu schützen, wird der genaue Standort bis heute geheim gehalten. Nur wenige Menschen durften bisher in die Schlucht, die Journalisten mit Michael Crichtons „Jurassic Park" verglichen haben. Den Mitgliedern eines Fernsehteams, das die Ur-Bäume gefilmt hat, haben die Ranger auf dem Weg dorthin sogar die Augen verbunden. Niemand soll den weniger als 100 ausgewachsenen Bäumen, die in freier Natur bekannt sind, Schaden zufügen können.

Zwei Wappenblumen australischer Staaten:
Die Waratah (oben, New South Wales) und die Känguru-Blume Anigozanthos manglesii (unten, West Australia)

Die Vegetation Australiens ist in weiten Teilen von ihren beiden artenreichsten Pflanzengattungen – Eukalypten und Akazien –

Blütenstand eines Grasbaumes in Queensland. nach einem Feuer. Grasbäume existieren nur in Australien. Im Hintergrund Eukalyptuswald

geprägt. Die ariden Gebiete bestehen vor allem aus Grasland – die vorherrschenden Arten sind Spinifex (Triodia) und Mitchell-Gras (Astrebla). Eine verhältnismäßig geringe Fläche des Landes nehmen die sehr artenreichen Regenwälder ein.

Altersrekorde australischer Pflanzen

Etwa 150 Kilometer entfernt von Melbourne – in den Fossilien-Ablagerungen von Koonwarra im South Gippsland von Victoria – entdeckte man die Überbleibsel einer der ältesten Blütenpflanzenarten der Welt. Es handelt sich um einen der ersten Bedecktsamer aus der frühen Kreidezeit, dessen Alter auf 115 bis 118 Millionen Jahre geschätzt wird. Damit ist er „lediglich" etwa 10 Millionen Jahre jünger als die bis heute als älteste Blütenpflanze geltende *Archaefructus,* die in circa 125 Millionen Jahre altem Gestein in China gefunden wurde.

Die angeblich älteste lebende Pflanze der Welt – die zugleich das einzige existierende Exemplar ihrer Art ist – wurde 1934 vom Pflanzensammler Deny King im Southwest National Park auf Tasmanien entdeckt: Die zu den Silberbaumgewächsen gehörende *Lomatia tasmanica*, nach ihrem Entdecker auch „King's Lomatia" oder „King's Holly" genannt, besteht aus einem einzigen, sich rein vegetativ (über Wurzelschösslinge) vermehrenden Strauch, der eine Fläche von zwei bis drei Hektar einnimmt und dessen Alter auf 43.600 Jahre geschätzt wird.

Eukalypten

Der zu den Myrtengewächsen gehörende *Eukalyptus* umfasst zusammen mit einigen nahe verwandten Gattungen über 800 Arten. Er wird auch als „Blaugummibaum" bezeichnet – die ersten Siedler gaben ihm aufgrund des bei einigen Arten austretenden gummiartigen Harzes fälschlicherweise den Namen „Gum Tree".
In der Pflanzenwelt steht der Eukalyptus ähnlich sinnbildlich für Australien wie unter den Tieren das Känguru oder der Koala – und das nicht nur, weil letzterer sich bekanntlich den giftigen Inhaltsstoffen zum Trotz von den Blättern dieser Pflanzen ernährt. Die in Australien, Neuguinea und Indonesien endemischen immergrünen Bäume und Sträucher sind mit 70 % des australischen Baumbestands die bei

Australiens Pflanzenwelt wird von vielen Eukalyptusarten dominiert

Eukalyptuswälder im Namadgi-Nationalpark

weitem häufigste Pflanzenartengruppe Australiens. Kein anderer Kontinent wird in seinem Baumbestand in diesem Ausmaß von einer einzigen Gattung dominiert. Die Strauchlandschaften werden als „Mallee-Formationen" bezeichnet und sind in ihrer Form der europäischen Heide vergleichbar. Als Bäume bilden die Eukalypten dichte Wälder. Die besondere Anpassung der Eukalypten an die australischen Umweltbedingungen zeigt sich bei den regelmäßig auftretenden Waldbränden: Durch die gute Brennbarkeit ihres Holzes fördern die Bäume zunächst die Brände und haben anschließend durch das besonders schnelle neue Austreiben der übrig gebliebenen Stümpfe einen Selektionsvorteil gegenüber anderen Arten.

Der Name setzt sich aus den griechischen Silben „eu" = „schön" und „kalyptos" = „versteckt" zusammen und beruht auf dem haubenartig geschlossenen Blütenkelch, dem sogenannten Operculum. In diesem ist die Blüte während des Knospenstadiums verborgen. Beim Öffnen der Blüte wird das Operculum durch die sich erweiternden Staubgefäße

Blüten der Eukalyptusart *Eucalyptus macrocarpa*

Natur

Acacia cultriformis, von den Australiern Knife-leaf Wattle („Messerblatt-Flechtwerk") genannt

abgesprengt. Die Bestäubung erfolgt durch Insekten, Vögel, Fledermäuse oder Beuteltiere. Auch die Eukalypten leisten ihren Beitrag zum Bild Australiens als „Kontinent der Extreme": Der Riesen-Eukalyptus kann eine Höhe von über 100 Metern erreichen und ist damit eine der größten Baumarten überhaupt. Der Eukalyptusbaum ist aber auch wegen seiner ätherischen Öle bekannt, die aus den Blättern und Zweigen einiger Arten gewonnen werden. Sie sind als Heilmittel bei Erkältungs- und anderen Krankheiten beliebt, finden aber auch in der verarbeitenden Industrie Anwendung, z.B. als Lösungsmittel zur Herstellung von Lacken. Bei ihrer Verwendung ist allerdings Vorsicht geboten, da sie wie die Blätter Giftstoffe enthalten, die nicht nur für Kleinkinder und viele Tiere, sondern in großen Mengen auch für Erwachsene schädlich sein können. Einigen Eukalyptus-Arten sollte man übrigens nicht nur aufgrund ihrer Inhaltsstoffe mit Vorsicht begegnen: Die auch als „Witwenmacher" bezeichneten Bäume werfen bedingt durch Wassermangel mitunter ganz unversehens meterlange Äste ab, die für arglos darunter laufende Spaziergänger zu tödlichen „Geschossen" werden können.

Akazien

Die zu den Mimosengewächsen zählenden Akazien werden vielleicht außerhalb Australiens nicht so sehr als Inbegriff des australischen Baumes angesehen wie die Eukalypten. Den Rang der offiziellen australischen Nationalpflanze hat trotzdem eine

Akazienart inne – die Goldakazie (*Golden Wattle, Acacia pycnantha*). Mit 900 bis 1000 Arten sind in Australien etwa zwei Drittel aller Akazienarten heimisch. Anders als die meisten in Australien vorkommenden Pflanzen sind Akazienbäume und -sträucher nicht immergrün, sondern werfen ihre Blätter in der Regel während der Trockenzeit ab. Auf diese Weise minimieren sie ihren Stoffwechsel und können sich so an den extremen Wassermangel anpassen. Bei Regen wird das Wasser über die Zweige nach dem Prinzip eines Trichters sehr effektiv zum Stamm und den Wurzeln weitergeleitet. Um die Verdunstung auf ein Minimum zu beschränken, haben die australischen Akazienarten übrigens meist keine echten Blätter, sondern nur blattartig verbreiterte Blattstiele (sogenannte Phyllodien), die weniger Poren aufweisen. Dementsprechend sind Akazien vor allem in Trockengebieten verbreitet und übertreffen selbst Eukalypten in ihrer Fähigkeit Wassermangel zu tolerieren. Wie bei diesen zeigt sich der starke Grad ihrer Anpassung an den australischen Lebensraum auch am Beispiel der Buschfeuer: Die Samen vieler Arten müssen zunächst „durchs Feuer gegangen" sein, um überhaupt keimen zu können. Mit Hilfe von Bakterien sind sie außerdem in der Lage, den Luftstickstoff in Knöllchen an den Wurzelspitzen abzulagern und können auf diese Weise auch auf stickstoffarmen Böden überleben. Da Akazien auf diese Weise auch in den unwirtlichsten Gegenden gedeihen, stellten ihre Samen für die australischen Ureinwohnern eine wichtige Proteinquelle dar.

Der aus dem Griechischen stammende Name „Acacia" = „Dorne" hat seinen Ursprung darin, dass vor allem bei afrikanischen Akazienarten die Nebenblätter oft zu Dornen umgewandelt sind. Dies ist bei den australischen Arten allerdings kaum der Fall. Die kolben- oder kugelförmigen Blütenstände werden häufig durch Bienen bestäubt.

Höchst bemerkenswert ist das bei Akazien entdeckte chemische Kommunikationssystem: Beim Auftreten von Fressfeinden kann

Blüten der Goldakazie, des Australischen Wappenbaumes

Natur

eine Pflanze ihre Artgenossen dazu veranlassen, den Gehalt an giftigen Tanninen (Gerbstoffen) in ihren Blättern deutlich zu erhöhen, indem sie das Phytohormon Ethylen in die Luft abgibt. Lassen sich die Tiere durch den bitteren Geschmack nicht vom Fressen abhalten, kann das für sie tödlich enden.

Australische Nahrungspflanzen

Viele der einheimischen Pflanzen in Australien sind essbar. Traditionell lebende Aborigines ernähren sich bis heute von ihnen. Im heißen, trockenen Zentrum wachsen „Buschtomaten" (Bush tomatoes), Quandongs (eine rote, runde Frucht, die auf einem Baum wächst) oder Pfirsiche. In den Tropenregionen im Norden gedeihen viele einheimische Obstbäume wie Feigen oder grüne Pflaumen. Ganzjährig können die Ureinwohner nahrhafte Wurzeln ausgraben. Jahrhundertelang gaben sie ihr Wissen um nutzbare Früchte, ihre Essbarkeit, saisonal unterschiedliche Giftigkeit und medizinische Wirksamkeit, von Generation zu Generation weiter. So werden zum Beispiel Minzen gegen Erkältungen und Husten und die Tannine aus den Eukalyptusbäumen gegen Verbrennungen verwendet. Während früher wenig bis kein Handel zwischen den Ureinwohnern getrieben und die Früchte nur in geringem Maße weiter verarbeitet wurden, existiert heute eine „Bush Tucker"-Industrie, die aus einheimischen Früchten Marmeladen, Chutneys, Soßen, Säfte oder Geschmacksverstärker herstellt, an denen auch viele europäischstämmige Australier Geschmack gefunden haben (siehe auch *Australisches Essen* im Kapitel *Australische Lebensart*). Exportiert wird allerdings nur Weniges. Der einzige *Bush Tucker*, der es international zu einigem Ruhm gebracht hat, ist die Makadamianuss.

Bush Tucker: einheimische Nahrungspflanzen

Blätter und Blüten eines Makadamiabaums: Seine Früchte haben es zu internationalem Renommé gebracht. Makadamias gehören übrigens wie Banksia und Lomatia zu den Silberbaumgewächsen

Die australische Tierwelt

Land der Kuriositäten und Giftrekorde

Die wie die Pflanzenarten zum größten Teil endemische Tierwelt Australiens macht für viele Besucher einen besonderen Charme des Landes aus. Abgesehen davon, dass die australische Fauna allein aufgrund ihrer Exotik fasziniert, haben Koalas und Kängurus für viele Menschen auch einen hohen „Knuddeligkeitsfaktor".

Australien ist das Land der Beuteltiere. Die meisten australischen Säugetiere tragen ihren Nachwuchs in „fest installierten" Körpertaschen mit sich herum – eine recht praktische „Erfindung" im Vergleich zum Ausbrüten von Eiern angesichts der nicht immer freundlichen Umweltbedingungen, die den Lebewesen mitunter hohe Flexibilität abverlangen. Evolutiv betrachtet stellt sie allerdings einen „Kompromiss" dar: Im Unterschied zu den Höheren Säugetieren verfügen die Beutelsäuger nämlich über keinen sehr wirksamen Mechanismus, den heranreifenden Embryo vor dem Immunsystem der Mutter zu schützen. Dementsprechend bilden sie meist keine Plazenta aus, lassen ihren Nachwuchs in einem sehr frühen Stadium zur Welt kommen und verlängern die Tragezeit dann gewissermaßen „extern".

Noch exotischer sind die Eier legenden Säugetiere (Kloakentiere), deren wahre Natur die Wissenschaftswelt bis zum Ende des 19. Jahrhunderts nicht erkannte. Selbst Alfred Brehm, der bekannte deutsche Zoologe („Brehms Tierleben", 1. Auflage 1863), tat Erzählungen der australischen Ureinwohner, dass diese Tiere nicht lebendgebärend seien, als Fabeln ab. Auch heute noch sind die seltsamen Tiere Gegenstand wissenschaftlicher Kontroversen; ihre Stellung im Stammbaum der Säugetiere ist immer noch nicht endgültig geklärt.

Bei aller Einmaligkeit der australischen Tierwelt weisen manche ihrer Arten, trotz der weiten Entfernung von Europa, aber auch Ähnlichkeiten mit europäischen Tieren auf, die auf den ersten Blick verblüffen können. Schon früh fielen Wissenschaftlern diese Gemeinsamkeiten auf, doch keiner war bei ihrer Erforschung so hartnäckig wie der berühmte britische Naturforscher Charles Darwin.

Die männliche Sydney-Trichternetzspinne ist die giftigste Spinne der Welt

Koalas nehmen in Australien die ökologische Nische der Faultiere ein, was mit diesem Bild auch ohne Vorkenntnis leicht nachzuvollziehen ist

Der in den 1930er Jahren ausgestorbene Beutelwolf, auch Tasmanischer Tiger genannt, ist ein frappantes Beispiel für die Koevolution von Beutelsäugern und Tieren der Alten Welt

Nach seiner Landung am 12. Januar 1836 verbrachte Darwin einige Monate in Australien. Etliche Fragen beschäftigten ihn, wie seine Aufzeichnungen bezeugen: Warum sieht das Rattenkänguru dem Kaninchen so ähnlich? Wieso weist das mit so außergewöhnlichen Eigenschaften versehene Schnabeltier zugleich Züge der „Wasserratte" (Schermaus) auf? Warum sah es der Schöpfer als notwendig an, zwei ähnliche und doch so unterschiedliche Tiere zu schaffen – an so gegensätzlichen Orten dieser Erde? Fragen, die man heute mit dem Begriff der „konvergenten Evolution" verbindet: Bedingt durch die Anpassung an ähnliche Umweltfaktoren entstehen ähnliche Formen, die stammesgeschichtlich nicht näher verwandt sein müssen. Bekannte weitere Beispiele sind der Wolf und der (in den 30er Jahren ausgestorbene) Beutelwolf, Flughörnchen und Gleitbeutler, Ameisenbär und Ameisenbeutler.

Australiens Tierwelt fällt noch durch eine weitere Besonderheit auf. Zu Lande und zu Wasser leben einige der giftigsten Tiere überhaupt, der Taipan, die Sydney-Trichternetzspinne, die Seewespe und noch einige mehr. Die extreme Giftigkeit einiger Landtiere führen manche Wissenschaftler auf die besonders harten Lebensbedingungen im Inneren des Kontinents zurück.

Neben den besonders „ausgefallenen" Arten sind auch die „normalen" Exoten touristisch interessant: Emus, Dingos, die verschiedenen Echsenarten, Flughunde und Papageien. Am Meer lassen sich Pinguine, Delfine, Seehunde und zur rechten Jahreszeit auch Wale beobachten. Die Schönheiten der australischen Unterwasserwelt sind in den bekannten Tauchregionen am *Great Barrier Reef* in Queensland oder am *Ningaloo Reef* in Westaustralien zu bewundern.

Australien – Kontinent der Besonderheiten

Im Folgenden werden einige wichtige australische Tierarten näher beschrieben.

Kängurus

Kängurus sind im öffentlichen Bewusstsein wohl die „australischen Tiere" schlechthin. Ihr typisches Merkmal ist – abgesehen vom Beutel für die Jungen – das Hüpfen auf langen und kräftigen Hinterbeinen. Es gibt aber auch Ausnahmen von diesem Klischee: Die Baumkängurus haben im Rahmen der Anpassung an das Leben auf Bäumen die hüpfende Fortbewegungsweise aufgegeben und besitzen annähernd gleich lange Gliedmaßen.

Die bei der Geburt nackten, blinden und nur kaffeebohnengroßen Kängurubabys (in Australien wie die Jungtiere aller Beuteltiere als „*Joeys*" bezeichnet) wandern selbständig vom Geburtskanal in den

Rote Kängurus ruhen sich aus

Natur

Im australischen Wappen sind ein Känguru und der große Laufvogel Emu abgebildet, da diese beiden einheimischen Tiere nur vorwärts laufen können und nicht rückwärts. Dies soll symbolisieren, dass in Australien stets vorwärts gedacht wird.

Beutel und setzen sich an einer Zitze fest. Diese lassen sie für einen Zeitraum von zwei bis drei Monaten nicht mehr los. In Anpassung an die beschränkten Ressourcen ihrer Lebensräume kommt es bei vielen Känguruarten zu „verzögerten Geburten": Das Weibchen wird bereits kurz nach der Geburt erneut schwanger, der Embryo entwickelt sich aber zunächst nur sehr langsam und wird erst geboren, wenn sein „Vorgänger" den Beutel nach rund acht Monaten endgültig verlassen hat. Auf diese Weise kann der mögliche Verlust des Nachwuchses schnell kompensiert werden. Bis zum Alter von einem Jahr werden junge Kängurus aber weiterhin gesäugt. Für den Fall, dass im Beutel bereits ein Nachfolger sitzt, sind mehrere Zitzen vorhanden. Aus diesen wird je nach dem Alter der Babys unterschiedlich zusammengesetzte Milch abgegeben.

Kängurus sind vorwiegend nachts oder in der Dämmerung aktive Pflanzenfresser. Tagsüber ruhen sie im Schatten und graben oft unter den Bäumen Löcher, um sich im Sand abzukühlen. Je nach Art ernähren sie sich vorwiegend von Blättern oder Gräsern, die sie aufgrund ihres speziellen Verdauungstraktes, bei einigen Arten auch durch Wiederkäuen, sehr effizient verwerten können. Dies und die Fähigkeit, mit relativ wenig Wasser auszukommen, erklärt ihren Überlebenserfolg im kargen und trockenen Australien. Heute gibt es schätzungsweise 25 bis 80 Millionen Kängurus – im Vergleich zu 22 Millionen Menschen auf dem fünften Kontinent. Die Zahlen schwanken in Abhängigkeit von Dürreperioden im Land.

Umgangssprachlich werden in Australien alle kleineren Känguru-Arten als „Wallabys" bezeichnet. Im engeren Sinne zählen hierzu allerdings nur acht kleinere Arten der Gattung *Macropus*.

2008 wurden Stimmen laut, die forderten die Zucht von Rindern und Lämmern durch die Känguruzucht zu ersetzen, da Kängurus im Gegensatz zu Kühen und Schafen deutlich weniger Methan ausscheiden. In Zeiten des Klimawandels wäre dies durchaus erstrebenswert. Ob die grillbegeisterten Australier sich ohne weiteres damit abfinden würden, künftig „Roo" auf den Barbecue zu legen statt ihrer geliebten Rindersteaks, ist allerdings zu bezweifeln.

Eine kuriose Geschichte ereignete sich in der australischen Hauptstadt Canberra im März 2009. Dort brach ein Känguru nachts in ein Haus ein und begann einen wahren Amoklauf. Die armen Bewohner wurden unsanft aus dem Schlaf gerissen und befürchteten schon Schlimmes,

Übrigens...
Die Joeys fallen beim Hüpfen nicht aus dem Beutel der Mutter, weil die Kängurus durch Kontrollieren der Muskeln ihren Beutel eng an den Körper pressen können.

Australien – Kontinent der Besonderheiten

Die 50-80 cm großen Rock Wallabys bewohnen gebirgige Regionen im Nordwesten, Osten und Südosten Australiens

als sie den hüpfenden Einbrecher entdeckten. Mutig stürzte sich der Hausbesitzer, der Schweizer Koch Beat Ettlin, auf das Tier und konnte es mit Mühe und Not zur Haustür hinaus treiben. Ob das Känguru durch Zufall oder auf der gezielten Suche nach Nahrung ins Haus gelangt war, ist schwer zu sagen. Es war im Übrigen nicht der erste Känguru-„Amoklauf" in Canberra. Im August 2007 waren etwa 3200 Kängurus in eine Militärbasis der Hauptstadt gestürmt und hatten eine Menge Unfug angerichtet. Die kampfbereiten Soldaten weigerten sich aber, das Feuer auf die Wappentiere zu eröffnen.

Koala

Der Koala ist die neben den Kängurus am meisten mit Australien assoziierte Tierart. Er wird auch als „Aschgrauer Beutelbär" bezeichnet und lebt heute vor allem an der australischen Ostküste in Queensland, New South Wales und Victoria. Koalababys werden nach 35 Tagen Tragezeit geboren und anschließend sechs bis sieben Monate im mütterlichen Beutel gesäugt, der im Unterschied zu dem der Kängurus nach unten hin geöffnet ist. Ab dem Alter von 22 bis 30 Wochen erhalten sie „Papp", eine spezielle Art von Kot, als Zusatznahrung,

Natur

Koalas sind selten am Boden anzutreffen

die zunehmend zur Hauptnahrung wird und die Umstellung ihres Organismus von Milch auf Eukalyptusblätter einleitet. Im Alter von zwölf Monaten ist das Junge selbständig genug, um der Mutter eine erneute Schwangerschaft zu erlauben. Es wird aber erst mit etwa zwei Jahren geschlechtsreif und kann mitunter noch bis zu drei Jahre unter dem Schutz der Mutter stehen, bis es aus dem Revier vertrieben wird.

Es ist kein Mythos, Koalas schlafen wirklich gern: täglich bis zu 18 Stunden und mehr. Sie sind hauptsächlich nachtaktiv und benötigen etwa 200 bis 400 Gramm Eukalyptusblätter am Tag, manche verdrücken sogar bis zu einem Kilo. Neben den Blättern fressen sie auch die Rinde und Früchte der Bäume, sind dabei aber äußerst wählerisch: Insgesamt stehen nur etwa 70 von über 500 Eukalyptusarten auf ihrem Speiseplan. Lokal entspricht das nur etwa fünf bis zehn Arten. Dies hängt damit zusammen, dass Eukalyptusbäume aufgrund ihrer gegen Fressfeinde entwickelten Giftstoffe ein sehr heikles Nahrungsmittel sind. Obwohl die Koalas als Spezialisten Stoffwechsel und Verdauungsprozesse in hohem Grad an ihre Nahrung angepasst haben, ist Eukalyptus selbst für sie mit Vorsicht zu genießen; hohe Giftkonzentrationen schaden auch ihnen. Als mineralische Nahrungsergänzung nehmen Koalas mitunter auch Erde zu sich.

Eine besondere Art Koala, der sogenannte *Drop Bear*, ist allerdings weniger im australischen Busch als im Reich der Fantasie und des schwarzen Humors zu Hause: Australier erzählen Touristen gerne vom fleischfressenden Koala mit den großen Zähnen, der sich auf harmlose Buschwanderer fallen läßt, um sie zu beißen. So manchen Urlauber läßt das nicht unbeeindruckt.

Übrigens...
„Koala" ist ein Wort aus einer Aborigine-Sprache und bedeutet „trinkt nicht". In der Tat decken Koalas ihren Flüssigkeitsbedarf hauptsächlich mithilfe der sehr wasserreichen Eukalyptusblätter und suchen nur bei großer Trockenheit Wasserstellen auf, an denen sie leicht das Opfer von Fressfeinden werden können.

Ein Krankenhaus nur für Koalas

„Ach sind die kuschelig und süß!" Das ist wohl der Satz, den die Mitarbeiter des australischen Koala-Krankenhauses in Port Macquarie am häufigsten von ihren Besuchern zu hören bekommen. Ja, tatsächlich – am liebsten würde man sie drücken und knuddeln, so hilfsbedürftig und lieb sehen sie aus. Doch Koalas können auch recht eigenwillig sein. „Sie haben alle ihren eigenen Charakter – nicht jeder ist freundlich. Das merken wir vor allem, wenn sie verletzt oder krank bei uns eingeliefert werden. Manche können einen ganz schön anknurren und sie haben scharfe Krallen und Zähne", erzählt Cheyne Flanagan, die Leiterin des Krankenhauses. „Trotzdem gehen sie einem sozusagen unter die Haut. Wenn einer stirbt, trauern wir alle." Verkehrsunfälle, Hundebisse, Buschbrände und eine gefährliche Infektionskrankheit machen den australischen Symboltieren das Leben schwer, gefährden sogar ihr Überleben auf dem fünften Kontinent. Dazu kommt die Zerstörung ihres Biotops durch den Menschen: „Wenn wir nicht endlich aufhören, ihren natürlichen Lebensraum mit ihren Eukalyptusbäumen zu zerstören, dann wird es bald keine Koalas mehr geben", sagt Cheyne.

Cheyne Flanagan im Koalakrankenhaus

Institutionen wie das Koala-Krankenhaus sollen daher helfen, die beliebten Beutler der Nachwelt zu erhalten. Hier werden jedes Jahr zwischen 200 und 250 Koalas gepflegt – manche sind wie die kleine Cloud (ein Buschbrandopfer) oder Kempsey-Carolina (Autounfall mit Hirntrauma) permanente Patienten. Andere werden dagegen nach ihrer Genesung wieder in die Freiheit entlassen. Westport-Billy zum Beispiel, den Kinder als kleines Baby mit nur 600 Gramm im Schulhof liegend gefunden hatten. Oder Blackbutt-Munchkin, der von einem Auto angefahren worden war. Beide hatte Pflegerin Isme Adam liebevoll mit Spritzen voll Babymilch wieder aufgepeppelt: „Koalas essen zwar am liebsten ihre Eukalyptusblätter, manchmal bis zu einem Kilo Blätter am Tag, aber die meisten hier stehen auch auf Babymilch. Das macht sie wieder stark."

Swift Kenny bei seiner Freilassung

Die meisten Fälle im Koala-Krankenhaus gehen gut aus, doch manche trifft es doppelt hart. Swift-Kenny hatte den ersten Autounfall noch mit einem „blauen Auge" überstanden. Doch nach der Freilassung wurde der kleine Koala gleich nochmal angefahren und dieses Mal gab es keine Rettung mehr. „Der Tod von Swift-Kenny war schrecklich für uns alle", erinnert sich Cheyne.

Die Organisation des Krankenhauses entspricht der einer Klinik für Menschen. Es gibt eine Intensivstation für besonders ernste Fälle, einen Operationsbereich und ein 24-Stunden-Rettungsteam. Kommt ein Notruf an, rücken die Sanitäter aus und tun alles, um das Leben ihrer kleinen Schützlinge zu retten. Wird ein Koala neu eingeliefert, muss er ganz besonders vorsichtig behandelt werden. Wiegen, untersuchen, betasten, all das bedeutet zusätzlichen Stress für die Beuteltiere – die sehr empfindlich sein können.

Das Krankenhaus ist aber auch ein beliebtes Touristenziel. Rund 200 Besucher kommen täglich zu der kleinen Station in Port Macquarie. Deutsche und amerikanische Urlauber sind die größten Koala-Fans. Viele nehmen die rund fünf Stunden Fahrt von Sydney in Richtung Norden gerne auf sich, nur um die Koalas zu sehen und ihnen zu helfen. Und Cheyne Flanagan kann jede Unterstützung gebrauchen. „Deutsche Urlauber unterstützen uns am Besten. Eine junge deutsche Frau, die an Krebs starb, hat uns sogar ihr Vermögen vermacht. Jetzt können wir endlich renovieren und umbauen. Ihr Foto hängt in unserem Behandlungszimmer. Wir sind ihr sehr dankbar." Das Koala-Krankenhaus finanziert sich allein aus Spenden, und alle Mitarbeiter sind ehrenamtlich tätig. Deshalb sucht Cheyne immer Paten für ihre Schützlinge. Eine Patenschaft für einen Koala kann auch über die deutsche Internetseite www.koalahilfe.de eingegangen werden.

Ein verletzter Koala

Wombats

Wombats sind gemütliche Beutler

Wombats sind in der Nacht und Dämmerung aktive Beuteltiere, die sich wie die Kängurus und Koalas vegetarisch ernähren. Von den ersten weißen Siedlern wurden sie für eine einheimische Dachsart gehalten. Sie können aber auch Assoziationen an kleine Bären oder behaarte Schweine wecken. Die scheuen Tiere legen Wohnhöhlen in der Erde an, die bis zu 20 Meter lang und dreieinhalb Meter tief sein können. Ihre Nahrung besteht hauptsächlich aus Gräsern, aber auch aus Wurzeln, Moosen oder Pilzen. Ihr Stoffwechsel ist äußerst effizient an diese schwere Kost angepasst: Bis eine Mahlzeit verdaut ist, können bis zu zwei Wochen vergehen. Die Trage- und Behütungszeit des Nachwuchses ist ähnlich lang wie bei den Kängurus und Koalas.

Wombats zu Gesicht zu bekommen ist eher schwierig und es braucht einige Geduld, wenn man sich früh morgens oder abends auf die Lauer legt. Leider trifft man sie häufiger da an, wo man eigentlich nicht mit ihnen zusammenstoßen möchte, und das ist auf der Straße. Wer nachts oder in der Dämmerung über Land fährt, muss sich ganz allgemein vor Wildwechsel in Acht nehmen. Auch Kängurus können gefährliche Unfälle und Schäden am Auto verursachen. Die massiven Wombats können bei einem Zusammenstoß aber zu lebensgefährlichen Geschossen werden.

Beutelteufel (Tasmanischer Teufel)

Der Beutelteufel kommt heute nur noch auf Tasmanien vor. Das etwa 60 Zentimeter lange Raubtier mit kräftigen Zähnen erinnert entfernt an einen Marder. Wenn die Tiere erregt sind oder mehrere Tiere an

Natur

Schön ist er nicht, der Tasmanische Teufel, dafür aber ein interessantes Beuteltier

einer Beute zerren, geben sie ein lautes Geknurre und Gekreische von sich. In Verbindung mit ihrem aggressiven Verhalten, dem schwarzen Fell, den sich bei Aufregung rot färbenden Ohren und ihrem unangenehmen Geruch hat dieses Geräusch wesentlich zu ihrem Namen beigetragen: Bei frühen Einwanderern weckten sie Assoziationen an Teufel, die in der Nacht heulten

Auf dem australischen Festland ist der Beutelteufel wahrscheinlich schon vor mehr als sechshundert Jahren ausgestorben. Dieses Schicksal hätte die Population auf Tasmanien beinahe geteilt – noch bis in die dreißiger Jahre des 20. Jahrhunderts wurden die Tiere als Gefahr für das Vieh angesehen und bejagt. Nachdem der Beutelteufel 1941 unter Schutz gestellt wurde, konnte sich sein Bestand stabilisieren. Dennoch ist er heute eine vom Aussterben bedrohte Spezies, deren Geschichte an die des Beutelwolfs erinnert: Dieses größte in historischer Zeit vorkommende fleischfressende Beuteltier, wegen des Streifenmusters auf seinem Fell auch „Tasmanischer Tiger" genannt, starb in den dreißiger Jahren des 20. Jahrhunderts auf Tasmanien aus, nachdem es vermutlich bereits Jahrtausende zuvor auf dem Festland verschwunden war. Die Verfolgung durch den Menschen und möglicherweise auch eine eingeschleppte Krankheit wurden ihm zum Verhängnis. Dem Tasmanischen Teufel droht nun seit Mitte der 1990er Jahre ein ähnliches Schicksal: In der Population breitet sich ein Gesichtstumor aus, der die Tiere beim Fressen behindert und schließlich verhungern lässt. Die als *Devil Facial Tumour Disease* (DFTD) bezeichnete Krankheit kann bei Körperkontakt von einem Individuum auf das andere übertragen werden, etwa wenn sich Tiere bei Revierkämpfen gegenseitig beißen und die Tumorzellen sich über Wunden in der Mundschleimhaut einnisten. Mediziner und Zoologen arbeiten fieberhaft an der Bekämpfung der Krankheit. Dazu gehört auch ein Programm, bei dem gesunde Paare aufs Festland gebracht und dort in geschützter Umgebung gezüchtet werden. Wenn die Krankheit auf Tasmanien irgendwann ausgerottet sein sollte, sollen diese Tiere wieder zurück in ihre eigentliche Heimat gebracht werden.

Beutelmarder

Die Beutelmarder oder *Quolls* (auch als *„Native Cats"* bezeichnet) sind nach den Beutelteufeln die größten Mitglieder der Gruppe der Raubbeutler. Das charakteristische Merkmal aller sechs Arten ist das weiße Punktmuster auf dem braunen oder grauen Fell. Die größte Art, der Riesenbeutelmarder, wird 50 Zentimenter groß, die kleineren zwischen 25 und 35 Zentimetern. Beutelmarder sind in ganz Australien und Neuguinea anzutreffen und haben ein großes Nahrungsspektrum, das von Insekten über Amphibien, Echsen, kleinen Säugern bis hin zu Aas und Früchten reicht.

Beutelmarder im Rescue Park Tasmanien

Possums

Der Ausdruck „Possum" ist ein Sammelbegriff für verschiedene Arten von baumlebenden kleineren Beutelsäugern, die nachtaktiv und in der Regel Allesfresser sind. Der Name beruht auf der umgangssprachlichen Abkürzung des Worts „Opossum", das in Nord- und Südamerika vorkommende Beutelratten bezeichnet, mit denen sie gewisse äussere Ähnlichkeiten aufweisen, aber nicht näher verwandt sind. Einige Arten von Possums wurden nach Neuseeland eingeschleppt, was schwerwiegende Folgen für die dortigen Ökosysteme hatte.

Beim Abendspaziergang leuchten einen ihre Augen auch in den Städten von den Bäumen aus an. Wer allerdings ein Possum als Mitbewohner unterm Dach hat, ruft besser den Possumfänger an, der es gegen Gebühr einfängt und an einem anderen Ort aussetzt, wo es weniger störend wirkt. Denn das laute Trappeln von Possumfüßen kann einen nachts leicht um den Schlaf bringen.

Possums sind auch in den Städten heimisch

Der im Outback lebende, nachtaktive Bilby

Bilby

Bilbys, auf deutsch „Kaninchennasenbeutler", sind etwa 30 bis 50 Zentimeter groß, haben eine langgezogene Schnauze, langes, weiches Fell und einen langen Schwanz, und bewegen sich ähnlich wie Kängurus auf ihren kräftigen Hinterbeinen hüpfend fort. Die scheuen, nachtaktiven Tiere, die im Outback Australiens leben und tagsüber in selbst gegrabenen Bauten schlafen, ernähren sich vorwiegend von Insekten und deren Larven, die sie aus dem Boden graben. Mitunter fressen sie aber auch unterirdische Pflanzenteile.

Das Bilby hat in jüngerer Zeit an Bekanntheit und Popularität gewonnen, so dass es bereits als „Osterbilby" dem Hasen Konkurrenz macht. Dies liegt daran, dass die im 19. Jahrhundert eingeführten Kaninchen eine Menge Schaden an der einheimischen Natur angerichtet haben und deshalb in Australien keine großen Sympathieträger mehr sind. Bilbys werden ihrerseits von den ebenfalls aus Europa eingeschleppten Füchsen bedroht (siehe auch den Abschnitt **Unerwünschte Einwanderer**).

Dunnarts

Nachtaktive kleine Jäger: die Dunnarts

Die Gattung der „Schmalfuß-Beutelmäuse" kommt in einer Vielzahl von Lebensräumen vor. Die etwa zehn Zentimeter großen Tiere mit weichem, dichtem Fell und einem behaarten Schwanz sind nachtaktive Fleischfresser, auf deren Speiseplan vor allem Insekten, aber auch kleine Wirbeltiere stehen.

Dunnarts und auch Bilbys bekommt man in freier Wildbahn naturgemäß kaum zu Gesicht, und nur wenige Zoos und Wildlife-Parks zeigen die flinken Beutler. Eine Ausnahme bildet die *Wildlife World* in Sydney, die Bilbys ebenso wie Dunnarts in ihrem „Nachthaus" beherbergt.

Ameisenigel und Schnabeltier – zwei besondere Tiere

Zwei biologische Besonderheiten sind der auf deutsch als „Ameisenigel" oder „Kurzschnabeligel" bezeichnete Echidna und das Schnabeltier. Zusammen mit den auf Neuguinea lebenden Langschnabeligeln bilden sie die Gruppe der Kloakentiere, bei denen die Ausscheidungs- und Geschlechtsorgane in einer einzigen als „Kloake" bezeichneten Öffnung münden. Es handelt sich um die einzigen Tierarten, die Eier legen und dennoch zu den Säugetieren gehören.

Der für gewöhnlich dämmerungsaktive Echidna lebt, wie sein deutscher Name vermuten lässt, hauptsächlich von Ameisen und Termiten. Diese spürt er mit seinem gut entwickelten Geruchssinn auf und befördert sie mit der langen, klebrigen Zunge in die röhrenförmige Schnauze. Wie das Schnabeltier besitzt er in seiner Schnauze außerdem Elektrorezeptoren, mit denen er seine Beute auch aufgrund der elektrischen Felder, die ihre Muskelbewegung erzeugt, aufspüren kann. Bezüglich seines Lebensraums ist er nicht sehr wählerisch, sofern nur genügend Nahrung vorhanden ist.

Das nachtaktive Schnabeltier hält sich meist im Wasser auf und ernährt sich vor allem von Krabben, Insektenlarven und Würmern. Neben den Elektrorezeptoren besitzt es an seinem Schnabel einen

AUSTRALIEN – KONTINENT DER BESONDERHEITEN

Ein Platypus im Lone Pine Koala Sanctuary

„Jemand, der an allem außer seinem eigenen Verstand zweifelt, könnte ausrufen: Gewiss müssen hier zwei verschiedene Schöpfer am Werk gewesen sein."

Charles Darwin, Tagebucheintrag zum Schnabeltier (1836)

Ein Echidna sucht in der Dämmerung nach Nahrung

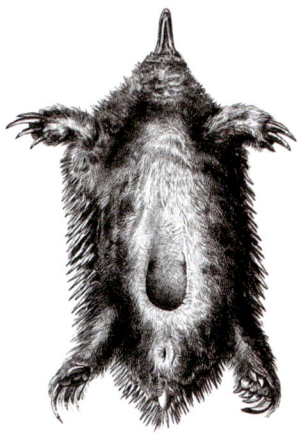

Unterseite des weiblichen Schnabeligels: Deutlich ist die Bruttasche zu erkennen

gut ausgebildeten Tastsinn, der auf feinste Wellenbewegungen anspricht. Anhand des Zeitunterschieds zwischen den elektrischen und mechanischen Signalen kann der Aufenthaltsort der Beute genau berechnet werden.

Das männliche Schnabeltier besitzt an den Hinterbeinen Giftsporne. Sie dienen aber wohl normalerweise nicht der Abwehr von Feinden, sondern werden bei Rivalenkämpfen eingesetzt. Wenn sich die Tiere bedroht fühlen, können sie damit allerdings auch Menschen gefährlich werden: Das Gift verursacht extreme Schmerzen und starke Übelkeit, die über Wochen oder sogar Monate anhalten kann und gegen die es nur wenige wirksame medikamentöse Behandlungsmethoden gibt.

Dingo

Als verwilderte Haushunde, die vermutlich vor circa 4000 Jahren von südostasiatischen Händlern nach Australien eingeschleppt worden sind, müssten Dingos eigentlich zu den „unerwünschten Einwanderern" gezählt werden (siehe unten). In der Tat gibt es Mutmaßungen, nach denen ihnen zumindest eine Mitverantwortung für das Aussterben von Beutelwolf, Beutelteufel und Tasmanischem

Vor zirka 4.000 Jahren importiert: Dingos

Pfuhlhuhn auf dem australischen Festland zukommt. Heute wird die ökologische Rolle der Dingos in Australien aber überwiegend positiv gesehen, da es beispielsweise Hinweise darauf gibt, dass Dingos dazu beitragen, die Populationen von Rotfüchsen und möglicherweise auch von verwilderten Hauskatzen in Zaum zu halten. Leztere stellen eine große Bedrohung für die einheimischen Kleintiere dar.

Das Fell der Tiere ist meistens rötlich braun, kann aber auch schwarz oder weiß sein. Auch wenn sie häufig als Einzeltiere beobachtet werden, leben sie meistens wie Wölfe in Rudeln mit festen Territorien, passen ihr Sozialverhalten aber an das jeweils vorhandene Nahrungsangebot an. Ihre Lautäußerungen bestehen vor allem in verschiedenen Formen des Heulens, wogegen sie allenfalls auf eine kurze, einsilbige Art bellen. Durch die Vermischung mit von Europäern eingeführten, in jüngerer Zeit verwilderten Haushunden ist der „reine" Dingo heute allerdings vom Aussterben bedroht. Die Mischlinge sind von „reinen" Dingos äußerlich oft nur schwer zu unterscheiden. Neben der weitaus variableren Fellfarbe besteht ein Merkmal darin, dass sie wie „normale" Haushunde bellen. Unter Wissenschaftlern wird kontrovers diskutiert, ob es Sinn macht bzw. überhaupt möglich ist, eine „reine" Dingo-Population zu erhalten. Da die Mischlinge zum Teil deutlich größer als ursprüngliche Dingos sind und höhere Fortpflanzungsraten aufweisen, wird über mögliche negative ökologische Auswirkungen spekuliert. Dafür gibt es aber bisher keine eindeutigen Belege.

Bei Viehzüchtern machten sich die großen Raubtiere seit Beginn der europäischen Besiedlung unbeliebt und erlangten den Ruf, „verschlagen" und „feige" zu sein, was dazu führte, dass das Wort „Dingo" bis heute im australischen Slang auch für „Feigling" und „Betrüger" steht.

Vögel

Der fünfte Kontinent wartet außerdem mit einer reichen Vogelwelt auf: Majestätische Pelikane, nur an Land tollpatschig wirkende Pinguine, bunte Papageien, lachende Kookaburras, Menschen gegenüber mitunter recht „kesse" Kakadus, gut getarnte Tawny Frogmouths sowie die stattlichen Laufvögel Emu und Kasuar sind nur die bekanntesten geflügelten Bewohner Australiens.

Mit dem bis zu 1,90 Meter großen Emu, dem Nationalvogel Australiens, Auge in Auge. Emus sind in fast ganz Australien verbreitet. Sie unternehmen, manchmal in riesigen Verbänden von bis zu 70.000 Tieren, weite Wanderungen, um in günstigere Nahrungsgebiete zu gelangen. Der nächste Verwandte des Emus, der Kasuar, lebt in den Regenwäldern Neuguineas und Queenslands

Vor allem den in Queensland heimischen Kasuaren ist allerdings mit Vorsicht zu begegnen, da ihre Krallen einem Menschen leicht gefährliche Verletzungen zufügen können. Sie sind aber in der freien Natur selten geworden, so dass es eher Glück wäre, einen außerhalb eines Zoos anzutreffen. Typische Vögel, die normalerweise jeder Australienreisende zu Gesicht bekommt, sind die bunten Papageien und die schönen weißen Kakadus, die selbst in den Städten viele Parks und Botanische Gärten bevölkern. Ebenso häufig ist der zu den Eisvögeln zählende Kookaburra (zu Deutsch „Jägerliest" oder „Lachender Hans"), der mit seinem lachenden Krächzen für viel Heiterkeit sorgt. Kookaburras lieben übrigens Fleisch und klauen gerne mal ein Stückchen Steak vom Grill oder gar vom Teller. Am Meer sind auch Pelikane häufige Gäste, vor allem in der Nähe von Fischmärkten oder Fish-and-Chips-Buden, wo auch sie sich gern als ungeladene Gäste bedienen. Schwieriger zu beobachten sind dagegen die zu den Eulenschwalmen gehörenden Tawny Frogmouths, die sich mit ihrem grauen Federkleid unglaublich gut als Ast tarnen können, und die kleinen Pinguine, die meist erst bei Einbruch der Dämmerung aus dem Meer zurück ins Nest an Land gewandert kommen. (Um die Tiere nicht unnötig zu stören, sollte man letztere nur im Rahmen einer organisierten Tour beobachten und nicht selbst mit der Taschenlampe losgehen.)

„Kookaburra Sits in the Old Gum Tree" ist ein beliebtes australisches Kinderlied

Typische Vögel Australiens sind bunte Papageien

Tawny Frogmouth: „Lohfarbenes Froschmaul"

Natur

Reptilien

Auf einige der Reptilien wird im folgenden Abschnitt **Gefährliche Tiere** näher eingegangen. Viele der Echsen, Schlangen und Schildkröten sind jedoch eher harmlos. Besonders erwähnenswert ist der bizarr aussehende Dornteufel (*Thorny Devil*, auch „Wüstenteufel" oder „Moloch" genannt), der im Outback lebt. Die am ganzen Körper mit dornenartigen Stachelschuppen bedeckte Echsenart gehört zu den Agamen, die zusammen mit den Chamäleons und Leguanen die Gruppe der Leguanartigen bilden. Die „Dornen" sind nicht nur zur Abschreckung von Fressfeinden nützlich, sondern sie helfen der Echse im trockenen Zentrum Australiens, genug Wasser aufzunehmen. Regen- oder Tautropfen werden aufgrund von Kapillarkräften über winzige Hautfurchen zwischen den Dornen direkt in den Mund der Echse geleitet.

Goannas sind durch ihre dunkle Hautfarbe gut getarnt

Am häufigsten begegnet man in Australien aber Eidechsen, den auch als „Wasserdrachen" bezeichneten Wasseragamen und Waranen. Letztere werden in Australien „Goannas" genannt. Einige der Goanna-Arten können eine stattliche Länge erreichen, manche sogar über zwei Meter. Auf der Suche nach Nahrung sind Goannas häufig in der Nähe von

Der Dornteufel ist trotz seines Namens ungefährlich, außer für Ameisen, die er fast ausschließlich frisst – etwa 1000 pro Mahlzeit

Eine Kragenechse, beheimatet in Neuguinea und Nordwestaustralien, stellt bei Gefahr ihren Kragen auf

Campingplätzen oder auch in menschlichen Behausungen anzutreffen. Sie sind nicht aggressiv, doch es soll schon vorgekommen sein, dass sie einen Menschen mit einem Baum verwechselt haben und versuchten, an ihm hochzuklettern. Erst kürzlich haben Wissenschaftler auch herausgefunden, dass der Speichel von Goannas giftig ist.

„Unerwünschte Einwanderer"

Nicht nur die Besiedlung durch den Menschen hat in Australien große Auswirkungen auf die einheimische Tier- und Pflanzenwelt gehabt. Zu teils dramatischen Änderungen im ökologischen Gefüge führten auch von Menschen eingeführte Tierarten. Dazu gehören unabsichtlich eingeschleppte Arten wie die Wanderratte, zu Jagdzwecken gezielt ausgesetzte Arten wie Kaninchen, Wildschweine und Rotfüchse, oder

NATUR

sekundär verwilderte Haus- und Nutztiere wie Hunde (s. *Dingo*), Hauskatzen, Ziegen, Wasserbüffel oder auch Kamele. Letztere wurden Mitte des 19. Jahrhunderts aus Afghanistan und Pakistan importiert, um Zentralaustralien zu erschließen. Nach getaner Arbeit wurden die Dromedare im Outback frei gelassen. Heute bilden sie die größte und einzige noch wild lebende Kamelpopulation der Welt. Sie vermehren sich rasant und stellen nicht nur eine Bedrohung für einheimische Pflanzen- und Tierarten dar, sondern verursachen auf der Suche nach Wasser und Nahrung bei großer Trockenheit auch beträchtliche Schäden in menschlichen Siedlungen. Die Regierung ordnet daher immer wieder Abschüsse an. Nach der jüngsten Massenschlachtung Anfang 2010 wurde die Idee aufgeworfen, die Kamele zu einem Exportprodukt zu machen. Vor allem im orientalischen Raum besteht große Nachfrage nach günstigem Kamelfleisch, das wegen seines geringen Fettgehalts als Proteinquelle geschätzt wird. Trotz zahlreicher Anfragen aus dem Nahen Osten und den USA scheitert die Umwandlung der Plage in eine Einnahmequelle bislang aber an ungelösten logistischen Problemen. Die Kosten für den Transport der Kamele in lebendiger oder tiefgekühlter Form sind ganz einfach zu hoch.

> Die Aga-Kröte ist wegen ihres katastrophalen Einflusses auf die Ökosysteme von Feuchtgebieten zum unbeliebtesten Tier Australiens avanciert. Manch ein Politiker fühlte sich deswegen schon dazu veranlasst, wenig zimperliche Beseitigungsmethoden – etwa mit Golfschlägern – zu propagieren

Zu den gezielt ausgesetzten Tieren gehört die aus Amerika stammende Aga-Kröte. Sie wurde in den 1930er Jahren ins Land geholt, um den Zuckerrohrkäfer zu bekämpfen. Dieses Vorhaben scheiterte kläglich und wuchs sich stattdessen zu einer ökologischen Katastrophe aus. Schuld daran ist vor allem das Gift, das die erwachsenen Tiere über Hautdrüsen absondern können. Für nicht daran angepasste Fressfeinde stellt die Kröte selbst im Kaulquappenstadium eine tödliche Gefahr dar. Der Mangel an natürlichen Gegenspielern sorgte dafür, dass sich die Kröte in kurzer Zeit extrem

AUSTRALIEN – KONTINENT DER BESONDERHEITEN

vermehren und ihr Verbreitungsgebiet explosionsartig ausdehnen konnte. Ihre Population übersteigt heute die Gesamtzahl aller anderen Froschlurche in Australien bei Weitem. Fleischfresser, die Amphibien auf ihrem Speiseplan haben, wie Warane, Schlangen oder auch Beutelmarder, werden dadurch teilweise in ihren Beständen ernsthaft bedroht. Aber auch für unvorsichtige Menschen kann der Kontakt mit der Kröte gefährlich sein. Die umgangssprachlich „Cane Toad" (entsprechend ihrer ursprünglich vorgesehenen Aufgabe nach „Cane Sugar" = „Zuckerrohr") genannte Kröte hat sich in Australien zum mit Abstand unbeliebtesten Tier gemausert. Ihre Bekämpfung verursacht dem Staat enorme Kosten. Diskutiert wurden Ansätze mit Krankheitserregern, Parasiten und Erbgutveränderungen – doch sie alle mussten verworfen werden, weil sie auch eine Gefahr für andere Amphibienarten dargestellt hätten. Die bisher wirksamste Bekämpfungsmethode besteht darin, sie mit UV-Licht anzulocken und zu töten.

Die Rote Feuerameise (Solenopsis invicta)

Ein Beispiel für eine unbeabsichtigt eingeführte Tierart ist dagegen die ursprünglich in Südamerika beheimatete Rote Feuerameise. Sie wurde 2001 über einen Frachter nach Brisbane eingeschleppt. Aufgrund ihrer besonderen Aggressivität kann sie sich sehr effektiv gegen Fressfeinde zur Wehr setzen und stellt auch für andere Ameisenarten eine ernste Bedrohung dar. Auch für den Menschen sind Feuerameisen nicht ungefährlich. Ihre Bisse sind schmerzhaft und können bei einer allergischen Überempfindlichkeit sogar zum Tod führen. In diesem Fall eines unerwünschten Eindringlings reagierten die Behörden schnell und effektiv: Man streute vor den Nestern Köder mit wachstumshemmenden Chemikalien aus. Diese führten dazu, dass die Königinnen keine entwicklungsfähigen Eier mehr produzieren konnten. Im Laufe weniger Monate starb auf diese Weise ein Großteil der Ameisenkolonien ab.

Übrigens...
Nicht in allen Fällen hatte das Einführen einer fremden Art durch den Menschen in Australien negative Folgen. Da die einheimischen Insekten den Dung der eingeführten Rinder nicht ausreichend umsetzen und dem Verwertungskreislauf zuführen konnten, wurden verschiedene tropische Mistkäferarten nach Australien eingeführt. Das Australian Dung Beetle Project erwies sich als außerordentlich erfolgreich und frei von unerwünschten Nebenwirkungen. Die Arbeit der Käfer führt zu einem beschleunigten Pflanzenwachstum, da Stickstoff und Phosphor leichter aus dem Dung in den Boden gelangen (Düngerwirkung). Außerdem werden Rinderparasiten, deren Larven sich im Dung entwickeln, durch die Konkurrenz der Käfer stark zurückgedrängt.

So gefährlich manche Haiarten für den Menschen sind; gefährlicher ist der Mensch für den Hai, denn viele dieser urtümlichen Knorpelfische enden als Beifang in Schleppnetzen. Einige Arten sind bereits in ihrem Bestand bedroht

Gefährliche Tiere

In Australien gibt es nicht nur Haie und Krokodile, sondern auch viele zum Teil äußerst giftige Tiere, darunter mehr als 50 giftige Land- und Seeschlangenarten, Blaugeringelte Kraken, Kegelschnecken, mehrere Quallenarten sowie etliche giftige Fische, Spinnen und Insekten. Diese Tiere in der freien Natur zu sehen, ist eher unwahrscheinlich. Panik ist also unangebracht. Trotzdem sollten Australienbesucher auf die Warnungen von Einheimischen hören und Schilder beachten. Vor allem das Schwimmen im Meer ist mit Vorsicht zu genießen, und beim Zelten oder bei Wanderungen sollte man keine Kleidung oder Schuhe am Boden herumliegen lassen, in denen sich Schlangen oder Spinnen einnisten können.

Faszination und Horror: Haie

Für Schlagzeilen gut sind vor allem die Haie Australiens. Sie haben eine seltsame Anziehungskraft auf den Menschen. Aufgrund ihrer beeindruckenden Erscheinung vermitteln Haie Horror pur, gleichzeitig faszinieren sie auf unbeschreibliche Art und Weise.

Weltweit existieren rund 400 Arten, doch nur drei davon gelten als extrem gefährlich: der Stierhai, der Tigerhai und der Weiße Hai. Sie alle kommen in australischen Gewässern vor. Hainetze ermöglichen inzwischen zwar vielerorts sicheres Schwimmen und Surfen, doch ein bis zwei Todesfälle pro Jahr kommen dennoch vor.
"Am Besten ist es wahrscheinlich, wenn man die Gegend kennt, wo man tauchen geht, vielleicht spricht man vorher mit den Einheimischen. Ich würde nicht spät nachts rausgehen, vor einer Flußmündung oder wo schon früher Haiangriffe waren. Die Chance, von einem Hai gebissen zu werden, ist sehr gering, aber einheimisches Wissen ist immer am Besten", rät Dean Moore, Tauchlehrer und verantwortlich für das Hai-Becken der „Oceanworld" im Badeort Manly bei Sydney. In nächster Nähe zu Haien heißt es stets Ruhe bewahren. Sollte eines der Tiere aggressiv reagieren, gilt es, sein Angriffsmuster zu unterbrechen: ein Schlag auf die Nase, eine schnelle Bewegung oder Luftblasen können lebensrettend sein.

Netze sollen Schwimmer in Sydney vor Haien schützen

Die großen und gefährlichen Haie wie der Weiße Hai können bis zu sechs Meter lang werden und über 3000 Kilo wiegen. Haie können zwischen 15 und 25 Jahre alt werden, wobei sich ihr Gebiss immer wieder erneuert. Menschen gelten eigentlich nicht als bevorzugte Nahrung von Haien, sondern eher als „zufällige" Opfer, und werden von den Haien selbst möglicherweise eher als Bedrohung denn als Beute angesehen. Andererseits scheinen viele Haie bei der Wahl ihrer Nahrung nicht sehr wählerisch zu sein. In einem Hai, der in der Nähe von Sydney gefangen wurde, hat man zum Beispiel acht Hammelbeine, einen halben Schinken, das hintere Viertel eines Hundes, 135 Kilo Pferdefleisch, ein Schiffsteil und ein Stück Sackleinen gefunden.

Überlebenskünstler Krokodile

Krokodile, die schon etliche Eiszeiten überstanden haben, lassen sich stammesgeschichtlich 200 Millionen Jahre zurückverfolgen und übertreffen damit die Dinosaurier bei weitem. Die auch als „Leistenkrokodil" bezeichneten Salzwasserkrokodile, die im tropischen Norden Australiens leben, sind ähnlich furchteinflößend wie Haie. Die Art ist die größte überhaupt und erreicht eine Länge von bis zu sieben Metern. Auch große Tiere wie Kühe, Pferde oder Wasserbüffel gehören daher zu ihrem Beutespektrum. In Australien gibt es immer wieder Übergriffe auf Menschen, doch meist sind die Betroffenen auch extrem unvorsichtig. Schwimmen oder Kanufahren in Wasserlöchern, Flussmündungen oder im Meer kann im Norden Australiens tödlich enden. Krokodile ziehen ihre Opfer unter Wasser und reißen mit der sogenannten „Todesrolle", bei der sie sich einmal um die eigene Achse drehen, Stücke aus ihnen heraus. Oft fressen sie nur einen Teil ihres Fangs und lagern den Rest für ein paar Tage in einem Versteck, damit er weicher wird.

Gut getarnt im Schlamm: das Salzwasserkrokodil

Die Temperatur, bei der die Krokodileier ausgebrütet werden, entscheidet über das Geschlecht der Jungtiere. Mit ihren Jungen gehen Krokodile übrigens sehr zärtlich um. Sie werden von ihrer Mutter bei einem Transport extrem vorsichtig zwischen die großen Zähne genommen, und Mama Krokodil läßt ihre Schützlinge nicht aus den Augen, bis sie für sich selbst sorgen können.

Die Sydney-Trichternetzspinne in Angriffshaltung gegenüber einer Giftmelk-Pipette

Gefährliche „Krabbeltiere"

Sie ist die gefürchtetste und auch alltäglichste Gefahr Australiens: die Sydney-Trichternetzspinne (*Sydney Funnel-web Spider*). Während Haie oder Krokodile die Schlagzeilen machen, ist sie eigentlich viel präsenter. Denn sie kann auch im Vorgarten oder in der Garage auftauchen. Die mit 25-30 Millimetern Körperlänge relativ kleine Giftspinne kann nicht nur Tiere bis zur Größe von Hausmäusen überwältigen, ihr Gift greift beim Biss auch das Nervensystem des Menschen an und führt letztendlich zum Tod. Ihr Verbreitungsgebiet ist die am dichtesten besiedelte Gegend Australiens: die gesamte Region um Sydney bis 160 Kilometer ins Hinterland. Jährlich werden sechs bis zwölf Menschen von *Funnel-webs* gebissen. Bevor es gelang, ein wirksames Serum zu entwickeln, hat kaum jemand eine solche Attacke überlebt.

NATUR

Besonders gefährlich ist die männliche Spinne: Ihr Gift ist sechsmal stärker als das des Weibchens. Im Australian Reptile Park bei Sydney wird deshalb zur Produktion des Serums nur bei den Männchen das Gift „gemolken". "Wenn ich die Spinnen melke, dann provoziere ich sie vorsichtig mit einer Pinzette, so dass sie sich in eine Hab-Acht-Stellung begeben. Und wenn sie sich so aufstellen, dann produzieren sie in neun von zehn Fällen Gift. Diese Gifttropen hängen an den Enden ihrer Beißzähne und ich sauge sie mit einer Pipette auf", erklärt die Spinnen-Expertin Jackie Adams-Maher. Das gesammelte Gift wird im Anschluss in ein Labor nach Melbourne geschickt, wo dann das lebensrettende Gegengift hergestellt wird.

In freier Natur bauen die Spinnen röhren- oder trichterförmige Netze in Spalten oder Löchern in Bodennähe. In dunkler, kühler und feuchter Umgebung fühlen sie sich wohl, und nur einmal pro Woche brauchen sie Nahrung zu sich zu nehmen (zum Beispiel Grillen oder andere Insekten).

Er sieht unheimlich aus und ist dabei völlig harmlos: der Huntsman, hier von unten durch eine Glasscheibe fotografiert.

Ebenfalls gefährlich sind die Rotrückenspinne und die Mausspinne, während die optisch furchterregend großen *Huntsman Spiders* (Riesenkrabbenspinnen) völlig harmlos sind. Doch beim plötzlichen Auftauchen einer handtellergroßen Spinne können nur wenige Menschen die Ruhe bewahren...

Neben den Spinnen gibt es auch giftige Raupen, Hundert- und Tausendfüßer, Skorpione und Ameisen. Die bis zu zweieinhalb Zentimeter lange Bulldoggenameise (*Bull Ant*) etwa kann Menschen mit ihrem Giftstachel schmerzhafte Stiche zufügen, die etwa denen einer Wespe entsprechen. Ein Stich stellt meist noch kein Problem dar, mehrere können jedoch eine gefährliche allergische Reaktion hervorrufen.

Der Östliche Taipan ist die größte Giftnatter Australiens und eine der giftigsten Schlangen der Welt. Wegen seiner Scheu sind Bissunfälle jedoch selten

Schlangen zu Land und zu Wasser

Australien ist die Heimat einiger der giftigsten Schlangen der Welt. Hierzu zählen die giftigste Schlange überhaupt, der Inlandtaipan, sowie der Östliche Taipan und die Gewöhnliche oder Östliche Braunschlange. Außerdem gehören dazu mehrere Arten der in den australischen Küstengewässern vorkommenden Seeschlangen, die mit den australo-asiatischen Giftnattern eng verwandt sind. Bis zu 3000 Menschen werden in Australien jährlich von Schlangen gebissen. Dabei handelt es sich zumeist allerdings um sogenannte „Dry Bites", bei denen kein Gift injiziert wird, so dass nur an etwa 15 % der Bissopfer Gegengift verabreicht werden muss. Nachdem gegen die meisten Schlangengifte Antiseren entwickelt werden konnten, liegt die Zahl der Todesfälle in den vergangenen 20 Jahren bei einem bis

Ein Inlandtaipan auf rotem Outbacksand

zwei pro Jahr. Einen Schlangenbiss kann man sich zu jeder Jahreszeit einhandeln, doch in den wärmeren Monaten ist die Gefahr wesentlich höher. Und auch wenn es auf dem Land deutlich mehr Schlangen als in der Stadt gibt, so dürfen sich Stadtbewohner keinesfalls zu sicher fühlen. In der australischen Stadt Adelaide zum Beispiel werden jedes Jahr hunderte von giftigen Schlangen in Häusern gefunden. Schlangenfänger ist deshalb ein etablierter Beruf.

Die Schlange mit dem gefährlichsten Gift, der Inlandtaipan, lebt im heißen Outback im Zentrum Australiens. Allerdings kommt die Schlange nur selten vor und ist zudem nicht aggressiv. Gefährlicher sind dagegen Schlangen, die sich mehr in der Nähe des Menschen aufhalten, wie der Östliche Taipan, die Gewöhnliche Braunschlange, die Todesotter oder die Tigerotter.

Schöne Muster: die Todesotter

Außer den Landschlangen gibt es über 30 bekannte Arten von Seeschlangen. Nicht alle sind für den Menschen gefährlich, doch alle besitzen Giftdrüsen und Fangzähne. Die Mär, dass Seeschlangen einen Menschen aufgrund ihrer Maulform nur am Ohrläppchen oder zwischen den Fingern beißen könnten, gehört leider ins Reich der Fantasie. Seeschlangen sind jedoch nicht aggressiv, sondern höchstens neugierig. Zubeißen tun sie selten. Zu Unfällen kommt es, wenn sich eine Schlange zum Beispiel in einem Fischernetz verfängt und sich bedroht fühlt.

Giftige Meeresbewohner

Die Seewespe (Chironex fleckeri), eine in den warmen Küstengewässern Nordaustraliens vorkommende Quallenart, ist einer der tödlichsten Meeresbewohner überhaupt. Rund 60 bis zu drei Meter lange, relativ durchsichtige Tentakeln, die mit etwa 5000 Nesselzellen bestückt sind, wachsen aus ihrem glockenähnlichen Körper hervor. Das von den Nesselzellen abgegebene Nervengift führt schon bei der Berührung mit nur einem Tentakel zu extremen Schmerzen. Je mehr Körperstellen betroffen sind, umso geringer sind die Überlebenschancen des Opfers. Als Sofortmaßnahme wird empfohlen, Essig auf die Wunden zu gießen, was zur Deaktivierung der Nesselzellen führt, und den Patienten dann so schnell wie möglich ins Krankenhaus zu bringen.

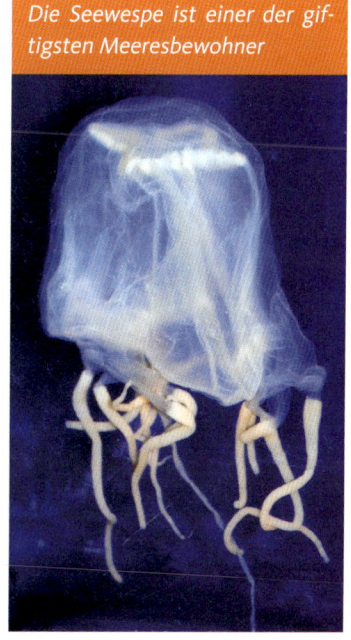

Die Seewespe ist einer der giftigsten Meeresbewohner

Schön, aber unter Umständen tödlich: die Blaugeringelte Krake

Wenn noch eine Schnecke drinsteckt, wird's gefährlich

Diese und andere hochgiftige Quallenarten sind aber nicht die einzigen gefährlichen Meeresbewohner Australiens. Die wunderschönen Blaugeringelten Kraken geben bei einem Biss ein starkes Nervengift ab, das von symbiotischen Bakterien in ihren Speicheldrüsen produziert wird. Ebenfalls tödliche Gifte besitzen der imposante Pazifische Rotfeuerfisch und der infolge der Anpassung an seine Umwelt eher unauffällige Steinfisch an den Strahlen ihrer Rückenflossen. Steinfische stellen nicht nur für unvorsichtige Taucher, sondern auch für Strandspaziergänger eine Gefahr dar, weil sie sich auch nahe am Ufer im seichten Wasser aufhalten können. Die Kegelschnecken besitzen an ihrem Mund anstelle der ursprünglichen Reibezunge (Radula) eine Harpune, die mit einer Giftdrüse verbunden ist. Menschen gehören zwar nicht zu ihrem Nahrungsspektrum, die Schönheit der Form und Farben ihrer Gehäuse macht sie für diese aber zu begehrten Sammlerobjekten. Infolgedessen können auch Menschen leicht zu ihren Opfern oder vielmehr zu Opfern ihrer eigenen Leidenschaft werden, wenn sie allzu unüberlegt im Wasser oder am Strand ihre Finger nach ihnen ausstrecken…

Erste Hilfe bei Bissen durch Schlangen und andere Gifttiere

Die Grundregeln bei Schlangenbissen oder bei einem Biss der Trichternetzspinne sind:
- Ruhe bewahren und das Opfer ruhig stellen
- Keinesfalls Methoden wie Aufschnei-

den, Aussaugen mit dem Mund oder Ausbrennen der Biss-Stelle versuchen! Auch nicht die Wunde reinigen!
- Anlegen einer festen Bandage: Ist das Opfer zum Beispiel in den Arm oder ins Bein gebissen worden (was auf 95 % der Fälle zutrifft), wird von der Biss-Stelle bis zum Ende des Armes oder Beines mit einer elastischen Binde bandagiert - nicht abgebunden!
- Ein fester Stock zum Beispiel kann mit eingewickelt werden, um das Gliedmaß ruhig zu stellen. Damit wird das Wandern des Giftes in den Blutkreislauf verzögert oder sogar verhindert. Man erkauft dem Patienten quasi extra Zeit.
- Wichtig für die anschließende Behandlung im Krankenhaus ist zu wissen, welches Gift das Opfer in seinem Körper hat. Normalerweise befindet sich an der Bisswunde genug Gift für eine Bestimmung. Trotzdem hilft es, das Tier genau beschreiben zu können und falls es bereits tot ist, auf jeden Fall mit ins Krankenhaus zu bringen.

Was ist Gift?

Gifte können fest, gasförmig oder flüssig sein und stellen komplexe Stoffgemische dar. Bei den eigentlichen Toxinen handelt es sich in der Regel aber um einzelne Substanzen bzw. Substanzgruppen, zumeist bestimmte Eiweißverbindungen. Entsprechend ihrem Wirkungsort können als Haupttypen von Toxinen Neurotoxine (Nervensystem), Myotoxine (Muskeln), Hämorrhagine (Blutzellen und –gefäße), Hämotoxine (Blutgerinnung), Nephrotoxine (Nieren), Cardiotoxine (Herz) und Nekrotoxine (Zellgewebe) unterschieden werden.

Gerät das Gift in den menschlichen Körper, kann es je nach Dosis zu Schädigungen der Gewebe oder Organe führen. Krankheit und sogar Tod können die Folge sein. Häufig führen die von Tieren bei der Beutejagd abgegebenen Gifte zur Lähmung, zu Atemnot und zum Herzstillstand des Opfers.

Das Gift einer Tigerotter

Wie misst man Gift?

Eine standardisierte Methode zur Messung der Wirksamkeit eines Giftes ist die Ermittlung seiner mittleren letalen Dosis, des sogenannten „LD50-Wertes": Wie viel Milligramm pro Kilogramm Körpergewebe eines Giftes sind nötig, um im Experiment mindestens 50% aller Versuchstiere zu töten? Da die Reaktion des Organismus auf Giftstoffe bei verschiedenen Tierarten allerdings unterschiedlich

Natur

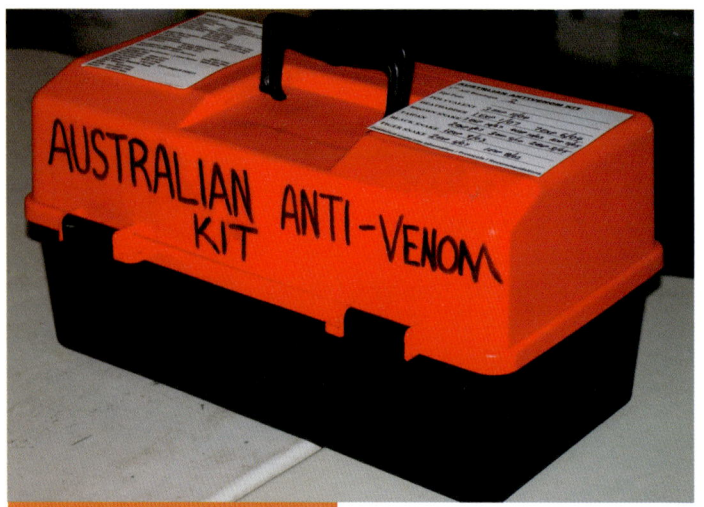

Bei so vielen Giftschlangen müssen Krankenhäuser und Zoos gut mit Gegengiften ausgestattet sein

ausfallen kann, sind die Ergebnisse solcher Versuche nicht ohne weiteres auf den Menschen zu übertragen und stellen letztlich nur einen allgemeinen Hinweis auf die Toxizität eines Stoffes bzw. Stoffgemisches dar. Im Übrigen kann die etwa bei einem Schlangenbiss abgegebene Giftmenge bei verschiedenen Arten sehr unterschiedlich sein, so dass die Wirksamkeit des Giftes im Labor nicht mit der „Giftigkeit" einer Tierart unter realen Bedingungen gleichzusetzen ist.

Wie stellt man Gegengift her?

Das Herstellen von Gegengift ist oftmals kompliziert und nicht für jedes Gift gibt es bereits ein Gegengift. Die Produktion kann z.B. im Körper anderer Tiere erfolgen, denen kleine, allmählich gesteigerte Dosen des Giftes injiziert werden. Im Laufe der Zeit entwickelt das Immunsystem der Tiere Antikörper gegen die Giftstoffe. Wenn sich nach einer gewissen Behandlungszeit genügend davon gebildet haben, können sie aus dem Blut gewonnen und als Antiserum beim Menschen eingesetzt werden. Zur Produktion werden oftmals Pferde benutzt, die nach einer Immunisierung mit dem Gift über Jahre als Antiserum-„Spender" dienen können. Durch die gleichzeitige Impfung mit verschiedenen Giften können polyvalente Antiseren hergestellt werden, so dass im Notfall vor der Verabreichung des Antiserums beispielsweise nicht erst die genaue Schlangenart bestimmt werden muss. Die Zusammensetzung des Giftes einer Schlangenart kann allerdings andererseits aufgrund ihrer Anpassung an den Lebensraum Schwankungen unterliegen, so dass sich die Wirksamkeit eines spezifischen Gegenmittels bei derselben Art unterscheiden kann. Da die Injektion fremder Antikörper im menschlichen Organismus ihrerseits eine Immunantwort hervorruft, ist die Verabreichung des Antiserums im Übrigen nicht ganz komplikationsfrei und führt nicht selten zu körperlichen Reaktionen bis hin zu Schockzuständen. Die in Australien verabreichten Antiseren gelten aber als sehr sicher.

Übrigens...
Aufgrund des großen Herstellungsaufwands ist eine Dosis Gegengift ein teures Produkt. 1000 bis 1400 $ kostet sie im Durchschnitt, und viele Opfer benötigen mehrere Dosen. Am teuersten ist das Polyvalent-Snake-Gegengift, das mehrere Schlangenarten gleichzeitig abdeckt. In Australien bezahlt die Regierung jede Form von Gegengift, das heißt, keinem Patienten entstehen eigene Kosten.

Sagenumwobene Wesen – Seepferdchen auf Tasmanien

Schon der römische Meeresgott Neptun wurde oft mit Seepferdchen dargestellt, und in keinem Kinderbuch mit Meerjungfrauen dürfen die hübschen Meeresbewohner fehlen. Im Gegensatz zu den Sagengestalten sind die Seepferdchen jedoch ganz real, trotz ihres märchenhaften Äußeren und ihrer ungewöhnlichen Eigenschaften. Es handelt sich um Fische, auch wenn sie nicht danach aussehen, und sie sind die einzigen Lebewesen, bei denen die Männer die Babys bekommen. In der Brusttasche des Vaters können innerhalb weniger Wochen bis zu 1000 Embryonen heranwachsen. Und noch eine erstaunliche Eigenschaft haben Seepferdchen-Forscher auf Tasmanien entdeckt. „Wir haben herausgefunden, dass ein Seepferdchen eine gelbe Farbe annimmt, wenn es in einem gelben Tank gehalten wird – manche brauchen dafür drei Wochen, andere nur fünf Minuten. Wir können Seepferdchen rot, schwarz, weiß, gold und eben gelb machen", sagt der Biologe und Seepferdchen-Experte Professor Nigel Forteath von der *School of Human Life Sciences* in Launceston.

Insgesamt gibt es über 100 Arten, von denen fast 30 in australischen Gewässern leben, wo sie von Menschen relativ ungestört sind. In anderen Teilen der Welt sind Seepferdchen dagegen vom Aussterben bedroht, was laut Professor Forteath in erster Linie an ihrer Bedeutung für die traditionelle chinesische Medizin liegt, wo jährlich bis zu „25 Millionen dieser kleinen Fische verarbeitet werden. Und dann gilt das Seepferdchen noch als Aphrodisiakum – wiederum in der chinesischen Kultur. Somit werden noch mehr Seepferdchen klein gemahlen und zu Tabletten verarbeitet."

Ein Seepferdchen, wissenschaftlich Hippocampus („Pferdewurm") genannt

Natur

Der Himmel über Australien

Die Astronomie spielte schon bei den europäischen Entdeckern Australiens eine große Rolle. Schließlich war es das vorrangige Ziel der Reise von James Cook im Jahr 1770, auf der er auch Australien besuchte, den Durchgang der Venus vor der Sonne auf Tahiti zu beobachten. Auch die Ureinwohner Australiens haben sich seit jeher mit dem Sternenhimmel beschäftigt, und ihr Wissen um Planeten und Sterne floss in die Traditionen und den Glauben der Aborigines ein. Da Luftverschmutzung und die Lichter der Städte die Sicht in den Sternenhimmel stark einschränken, erleben viele Menschen ein wahres Aha-Erlebnis, sobald sie den Sternenhimmel im einsamen, dunklen Outback Australiens sehen. Die *Astronomical Society of New South Wales* veranstaltet daher einmal im Jahr die „South Pacific Star Party" auf einem 43 Hektar großen Gelände namens Wiruna bei Ilford in New South Wales, das zwischen Lithgow und Mudgee circa drei Autostunden nordwestlich von Sydney liegt.

Da Australien auf der Südhalbkugel liegt, präsentiert sich dem Gast aus unseren nördlichen Breiten ein ungewohntes Bild: Einige wohlvertraute Sternbilder sind nicht oder nur teilweise zu sehen, weil sie hinter dem Horizont verschwinden und auch einen hellen Polarstern, der die Orientierung erleichtert,

Das Kreuz des Südens im Band der Milchstraße (obere 2/3), der Kohlensack (links) und der helle Carina-Nebel (unten rechts)

sucht man vergebens. Dafür zeigen sich dem Betrachter so berühmte Sternenformationen, wie z.B. *Crux australis*, das Kreuz des Südens, das mit seinen markanten Sternen bei guten Sichtverhältnissen vor dem hellen Band der Milchstraße prangt, und der Schiffskiel, in dem sich Canopus, der zweithellste Stern überhaupt, befindet. (Der hellste ist der auch bei uns im Winter sichtbare Sirius im Großen Hund.) Auch der dritthellste Stern des gesamten Sternenhimmels, das von uns aus nicht sichtbare Doppelsternsystem Alpha Centauri, befindet sich am Südhimmel. Es ist mit nur 4,3 Lichtjahren Entfernung das uns am nächsten liegende Sternsystem und bildet zusammen mit Beta Centauri und dem Kreuz des Südens eine eindrucksvolle Gruppe von Sternen der (nach der offiziellen Kategorisierung) ersten Größe. Eine Besonderheit sind auch die von Mitteleuropa nicht sichtbaren Magellanschen Wolken, zwei Zwerggalaxien in unmittelbarer Nähe unserer Heimatgalaxie, der Milchstraße.

Ähnlich wie die Babylonier, die alten Griechen und die Indianer Nordamerikas haben auch die australischen Ureinwohner den Sternenhimmel gedeutet und Geschichten über seine Entstehung erzählt, manchmal mit erstaunlichen Parallelen. So deuteten manche Aborigines das bekannte Sternbild Orion auf dieselbe Art wie Griechen und Indianer: als Jäger, der sieben Schwestern, das Siebengestirn der Plejaden verfolgt. Die Yolngu im Arnhem Land dagegen nennen das Sternbild „Djulpan" – „Kanu". Gemäß ihrer Legende gingen drei Brüder des Königsmakrelen-Clans fischen, fingen aber nur Königsmakrelen, deren Verzehr ihnen nach ihrem Stammesgesetz verboten war. Einer der Brüder wurde jedoch so hungrig, dass er doch einen der Fische aß. Als die Sonne dies sah, hob sie das Kanu der Brüder mittels einer Wasserhose in den Himmel. Dort bilden sie seit diesem Tag das Sternbild Orion und erinnern daran, dass man nicht gegen das Gesetz verstoßen darf.

Das größte Sternbild der Aborigines ist eigentlich eher das genaue Gegenteil: eine Dunkelwolke vor der Milchstraße, die als Emu gesehen wird. Sein Kopf ist der unter (Hobby-)Astronomen bekannte „Kohlensack" in der Nachbarschaft des Kreuzes des Südens. Nach einer Legende gebot ein Vater seinen vier Töchtern, ihm, da er ihre einzige männliche Schutzperson war, nach seinem Tod in den Himmel zu folgen. Damit sie dorthin gelangen konnten, stellte ein Medizinmann seinen langen silbernen Bart als Kletterseil zur Verfügung. Am Firmament bilden sie seitdem das Kreuz des Südens, der sie schützende Vater ist Alpha Centauri. Eine andere Geschichte erzählt, wie das Feuer auf die Erde kam: Es wurde den Menschen von zwei Männern gebracht, die es wie herabfallende Sterne vom Himmel kommen ließen. Anschließend stiegen sie selbst dorthin auf und bildeten das Zwillingssternbild Castor und Pollux. Die Nördliche Krone, *Corona borealis,* entstand dagegen aus einem Bumerang, der durch einen Fehlwurf ans Firmament geriet (eine ziemlich komplizierte Geschichte). Außer diesen kennen die australischen Ureinwohner noch viele weitere Legenden, die nicht weniger phantastisch sind als die Entstehungsgeschichten der Erde und der belebten Welt (mehr dazu im Kapitel *Erste Besiedlung*).

> Mit Hilfe der Sterne Alpha und Beta Centauri und des „Southern Cross" lässt sich die Lage des Himmelssüdpols bestimmen: Man verlängert die längere Achse des Kreuzes in Richtung ihres längeren Armes und setzt auf die gedachte Verbindung zwischen Alpha- und Beta Centauri mittig eine Senkrechte. Dort, wo sich Verlängerung und Senkrechte treffen, liegt der Südpol.

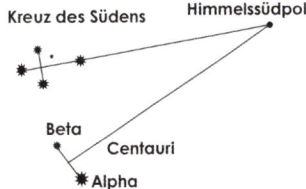

> **Übrigens…**
> Das Kreuz des Südens ist zusammen mit dem Union Jack, der Flagge Großbritanniens, und dem Commonwealth Star – sechs Spitzen, die die australischen Staaten, sowie eine siebte, die die Territorien und mögliche neue Staaten symbolisieren – einer der Bestandteile der australische Flagge..
> Die Aborigines haben dagegen ihre eigenen Flaggen, unter denen jene mit einem gelben Kreis vor rot-schwarzem Hintergrund die bekannteste ist. Das Schwarz symbolisiert dabei die Menschen, das Rot die Erde und die spirituelle Verbindung zu ihr und das Gelb die Sonne.

Umweltschutz

Lange Jahre hat Australien das Thema Umweltschutz wirtschaftlichen Zielen untergeordnet, und auch heute noch scheint das Umweltbewusstsein in vielen mittel- und nordeuropäischen Ländern ausgeprägter zu sein. Zum Beispiel gibt es in vielen australischen Supermärkten noch immer kostenlose Plastiktüten, viele Lebensmittel sind in Plastik eingepackt, Kinder nehmen ihr Pausenbrot in Alufolie und nicht in der Papiertüte oder der wieder verwendbaren Lunchbox mit zur Schule, und Solarzellen und Regentonnen sind noch eine Seltenheit. Vor allem Letzteres ist fast unglaublich in einem Land, das in weiten Teilen extreme Probleme mit Dürre und Trockenheit hat. In vielen Landesteilen wird die Wasserversorgung ständig eingeschränkt, beispielsweise dürfen Gärten mancherorts nur an bestimmten Wochentagen mit Leitungswasser gegossen werden. Ebenfalls schwer verständlich ist in diesem Zusammenhang die Intensität, mit der in Australien Landwirtschaft betrieben wird. Sogar wasserintensive Produkte wie Reis und Baumwolle werden angebaut, und es ist kein Wunder, dass Kritiker vor allem in Zeiten extremer Dürre wie zu Beginn dieses Jahrhunderts immer wieder die Diskussion aufwerfen, ob diese Form der Landwirtschaft für Australien sinnvoll und vertretbar ist.

Nichtsdestotrotz hat sich auch in Australien die öffentliche Meinung in den vergangenen Jahren gewandelt. Der Ende 2007 gewählte *Labor*-Premierminister Kevin Rudd hat in einer seiner ersten Amtshandlungen das internationale Abkommen zum Klimaschutz, das Kyoto-Protokoll, unterzeichnet. Die *Labor*-Regierung hat sich damit deutlich von der vorherigen liberalen Regierung unter John Howard abgesetzt. Doch die Industrie ist in Australien mächtig, und auch ein Kevin Rudd muss sich dieser beugen. Herausragendes Beispiel dafür ist die Energieversorgung: Als größter Kohleexporteur der Welt deckt Australien 80 Prozent seines Strombedarfs aus Kohle. Allein dies macht das Land nicht zum Vorbild beim Thema Umweltschutz; ganz im Gegenteil: Rechnet man den CO_2-Ausstoß auf die Bevölkerungszahl herunter, gehört Australien zu den größten Klimasündern der Welt. Trotzdem scheiterte Kevin Rudd im August 2009 im Parlament mit einer Gesetzesvorlage zur Einführung des Emissionshandels – und das, obwohl er gegenüber der über die finanziellen Belastungen jammernden Industrie schon klein beigegeben und im Mai 2009 den geplanten CO_2-Emissionshandel „wegen der Finanzkrise" auf 2011 verschoben hatte. Zudem versprach er, den Anfangspreis pro Emissionszertifikat für eine Tonne CO_2 zu reduzieren. Die Industrie lobte den Premier, die Umweltschützer dagegen beschimpften ihn. Nachdem Rudd 2007 mit einem hohen moralischen Anspruch angetreten war, führten seine Misserfolge in der Umweltpolitik neben anderen Themen zu so schlechten Umfragewerten, dass er sich schließlich zum Rücktritt gezwungen sah. Im Juni 2010 übernahm seine ehemalige Stellvertreterin Julia Gillard seine Ämter und wurde damit zur ersten Frau an der Spitze der australischen Regierung. Sein prominenter Umwelt- und Kultusminister Peter Garrett, früherer Sänger der Rockband *Midnight Oil*, war schon im Frühjahr 2010 über ein anderes Debakel gestolpert, das *Home Insulation Scheme*. Mit diesem Projekt sollten Hausbesitzer bei der Isolierung ihrer Häuser – bis dahin in Australien eine nahezu unbekannte Baumaßnahme – unterstützt und auf diese Weise zugleich die Bauwirtschaft angekurbelt und der Klimaschutz verbessert werden. Da das Programm größeren Zuspruch erhielt als erwartet, stellten die Bauunternehmer ungelernte Hilfskräfte ein, um die Arbeit bewältigen zu können. Als allerdings vier Todesfälle mit dem Programm in Verbindung gebracht wurden, stellte man es ein und Minister Garrett musste zurücktreten. Vielleicht darf die Kombination der Ressorts „Umwelt" und „Kultur" in einem Ministerium auch als Zeichen dafür gewertet werden, für wie wichtig man die beiden Themen in der Politik hält.

Dabei sind nicht nur die langen Trockenperioden in Australien Zeichen eines Klimawandels – auch eines der attraktivsten Urlaubsziele des

Demonstration für Solarenergie mit der Errichtung eines „Solar-Kraftwerkturms" vor dem Kohlekraftwerk Hazlewood im Latrobe Valley (Victoria) anlässlich des „International Day of Climate Action" am 10.10.2010. Die Hazlewood Power Station gilt als das schmutzigste Kohlekraftwerk der Welt (ermittelt vom WWF 2005)

Natur

Ein großes Umweltproblem auf Tasmanien ist der ungebremste Holzeinschlag

Das Kraftwerk von Yallourn, Victoria, neben dem Tagebau, der es mit Kohle versorgt

Landes ist durch die Erwärmung gefährdet. Wissenschaftler und Tourismusorganisatoren haben in den vergangenen Jahren eine verstärkte Bleichung der Korallen am Great Barrier Reef beobachtet, eine Tatsache, die das Land zum Nachdenken bewegt hat. Inzwischen sind große Programme zum Schutz des Weltkulturerbes angelaufen (siehe Abschnitt **Naturschätze**).

Einen Aufschrei im Kreise der Umweltschützer erzeugt auch die Situation auf Tasmanien, wo noch immer alte Baumbestände durch Holzschlag für die Papierproduktion gefährdet sind. Der Holzschlag seit Beginn der europäischen Besiedlung hat australienweit nicht nur geschätzte 20 Milliarden Bäumen das Leben gekostet, sondern auch eine Versalzung des Bodens gefördert, Erosion begünstigt und wunderschöne und fruchtbare Landstriche wie das Murray-Darling-Becken auf dem australischen Festland an den Rand des Kollapses gebracht. Viele Australier haben sich denn auch nach der enttäuschenden Bilanz Kevin Rudds von den traditionellen Parteien abgewandt und 2010 zum ersten Mal einen Abgeordneten der Grünen ins Parlament entsandt.

Der Zyklon Larry am 19. März 2006 über dem Great Barrier Reef. Wenn durch den Klimawandel die Meerestemperatur steigt, erhöht sich nicht nur die Gefahr der Korallenbleiche. Wissenschaftler halten es für wahrscheinlich, dass dann auch tropische Zyklone häufiger auftreten, deren Auswirkungen das Riff zusätzlich schädigen könnten.

Kapitel 2
Erste Besiedlung
Die Ureinwohner Australiens

Auch heute werden im australischen Outback Jahrtausende alte Traditionen gepflegt

Erste Besiedlung
Die Ureinwohner Australiens

Ursprung und Kultur

Herkunft

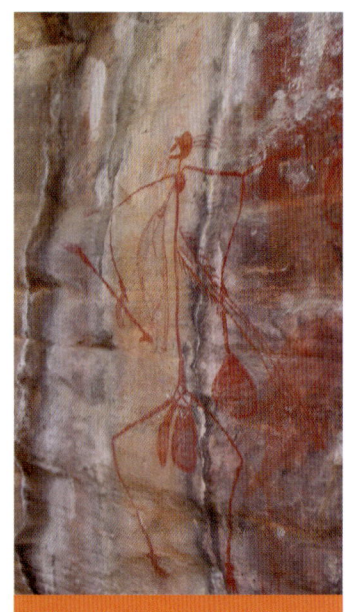

Felszeichnung am Ubirr-Felsen im Kakadu-Nationalpark: ein zu den schöpferischen Vorfahren gehörender Mimi-Geist

Die britischen Kolonialherren prägten für die Ureinwohner Australiens den Namen „Aborigines". Der Ausdruck, der im Englischen allgemein „Ureinwohner" bedeutet, leitet sich vom lateinischen „ab origine" („von Anfang an") ab und bezeichnet ursprünglich ein mythisches Volk, das die Landschaft Latium im frühen Italien bewohnte. Die Ureinwohner selbst, die bis zur Ankunft der Europäer aus schätzungsweise 400 bis 700 Stämmen mit 200 bis 300 verschiedenen Sprachen bestanden, verwenden je nach ethnischer Gruppe unterschiedliche Namensbezeichnungen, beispielsweise „Koori" und „Murri". Da das Wort „Aborigines" in Australien mit der Zeit einen abfälligen Beiklang bekommen hat, wurde es durch „Aboriginals", „Aboriginal People" bzw., unter Einschluss der Bewohner der Torres-Strait-Inseln, „Indigenous Australians" ersetzt. Als im Deutschen üblicher, neutral gebrauchter Ausdruck wird in diesem Text dennoch das Wort „Aborigines" verwendet.

Die Geschichte der menschlichen Besiedlung Australiens begann nach groben Schätzungen vor 40.000 bis 60.000 Jahren. Damals kamen die Vorfahren der australischen Ureinwohner wohl von Südostasien aus per Boot oder Floß übers Wasser bzw. über eine während der letzten Eiszeit bestehende Landbrücke auf den fünften Kontinent. Laut vergleichenden genetischen Untersuchungen weisen sie eine enge Verwandtschaft mit den Ureinwohnern Papua-Neuguineas auf. Aufgrund anderer Untersuchungen ergibt sich eine entferntere Verwandschaft der Aborigines und Papua-Neuguineer mit Volksgruppen des indischen Subkontinents, wie z. B. den Vedda auf Sri Lanka. Die Aborigines auf der Insel Tasmanien entwickelten sich getrennt von denen des Festlandes, nachdem die Insel vor etwa 10.000 Jahren vom Festland abgetrennt wurde. Grund dafür war die Erwärmung des Klimas nach der letzten Eiszeit und der dadurch bedingte Anstieg des Meeresspiegels.

Die zwischen Australien und Papua-Neuguinea liegenden Torres-Strait-Inseln wurden erst vor etwa 1000 Jahren von Papua-Neuguinea aus besiedelt.

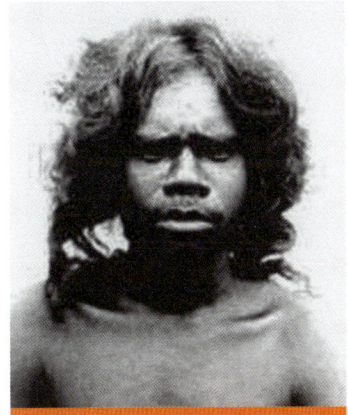

Zwischen den Aborigines und den Vedda auf Sri Lanka (Bild) besteht eine genetische Verbindung, die sich auch in der ähnlichen Physiognomie äußert

Lebensweise und Sozialstruktur

Die Ureinwohner waren Jäger und Sammler, die vorwiegend nomadisch, zeitweise aber auch in Dörfern lebten. Ihre Wanderungen richteten sich einerseits nach den von den Jahreszeiten abhängigen Wasser- und Nahrungsvorkommen und waren andererseits in eine komplexe Mythologie eingebunden (siehe **Traumpfade – die mythische Landkarte** in diesem Kapitel). Zur Zeit der Ankunft der europäischen Siedler gab es vermutlich zwischen 500 und 600 Stämme, die alle ihre eigene Sprache und ihr eigenes Territorium hatten.

Gemäß der traditionellen Aufgabenverteilung gingen die Männer mit Bumerang und Speer auf die Jagd nach Großtieren wie Emus und Kängurus oder fingen Fische. Ansonsten waren sie hauptsächlich für die Pflege von Traditionen und Stammeswissen zuständig. Die Frauen, die den Hauptteil der Nahrung beschafften, sammelten Beeren, Nüsse, Wurzeln und andere pflanzliche Nahrungsmittel (siehe dazu **Australisches Essen** im Kapitel **Australische Lebensart**) sowie kleinere Tiere. Eine wichtige Proteinquelle stellten zum Beispiel die unter der Rinde von Bäumen lebenden Witchetty Grubs dar, Larven von Motten (meist des Holzbohrers) oder auch Holzbock-Käfern, deren Inneres ähnlich wie ein weiches Ei schmecken soll. Eine Alternative zum Bienenhonig und begehrte Delikatesse sind die unterirdisch lebenden Honigtopfameisen. Einige der Arbeiterinnen speichern Blütennektar bzw. von Blattläusen produzierten Honigtau in ihrem Körper, die von den Aborigines mit Stöcken augegraben und zerdrückt werden.

Dem Stammes- und Familienzusammenhalt kommt bei den Aborigines eine große Bedeutung zu. Die Kinder wissen von früh an, wer zur Familie gehört und wer nicht. Die blutsverwandschaftlichen Verhältnisse sind dabei für die sozialen Rollen der Familienmitglieder nicht ausschlaggebend. Traditionell kümmert sich die Mutter mit Tanten und Großmüttern gemeinsam um das Aufziehen der Kinder – dementsprechend werden zum Teil etwa auch die Schwestern der Mutter von den Kindern als „Mütter" bezeichnet, ebenso wie auch weitläufigere Verwandte „Brüder" oder „Schwestern" genannt werden. Im Übrigen werden die Kinder von klein an zu großer Selbstständigkeit erzogen, so dass sie gut allein zurechtkommen. Sie werden von ihren Eltern früh in das Leben im Busch eingeführt, lernen, dass man sauberes Wasser in Senken mit felsigem und sandigem Untergrund findet oder was im Busch essbar ist.

Einwohner der Flinders Ranges

Die Führung der Familien- und Stammesgruppen liegt traditionell bei den männlichen Stammesältesten, denen aufgrund ihrer Erfahrung die Entscheidungsmacht in allen wichtigen Fragen zukommt. Traditionell herrschte bei den Aborigines Polygamie: Männer durften mehrere Frauen haben, hatten aber meist nicht mehr als eine oder zwei Frauen. Alleinstehende, ungebundene Männer oder Frauen gab es in der Regel nur im Falle des Todes des Ehepartners. Um den Familienfrieden zu wahren und Inzestverhältnisse zu verhindern, gab es bei den verschiedenen Stämmen von einander abweichende Kontaktverbote zwischen bestimmten Familienmitgliedern – etwa das Verbot für Ehemänner, mit ihren Schwiegermüttern zu sprechen. Sexuelle Verhältnisse außerhalb der eigenen Familie unterlagen dagegen keinen besonderen Tabus.

Weltbild und Schöpfungsmythos

Entsprechend ihrer traditionellen Lebensweise und Abhängigkeit von der Natur ist auch die Religion der Aborigines eng mit dem Land verbunden. Für sie ist das Land Nahrung, Kultur, Geist und Identität in einem. Der Schutz der Natur, die sie infolge jahrtausendelanger

Die Ureinwohner Australiens

Das bekannteste der Traumzeitwesen: die Regenbogenschlange, hier eine Darstellung am Flughafen von Darwin

Anpassung wie ein Buch zu „lesen" verstehen, hat daher höchste Priorität für die Ureinwohner. Der Aborigines-Führer Michael Anderson sagt: „Wir wissen so viel über die Umwelt und auch über den Klimawandel. Wir können das Land lesen und beobachten, wie Tiere sich an neue Situationen gewöhnen. Wir brauchen keine Barometer oder andere Instrumente, um zu wissen, wann es regnet. Ich schaue die Insekten an und kann Regen Wochen im Voraus vorhersagen."

Der Ausdruck „Traumzeit" („Dreamtime") ist zum Inbegriff der Mythologie der Aborigines geworden. Er beruht allerdings zum Teil auf Fehlinterpretationen westlicher Forscher, die mit den Aborigines-Sprachen nicht ausreichend vertrauten waren, und kann in doppelter Hinsicht ein falsches Bild vermitteln: Zum einen meint „Traum" oder „Träumen" („Dreaming") hier nicht den Traum im Schlaf, sondern die von den Ureinwohnern mit großem persönlichen Bezug entwickelte „Vorstellung" und „Vision" von Orten, Dingen oder Lebewesen, die gemäß ihrer Mythologie von Anfang an und bis in alle Ewigkeit vorhanden waren und sind. Hieraus ergibt sich andererseits, dass die „Traumzeit" keinen bestimmten Zeitraum umfasst, sondern immerfort andauert, und somit treffender als „Schöpfungszeit" („Creation Time") zu bezeichnen ist. Im Übrigen existiert in keiner der Aborigines-Sprachen ein Wort, das den in europäischen Sprachen vorhandenen Ausdrücken für „Zeit" im Sinne von „Zeitpunkt" oder „Zeitabschnitt" entspricht (was etwa auch eine Verabredung mit einem traditionell lebenden Aborigine zu einer bestimmten Uhrzeit schwierig machen kann).

Der Schriftsteller Mudrooroo (siehe *Literatur* im Kapitel *Kultur und Medien*) beschreibt das Träumen und die Traumzeit als das bis heute fortbestehende Lebensumfeld der Ureinwohner, als einen psychischen Zustand. Hierdurch wird eine Verbindung zu den Vorfahren, zu den der Welt zugrunde liegenden Regeln und zum Schöpfungsakt hergestellt, in dessen Verlauf die Welt ihre Form angenommen hat und alles Leben begann. Am Anfang der Schöpfung stehen Geisteswesen, die die heute vorhandene Welt erschaffen haben: die Landschaft wie auch die ersten Menschen. Die Wesen selbst nahmen anschließend die Form von Steinen, Tieren, Pflanzen, Sternen, Menschen, Wind, Regen, Hügeln etc. an und begründeten damit die Beziehungen dieser Dinge und Lebewesen untereinander. Damit verbundene besondere Orte sind bis heute die heiligen Stätten der Ureinwohner, und bestimmte Pflanzen, Tiere oder Felsformationen, werden als „Götter-Gestalten" verehrt. Es gibt dabei keine Gottheit, an die alle Aborigines glauben. Jeder Stamm hat seine eigenen Götter, auch wenn es sicherlich Überlappungen gibt. Beispiele sind die Wandjina-Götter im Norden von Westaustralien, die unter anderem für den Regen während der Regenzeit verantwortlich sind.

Da die Traumzeitwesen nach der Schöpfung nicht verschwanden, sondern auf der Erde verblieben, verbinden sie Vergangenheit, Gegenwart und Zukunft miteinander. Das Träumen gibt den Ureinwohnern somit Identifikation, da sich darin die Zugehörigkeit des Träumenden zu einem ewig währenden Ganzen ausdrückt. Dementsprechend bedeutet der Tod auch nicht das Ende eines Lebewesens, sondern nur den Übergang von einer Existenzform in eine andere – ein bestimmtes Tier kann beispielsweise als Mensch wiedergeboren werden. Die „Yowie" genannte Seele eines Lebewesens steht, getrennt durch die den Körper umgebende Schutzhülle „Mullowill", in indirekter Verbindung mit der geistigen Sphäre „Dowie", und kann dadurch an Wissen und Erfahrungen teilhaben, die sie in früheren physischen Existenzen gemacht hat. In der Vorstellung der Aborigines kommt es daher zu einer Schwangerschaft, nachdem ein Geist sich eine Frau ausgesucht hat, von der er geboren werden möchte – eine Erklärung, die bei Europäern zu dem Missverständnis geführt hat, Aborigines wüssten nicht um die Zusammenhänge zwischen Sexualität und Fortpflanzung. Bei all den Unterschieden der zahlreichen Aborigines-Stämme und -Gemeinschaften ist es diese Form der Spiritualität, die die Ureinwohner miteinander verbindet.

Aborigines in Kriegsbemalung

Sie ermöglicht ihnen auch zu erkennen, wer zu ihrer „Familie" gehört und wer nicht. Die Verbindung einer familiären Gruppe wird duch ein sogenanntes „Totem" ausgedrückt, eine Pflanze oder ein Tier, das den Urahn und „Schutzgeist" der Gruppe darstellt und dessen Verzehr generell tabu ist. Das Totem erhält ein Mensch mit seiner Geburt, es entspricht damit in gewisser Hinsicht einem Nachnamen. Auf diese Weise wird zum Beispiel die Heirat zwischen zu nahen Verwandten verhindert. Totems spielen eine wichtige Rolle in Zeremonien und Ritualen.

Den verschiedenen Aborigines-Stämmen kommt traditionell die Aufgabe zu, die jeweils mit dem Traumzeitwesen ihres Gebiets verbundenen Tiere oder Pflanzen zu schützen und für ihre Vermehrung zu sorgen: Deren Lebenskräfte werden durch die eigenen Lebenskräfte geweckt, indem an den heiligen Stätten eigenes Blut geopfert wird. Dazu kommen ganz praktische Umweltschutzmaßnahmen, etwa das kontrollierte Abbrennen kleinerer Waldflächen, um auf diese Weise

Totholz zu beseitigen und so großen Waldbränden vorzubeugen, oder das Jagdverbot in der Nähe von Wasserstellen, um die Ausrottung von Tierarten zu verhindern.

Die Geschichten der Traumzeit werden durch traditionelle Lieder und Zeremonien von Generation zu Generation überliefert (siehe folgenden Unterabschnitt *Traumpfade – die mythische Landkarte*). Die Traumzeit-Mythen entsprechen in ihrer Bedeutung etwa dem, was die Bibel für einen Christen oder der Koran für einen Moslem ist. Viele Ureinwohner sind heute auch Christen, sehen darin aber keinen Widerspruch zu ihrer traditionellen Religion. Als Zeit und Raum überschreitendender, „Diesseits" und „Jenseits" verbindender Zustand umgibt das „Träumen" die Aborigines aber permanent, im Unterschied zu Glaubensrichtungen wie dem Christentum, wo der Mensch erst nach seinem Tod in den „Himmel" gelangen kann.

Das bekannteste Traumzeitwesen ist die Regenbogenschlange, die Teil der Kultur im Arnhem Land ist, aber auch in den Kulturen anderer Regionen Australiens auftaucht und je nach Region unterschiedliche Namen trägt: im Osten heißt sie Baiame, im Nordwesten Ungud, im Westen Mangela und im Süden Pundjel. Sie wird immer mit Wasserwegen oder -löchern in Verbindung gebracht und als Beschützerin des Landes und der Menschen angesehen.

Aborigine-Ältester bei einer Zeremonie

Zum Glauben an die Beseeltheit der Natur kommt der Glaube an schwarze Magie. Mit Hilfe spezieller Substanzen oder persönlicher Gegenstände des Opfers können diesem durch Verwünschungsformeln Schaden, Krankheit oder der Tod bereitet werden. Alternativ kann dazu auch ein Bild des Opfers verwendet werden – ein Grund dafür, dass manche Aborigines-Gemeinschaften es vorziehen, sich nicht von Touristen fotografieren zu lassen.

Eine Gegen- bzw. Vermittlungsposition zu den bösen Geistern, die unvorhergesehen und ohne Gegenwehr über die Menschen kommen, kommt den Nangkaris, den traditionellen Heilern und Schamanen zu. Sie zeichnen sich nicht nur durch ihr Wissen um medizinisch wirksame Pflanzen und Heilmethoden aus und sind für das Abhalten von Heilungsritualen zuständig. Eine im Grunde noch wichtigere Aufgabe ist die eines „Psychiaters", der dafür sorgt, dass das innere Gleichgewicht der Stammesmitglieder gewahrt bleibt und sie über genügend Energie verfügen, die sie davor schützt, von

Krankheiten befallen zu werden. Bei Wassermangel halten sie Zeremonien ab, um Regen herbeizuführen. Indem sie mit Tieren kommunizieren, können sie für das Überleben im Outback wichtige Erkenntnisse erlangen. Als Zeremonienmeister kommt ihnen auch eine bedeutende Rolle bei einer speziellen Möglichkeit zu, einen Feind durch schwarze Magie aus der Ferne zu töten: dem sogenannten „Bone Pointing". Hierfür dient ein sogenannter Kundela – in der Regel der Oberschenkelknochen eines Emus oder Kängurus, der an einer Seite angespitzt und an der anderen mit einem Loch versehen ist, durch das ein menschliches Haar gezogen wird. Nachdem der Kundela in einem nur Frauen bekannten geheimen Ritual mit tödlicher Energie aufgeladen worden ist, wird er vom dafür ausgewählten Schamanen in die Richtung des Opfers gezeigt, das dadurch nach einiger Zeit erkranken und sterben soll. Wiederholt ist von Ureinwohnern berichtet worden, die an einer rätselhaften Krankheit starben, nachdem sie angeblich oder mutmaßlich Opfer einer Bone-Pointing-Zeremonie geworden waren. Das prominenteste Bone-Pointing-Opfer, der frühere Premierminister John Howard, den im Jahr 2004 der indigene Politiker Geoff Clark mit Hilfe der Aborigine-Frau Moorap durch eine solche Zeremonie aus West-Victoria vertreiben wollte, ist allerdings bis heute bei guter Gesundheit.

Schablonenzeichnungen in der Carnarvon-Schlucht, die Traumzeitgeschichten darstellen

Zeremonien

Die traditionellen Zeremonien der Ureinwohner, die in Abwandlung eines Aborigines-Wortes auch als „Corroborees" bezeichnet werden, bestehen aus Tänzen, Musik, Gesang, spezieller Kleidung und Körperbemalung. Durch sie werden die Traumzeitmythen und anderes wichtiges Wissen vermittelt. Die Erlaubnis, einer bestimmten Zeremonie beizuwohnen oder aktiv an ihr teilzunehmen, hängt vom

Aborigines führen einer Gruppe von Touristen einen traditionellen Tanz vor

Status der betreffenden Person ab, der etwa durch ihr Geschlecht, das Alter, die soziale und ethnische Zugehörigkeit bestimmt wird. Daneben gibt es aber auch für jeden zugängliche Corroborees, die auch den Weißen einen Einblick in die Kultur der Ureinwohner ermöglichen. Durch die Zeremonien entsprechen die Aborigines den Regeln, die von den Traumzeitwesen bei der Erschaffung der Welt festgelegt wurden. Die gezielte Unterdrückung der Kultur der Ureinwohner und der nach

Die Ureinwohner Australiens

wie vor durch die „weiße" Gesellschaft ausgeübte „Zivilisationsdruck" führten allerdings zu einer weitgehenden Änderung der Lebensweise und einem Verlust der Traditionen. Infolgedessen werden traditionelle Corroborees zunehmend seltener abgehalten, sodass leider immer mehr mythologisches und praktisches Wissen der Ureinwohner verloren geht. Vor allem in den entlegenen Gebieten Zentralaustraliens und im Arnhem-Land spielen Rituale und Zeremonien aber immer noch eine wichtige Rolle. Zu den wichtigsten Zeremonien gehören die Initiationen von Mädchen und Jungen ins Erwachsensein sowie Beerdigungen.

Arrernte-Männer, teilweise geschmückt wie bei einem Corroborree. Drei der Männer tragen einen Riji-"Lendenschurz", der aus Perlmutt gefertigt ist (siehe Bild unten).

Zwischen dem 10. und dem 16. Lebensjahr erfahren die Kinder eine Initiationszeremonie, bei der sie vom Jungen zum Mann bzw. vom Mädchen zur Frau werden. Je nach Stamm und Region gibt es bei den Zeremonien deutliche Unterschiede. Meist werden die Kinder bemalt und lernen traditionelle Tänze und Lieder. Das Ende der Zeremonie geht bei den Jungen mit einer Beschneidung einher. Die Rituale sind meist geheim und Außenstehende dürfen im Normalfall nicht daran teilnehmen.

Bei Beerdigungen bemalen sich die Menschen weiß und fügen sich Schnittwunden zu, um ihre Trauer zum Ausdruck zu bringen. Gesänge und Tänze sollen sicherstellen, dass der Geist des Verstorbenen die Umgebung verlässt und zu seinem Geburtsort zurückkehrt, wo er in anderer Form wieder geboren werden kann. Die Zeremonien, wie auch andere Bräuche, variieren zwischen den Stämmen teilweise sehr stark. Im Norden Australiens beerdigen die Menschen ihre Verstorbenen zum Beispiel folgendermaßen: Der Tote wird auf einem Holzgestell erhöht und mit Blättern und Zweigen bedeckt in der Sonne liegen gelassen bis das Fleisch verrottet ist und nur noch die Knochen übrig sind. Diese werden dann eingesammelt, rot angemalt und teilweise von Verwandten bis zu ein Jahr lang bei sich getragen, um schließlich in Felsspalten oder in ausgehöhlten Stämmen beerdigt zu werden.

Erste Besiedlung

Verschieden geformte Wurfhölzer oder Bumerangs

Ein Coolamon: Behältnis und Grabschaufel

Didgeridoos: traditionell mit Dekor, Souvenir aus Bambus und traditionell ohne Dekor (von oben nach unten)

Einige traditionelle Gegenstände

Bumerang

Bumerangs werden von den australischen Ureinwohnern traditionell sowohl zur Jagd und im Kampf als auch in religiösen Zeremonien eingesetzt. Sie werden hochkant gehalten und können bis zu 200 Meter weit fliegen, wenn sie richtig geworfen werden. Das landläufig mit dem Begriff „Bumerang" assozierte Wurfholz, das zum Werfer zurückkehrt, ist allerdings lediglich eine Sonderform, die nicht zur direkten Jagd, sondern nur zur Übung und zum Aufschrecken von Vögeln benutzt wird. Hierzu wird der Bumerang beispielsweise über ein unzugängliches Sumpfgebiet geworfen und gleichzeitig der Ruf eines Raubvogels nachgeahmt.

Dinjimanne mit Frau und Tochter im Giles-West-Camp 1903. Die Frau trägt ein Coolamon auf dem Kopf, der Mann einen Speer und ein Woomera, eine Art Speerschleuder

Coolamon

Ein Coolamon wird von Aborigine-Frauen benutzt und ist eine Kombination aus Trageschale und Grabewerkzeug. Mit kleineren Coolamons gräbt man Larven oder andere kleine Tiere aus. In einem Coolamon wird aber auch Mehl gemahlen und es werden Nüsse, Pflanzen und Tiere darin gesammelt. In großen Coolamons werden mitunter auch Babys transportiert. Normalerweise werden sie auf dem Kopf getragen.

Didgeridoo

Das Didgeridoo ist eines der ältesten Musikinstrumente der Welt; laut der Aborigine-Mythologie existiert es seit dem Anbeginn der Zeit. Es wird aus von Termiten ausgehölten Hölzern hergestellt. Im Durchschnitt ist es 1,30 Meter lang. Sein tiefer Klang begleitet Gesänge und Lieder. In manchen Stämmen spielen nur Männer das Instrument, in anderen wird es von Männern, Frauen und Kindern gleichermaßen gespielt. Neben der Schreibweise „Didgeridoo" gibt es die Varianten „Didjeridu", „Didjiridu" und „Didjerry". Jeder Aborigine-Stamm hat zudem ein eigenes Wort für „Didgeridoo".

Kunst

„Aborigine-Kunst ist unsere Art uns auszudrücken, unsere Kultur und unser Leben. Eine Erweiterung unserer Identität. Nicht einfach ein Gegenstand für eine Wand oder ein Wohnzimmer." Brenda L. Croft, Aborigine-Künstlerin

Die traditionelle Kunst der Aborigines, die Malerei, Skulptur, Schmuck, Verzierung von Waffen und Werkzeugen umfasst, zählt zu den ältesten Kunsttraditionen der Welt. Gemalt wird zum Beispiel auf Felsen, auf den Boden, den Körper anderer Stammesmitglieder, auf Gegenstände und natürlich auch auf Leinwand. Das westliche Konzept von Kunst – ein besonderer Blick auf die Welt von einem Standpunkt außerhalb der Alltagsgesellschaft – steht allerdings konträr zur Auffassung der Aborigines. Bei ihnen ist die Bildende Kunst zusammen mit Tanz, Liedern und Musik Bestandteil ihrer Rituale. Ihre Funktion besteht nicht in einer persönlichen Stellungnahme, sondern darin, überliefertes mythologisches und praktisches Wissen zu vermitteln und Territorien zu markieren. Für die Ureinwohner ist daher prinzipiell jeder ein „Künstler". Was in westlichen Kulturen als „Kunst" definiert würde, stellt einen Bestandteil des täglichen Lebens dar, der den Akteuren Anerkennung und Legitimation verleiht. Infolge der europäischen Einflüsse hat sich diese Einstellung allerdings etwas relativiert.

Heute noch erhaltene prähistorische Höhlenmalereien der Aborigines zählen zu den ältesten kulturellen Relikten überhaupt. Unter diesen nehmen die sogenannten Bradshaw-Malereien in Westaustraliens Kimberley-Region eine besondere Stellung ein. Diese Malereien sind so alt, dass sie Teil des Felsens geworden sind und eine exakte Datierung unmöglich ist. Australische Wissenschaftler schätzen aber,

Dot Painting am Beispiel eines Coolamons im Australischen Museum

Barramundi-Fische, dargestellt in der Röntgentechnik, Ubirr, Kakadu-Nationalpark

dass sie bis zu 50.000 Jahre alt sein könnten, womit sie die bei weitem ältesten Felsenmalereien der Erde wären.

Eine bekannte Technik, die schon vor Jahrtausenden bei Höhlenmalereien angewandt wurde, ist die sogenannte Röntgentechnik, die auch als „intellektueller Realismus" bezeichnet wird. Sie wurde in der Zeit zwischen 9.000 und 7.000 vor Christus entwickelt und besteht in der Darstellung von Tieren in detaillierten Innenansichten von Skelett und inneren Organen. Dabei herrschen Braun-, Rot- und Blautöne vor, die den Farben des Outbacks sehr ähnlich sind.

Bei der „Dot Painting"-Technik, auch als *Western Desert Painting* bekannt, setzen sich die dargestellten Objekte, beispielsweise Tiere oder geografische Eigenheiten, aus einzelnen Punkten zusammen. Das *Dot Painting* entstand in den frühen 1970er Jahren auf Initiative

Das Outback von oben: Die Farben ähneln denen der Felszeichnungen

des Künstlers Geoffrey Bardon. Es hat seine Wurzeln im sogenannten *Ground Painting*. Dabei handelt es sich um Sandmalereien, die die Grundlage für zeremonielle Tänze und Lieder bilden. Die Farben dafür werden traditionell aus Mineralien und Pflanzenmasse hergestellt. Auf diese Weise werden Traumzeitgeschichten dargestellt. Auch wenn diese Gemälde für den Laien willkürlich und abstrakt erscheinen mögen, lassen sie sich auf verschiedene Weise interpretieren, unter anderem auch als Landschaftsbetrachtungen von oben. Jeder der einmal bei wolkenlosem Himmel über Australien fliegt, wird beeindruckt sein, wie sehr die Aborigines-Malerei der Landschaft von oben gleicht.

Traumpfade – die mythische Landkarte

Ein herausragendes Beispiel für den Zusammenhang zwischen Spiritualität und praktischem Leben der traditionellen Aborigines sind die in Gesängen, Geschichten, Tänzen und Malereien überlieferten „Traumpfade" (*Dreaming Tracks*) oder *Songlines*. Hierbei handelt es sich um die Wege der mythischen Traumzeitwesen durch das Land (bzw. über den Himmel). Sie dienen als Landkarte für die Wanderungen (*Walkabouts*) der Urbevölkerung, die für die traditionelle Lebensweise je nach Wasser- und Nahrungsvorkommen notwendig waren. Die Beschaffenheit der Landschaft, etwa die Lage von Felsen oder Wasserstellen, wird zum Teil als Spur der Schöpfungswesen interpretiert. Manche der Songlines sind nur einige Kilometer lang, andere schlängeln sich über hunderte Kilometer durch die Gebiete verschiedener Aborigines-Stämme mit unterschiedlichen Sprachen und kulturellen Traditionen und beschreiben sogar die Wege durch die Wüsten im Landesinneren. Dabei können verschiedene Teile eines Liedes in unterschiedlichen Sprachen bzw. Dialekten verfasst sein, so dass das ganze Lied nur von jemandem verstanden werden kann, der alle diese Sprachen beherrscht. Manchen Traumpfaden muss zwingend in einer bestimmten Richtung gefolgt werden, sie falsch herum abzulaufen wird als Sakrileg angesehen. Um das Land am Leben zu erhalten, müssen die Lieder regelmäßig gesungen werden.

Beispielsweise erzählt sich der Yolngu-Stamm im Arnhem Land im Northern Territory die Geschichte von Barnumbirr, einem mit dem Planeten Venus assozierten Schöpfungswesen. Barnumbirr kam von der Insel Baralku im Osten und führte die ersten Menschen nach Australien. Danach flog er von Osten nach Westen über das Land und hinterließ dabei einen Traumpfad, auf dem er Tiere, Pflanzen und Landschaften erschuf und benannte.

Die Yarralin aus dem Victoria

Ein heiliger Traum-Ort: Karlu Karlu oder Devil's Marbles. Dem Glauben des Kaytetye-Volkes gemäß sind dies die Eier der Regenbogenschlange

River Valley verehren den Walujapi-Geist als Traumwesen der Schwarzkopfpython. Walujapi hat demnach einen schlangenförmigen Weg entlang eines Felsüberhangs gegraben und hinterließ einen Abdruck ihres Hinterteils, als sie sich hinsetzte. Beide Spuren sind dort heute noch erkennbar.

Die Regenbogenschlange schlängelte sich durch Nordaustralien und erschuf dabei Flüsse und Gebirge. Die Orte, an denen sie auf ihrem Weg anhielt, wie beispielsweise die Felsformation Ubirr im Arnhem-Land – die auch für ihre Zeichnungen bekannt ist – , stellen heute besonders heilige Stätten dar.

Die Ahnenwesen der Quolls zogen auf ihrer Reise nach Norden in die Simpson-Wüste, wobei sie die Gebiete der Aranda, Kaititja, Ngalia, Kukatja, Unmatjera und Ilpara durchquerten. Jeder dieser Stämme singt jeweils den mit seinem Territorium verbundenen Teil der Geschichte.

In der Region um Sydney, wo die Täler aufgrund des weichen Sandsteines oft in einem Canyon oder an Klippen enden, folgen die Traumpfade oft den Klippen, da das Wandern entlang der Klippenkante sehr viel leichter ist als im Tal. Dementsprechend finden sich dort viele Felsmalereien. Im Gegensatz dazu verlaufen die Traumpfade in anderen, trockenen Teilen Australiens meist durch die Täler, da es hier sehr viel einfacher ist, Wasser zu finden.

Die Veränderung der Landschaft durch Baumaßnahmen der europäischen Siedler führte allerdings dazu, dass viele Traumpfade unterbrochen wurden oder in ihrem ursprünglichen Verlauf nicht mehr erkennbar sind, und damit die kulturellen Wurzeln der Urbevölkerung verloren gingen.

Eine Jagdszene mit Mimi-Geistern

Sprachen der Ureinwohner

Als die Europäer nach Australien kamen, gab es schätzungsweise 250 bis 270 verschiedene Sprachen; manche Quellen sprechen von bis zu 300. Rund 160 Sprachen sind heute ausgestorben, wie zum Beispiel die Sprache Jiwarli aus Westaustralien. Der letzte Aborigine, der sie noch sprechen konnte, Jack Butler, starb im April 1986. Von den etwa 90 bis 100 überlebenden Sprachen sind ungefähr 70 gefährdet und nur etwa 20 können noch als gängig bezeichnet werden. Heute sprechen nur noch etwa 51.000 Menschen vorwiegend eine Aborigine-Sprache. Die meisten der etwa 550.000 australischen Ureinwohner sprechen insbesondere innerhalb ihrer Gemeinschaften mehr oder weniger stark abgewandelte Formen des Englischen, die unter dem Begriff Australian Aboriginal English zusammengefasst werden. Eine Sonderstellung nimmt das Kriol ein, das aufgrund seiner eigenen Syntax und Grammatik eine eigenständige kreolische Sprache darstellt, die sich in der frühen Kolonialzeit ursprünglich in der Region von Sydney und Newcastle in New South Wales durch den Kontakt zwischen weißen Siedlern, Asiaten und Eingeborenen aus einer Pidgin-English-Variante entwickelte. Sie wird in leicht differierenden Varianten heute noch im Northern Territory gesprochen und ist seit 1970 auch von den Behörden als eigenständige (weil auch als Muttersprache weitergegebene) Sprache anerkannt. Die Zahl der aktiven Sprecher wird zwischen 4.000 und 30.000 angegeben. Am 5. Mai 2007 wurde in Katherine, dem Zentrum der Sprachgemeinschaft, die offizielle von kirchlichen Stellen abgesegnete Bibelübersetzung („Kriol Holi Baibul") vorgestellt. Margaret Micken, Koordinatorin des Projektes sagte in einem ABC-Radio-Interview: „Es ist die erste vollständige Bibel von der Genesis bis zur Auferstehung in einer indigenen australischen Sprache, und sie stellt mit ungefähr 30.000 Sprechern die größte Sprachgruppe dar. Unter diesen beiden Gesichtspunkten eine ziemlich aufregende Sache."

Einige Beispiele für Australian Aboriginal English und Kriol finden sich im Anhang.

Eine weitere kreolische Sprache ist das auf den Torres-Strait-Inseln und im benachbarten Papua gesprochene Torres Strait Creole mit etwa 25.000 muttersprachlichen (bzw. bi- oder trilingualen) Sprechern.

Die Kriol Holi Baibul

Übrigens...
Der Unterschied zwischen Pidgin- und Kreolsprachen besteht darin, dass erstere als reine Verkehrssprachen dienen und letztere als (aus Pidgin entstandene) Muttersprache weitergegeben werden. Beiden ist gemeinsam, dass sie als Kontaktsprachen von Kolonisatoren und Einheimischen entstanden sind und ihr Wortschatz zum großen Teil auf dem einer (meistens) europäischen Sprache basiert, Syntax und Grammatik aber ganz eigenen Regeln gehorchen.

Ureinwohner und Europäer
Verfolgung und Unterdrückung

Die europäische Besiedelung führte zwangsläufig zu Konflikten mit den Ureinwohnern, da die weißen Siedler das von den Nomaden traditionell genutzte Land als ihr neues Eigentum betrachteten. Infolgedessen wurden die Aborigines-Völker Australiens oft aufs Grausamste verfolgt, misshandelt und getötet. Hinzu kamen eingeschleppte Seuchen, die für die Ureinwohner meist tödlich endeten, da ihr Immunsystem nicht an die fremden Krankheitserreger angepasst war. So wurde etwa das Aborigines-Volk Tasmaniens von den europäischen Siedlern zunächst verfolgt und ermordet, dann umgesiedelt und letztlich durch eingeschleppte Krankheiten völlig ausgerottet (siehe hierzu auch **Bekannte historische Figuren der Aborigines – Truganini**).

Bis in die 1930er Jahre kam es sowohl von staatlicher als auch von privater Seite immer wieder zu Massakern an den Ureinwohnern. Viele der weißen Einwanderer ergötzten sich geradezu daran, die Ureinwohner zu jagen und zu töten und die Frauen zu vergewaltigen. Eines der wenigen gut dokumentierten Massaker an Aborigines fand auf der Myall-Creek-Farm in der Nähe von Inverell in Nordwesten von New South Wales statt. Am 10. Juni 1838 hatte sich eine Gruppe von Viehhütern unter der Führung von John Fleming in Richtung Myall Creek Station aufgemacht, wo eine Gruppe von etwa 50 Ureinwohnern lebte. Die Viehhüter trieben 28 Menschen zusammen, fesselten sie mit einem Seil aneinander und schleppten sie von ihren Hütten weg. Ohne auf ihr Wehklagen zu hören, töteten sie die Männer, Frauen und Kinder durch Schüsse, wobei sie zuvor einige der Frauen vergewaltigten. Ihre Leichen verbrannten die Mörder einen Tag später. Es wird vermutet, dass die gleiche Gruppe für weitere Morde in der Folgezeit verantwortlich war. Obwohl es in dieser Zeit allgemein kaum als Verbrechen betrachtet wurde, Schwarze zu töten, und viele Weiße die Taten sogar begrüßten, erwies sich die Justiz im Fall des Myall-Creek-Massakers als wirksam. Elf Männer wurden vor Gericht gestellt, sieben von ihnen schließlich wegen Mordes verurteilt und gehängt. Der Anführer John Fleming wurde allerdings nie gefasst und soll später noch für weitere Massaker verantwortlich gewesen sein.

DIE UREINWOHNER AUSTRALIENS

In der Bevölkerung herrschte zum Teil blankes Entsetzen, dass weiße Männer wegen des Mordes an Schwarzen zur Rechenschaft gezogen wurden. Die lokale Tageszeitung „Sydney Morning Herald" schrieb am 5. Oktober 1838 sogar: „Die ganze Bande an schwarzen Tieren ist nicht das Geld wert, das die Kolonisten zahlen müssen, um die albernen [Gerichts-] Dokumente zu drucken." Nach diesem Massaker wurden Aborigines weiterhin verfolgt, doch viele Weiße wurden „geschickter" und benutzten Gifte, die sie den Aborigines ins Essen oder ins Wasser mischten, um sich der unerwünschten Ureinwohner zu entledigen. Wohl die Mehrzahl der Morde wurde so nie aufgedeckt und gerichtlich verfolgt. Ein weiteres schreckliches Verbrechen wurde allerdings dokumentiert. Es ist unter dem Namen „Coniston-Massaker" bekannt und fand 1928 statt, als eine Gruppe von Polizisten unter der Leitung des Constables William Murray und des Siedlers William Morton mindestens 31 Aborigines angeblich „in Notwehr" in der Nähe der Coniston-Rinderfarm im Northern Territory erschossen. Ausgegeben als polizeiliche Ermittlung, handelte es sich um eine Racheaktion, nachdem zuvor der weiße Dingojäger Fred Brooks ermordet aufgefunden worden war.

Auch nach dem Ende der aktiven Verfolgung wurde die individuelle und kulturelle Unterdrückung der Ureinwohner fortgesetzt. In der zweiten

Öffentliche Bekanntmachung an die Adresse der Aborigines von Van Diemens Land (Tasmanien) um 1830. Zu dieser Zeit sah die Realität allerdings ganz anders aus als hier dargestellt

Hälfte des 19. Jahrhunderts wurden in den australischen Kolonien und späteren Bundesstaaten sogenannte „*Aboriginal Protection Boards*" gegründet. Diese waren eine Ergänzung zu den *Chief Protectors of Aborigines,* die vom britischen Parlament offiziell zum Schutz und zur Wahrung der Interessen der Ureinwohner eingesetzt worden waren. In der Praxis nahm deren Wirken aber zum Teil die Form sozialer Kontrolle und Bevormundung an. Diese Behörden übten weitreichende Kontrolle über die Aborigines aus. So wurden etwa Verordnungen erlassen, die den Ureinwohnern den Konsum von Rauschmitteln, die Heirat mit Europäern oder den Wechsel des Aufenthaltsorts ohne offizielle Erlaubnis verboten. Die Protection Boards waren außerdem dafür zuständig, ökonomischen Druck auf Aborigines-Arbeiter und damit auch auf andere Beschäftigte auszuüben bzw. unproduktive Arbeiter auszusortieren. Sie regulierten insbesondere das Leben der „Mischlingskinder" von Weißen mit Aborigines und konnten diese „zu ihrem Schutz" ihren Eltern wegnehmen und in staatlichen und kirchlichen Einrichtungen oder weißen Pflegefamilien unterbringen. So wurden von etwa 1869 an bis in die 70er Jahre des 20. Jahrhunderts im Rahmen der staatlichen Assimilationspolitik Zehntausende von Kindern ihren Familien entrissen, um sie zu „zivilisierten" Australiern zu erziehen – die sogenannten „Stolen Generations" (siehe folgenden Exkurs **Sorry**). Auch sonst waren die europäischen Einwanderer weit davon entfernt, die Ureinwohner mit ihrer „rückständigen" Kultur als gleichwertige und gleichberechtigte Mitbürger zu behandeln. So wurden in einigen Bundesstaaten Gesetze eingeführt, die die Aborigines ausdrücklich vom Wahlrecht ausschlossen, sie erhielten (mit Ausnahme von Veteranen des Zweiten Weltkriegs) keine Zuwendungen aus der staatlichen Alters- und Invalidenpension, hatten bis in die 1960er Jahre nicht das Recht, Immobilien zu besitzen, und noch bis Anfang der 1980er Jahre gab es Rassentrennung in Schulen und manchen Stadtbezirken.

Emanzipation und Anerkennung

Die Ureinwohner nahmen die Unterdrückung durch die europäischen Einwanderer allerdings nicht widerstandslos hin. Organisationen wie die 1933 gegründete *Australian Aborigines League* und die 1937 gegründete *Aborigines Progressive Association* kämpften in

Protestaktionen für die Anerkennung des begangenen Unrechts, die Gleichberechtigung der Ureinwohner als vollwertige Staatsbürger und ihre Repräsentation im Parlament. Eine in ihrer Symbolik bedeutsame Aktion war etwa der „Day of Mourning", der am 26. Januar 1938, dem offiziellen australischen Nationalfeiertag und 150 Jahrestag des Beginns der englischen Besiedlung veranstaltet wurde. Um deutlich zu machen, dass das Datum der Ankunft der ersten englischen Siedler für die Ureinwohner kein Anlass zum Feiern, sondern zur Trauer darstellte, wurde ein Marsch durch Sydney veranstaltet und der „Day of Mourning Congress" abgehalten. Der Kongress, an dem etwa 1000 Aborigines und zahlreiche Stammesführer teilnahmen, war die erste offizielle Protestversammlung dieser Größenordnung, die für die Rechte der australischen Ureinwohner eintrat. In einer Resolution klagte sie die unwürdige Behandlung durch die Weißen in den vergangenen 150 Jahren an und forderte Bildung, Fürsorge, volle Bürgerrechte und Gleichstellung für die indigene Bevölkerung. Dieser Ausdruck des Selbstbewusstseins der Ur-Australier stand im krassen Gegensatz zur offiziellen Feier. Bei dieser wurde die Ankunft der *First Fleet* in Port Jackson nachgestellt, wobei am Strand entlang laufende Aborigines-Statisten die vor den ankommenden Schiffen weglaufenden Ureinwohner darzustellen hatten – ein Umstand, der von den „Day of Mourning"-Protestlern heftig kritisiert wurde. (Für die lokalen Medien dagegen stellte die Nichtberücksichtigung der Sträflinge bei der Aufführung das wichtigere Thema dar.) Seitdem halten Aborigines-Gruppen regelmäßig am 26. Januar Protestveranstaltungen ab. Medienwirksam und bis heute kontrovers diskutiert ist die aus einem Zelt bestehende „Aborigines-Botschaft" (*Aboriginal Tent Embassy*), die erstmals am 26. Januar 1972 auf der Rasenfläche vor dem Old Parliament House in Canberra errichtet wurde. Auslöser dafür war der Beschluss der *Liberal*-Regierung unter Premierminister McMahon, die traditionellen Landrechte der Aborigines nicht anzuerkennen und ihnen lediglich die Möglichkeit einer Pachtung des Landes einzuräumen. Diese sollte zudem unter dem Vorbehalt der

Die australische Aborigines-Konferenz ruft anlässlich des 150. Jahrestages der Beschlagnahme „unseres Landes" durch den weißen Mann zu einem Tag der Trauer und des Protestes auf

Erste Besiedlung

„Absicht und Fähigkeit" stehen, „angemessenen wirtschaftlichen und gesellschaftlichen Nutzen daraus zu ziehen". Bisher ausgeübte Rechte an Erzabbau und Wäldern waren darin nicht eingeschlossen. Die Protest-Initiatoren richteten eine Liste mit Forderungen an das Parlament. Diese umfassten die wesentliche Kontrolle des Northern Territory durch Aborigines, Eigentums- und Abbaurechte an traditionell genutztem Land, den Schutz der heiligen Stätten sowie Kompensationszahlungen des Staates für nicht zurückgegebenes Land in Milliardenhöhe. Seither wurde die „Botschaft" auch von anderen Aborigines-Protestgruppen mit unterschiedlichen Anliegen als Plattform genutzt. Nachdem sie in den vergangenen Jahren mehrmals abgebaut bzw. zerstört und an verschiedenen Orten in der Nähe des Parlaments wiedererrichtet worden war, existiert sie seit dem 26. Januar 1992 als permanente Einrichtung an ihrem ursprünglichen Ort. Obwohl sie auch von Seiten einiger Aborigines-Vertreter immer wieder Kritik ausgesetzt war, wurde sie vom *National Heritage Trust* offiziell zum nationalen Erbe erklärt – als einziger Ort in Australien, der für den politischen Kampf aller Aborigines und Torres-Strait-Insulaner steht.

Die Zeltbotschaft der Aborigines vor dem alten Parlamentsgebäude in Canberra

Bedeutungsvoller in ihrer unmittelbaren Wirkung waren Streikaktionen der Ureinwohner. Zwei berühmte Beispiele sind der „Pilbara Strike" von 1946 bis 1949 und der „Gurindji Strike" von 1966 bis 1975 (siehe Exkurs). Diese von Aborigines-Farmarbeitern organisierten Streiks richteten sich nicht nur gegen ihre unwürdige Unterbringung und Unterbezahlung gegenüber weißen Arbeitern, sondern waren vor allem auch mit der Forderung nach Rückgabe des von ihnen traditionell genutzten Landes verbunden (siehe Zeittafel Daten und Fakten der Geschichte der Ureinwohner Australiens).

Die Proteste der Bürger- und Landrechtsbewegung führten zusammen mit dem sich entwickelnden kritischen Bewusstsein der europäischstämmigen Australier seit den 1960er Jahren zur schrittweisen Anerkennung der Rechte der Ureinwohner und dem

DIE UREINWOHNER AUSTRALIENS

„The Taking of the Children", Figurengruppe an der Großen Australischen Uhr am Queen Victoria Building in Sydney

Eingeständnis des an ihnen begangenen Unrechts. In den 1960ern wurden die Ureinwohner offiziell als australische Bürger mit gleichwertigen Rechten anerkannt, doch es sollte noch Jahrzehnte dauern, bis die weiße Bevölkerung soweit war, sich für das in der Vergangenheit begangene Unrecht zu entschuldigen. Nachdem die Australische Menschenrechtskommission sich 1997 mit dem staatlichen Zwangsentzug von Kindern aus Familien der Aborigines und Torres-Strait-Insulaner befasst und diese Praxis in ihrem Abschlussbericht als „Genozid" bezeichnet hatte, wurde am 26. Mai 1998 der „National Sorry Day" begangen. Australien gedachte damit erstmals offiziell der „Gestohlenen Generationen" und des an ihnen begangenen Unrechts. Am 13. Februar 2008 sprach der von der *Labor Party* gestellte Premierminister Kevin Rudd in einer historischen Rede insbesondere den „Stolen Generations" endlich die so lange erwartete offizielle Bitte um Entschuldigung der australischen Nation aus. Damit schien ein Heilungsprozess zwischen Weiß und Schwarz zumindest eingeleitet worden zu sein (siehe folgenden Exkurs).

„Sorry"

"Heute ehren wir die indigene Bevölkerung dieses Landes, die älteste fortlebende Kultur in der Geschichte der Menschheit. Wir gedenken ihrer Misshandlung in der Vergangenheit. Wir gedenken vor allem der Misshandlung derjenigen, die zu den Gestohlenen Generationen gehörten – dieses befleckten Kapitels in der Geschichte unserer Nation."

Am Australia Day 2008 schrieben die Australier ein Sorry an den Himmel

Der Morgen des 13. Februar 2008 ist als historisches Datum in die Geschichtsbücher Australiens eingegangen. Für ganz Australien, besonders aber für seine Ureinwohner, läutete der Tag einen längst überfälligen Versöhnungsprozess ein. Unter der früheren liberalen Regierung hatten die Ureinwohner noch vergeblich auf eine formelle Entschuldigung für die Gräuel der Vergangenheit gewartet. Erst Kevin Rudd, der Ende 2007 australischer Premierminister wurde, ließ seinen Worten aus dem Wahlkampf Taten folgen und entschuldigte sich in einer historischen Rede vor dem Parlament offiziell bei ihnen.

In erster Linie ging es dabei um die sogenannten "Stolen Generations", die "Gestohlenen Generationen" all der meist „gemischtrassigen" Kinder von Aborigines und Torres-Strait-Insulanern, die im Rahmen einer staatlichen Zwangsassimilierungsmaßnahme von der zweiten Hälfte des 19. Jahrhunderts an bis in die 1970er Jahre von den staatlichen Behörden zum Teil gewaltsam aus ihren Familien herausgerissen worden waren, um sie in Pflegefamilien, Waisenhäusern oder ähnlichen Institutionen aufwachsen zu lassen. Dahinter stand die Absicht, sie als Arbeitskräfte zu nützlichen Mitgliedern der australischen Gesellschaft zu machen, anstatt sie als Empfänger staatlicher Hilfsleistungen in ihren Reservaten zu belassen. Diese Reservate waren den Ureinwohnern bereits ab Mitte des 19. Jahrhunderts von der britischen Regierung zugewiesen worden, nachdem sie infolge der europäischen Besiedlung aus ihren angestammten Territorien vertrieben worden waren. Sie sollten dort nach europäischem Vorbild Siedlungen errichten und Landwirtschaft betreiben. Für die traditionell nomadisch lebenden Aborigines, die keinen Ackerbau kannten, bedeutete dies eine kulturelle Entwurzelung.

Entsprechend ihrer rassistischen Sichtweise und ihrem Unverständnis für die Kultur der Aborigines waren die politisch Verantwortlichen fest davon überzeugt, ganz zum Wohle der Kinder zu handeln. Wie viele Kinder es genau betraf, ist bis heute aufgrund mangelhafter Auf-

Kevin Rudd ist während seiner Entschuldigungsrede auf einer Großbildleinwand auf dem Melbourner Federation Square zu sehen

zeichnungen unklar. In vielen Berichten ist von einem Zehntel bis einem Drittel der Kinder der indigenen Bevölkerung die Rede. Oft betraf es mehrere Kinder aus einer Familie, und es ist kaum eine Aborigine-Familie bekannt, die keinen solchen Fall zu beklagen hat. Bis zu 100.000 Kinder könnten es nach Vermutungen von Experten gewesen sein. Viele haben nach ihrer „Entführung" durch die Behörden ihre Eltern nie wieder gesehen. Viele der Mütter starben frühzeitig aus Trauer und Gram.

Obwohl die Praxis dieser „Kindesentführung" in den einzelnen australischen Staaten unterschiedlich war, ähneln sich die Erzählungen, die mit dem Bericht der Australischen Menschenrechtskommission 1997 veröffentlicht wurden.

"Ich war im Postamt mit Mama und meiner Tante [und meiner Cousine]. Sie schafften uns in einen Polizeiwagen und sagten, sie würden uns nach Broome bringen. Sie nahmen die Mütter auch mit. Aber als wir losgefahren waren [ungefähr nach zehn Meilen], stoppten sie und warfen die Mütter aus dem Auto. Wir sprangen auf den Rücken unserer Mütter, weinten, versuchten nicht zurückgelassen zu werden. Aber die Polizisten rissen uns herunter und warfen uns zurück ins Auto. Sie stießen die Mütter weg und fuhren davon, während unsere Mütter dem Auto hinterherjagten, rannten und weinten. Wir schrien hinten im Auto. Als wir in Broome ankamen, sperrten sie mich und meine Cousine ins Gefängnis. Wir waren erst zehn Jahre alt. Zwei Tage waren wir im Gefängnis und warteten auf das Boot nach Perth."

Der beschriebene Fall stammt aus dem Jahr 1945. Die „hellhäutigen" Aborigine-Mädchen wurden in ein Waisenhaus in Perth gebracht. Viele der Kinder lebten in diesen „Wohlfahrtsinstitutionen" unter schrecklichen Bedingungen. Sie hungerten, wurden für Vergehen hart bestraft und in vielen Fällen sexuell missbraucht.

Durch das Herausreißen aus ihrem sozialen Umfeld gingen den Kindern nicht nur ihr kulturelles Erbe, ihre Traditionen und ihre Sprache verloren, viele von ihnen hatten später auch Probleme, eigene Kinder zu erziehen, da sie nicht ausreichend gelernt hatten, wie Eltern sich gegenüber ihren Kindern verhalten.

Die Auswirkungen der erlittenen Traumata durch Misshandlungen und kulturelle und soziale Entwurzelung sind bis heute zu spüren. Umfragen des australischen Amts für Statistik zeigen, dass Angehörige der „Gestohlenen Generationen" oftmals gesundheitlich schlechter gestellt sind, eine geringere Ausbildung besitzen und bei ihnen eine höhere Wahrscheinlichkeit besteht, wegen krimineller Vergehen verhaftet zu werden. Mangelndes Selbstvertrauen, Depressionen, Alkohol- und Drogenmissbrauch sind weitere Folgeerscheinungen.

Jahrelang hatten die Aborigines um eine offizielle Anerkennung des von ihnen erlittenen Unrechts gekämpft. Die einzelnen Länderregierungen hatten sich in den vergangenen Jahren zu Entschuldigungen durchgerungen, doch die australische Regierung selbst hatte das Wort „Sorry" nie über die Lippen gebracht. Die zuvor elf Jahre lang regierende Liberal Party unter Premierminister John Howard hatte davon Abstand genommen, und auch Brendan Nelson, nach dem Regierungswechsel Führer der liberalen Opposition, tat sich 2007 in seiner Rede sichtlich schwer mit der Thematik und richtete sein Augenmerk zur Enttäuschung Vieler allein auf die heutige Situation in vielen Aborigine-Dörfern, wo häufig Alkohol und Drogen Überhand genommen haben und Frauen und Kinder misshandelt werden. „Er hat den Moment damit für uns zerstört", sagten viele der anwesenden Aborigines später.

Minutenlange, stehende Ovationen erhielt dagegen die Entschuldigungsrede des *Labor*-Premierministers Kevin Rudd im Februar 2008. 361 wohl gewählte Worte sprach er vor einem großen Auditorium aus Parlamentariern, früheren Premierministern und Repräsentanten der Ureinwohner, darunter auch etliche Mitglieder der „Stolen Generation".

Kevin Rudd sprach davon, einen „Fleck von der Seele Australiens" entfernen zu wollen. „Diese Geschichten schreien geradezu danach gehört zu werden. Sie schreien geradezu nach einer Entschuldigung."

Eine dieser Geschichten ist die der Nanna Nungala Fejo, einer Aborigine-Frau, die Ende der 1920er Jahre geboren wurde. Als sie etwa vier Jahre alt war, kamen die Männer von der „Wohlfahrt". Ihre Familie hatte den Tag gefürchtet und Löcher am Flussufer gegraben, zu denen die Kinder laufen und sich verstecken konnten. Doch all das brachte ihnen nichts, denn die Kinder wurden gefunden und in einem Lastwagen nach Alice Springs transportiert. Einige Jahre später änderte sich die Politik der Regierung, und die Kinder wurden von den „Wohlfahrtsinstitutionen" an die verschiedenen Kirchen des Landes übergeben. Man stellte die Kinder in drei Reihen auf und teilte sie in Katholiken, Methodisten und Church of England ein. Nanna Fejo und ihre Schwestern blieben zusammen, doch ihr älterer Bruder und ein weiterer Verwandter wurden von ihnen getrennt. Somit verlor Nanna Fejo nochmals einen Teil ihrer Familie. Das Mädchen blieb bis nach dem Krieg auf ihrer Missionsstation. Danach wurde ihr eine Arbeitsstelle als Haushaltshilfe in Darwin vermittelt. Damals war sie 16. Ihre Mutter hat sie in ihrem Leben nie wieder gesehen.

Die Entschuldigung der australischen Regierung bedeutet trotz ihres rein symbolischen Charakters einen großen Schritt vorwärts im Versöhnungsprozess zwischen weißen Einwanderern und Ureinwohnern. An der Überwindung der nach wie vor bestehenden Unterschiede insbesondere hinsichtlich des Gesundheits- und Bildungsstands der circa 500.000 Aborigines und Torres-Strait-Insulaner muss aber kontinuierlich weiter gearbeitet werden.

Bei der Antwortrede des Oppositionsführers Brandon Nelson wendet sich das Publikum vom Bildschirm ab, der vor dem Parlamentsgebäude in Canberra aufgebaut ist, obwohl er die Entschuldigung gutheißt

Landrechte

Bis zum sogenannten Mabo-Urteil des Höchsten Australischen Gerichtshofes 1992 gab es für die australischen Ureinwohner keine staatlich anerkannten Rechte an dem Land, auf dem sie seit Jahrtausenden lebten. Erst Eddie Mabo, ein Einwohner der Torres Strait Islands, erreichte mit seinem Einsatz für die Landrechte der indigenen Bevölkerung, dass das Konzept „Terra nullius" für nichtig erklärt wurde – die Vorstellung, dass Australien ursprünglich als „Niemandsland" anzusehen war, die schon Cook einst als Grundlage für die Inbesitznahme des Landes gedient hatte. Mit der Mabo-Entscheidung wurde zum ersten Mal anerkannt, dass es in bestimmten Gebieten Australiens noch immer ein Eigentumsrecht der Ureinwohner gibt und dass zum Zeitpunkt der Ankunft der weißen Siedler die Aborigines die rechtmäßigen Eigentümer des Landes waren. Das Urteil hatte grundlegende Auswirkungen auf das Selbstverständnis der Aborigines und Torres-Strait-Insulaner, die teilweise Land zurückerhielten und sich vor allem endlich in ihren Rechten anerkannt sahen. Mabo selbst erlebte die historische Entscheidung des High Court allerdings nicht mehr, da er fünf Monate zuvor an Krebs verstorben war. In der sogenannten „Wik Decision 1996" urteilte der High Court weiter, dass sowohl verschiedene Aborigines-Stämme als auch Nachfahren der britischen Siedler gleichzeitig Landrechte ausüben können. Die Rechte der Aborigines erlöschen demnach nicht durch die landwirtschaftliche Nutzung des Landes, so dass den Viehbauern kein Exklusivrecht am gepachteten Land zukommt. Wo beide Rechte jedoch in Konflikt miteinander stehen, gehen die Rechte der Farmer vor.

Heute werden, insbesondere im Northern Territory, große Gebiete von Aborigines und Weißen gemeinsam verwaltet.

Ureinwohner vor Felszeichnungen im Flinders-Ranges-Nationalpark (South Australia)

Anerkennung der Stammesgesetze (Tribal Law)

Nachdem lange Zeit offiziell davon ausgegangen wurde, dass es bei Aborigine-Stämmen nichts Vergleichbares zur europäischen Vorstellung von Gesetzen gäbe, hat die australische Administration diese Ansicht in jüngerer Zeit korrigiert und erkennt die Stammesgesetze in Teilen an. Dies bezieht sich sowohl auf Kapitalverbrechen wie auch auf Eheschließungen oder Landrechte. In den einzelnen Stämmen sind unterschiedliche Strafen für die verschiedenen Vergehen festgelegt. Gesetzesbrüche können verbale Beschimpfung, Ausschluss aus der Gemeinde für einen bestimmten Zeitraum oder gar eine physische Strafe nach sich ziehen. Wie weit die Anerkennung von Stammesgesetzen jedoch gehen darf, ist immer wieder Grund zur Diskussion. Als ein angesehener Ältester in einer Aborigine-Gemeinde im Norden Australiens mit einer ihm zugesprochenen 14-Jährigen gegen ihren Willen Sex hatte und sie mit einem Bumerang schlug, musste er sich vor Gericht verantworten. Nach den Gesetzen seines Stammes handelte er im Recht, nach den Gesetzen des Northern Territories galten seine Taten als Vergewaltigung und Kindesmissbrauch.

Heutige Situation

Trotz der Erfolge der vergangenen Jahre ist die soziale Gleichstellung der Ureinwohner noch längst nicht erreicht. Noch heute leben viele der rund 500.000 Ureinwohner Australiens in ländlichen Regionen und einige sogar im kargen Outback Australiens. Hier ist es heiß und staubig, und Dörfer oder Städte sind oft hunderte von Kilometern voneinander entfernt. Die sozialen Lebensumstände vieler Ureinwohner sind im Vergleich zu ihren weißen Mitbürgern ärmlich. Viele sind arbeitslos oder arbeiten für deutlich geringere Löhne als weiße Kollegen. Die Kindersterblichkeit ist deutlich höher, die Lebenserwartung geringer und der allgemeine Gesundheitszustand erinnert in vielerlei Hinsicht an ein Dritte-Welt-Land und nicht an eine reiche Nation wie Australien. Seit 2009 gibt es deshalb kostenlose medizinische Untersuchungen für Aborigines, die in den Städten leben, und einen Beauftragten für unbürokratische Hilfe in ländlichen Gebieten. So soll unter anderem die bakterielle Augenkrankheit Trachoma ausgemerzt werden, von der rund 20.000 Kinder betroffen

Mick Dodson, Jura-Professor und Angehöriger des Yawuru-Stammes, war der erste indigene Australier mit einem Jura-Examen. Er setzt sich seit Jahrzehnten für die Rechte der Aborigines ein

Tradition und westlicher Einfluss bei Aborigines im Outback

sind und die unbehandelt zur Erblindung führen kann. Sie tritt normalerweise nur in Entwicklungsländern auf.

Teilweise wachsen Aborigines-Kinder noch immer sehr naturverbunden auf, obwohl auch in den Dörfern der Ureinwohner die westliche Welt Einzug gehalten hat und es Supermärkte, Fernseher, Telefon, Internet und Schulen gibt. Oft lernen sie noch die traditionellen Tänze und Lieder. In den Städten sind viele dieser alten Traditionen verloren gegangen, und soziale Probleme nehmen teilweise überhand. Aber auch in manchen Dörfern verursachen Alkohol und eine daraus entstehende Gewaltbereitschaft vielerlei Probleme, so dass die Kindheit vieler Aborigines alles andere als unbeschwert ist. Aufgrund der Vielschichtigkeit der Probleme lässt sich dabei kein allein Schuldiger identifizieren. In manchen Gemeinden nehmen Vergewaltigungen

Die Ureinwohner Australiens

und Gewalt gegenüber Frauen und Kindern überhand, doch ob die von der einstigen liberalen Regierung unter John Howard getroffenen Maßnahmen zur Lösung der Probleme geeignet waren, ist zu bezweifeln: 2007 beschloss die Regierung eine Intervention des Militärs im Northern Territory, um die Situation in den Griff zu bekommen. Canberra entsandte Militär in die entlegenen Aborigines-Dörfer, setzte Sozialhilfezahlungen teilweise aus und verbot Alkohol und Pornographie. Wenig wurde in den folgenden Jahren dann über Erfolge der Intervention berichtet. Viel eher schienen die Maßnahmen die Sozialstruktur der Aborigines-Bevölkerung weiter zu zerstören, denn Dorfbewohner wurden in die Städte umgesiedelt, wo die Probleme weiter zunahmen. Zudem schuf die Regierung eine Situation, in der Diskriminierung und die Verletzung von Menschenrechten an der Tagesordnung waren. Michael Anderson, Aborigines-Führer und Menschenrechtskämpfer, sagte in einem Interview, dass die Situation im Northern Territory mit viel einfacheren Methoden hätte gelöst werden können. Zum einen hätte man mit den betroffenen Gemeinden sprechen und zum anderen Polizei vor Ort einsetzen müssen, statt sie hunderte Kilometer entfernt von den Gemeinden unterzubringen.

Im gleichen Interview prangerte Anderson auch an, dass die Regierung Aborigines immer noch als Außenseiter im System betrachte und Angst habe, dass die Ureinwohner ihre Unabhängigkeit von Australien erklären könnten. Eine Einigung könne nur über einen Vertrag ausgehandelt werden. Andersons Forderung lautet daher folgendermaßen: „Die Regierung muss die Unterschiedlichkeit unserer Menschen anerkennen. Da mögen 1300 Aborigines in einem Dorf leben, aber in Wirklichkeit sind das viele verschiedene Stammesgruppen. Wenn sie also Häuser für die eine Gruppe bauen, brennen die anderen diese vielleicht nieder, oder wenn sie ein Krankenhaus bauen, wird vielleicht nur eine Stammesgruppe dorthin gehen und die Kultur der anderen verbietet es ihnen, den gleichen Arzt aufzusuchen. Es herrschen ganz andere Regeln bei Aborigines. Das müssen sie erst einmal verstehen."

Ein Ergebnis der Northern Territory Intervention: Schilder, die die Einfuhr von Alkohol und Pornographie verbieten

Der Gurindji-Streik und seine Neuauflage

Ein heute legendärer Streik fand in den 1960er Jahren statt. Damals gingen Aborigines-Farmarbeiter der Wave Hill Station im Northern Territory auf die Barrikaden. Vincent Lingiari vom Stamm der Gurindji legte aus Protest gegen zu geringe Gehälter und schlechte Arbeitsbedingungen seine Arbeit nieder, verließ die Arbeitsstelle und errichtete zusammen mit Kollegen und deren Familien eine Art Protestcamp am Wattie Creek. Aus dem anfänglichen Streit um Arbeitsrechte und Gehälter entwickelte sich ein Disput um Landrechte. Der Streik zog sich über mehrere Jahre hin, bis der Konflikt durch das Entgegenkommen der Regierung unter Premier Gough Whitlam schließlich gelöst wurde.

Was war geschehen? Über die Jahre hinweg waren die Arbeits- und Lebensbedingungen der Aborigines-Arbeiter unerträglich geworden. Einer der beteiligten Männer, Billy Bunter Jampijinpa, erinnerte sich in einem Interview zum 40-jährigen Jubiläum des Walk-Offs im Sydney Morning Herald: „Wir wurden wie Hunde behandelt. Wir hatten Glück, wenn wir die 50 Pfund, die wir im Monat verdienten, überhaupt bekamen und wir wohnten in Verschlägen. Man musste auf den Knien rein und raus kriechen und es gab kein fließendes Wasser. Das Essen war schlecht – nur Mehl, Tee, Zucker und Rindfleisch-Stücke wie der Kopf oder die Füße eines Ochsen."

Am 22. August 1966 hatten über 200 Menschen unter der Führung von Vincent Lingiari schließlich ihre wenigen Sachen gepackt, ihre spärliche Unterkunft auf der Wave Hill Station zurückgelassen und ein zunächst provisorisches Camp am Ufer eines nahen Flusses aufgebaut. Damals ahnte noch keiner, dass der Protest alles andere als kurzfristig sein sollte und in einen jahrelangen Streik ausarten würde.

Als erste Reaktion auf den Streik der Arbeiter versuchten die weißen Farmer und die Polizei die Aborigines mit Einschüchterungstaktiken zum Aufgeben zu bewegen. Andere Aborigines-Organisationen und -Gruppen stellten sich dagegen vor die Gurindji und unterstützten und bestärkten sie in ihrem Kampf.

Die Regierung des Northern Territory erkannte die Krisensituation früh und bot eine Gehaltserhöhung von 125 % für die Farmarbeiter an. Diese war aber im Vergleich zu den Gehältern der weißen Arbeiter nach wie vor lächerlich und wurde von den Streikenden ab-

Neuauflage des Gurindji-Streiks wegen der militärischen Intervention im Northern Territory

gelehnt. Der Streik ging weiter und die Aborigines harrten in ihrem Camp aus.

Erst 1968 wagte man einen weiteren Vorstoß. Die damalige Ministerialvertretung für Angelegenheiten der Ureinwohner wollte ein Stück Land anbieten, auf dem die Streikenden sich dauerhaft niederlassen könnten. Doch selbst dieses relativ bescheidene Angebot wurde vom damaligen liberalen Kabinett abgelehnt. Stattdessen bot man an, ein Dorf in einem bekanntermaßen unfruchtbaren und unschönen Gebiet auf dem Farmland zu errichten, das für die reichen Eigentümer der Farm keinen Nutzen hatte.

Im dritten Jahr des Streikes hatte sich die ganze Sache schließlich völlig festgefahren. Die Medienberichterstattung ließ immer mehr nach und damit auch das öffentliche Interesse. Trotzdem blieb der Stamm seinen Grundsätzen treu. Die jüngeren Farmarbeiter hatten zwar wieder begonnen zu arbeiten – auf anderen Farmen und zu den verbesserten Stundenlöhnen – doch die älteren Arbeiter und ihre Familien erhielten ihr Streik-Lager aufrecht.

Schließlich führte die damalige liberale Regierung eine Gesetzesregelung ein, nach der Aborigines einen Pachtanspruch auf ein Stück Land erheben konnten, falls sie eine lange Verbindung damit nachweisen könnten. Doch bis Ende 1972, als schließlich die *Labor*-Partei die Regierung übernahm, war keine dieser Landverpachtungen umgesetzt worden.

Als Reaktion auf diese fadenscheinigen Bemühungen errichtete eine Gruppe Aborigines bereits Anfang 1972 die legendäre Tent Embassy auf dem Rasen vor dem Parlamentsgebäude in Canberra. Der bereits erwähnte Michael Anderson war einer der Gründer dieser „diplomatischen Vertretung" der australischen Ureinwohner.

In den Folgejahren engagierten sich die Kommunistische Partei sowie neu gegründete Menschenrechtsorganisationen und Gewerkschaften für den Streik der Gurindjis. Auch wenn die neue Labor-Regierung sich nur langsam vorwärts bewegte, wurden nun doch einige wichtige Schritte unternommen. Das Northern Territory Land Board genehmigte keine Verpachtung von Landflächen mehr an Farmer, wenn Aborigines dieses Land bereits für sich erschlossen hatten. Auch der Bergbau in diesen Gebieten wurde zunächst eingestellt und die Gurindji bekamen ein kleines Stück Land zugesprochen. In einer symbolischen Zeremonie übergab Premierminister Whitlam am 16. August 1975 in Kalkaringi das Land, indem er Erde in die Hand des Streikanführers Vincent Lingiari schüttete.

Es war nur ein kleiner Erfolg, aber immerhin ein erster Schritt in die richtige Richtung... Historisch markiert der Streik den Beginn des Kampfes für die Landrechte der Aboriginal Bevölkerung. Noch heute wird deswegen beim sogenannten „Freedom Day Festival" im August des Ereignisses gedacht.

Die Situation im Oktober 2010

Infolge der militärischen Intervention der Regierung im Northern Territory hat man sich zu einer Neuauflage des Streiks entschlossen. Im Oktober 2010 haben Stammesmitglieder aus Kalkaringi and Dagaragu ihre Arbeit niedergelegt und sich gegen die Regierungsintervention ausgesprochen. Laut ihren Führern beklagen die Gemeinden vor allem die lokale Beendung des „Community Development

Employment Project" (CDEP) – eines Hilfs-, Qualifizierungs- und Arbeitsbeschaffungsprogramms für arbeitslose Ureinwohner – sowie weitere Reformen der lokalen Regierung und die Enteignung von Land im Zuge der Intervention.

Dagarau ist der Ort des einstigen Wave Hill Walk-Off, und die heutigen Nachfahren der kämpferischen Gurindji-Farmarbeiter fühlen sich, als hätten sie all die Rechte wieder verloren, die ihre Vorväter so mutig erstritten hatten. Laut dem Streiksprecher John Leemans hat die Gemeinschaft genug davon, von der Regierung gegängelt zu werden. Man fordere deshalb die Kontrolle über den lokalen Arbeitsmarkt und die Wohnprogramme und die Rückgabe von Grund und Boden an die Gemeinschaft. „Vor der Intervention waren ungefähr 300 CDEP-Arbeiter im Gemeindedienst, im Bau- und im Wartungsbereich angestellt. Als die Regierung die Kontrolle übernahm und den Gemeinderat und die CDEP abschaffte, kam alles zu einem Stillstand. Zwei Jahre hatten wir keine regelmäßige Müllabfuhr mehr, da das Müllauto beschlagnahmt worden war. Häuser und Gebäude brauchen dringend Reparaturen, aber es gibt keine Gelder für Arbeiter oder Materialen. Wer heute nach Dagaragu reist, kann deutlich sehen, was diese Einschnitte für Folgen für unsere Bevölkerung hatten. Alles was wir gebaut haben, ist verschwunden – das alte CDEP-Büro, die Ziegelsteinfabrik, der Kindergarten, die Krankenstation, das alte Familienzentrum. Bald verlieren wir wohl auch noch die Bäckerei. Häuser, die jetzt unter der Kontrolle der Regierungsstelle Territory Housing sind, sind überfüllt und fallen auseinander. Der Schaden ist geradezu erdrückend. Wir haben ungefähr 40 Arbeiter noch vom CDEP und anderen Schulungsprogrammen. Viele arbeiten 35-Stunden-Wochen, aber durch die neuen Gesetze arbeiten sie für nichts anderes als das Arbeitslosengeld von Centrelink. Das ist schlimmer als Sozialhilfe zu bekommen, da die Hälfte des Geldes über die sogenannte BasicCard ausgezahlt wird und nur in bestimmten Geschäften ausgegeben werden kann. Die Geschichte wird hier wiederholt und unsere Leute werden wieder gezwungen, für Zuteilungen zu arbeiten."

Poster zum 40. Jahrestag des Wave Hill Walk-Off. Im Kreis ist das berühmte Foto nachgezeichnet, auf dem der Labor-Premier Gough Whitlam Sand in die Hand des Gurindji-Ältesten Vincent Lingiari schüttet

Erste Besiedlung

> **Übrigens...**
> Einen Eindruck der Stimmung unter den Aborigines können Besucher bekommen, die am 26. Januar früh aufstehen und um 8 Uhr die jährliche Aborigines-Zeremonie „Wogganma-gule" im Botanischen Garten in Sydney besuchen. Dabei werden nicht nur beeindruckende Tänze und Musik aufgeführt, sondern in Reden und Gespächen reflektiert man auch die aktuelle Situation der Ureinwohner in Australien.

Die Entschuldigung des Premierministers im Namen der australischen Nation bei den Ureinwohnern für das über Jahrhunderte erlittene Unrecht (siehe Exkurs **Sorry**) war ein wesentlicher Schritt auf dem Weg zur Verbesserung des Verhältnisses zwischen europäischstämmiger und eingeborener Bevölkerung, und allgemein auch der Anerkennung der Kultur der Ureinwohner. Viele Aborigines interessieren sich seitdem auch wieder verstärkt für ihre kulturellen Traditionen, und auch von Seiten der weißen Australier scheint das Interesse zu wachsen. So war die Aborigines-Zeremonie des „Australia Day" am 26. Januar 2009, etwa ein Jahr nach Kevin Rudds Rede, eine der seit Jahren am besten besuchten. Um 8 Uhr morgens versammelten sich hunderte europäischstämmige wie eingeborene Australier im Botanischen Garten von Sydney, um den Aufführungen und Erzählungen der Ureinwohner zuzuschauen und zuzuhören. Die Zeremonie verbreitete das Gefühl eines innigen Miteinanders und war beseelt von dem Wunsch der Ureinwohner, ihre Gedanken und Werte zu vermitteln und zu teilen. Noch nie zuvor hatten so viele Kinder und Jugendliche daran teilgenommen und einer der Ältesten lobte die Hilfe und Unterstützungsbereitschaft der Eltern, die ihre Kinder über Wochen hinweg regelmäßig zu den Proben gebracht hatten. Ähnliche Beobachtungen schilderte auch die Direktorin der Ross-Hill-Schule in Inverell der australischen Tageszeitung „Sydney Morning Herald". Ross Hill hat einen hohen Anteil an Aborigine-Kindern. Im Elternbeirat, bei Schulversammlungen oder Sportfesten seien heute mehr Aborigine-Eltern als noch vor einem Jahr. Aber auch die europäischstämmigen Eltern seien aufgeschlossener. Der Satz „Das war bestimmt das Aborigine-Kind" sei seit der Entschuldigung nicht mehr gefallen.

Der Aborigine-Führer Tom Calma stimmt zu, dass Fortschritte gemacht wurden. Doch es sei immer noch ein weiter Weg, bevor der Schmerz vollkommen geheilt sein werde. Die Entschuldigung sei der Beginn eines langen und wichtigen Prozesses. Die Finanzkrise 2008/2009 hätte einige der Initiativen verlangsamt, aber eine positive Einstellung auf Seiten der Behörden sei erkennbar.

Andererseits war 2008, das Jahr der historischen Entschuldigung der australischen Regierung bei den Aborigines, in vielerlei Hinsicht tatsächlich auch das Jahr der Ureinwohner. Ein bislang unbekannter Aborigine-Junge erregte im Hollywood-Epos "Australia" mehr Aufmerksamkeit als internationale Stars wie Nicole Kidman und Hugh Jackman. Zum ersten Mal in der Geschichte der Reality-TV-Sendung

„Big Brother" gehörte zu den Hausbewohnern eine Aborigine. Einer der reichsten Männer Australiens, Minenunternehmer Andrew Forrest, bot an, 50.000 Jobs für Aborigines zu schaffen. Der blinde Aborigine-Sänger Geoffrey Gurrumul Yunupingu hatte seinen musikalischen Durchbruch, und mit Professor Mick Dodson wurde ein Aborigine zum „Australier des Jahres" gewählt.

Immerhin haben es einige aboriginesstämmige Australier geschafft, nicht nur aus der sozialen Randstellung auszubrechen, sondern auch herausragendere Positionen in der australischen Gesellschaft einzunehmen. Bekannte Aborigine-Geschäftsleute sind der Rechtsanwalt und Aktivist Noel Pearson oder Bob Liddle, der australische Minengesellschaften berät. Unter den Sportlern gibt es neben der Läuferin Cathy Freeman noch etliche andere erfolgreiche Ureinwohner, beispielsweise rund zehn Prozent der Australian-Rules-Football-Spieler. Barbara Weir ist eine der bekanntesten Malerinnen, Wayne Blair ein angesehener Schauspieler, Jimmy Little ein bekannter Aborigines-Musiker und Ernie Dingo ein Fernsehstar, der bei groß und klein gleichermaßen beliebt ist.

Bennelong in einer zeitgenössischen Darstellung

Bekannte historische Figuren der Aborigines

Bennelong, der um 1764 geboren wurde, war einer der ersten Aborigines, die nach der europäischen Besiedlung Australiens mit den weißen Siedlern zusammenlebten. Er nahm ihren Lebensstil an, kleidete sich wie die Europäer und lernte Englisch. Bennelong war im November 1789 gefangen genommen worden, als Gouverneur Arthur Phillip die Absicht hegte, mehr über die Sprache und die Kultur der

Erste Besiedlung

Einheimischen zu lernen. Bennelong versuchte, die Beziehungen zwischen den beiden Gruppen zu verbessern und bei Konflikten zu schlichten. So überzeugte er Gouverneur Phillip, als dieser in Manly von Aborigines mit einem Speer beworfen wurde, dass der Angriff ein Missverständnis gewesen sein müsse.

Obwohl sein Verhältnis zu den Weißen und auch zum Gouverneur wohl nicht immer ungetrübt war, reiste Bennelong zusammen mit einem weiteren Aborigine und Phillip nach England, um dort 1793 König George III. kennenzulernen. Während sein Mitreisender starb, kehrte Bennelong stark beeinflusst von europäischen Sitten und Gebräuchen zurück. Doch leider betraf dieser Einfluss nicht nur die äußere Form seines Auftretens – er verfiel auch dem Alkohol, den die neuen Siedler ins Land gebracht hatten. So starb Bennelong 1813 mit erst 49 Jahren. Die Stelle, an der die Sydney Opera steht, trägt zur Erinnerung an ihn den Namen „Bennelong Point". Dort hatte Gouverneur Phillip ihm eine Hütte bauen lassen, in der er auch selbst zu Gast gewesen sein soll.

Truganini (auch „Trugernanner" und auf verschiedene andere Weisen geschrieben) war eine Aborigine aus Tasmanien und die vermutlich letzte „reinrassige" Angehörige der Ethnie der Palawa.

Als die europäischen Siedler Tasmanien 1803 eingenommen hatten und begannen, das Land urbar zu machen, lebten dort noch rund 4000 Ureinwohner, die ihre Heimat nicht widerstandslos den Neuankömmlingen überlassen wollten. Die gewaltsamen Auseinandersetzungen forderten Tote auf beiden Seiten, es kam zu Massakern an den Ureinwohnern, worauf diese mit Racheakten reagierten. Die um 1812 geborene Truganini hatte schon in ihrer Jugend die Gewalt der neuen Herrschaft zu spüren bekommen: Ihre Mutter, ihre Schwester und ihr Verlobter waren ermordet und sie selbst vergewaltigt worden.

Die Bekanntheit von Truganini beruht insbesondere auf ihrer Mitwirkung an zwei Unternehmungen, mit denen die neue Administration versuchte, die Ureinwohner auf friedliche Weise unter ihre Kontrolle zu bringen: Die Tochter des Stammesältesten von Bruny Island diente ab 1830 dem offiziellen Chief Protector of Aborigines des damaligen Distrikts Port Phillip (heute Victoria), George Augustus Robinson, als Übersetzerin und Vermittlerin. Nachdem es Robinson gelungen war, ihr Vertrauen zu gewinnen,

Truganni im Jahr 1866

half sie ihm, die etwa zweihundert noch überlebenden Ureinwohner zu finden und sie zu überreden, sich von ihnen in Sicherheit bringen zu lassen – angeblich an einen anderen Ort auf Van Diemen's Land, in Wirklichkeit aber auf das zwischen Tasmanien und Australien gelegene Flinders Island, wo das Projekt in einem Fiasko endete, da viele der Deportierten innerhalb kurzer Zeit mit Grippe oder anderen Krankheiten infiziert wurden und starben. 1838 half sie Robinson bei der Gründung einer Siedlung für Festland-Aborigines in Port Phillip. Aus dieser entwickelte sich im Laufe zweier Jahre eine Bande von Outlaws, die sich in Ned-Kelly-Manier den herrschenden Machtverhältnissen widersetzte und für ihren Lebensunterhalt bei den Siedlern bediente. Während einige Mitglieder der Gruppe später wegen der Ermordung zweier Walfänger in Melbournes erster öffentlicher Exekution gehängt wurden, wurde Truganini nach Flinders Island zurückgeschickt. 1847 brachte man Truganini zusammen mit etwa 45 anderen Überlebenden nach Oyster Cove auf Tasmanien. Dort waren die Lebensbedingungen zwar ebenfalls schlecht, doch zumindest war Truganini

George Augustus Robinson, der Chief Protector of Aborigines in den Jahren 1839 bis 1849

wieder in ihrem traditionellen Umfeld. Ihren Lebensabend verbrachte Truganini in Hobart bei der mit ihr befreundeten Dandridge-Familie. 1876 starb sie im Alter von 64 Jahren. Entgegen ihrem Willen wurde ihr Leichnam zunächst beerdigt, später zu Forschungszwecken exhumiert und ihr Skelett bis ins 20. Jahrhundert hinein im Museum ausgestellt. Erst hundert Jahre nach ihrem Tod wurden ihre Überreste schließlich entsprechend ihrem Wunsch verbrannt und ihre Asche im D'Entrecasteaux-Kanal zwischen Tasmanien und Bruny Island ins Meer gestreut.

Wichtige Daten und Fakten

Vor etwa 40.000 bis 60.000 Jahren kamen die Vorfahren der Aborigines wohl aus Asien auf den australischen Kontinent. Neuere genetische Untersuchungen haben ergeben, dass die Aborigines die größte Verwandtschaft zu den Ureinwohnern Neu-Guineas aufweisen und sich ihre Abstammungslinien vor etwa 20.000 Jahren trennten. Ob sie auf dem Seeweg oder über eine infolge der letzten Kaltzeit (vor etwa 115.000 – 10.000 Jahren) bestehende Landbrücke von Neuguinea kamen (die infolge des wieder ansteigenden Meeresspiegels vor ungefähr 6000 Jahren vollständig überflutet wurde), ist nicht hundertprozentig geklärt.

Vor etwa 12.000 bis 13.000 Jahren wurde die während der Kaltzeit bestehende Landverbindung zwischen Tasmanien und Australien überflutet und isolierte die Aborigines Tasmaniens von denen des Festlandes.

Vor etwa 1.000 Jahren wurden die zwischen Papua-Neuguinea und Australien liegenden, zum größten Teil zum australischen Staatsgebiet gehörenden Torres Strait Islands von Papua-Neuguinea aus besiedelt.

1788 Beginn der englischen Kolonisierung.
Bis zu diesem Zeitpunkt lebten schätzungsweise 300.000 Aborigines in Australien. Es gab einige hundert Stämme mit jeweils eigener Sprache, Kultur und eigenem Territorium. Die europäische Besiedlung führte unter den Ureinwohnern nicht nur zu tödlichen Epidemien durch eingeschleppte, ihnen bisher unbekannte Krankheitserreger. Konflikte um Land zogen Vertreibungen nach sich, und Rassimus und der Wunsch der Behörden, dem neu eingeführten Recht Nachdruck zu verleihen, führten bis in die 1930er Jahre zu zahlreichen Massakern an Ureinwohnern. Dokumentiert sind beispielsweise das Myall-Creek-Massaker von 1838 und das Coniston-Massaker von 1928.

1828 bis 1832 Verhängung des Kriegsrechts in Tasmanien durch Gouverneur George Arthur. Hauptphase des sogenannten „Black War", der durch Massaker, Deportation und eingeschleppte Krankheiten letztlich zum Genozid an der tasmanischen Urbevölkerung führte.

Von 1869 bis in die 1970er
Im Rahmen eines Assimilierungsprogramms wurden vor allem „gemischtrassige" Kinder von Aborigines und Torres-Strait-Insulanern von den Behörden gegen den Willen ihrer Eltern zum Teil gewaltsam ihren Familien entzogen und in weißen Pflegefamilien und Kinderheimen untergebracht.

1.1.1901 Zusammenschluss der australischen Kolonien zum Australischen Bund (Commonwealth of Australia), aber Ausschluss der Aborigines von der deshalb angesetzten Volkszählung (obwohl z. B. Vieh gezählt wurde).

Archie Roach (rechts), populärer Sänger und Liedermacher, teilt das Schicksal der Gestohlenen Generationen und verarbeitet diese Erfahrung in seinen Songs (hier zusammen mit seiner inzwischen verstorbenen Frau Ruby Hunter beim Tamworth Country Music Festival 2009)

26.1.1938 „Day of Mourning": Am offiziellen Nationalfeiertag Australia Day veranstalteten Aborigines-Organisationen anlässlich des 150. Jahrestags der britischen Kolonisation einen Protestmarsch durch Sydney und eine Konferenz zahlreicher Aborigines-Führer, um gegen die Inbesitznahme des Landes und 150 Jahre grausame Behandlung durch die Weißen zu protestieren. Seitdem finden alljährlich derartige Proteste statt, allerdings erlangten in jüngerer Zeit andere an diesem Datum abgehaltene Protestveranstaltungen wie „Invasion Day" und „Survival Day" größere Aufmerksamkeit in Australien.

1939 „Cummeragunja Walk-off": Die 150 in der „Cummeragunja Aboriginal Station" in New South Wales untergebrachten Aborigines protestierten gegen ihre schlechte Unterbringung und Behandlung mit dem Auszug aus der Station, ihrem nicht genehmigten Ortswechsel nach Victoria und der Errichtung eines Camps. Diese erste größere Widerstandsaktion von Ureinwohnern fand viele Sympathisanten auch auf Seiten der europäischen Einwanderer und führte zu einer öffentlichen Diskussion über die Lebensverhältnisse und Behandlung der australischen Ureinwohner.

1.5.1946 bis August 1949 „Pilbara Strike": Streik von 600 Aborigines-Farmarbeitern in der Pilbararegion im Norden von Westaustralien für eine einheitliche, bessere Entlohnung, bessere Arbeitsbedingungen und die Anerkennung ihrer Menschenrechte, ihrer Kultur und ihrer traditionellen Landrechte. Der „Pilbara Strike", der erste Arbeitskampf dieser Größe von Aborigines in der australischen Geschichte, war kein voller Erfolg, zog aber immerhin ein Urteil des High Court of Australia nach sich, das den Aborigines das Recht einräumte, sich zu organisieren und eigene Vertreter zu wählen. Damit gilt er als einschneidendes Ereignis des Kampfes der Ureinwohner für ihre Landrechte und Selbstbestimmung.

1962 Überarbeitung des „Commonwealth Electoral Act": Auch Ureinwohnern wird grundsätzlich das Wahlrecht zuerkannt. Daraufhin Einführung des Wahlrechts für Aborigines auch in Queensland, Westaustralien und dem Northern Territory.

1963 „Yirrkala Bark Petitions": Als Protest gegen den geplanten Bauxit-Abbau durch eine Minengesellschaft auf Teilen ihres traditionellen Landes reichte die Volksgruppe der Yolngu in Yirrkala im Northern Territory eine auf Baumrinde geschriebene Petition beim australischen Repräsentantenhaus ein. Die Prüfung des Parlaments ergab, dass den Yolngu eine Entschädigung zustehe, womit erstmals von offizieller Seite gewohnheitsmäßige Landrechte der Ureinwohner („Native Title", siehe Eintrag *1992*) anerkannt wurden. Nach der Weigerung der Regierung, der Forderung nachzukommen, zogen die Yolngu vor Gericht. (Der Fall wurde als „Milirrpum versus Nabalco Pty Ltd" oder auch als „Gove land rights case" bekannt.) Der Supreme Court of the Northern Territory verwarf den Besitzanspruch der Yolngu schließlich im Jahr 1971 mit der Begründung, dass die Gewohnheitsrechte der Eingeborenen keine Besitz- oder Verfügungsansprüche begründeten: Gemäß der „Terra Nullius"-Doktrin habe Australien vor der britischen Kolonisation keinen rechtmäßigen Eigentümer gehabt habe. Die prinzipielle Möglichkeit solcher Gewohnheitsrechte wurde aber immerhin eingeräumt.

23.8.1966 bis 1975 „Gurindji Strike" („Wave Hill Walk-Off"): 200 Farmarbeiter, Hausangestellte und ihre Familien, die vor allem der Gurindji-Volksgruppe angehörten, legten ihre Arbeit auf der Wave-

Hill-Rinderfarm im Northern Territory nieder. Sie protestierten damit gegen ihre schlechte Unterbringung, für die Angleichung ihrer Löhne an die der weißen Arbeiter und die Rückgabe ihres Landes. Die Streikenden errichteten eine Siedlung an einem für die Gurindji heiligen Ort bei Wattie Creek (Daguragu). Der Protest erfuhr in der australischen Öffentlichkeit breite Unterstützung. Infolgedessen setzte die 1972 neu gewählte Labor-Regierung unter Premierminister Whitlam im Jahr 1975 in Verhandlungen mit dem Eigentümer der Farm schließlich durch, dass den Gurindji ein Teil ihres Landes zurückgegeben wurde.

1967 Annahme eines Referendums zur Änderung der Verfassung durch eine überwältigende Mehrheit der Australier. Damit wurde die Gleichstellung der Aborigines mit anderen Volksgruppen in der Verfassung bestätigt und die Regierung ermächtigt, Gesetze auch zum Vorteil der Aborigines zu erlassen und sie bei Volkzählungen zu berücksichtigen.

1971 Neville Bonner wurde als erster Ureinwohner Mitglied des australischen Parlaments. Nachdem er zunächst einen im Laufe der Legislatur freiwerdenden Senatssitz eingenommen hatte, wurde er 1972 für die Liberal Party in Queensland in den Senat gewählt.

26.1.1972 Erstmalige Errichtung der zeltförmigen „Aboriginal Embassy" auf dem Rasen vor dem Parlamentsgebäude in Canberra, die von nun an als Protestplattform für verschiedene Anliegen genutzt wird und 1995 als symbolischer Ort für den politischen Kampf der australischen Ureinwohner zum nationalen Erbe erklärt wurde.

16.8.1975 Offizielle Rückgabe eines Teils ihres traditionellen Landes an die Gurindji durch Premierminister Gough Whitlam als Ergebnis des „Gurindji-Streiks" (siehe oben).
1975 Verabschiedung des „Racial Discrimination Act" (RDA) durch das australische Parlament, wodurch jede Form von Rassendiskriminierung verboten wird. Jedwede dem widersprechende Gesetzgebung der Bundesstaaten und Territorien wurde damit für ungültig erklärt.

16.12.1976 Der „Aboriginal Land Rights (Northern Territory) Act 1976" gesteht den Ureinwohnern im Northern Territory Besitzansprüche auf Land zu, wenn sie ihre traditionelle Verbundenheit damit nachweisen können. Infolgedessen gehört heute etwa die Hälfte der Landfläche des Northern Territory den Aborigines. Zuvor hatte die von der britischen Königin eingesetzte „Aboriginal Land Rights Commission" in den Jahren 1973 und 1974 die Landrechte untersucht und war zum Schluss gekommen, dass die Ureinwohner Rechte an dem von ihnen traditionell genutzten Land beanspruchen konnten.

Seit 1980 Aufhebung der Rassentrennung in Schulen und in manchen Stadtbezirken

30.10.1981 Durch den „Pitjantjatjara Land Rights Act (SA)" wurde das lokale Verwaltungsgebiet (*Local Government Area*) „Anangu Pitjantjatjara Yankunytjatjara" (APY) in Südaustralien in die Verantwortung der Volksgruppe der Pitjantjatjara und Yungkutatjara übergeben. Nachdem bereits mit dem „Aboriginal Affairs Act" 1962 und dem „South Australian Lands Trust Act" 1966 die Rechte der Aborigines anerkannt und eine treuhänderische Verwaltung des Landes durch die Ureinwohner ermöglicht worden war, hatten diese 1976 den „Pitjantjatjara Council" einberufen, um mit der Regierung die Übertragung der Eigentumsrechte zu verhandeln. Das Land, das etwa 10,4 % der australischen Staatsfläche umfasst, befindet sich seitdem mit dem Sonderstatus einer „Aboriginal Community" unter der Verwaltung eines von den Ureinwohnern gewählten Rats.

1992 Im Fall „Mabo and Others versus Queensland (No. 2)" stellte der High Court of Australia fest, dass die Ureinwohner Rechte an öffentlichem Land wie Nationalparks oder Land, auf dem Bodenschätze abgebaut wurden, beanspruchen können, sofern darauf keine öffentlichen Konstruktionen wie Straßen oder amtliche Gebäude errichtet sind. Den Eingeborenen werden gemäß ihrem traditionellen Rechtssystem Eigentumsansprüche an gewohnheitsmäßig genutztem Land („*Native Title*") eingeräumt, sofern sie nicht offiziell durch die Regierung enteignet worden waren. Damit wurde das bisher zum Grundsatz genommene „Terra Nullius"-Konzept offiziell verworfen.

1.1.1994 Inkrafttreten des „Native Title Act of 1993", der die sich aus Geschichte und Kultur ergebenden traditionellen Gewohnheitsrechte der australischen Ureinwohner offiziell anerkennt und ihnen die Möglichkeit gibt, auf seiner Basis Landrechte geltend zu machen.

23.12.1996 „Wik Decision": Der High Court of Australia stellte fest, dass traditionelle Landrechte der Ureinwohner auch auf an Viehzüchter verpachtetem Land ausgeübt werden können, sich im Konfliktfall den Nutzungsrechten der Viehzüchter allerdings unterzuordnen hätten. Nachdem die Volksgruppen der Wik und Thayorre bereits 1993 einen *Native Title* auf das von ihnen traditionell genutzte Land auf der Cape York Peninsula in Queensland beansprucht hatten, war der Federal Court in seinem Urteil 1995 noch davon ausgegangen, dass im Fall der Verpachtung des Landes die traditionellen Rechte der Ureinwohner erloschen seien.

13.2.2008 Offizielle Entschuldigung der australischen Regierung durch Premierminister Rudd für das den Ureinwohnern zugefügte Leid, insbesondere die „Stolen Generations".

Kinder beobachten die Entschuldigungsrede von Kevin Rudd auf einem Bildschirm am Redfern Legal Centre in Sydney

Kapitel 3
Zweite Besiedlung
Die englische Kolonisierung

Historischer Segler vor der Kulisse des alten Hafenviertels The Rocks in Sydney

Zweite Besiedlung

Die englische Kolonisierung

Mythos und Entdeckung Australiens

Der Mythos „Australien" entstand schon lange vor der Entdeckung des fünften Kontinents. Die Ideen der griechischen Denker Pythagoras und Aristoteles über die Kugelgestalt der Erde führten bereits in der Antike zu der Vorstellung, dass es als Gegengewicht zu den Landmassen im Norden eine von „Antipoden" („Gegenfüßlern") bewohnte „Gegenwelt", einen großen Kontinent im Süden des Indischen Ozeans geben müsse. Klaúdios Ptolemaîos, der davon ausging, dass alle Meere von Land umgeben seien, zeichnete auf der Weltkarte in seinem um das Jahr 150 entstandenen Werk „Geographike Hyphegesis" eine große Landmasse ein, die den Indischen Ozean im Süden begrenzte, und prägte damit nachhaltig die Vorstellung eines fernen südlichen Landes. In der Folge wurde dieses „unbekannte südliche Land", die „Terra australis incognita" (oder auch „Terra australis ignota") bis in die Frühe Neuzeit auf vielen Weltkarten verzeichnet. Befeuert durch die Entdeckung Amerikas, wurde insbesondere im Zeitalter der großen Seefahrer vom 16. bis 18. Jahrhundert auf vielen Forschungsreisen nach ihm gesucht.

Der erste Europäer, der nachgewiesenermaßen seinen Fuß auf das Land setzte, für das später der Name „Australia" eingeführt werden sollte, war 1606 der holländische Seefahrer Willem Janszoon. Er ging allerdings davon aus, dass es sich bei der von ihm entdeckten Küste – die heutige Kap-York-Halbinsel im Bundesstaat Queensland – um einen bisher unbekannten Teil Neuguineas handelte. Nur wenige Monate später durchquerte der Spanier Luiz Vaéz de Torres auf seiner Suche nach der „Terra australis incognita" die von Janszoon nicht gefundene Meerenge zwischen Neuguinea und Australien, die später als „Torres Strait" bezeichnet werden sollte. Er war sich seinerseits nicht der Tatsache bewusst, dass er an einem bisher unbekannten Kontinent vorbeifuhr, sondern hielt dessen nördliche Spitze wohl nur für eine der vielen in der „Torres-Straße" liegenden Inseln. Eine ähnliche Fehlinterpretation unterlief 1642 Janszoons Landsmann Abel Tasman. Aufgrund der strengen Geheimhaltung neu entdeckter Routen durch die miteinander konkurrierenden Seefahrernationen ging er weiterhin davon aus, dass die neu entdeckte Landmasse, die er auf seiner Forschungsreise im Süden umfuhr, mit Neuguinea verbunden war. Tatsächlich handelte es sich bei der von ihm entdeckten Küste allerdings um eine dem Festland vorgelagerte Insel, die später nach ihm „Tasmanien" benannt werden sollte. Auf Tasman ging auch der Name „Hollandia Nova" – „Neu-Holland" zurück, der 1644 erstmals für die Landmasse verwendet wurde. Da ihnen das Land zu trocken und unfruchtbar erschien, entwickelten die Niederländer aber kein Interesse, es zu kolonisieren.

Eine Karte der Terra Australis aus dem Jahr 1583 von Jacques de Vaux: Zwischen den Landmassen der Antarktis und Australiens wird nicht unterschieden

1770 erklärte schließlich der Brite James Cook das Land als „Niemandsland" („Terra Nullius") zum Eigentum der britischen Krone. Als erster Europäer betrat er dessen Ostküste und gab ihr den Namen „New South Wales". Cook hatte das Kommando über die HMS „Endeavour" zwei Jahre zuvor erhalten. Der Marineoffizier war damals 40 Jahre alt und für seine Navigationsfähigkeiten in ganz Großbritannien geschätzt. Er hatte den Auftrag, das seltene Naturschauspiel der Venuspassage vor der Sonne am 3. Juni 1769 auf Tahiti zu beobachten und zu vermessen, und so einen Beitrag zur genauen Bestimmung des Abstandes von Erde und Sonne zu liefern. Zudem sollte er nach dem sagenumwobenen Südkontinent suchen und die Existenz der Torresstraße bestätigen, die den Briten nur gerüchteweise bekannt war. Auf dem Weg dorthin erkundete er die australische Ostküste und ankerte mit der HMS „Endeavour" in der heutigen Botany Bay (Sydney). Die Tatsache, dass das Land bereits von verschiedenen Aborigine-Stämmen bewohnt war, hielt die Briten nicht

Zweite Besiedlung

von ihrem Besitzanspruch ab, da sie davon ausgingen, dass jene nicht über feste Behausungen und kultiviertes Land verfügten und somit nach ihren Vorstellungen auch nicht als rechtmäßige Eigentümer gelten konnten.

Bevor Großbritannien die ersten Siedler ans andere Ende der Welt entsandte, sollten weitere 18 Jahre vergehen. 1824 wurde der Name Neu-Holland offiziell durch „Australia" ersetzt; erstmals verwendet wurde die Bezeichnung „Terra australis" im Reisebericht des britischen Seefahrers Matthew Flinders, der die Landmasse von 1801 bis 1803 als Erster komplett umsegelt hatte; bei dieser Gelegenheit gab er übrigens auch der Meerenge zwischen dem Festland und Tasmanien die Bezeichnung „Bass Strait" nach seinem Schiffsarzt George Bass.

Die erste Karte Australiens aus dem Atlas von Nicholas Vallard aus dem Jahr 1547. Vermutlich basiert sie auf einer portugiesischen Kartierung der Ostküste Australiens (Facsimile von 1856, National Library of Australia)

Spätestens 1820 war die Suche nach dem mythischen „südlichen Land" zu ihrem Ende gekommen, nachdem offiziell tatsächlich ein ganz im Süden liegender Kontinent neu entdeckt worden war. Dieser entsprach in seiner Größe und seinem Klima allerdings ganz und gar nicht jenem sagenumwobenen Südkontinent, der seit der Antike auf Weltkarten verzeichnet worden war und die Phantasie der Menschen beflügelt hatte. Aufgrund seiner geographischen Lage erhielt er die Bezeichnung „Antarktis" (griechisch „der Arktis gegenüber"). Das ehemalige Neu-Holland, dessen Stellenwert als eigener Kontinent erst mit so langer Verzögerung ins Bewusstsein der Menschen gerückt war, verdiente den Namen „Terra australis" aufgrund seiner Lage zwar noch weniger. Auch in seinen übrigen Merkmalen entsprach der Kontinent nicht ganz den in der Antike geprägten Vorstellungen des unbekannten südlichen Landes mit angenehmem Klima, reichen Bodenschätzen und einer zivilisierten, gut als Handelspartner geeigneten Bevölkerung. Nichtsdestotrotz sollte das neu besiedelte Land am Ende der Welt in der Folge die Menschen aber auf seine Weise in seinen Bann ziehen und dem Mythos „Australien" eine ganz neue Bedeutung geben.

Die Erste Flotte

Am frühen Morgen des 13. Mai 1787 setzte die sogenannte „First Fleet", die erste Flotte mit Seeleuten und Sträflingen in Großbritannien die Segel und brach mit vermutlich 1487 Menschen, Männern Frauen und Kindern, in ein unbekanntes Land auf. Elf Holzschiffe – das kleinste war wohl nur knapp 21 Meter lang – machten sich von Portsmouth aus auf den Weg. Sie wollten das Land im fernen Süden besiedeln, das wir heute unter dem Namen „Australien" kennen. Was für ein Gefühl muss es für die Sträflinge und Seeleute gewesen sein, sich auf diesen unbekannten und gefahrvollen Weg zu machen – ohne Familie und Freunde? In einer Zeit, wo die medizinische Versorgung noch mangelhaft war und die Lebensmittelrationen karg. Wie stellten sie sich das Land vor, das am anderen Ende der Welt lag und in dem nie zuvor Europäer gelebt hatten?

Entsprechend den herrschenden Windverhältnissen ging die Reise entlang weiter Umwege über Teneriffa, Rio de Janeiro in Brasilien und

Zweite Besiedlung

Die Charlotte, eines der Schiffe der First Fleet, 1787 im Hafen von Portsmouth

Kapstadt in Südafrika. Acht Monate und eine Woche waren die Menschen unterwegs, bis sie schließlich in Port Jackson, dem Naturhafen von Sydney, ankamen. Es war die bis dahin größte und am wenigsten verlustreiche Schiffsreise von Auswanderern. Keines der Boote ging unter, alle kamen innerhalb von drei Tagen an. Insgesamt starben während der Reise 48 Menschen, was für die damalige Zeit wenig war; auf der Fahrt der zweiten Flotte zwei Jahre später starben 267 Menschen.

Am 26. Januar 1788, nach 252 Tagen auf See, landete die Flotte unter der Führung Kapitän Arthur Phillips, der später auch der erste Gouverneur von New South Wales werden sollte, in der heute „Sydney Cove" genannten Bucht im späteren Hafen von Sydney. Am Jahrestag dieses Ereignisses wird heute der australische Nationalfeiertag „Australia Day" begangen.

John Hunter, der zweite Kapitän der HMS „Sirius", des Flaggschiffs der Ersten Flotte, führte während der Reise ein Tagebuch. Darin schrieb er am 20. Januar 1788 über die ersten Begegnungen mit den Ureinwohnern:

"Während wir mit dieser Angelegenheit [Erkundungsfahrten] beschäftigt waren, trafen wir häufig auf unterschiedliche Gruppen von Eingeborenen, die zu jener Zeit, wie wir fanden, recht zahlreich waren. Ein Umstand, der mich zugegebenermaßen ein wenig überraschte, nach dem, was in der „Reise mit der Endeavour" über sie berichtet worden war; denn ich glaube, in diesem Bericht war davon die Rede, dass man in der Botany Bay nur wenige Eingeborene beobachtet habe und sie eine sehr dumme Art von Menschen seien, denen jegliche Neugier fehle. Wir sahen sie in beachtlicher Anzahl und sie schienen uns eine sehr lebhafte und wissbegierige Rasse zu sein. Sie sind ein aufrechtes, dünnes aber wohlgestaltetes Volk mit eher schwachen Gliedmaßen,

Die englische Kolonisierung

aber sehr tatkräftig. Sie untersuchten mit größter Aufmerksamkeit die verschiedenen Körperbedeckungen, die wir trugen und drückten ihr äußerstes Erstaunen darüber aus, denn gewiss hielten sie die Kleider für ebensoviele unterschiedliche Häute und den Hut für einen Teil des Kopfes. Sie waren erfreut über Kleinigkeiten, die wir ihnen gaben und erschienen immer fröhlich und guten Mutes; sie tanzten und sangen mit uns und ahmten unsere Worte und Bewegungen nach, so wie wir es mit den ihren taten. Im Allgemeinen erschienen sie mit einer Lanze und einem kurzen Stab bewaffnet, der zum Schleudern derselben diente.[...];"

Kapitän der Ersten Flotte: Arthur Phillip

Unter den Sträflingen, die mit der Ersten Flotte auf den fünften Kontinent kamen, waren auch einige deutschstämmige. Kapitän Phillip selbst konnte auf deutsche Vorfahren zurückblicken; sein Vater war ein Frankfurter Buchhändler. In den Folgejahren kamen nicht nur Sträflinge, sondern auch freie Siedler nach Australien. Die ersten deutschen Einwanderer kamen 1836 nach Südaustralien, die meisten von ihnen ließen sich auf dem vor Cape Jervis gelegenen Kangaroo Island nieder. In den Jahren danach wanderten viele Lutheraner aus Preußen ein, die sich nicht der neu gegründeten unierten evangelischen Kirche anschließen wollten und deshalb vom preußischen Staat verfolgt wurden. Die Deutschen machten einen guten Eindruck. So berichtete der „Southern Australian" über das Dorf Klemzig: „Nur vier oder fünf Monate sind vergangen, seitdem begonnen worden ist, von Menschenhand die Spuren der Wildnis zu beseitigen, und doch sind schon fast 30 Häuser aufgebaut worden." Noch heute erinnern die südaustralischen Dörfer wie Klemzig, Hahndorf, Bethany, Birdwood, Springton, Lobethal, Hoffnungsthal oder Killalpaninna an ihre deutschen Wurzeln. Auch das Barossa Valley, eines der berühmtesten Weinanbaugebiete Australiens, hat viele deutsche Ursprünge. Nicht zufällig wurde der kommerzielle australische Weinanbau (allerdings in New South Wales) von einer Gruppe Deutscher ins Rollen gebracht (siehe Exkurs **Weinbau**).

Zeichnung aus einem Journal der First Fleet, 1788 von William Bradley

Die Sträflinge

Nachdem in Amerika der Unabhängigkeitskrieg ausgebrochen war, drohten die Gefängnisse in Großbritannien aus allen Nähten zu platzen, da man die vielen Sträflinge, die zur Deportation nach Übersee verurteilt wurden, nicht mehr dorthin abschieben konnte. Die Sträflinge, die nun nach Australien geschickt wurden, waren meist arm und hatten nur kleinere Verbrechen wie z. B. Diebstahl begangen. Doch die Deportation kam einer lebenslangen Strafe gleich, denn die Chancen zurückzukehren waren sehr gering. Die Gefangenen mussten hart arbeiten und lebten unter schwierigen Bedingungen. Viele der Häuser, Straßen und sonstigen Infrastrukturen in der neuen Kolonie wurden von Sträflingen erbaut, wie beispielsweise die Straße durch die Blue Mountains, der Gebirgskette, die Sydney vom Hinterland trennt. Im Museum sind Fußfesseln und eine Peitsche, die neunschwänzige Katze, zu sehen, mit der die Sträflinge bei Vergehen geschlagen wurden. Die Essensrationen waren karg, die Schlafbedingungen – 30 Mann in Hängematten in einen Raum gepfercht – sehr unangenehm. Um acht Uhr abends läutete eine Glocke, das Signal, sich für die Nacht fertig zu machen, um halb neun wurden dann die Lichter gelöscht und ein *Constable* kontrollierte nochmals, ob jemand abgängig war.

Schwerverbrecher oder rückfällige Straftäter wurden oftmals in abgelegenen Gegenden in Straflagern oder Gefängnissen untergebracht, so z. B. auf Norfolk Island vor der Küste von New South Wales. Die meisten Sträflinge jedoch leisteten ihren „Life term" von sieben Jahren ab und konnten danach als freie Siedler sogar Land erwerben bzw. sich dieses erarbeiten.

Harte Strafen wurden mit Hilfe der „Neunschwänzigen Katze" vollzogen

Tipp
Um tief in die australische Geschichte einzutauchen, lohnt ein Besuch der Macquarie Street in Sydney. Hier stehen noch viele historische Gebäude, von denen zwei spannende Ausstellungen zur Vergangenheit des Landes beherbergen (Adressen siehe Anhang).

Lebensbedingungen

Schon auf der Ersten Flotte gab es neben den Schiffsbesatzungen, den Sträflingen und den als Aufseher mitgeschickten Soldaten freie Siedler, die ihre Familien mitbrachten. Während der gesamten Deportationszeit bis Mitte des 19. Jahrhunderts wurden auch weibliche Sträflinge, darunter viele Prostituierte, nach Australien verschifft. Dennoch gab es in der Anfangszeit der Besiedlung einen enormen Frauenmangel – die Zahl der Männer war etwa sechsmal so hoch wie die der weiblichen Siedler. Als zwischen 1848 und 1850 über 4000 irische Frauen, größtenteils verwaiste Teenager, vor den schlimmen Hungersnöten in ihrer Heimat nach Australien flohen, lagen ihnen die Männer geradezu zu Füßen.

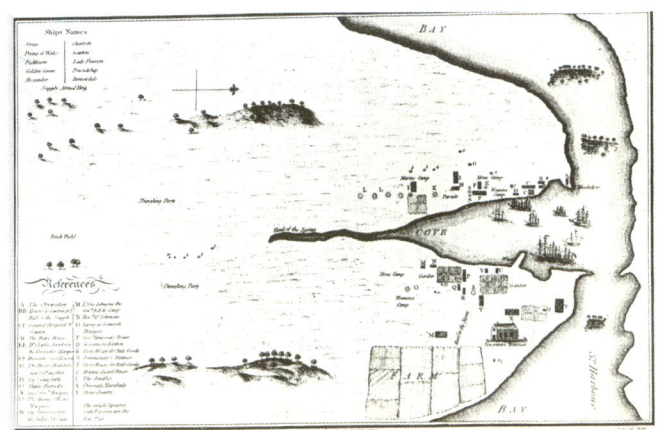

Karte von Sydney 1789, gezeichnet von einem Sträfling

Später wurden in England gezielt Familien und spezielle Berufsgruppen angeworben und als freie Siedler nach Australien gebracht. Das Versprechen von eigenem Land und Wohlstand lockte viele auf den fernen Kontinent, erwies sich allerdings häufig mehr als Wunschdenken denn als Realität. Die Lebensbedingungen im Busch waren hart. Das unbekannte Land, voller neuer Gerüche, ängstigender Geräusche und exotischer Tiere, wirkte auf die Neuankömmlinge fremdartig und gefährlich. Klima, Jahreszeiten und Natur waren ganz anders als in der englischen Heimat. Hinzu kam die Angst vor den „wilden" Einheimischen. Die Männer waren oftmals für lange Zeiträume unterwegs, um als Viehhirten, Wanderarbeiter oder Eisenbahnbauer Geld zu verdienen. Die zurückbleibenden Frauen waren nicht nur den Gefahren durch Überfälle ausgesetzt, die großen Entfernungen schränkten auch die sozialen Kontakte sehr ein. Die fehlende medizinische Versorgung war speziell bei Geburten fatal.
Aber das Land am anderen Ende der Welt hatte trotz (oder gerade wegen) mancher Widrigkeiten und Unwirtlichkeiten längst begonnen, eine ganz eigene Faszination auf seine neuen Entdecker auszuüben.

Die Ursprünge des Weinanbaus in Australien

Historische Aufnahme von Camden

Am 22. April 1838 kamen die ersten sechs deutschen Winzer mit ihren Familien auf dem Schiff „Kinnear" von London nach Australien. 170 Jahre später, im April 2008, trafen sich ihre Nachfahren zum ersten Mal zu einer Jubiläumsfeier in Camden, 60 Kilometer südwestlich von Sydney, dem Ort, in dem nicht nur der Grundstein für ihre Familien, sondern auch für den kommerziellen Weinanbau in Australien gelegt wurde...

Sydneys Weinanbau steckte noch in den Kinderschuhen, als die sechs Deutschen 1838 in New South Wales ankamen. 50 Jahre lang hatte man zwar bereits versucht, Wein anzubauen, doch mit wechselhaftem Erfolg. Die ersten Rebstöcke, die bereits 1788 mit der ‚Ersten Flotte' vom Kap der guten Hoffnung und aus Rio de Janeiro eingeführt worden waren, hatten noch nicht den erwünschten edlen Tropfen hervorgebracht. Die britische Regierung musste schließlich einsehen, dass dies weniger an den Rebstöcken als vielmehr an den fehlenden Winzern lag. Ursprünglich hatte man strenge Regeln für die australischen Kolonien geschaffen, wonach nur wenige „ausländische" Einwanderer zugelassen waren. Da es aber keinerlei Weinindustrie in Großbritannien gab, erhielten die Landeigentümer in Australien schließlich die Erlaubnis, in anderen Ländern nach geeigneten Kandidaten zu suchen. So warb Major Edward Macarthur 1837 sechs Deutsche für den Weinberg seines Bruders William in Camden an. Caspar Flick, Georg Gerhard, Johann Wenz, Johann Justus, Johann Stein und Friedrich Seckold hießen die auserwählten Winzer, die mit ihren Familien schließlich die lange Reise nach Australien antraten. Insgesamt waren es zwölf Erwachsene und 17 Kinder, die allesamt aus dem hessischen Rheingau stammten. Diesen „Original Six" sollte Australien den Beginn des kommerziellen Weinanbaus verdanken.

Zwei Winzer aus dem 19. Jahrhundert, vermutlich ist der linke Winzer Johann Stein

Julie Watt ist eine Nachfahrin der Auswandererfamilie von Johann Justus und war nicht nur die Haupt-Organisatorin der Jubiläumsfeier, die 2008 in Camden stattfand. Bis heute hält sie die „historischen Bande" zusammen und informiert alle regelmäßig per E-Mail. Wie die meisten anderen Nachfahren trägt sie nicht mehr den Nachnamen ihres Ur-Ur-Ur-Großvaters. Trotzdem spüren alle noch heute ein Gefühl der Zusammengehörigkeit. „Irgendwie spüren wir eine Verbindung zwischen uns", sagt Julie Watt. Etliche der Familienmitglieder wohnen noch immer in der Nähe. Außer Julie Watt sind das zum Beispiel Bryan Bourke, ein Nachfahre von Friedrich Seckold, Debbie Noy, die mit Johann Georg Gerhard verwandt ist, und Wendy Steins Familie, Nachfahren von Johann Stein. Ihre Familie ist die einzige, die noch den urprünglichen Namen trägt, der allerdings an manchen Orten in „Stien" abgewandelt wurde.

Die Nachfahren Julie Watt, Wendy Stein, Debbie Noy und Bryan Bourke

Wenn die Nachfahren über die alten Zeiten sprechen, werden sie nostalgisch: „Sie müssen sich vorstellen, die sechs Familien haben damals den Vertrag zusammen unterschrieben, sind zusammen aus England hierher gereist, waren viereinhalb Monate auf der „Kinnear", bis sie Ende April schließlich hier im fremden Land ankamen." Manche Familien hatten auch Schicksalsschläge hinnehmen müssen, wie die Gerhards, deren zweijähriges Kind wenige Tage vor der Abfahrt verstarb. Warum trotz der Ungewissheit, die sie am anderen Ende der Welt erwartete, so viele Deutsche den Rheingau Anfang des 19. Jahrhunderts verließen – nicht nur die sechs Winzer aus Hattenheim und Mittelbach – zeigen historische Briefe der Auswanderer. Darin finden sich Sätze wie: "Ein Hund hier bekommt mehr Fleisch an einem Tag, als ihr in 14 Tagen." Oder „Im Vergleich zu Deutschland ist unsere Arbeit hier Kinderarbeit."

Doch auch wenn es den Deutschen in vielerlei Hinsicht in Australien deutlich besser ging als zu Hause im wirtschaftlich gebeutelten Rheingau, geschenkt bekamen sie nichts. Sie kamen zwar als freie Siedler, wie auch spätere Auswanderer, die sich im Hunter Valley, einer Weinanbauregion nördlich von Sydney oder im heute bekanntesten Wein-

Überbleibsel der ersten Weinberge

anbaugebiet, dem Barossa Valley in Südaustralien, niederließen. Doch die Zeiten, als der erste Gouverneur, Captain Arthur Phillip, noch großzügig Land unter den Siedlern (nicht den Sträflingen!) verteilt hatte, waren vorbei. 50 Jahre nach Captain Arthur Phillip mussten die Deutschen zunächst in den Dienst der britischen Kolonialherren treten und sich ihren Wohlstand hart erarbeiten.

So hatten die „Original Six" zunächst einen Fünfjahresvertrag mit den britischen Landbesitzern, den Macarthurs, abgeschlossen. 15 Britische Pfund pro Jahr und eine Kuh waren der Verdienst dafür, dass sie im Gegenzug unterzeichneten, "sich in ihrem Lebensstil und ihrem Benehmen als gute Christen und ehrliche und sorgfältige Deutsche zu erweisen."

Materielle Sorgen quälten die Deutschen in Australien nicht, doch Heimweh nach dem Land, das sie zurückgelassen hatten, schien die Freude zu trüben. Ein Bericht des berühmten polnischen Australien-Forschers Paul Edmund de Strzelecki im Dezember 1839 belegt dies.

Der polnische Forscher war selbst erst im April des gleichen Jahres in Australien eingetroffen und kam nach Camden, um Weihnachten mit seinen Freunden, den Macarthurs, zu feiern. Dort traf er während eines Spazierganges mit seinen Gastgebern auf die Deutschen, die in kleinen Hütten auf dem Gelände wohnten.

In seinen Notizen schrieb de Strzelecki: „Der deutsche Gruß, den ich der Gruppe, die am nächsten stand, darbot, war wie eine Signalglocke, die die gesamte Kolonie in Bewegung setzte. Väter, Mütter und Kinder kamen von allen Seiten herbei, um mich zu begrüßen und um mit dem Herrn aus Deutschland zu sprechen. Sie dachten, ich wäre ein Landsmann und waren so glücklich; sie fragten mich nach Deutschland, dem Rhein und ihrer Heimatstadt. Ich war weit davon entfernt, sie aufzuklären. Der ehrliche, warmherzige Handschlag, den ich in der Annahme erhielt, ich sei Deutscher, war zu angenehm, als dass es mir erlaubt gewesen wäre, die Illusion zu zerstören. Ich fühlte mich wahrhaftig als ihr Freund und ließ mich gerne ihren Landsmann nennen und mich auch so behandeln, ließ mir ihren Weihnachtskuchen anbieten, mich ihren Kindern vorstellen und ließ sie sagen: ‚der Herr kommt aus Deutschland; er ist Deutscher, so wie wir.' Dieser Ankündigung folgten zahlreiche Verbeugungen, Verneigungen und Handküsse! Alle lächelten: trotzdem erkannte ich in ihrer dankbaren Haltung einen unbeschreiblichen Ausdruck, der mehr mit Traurigkeit als mit Freude zu tun hatte." De Strzelecki schrieb auch über die vielen Vorteile für die Deutschen, die jetzt Gesundheit, Sicherheit, Freiheit, Gerechtigkeit und Essen im Überfluss hatten. Trotzdem erkannte er „das Bedauern, mit dem jeder Auswanderer auf das Land zurückblickt, das er verlassen hat, vermengt mit einem Gefühl der Isolation, das schwer auf den Herzen dieser armen Winzer wog. [...] Wir mögen versuchen unseren Charakter anzupassen, uns dem des Landes, in dem wir leben anzugleichen; wir mögen uns der Perfektion der Sprache annähern, die wir sprechen können, die aber nicht unsere Muttersprache ist; und trotzdem, die kleinste Gelegenheit wird dazu dienen, uns als Ausländer zu fühlen, weit weg von unserem Heimatboden."

Fünf Jahre blieben die Deutschen auf dem Weingut der Macarthurs. Danach gingen fünf der Winzer wieder ihrer eigenen Wege, wenn auch alle weiter in Australien blieben. Warum sie die Macarthurs verließen, darüber kann man nur spekulieren. Es war wohl zu Unstimmigkeiten gekommen, eventuell spielten Verständigungsschwierigkeiten eine Rolle, vermutet Julie Watt.

Jacob und Maria Stein

Auf dem alten Friedhof von Camden befinden sich immer noch Gräber der „Original Six"

Historisches Farmhaus Belgenny Farm aus dem Besitz der Macarthurs

Einer der sechs Winzer blieb den Macarthurs jedoch weiterhin treu. Johann Stein wurde nach Ablauf des Fünf-Jahres-Vertrages bei doppeltem Lohn übernommen und arbeitete insgesamt zwölf Jahre auf dem Weingut der Familie. In dieser Zeit überzeugte er seine Brüder Jacob und Heinrich, ebenfalls die Reise nach Australien anzutreten und für die Macarthurs zu arbeiten.

Johann Stein hat Australiens Weingeschichte mitgeschrieben, denn er war es, der 1838 die ersten Riesling-Reben mitbrachte, die in Australien überleben sollten. Sein Bruder Jacob, der 1843 mit dem Schiff „Fama" von London nach Sydney kam, sollte später sein eigenes Weingut gründen, „Sandal Farm" am Prospect Creek in Sydneys Südwesten. Bis heute ist ein Teil der Familie Stein dem Winzertum verbunden. So gibt es das Robert-Stein-Weingut in Mudgee, wo man heute noch „deutsche" Sorten wie den Riesling oder einen Gewürztraminer kaufen kann. Das Robert-Stein-Weingut hat auch einen Jubiläumswein für das Familientreffen produziert. Von den anderen Nachfahren hat kaum noch einer Verbindung zum Wein oder zu Deutschland. Julie Watt trinkt nicht einmal gerne Wein, wie sie erzählt, und kaum einer der Nachfahren versteht Deutsch oder hat Deutschland je besucht. Auch die Macarthurs „machen" heute nicht mehr in Wein, sondern in Milch, auch wenn noch einige kümmerliche Weinstöcke auf ihrem Grund und Boden wachsen und ganz Camden aus Macarthur-Andenken zu bestehen scheint: Geschäfte, Straßen, Parks – alles ist nach der altehrwürdigen Familie benannt.

Dass die Familienmitglieder der „Original Six" nach 170 Jahren wieder zusammenfinden sollten, diesen Stein hatte Julie Watt ins Rollen gebracht. Ein paar Jahre ist es inzwischen her, dass sie begann, ihren Familienstammbaum zu rekonstruieren: „Damals wusste ich nur, dass meine Vorfahren aus Deutschland kamen." Über das australische „Registry for Births, Deaths and Marriages", wo alle Geburten, Todesfälle und Hochzeiten registriert sind, fand sie schließlich ihren Ur-Ur-Ur-Großvater Johann Justus. Was dann folgte, ist eine Erfolgsgeschichte der Internetrecherche. Sie fand weitere Informationen über Johann Justus und seine fünf Mitstreiter auf diversen Webseiten in Deutschland und Australien. Als sie schließlich eine Anfrage nach weiteren Familienmitgliedern von sich und den anderen fünf Deutschen auf einer Webseite für Ahnenforschung hinterließ, lief ihr E-Mail-Postfach fast über. Ein wahrer Schneeballeffekt setzte ein. Heute sind es über hundert Nachfahren aus Australien, Neuseeland, den USA und Deutschland, die sich „wiedergefunden" haben. Die meisten von ihnen haben an der Jubiläumsfeier teilgenommen.

Den weitesten „Anlauf" hatte dabei die Wiesbadenerin Marianne Ries, eine Nachfahrin der Gerhard-Familie. Sie suchte nicht übers Internet – sie hatte am 13. Januar 1999 auf ganz herkömmliche Weise an den Heimatforscher Richard Nixon in Camden geschrieben, um mehr über ihre historischen Familienbande in Australien zu erfahren und um zu sehen, ob noch heute Familienmitglieder in der Gegend wohnten. Doch ihr Brief blieb unbeantwortet. Erst Jahre später, als Debbie Noy, die australische Nachfahrin der Gerhard-Familie, den gleichen Drang nach Aufklärung über ihre Wurzeln verspürte, stieß sie bei Recherchen im Heimatkundemuseum in Camden auf Mariannes alten Brief. Sie antwortete Marianne, und heute stehen die beiden in regelmäßigem Kontakt.

Die Recherchen zu diesem Text führten zu einem weiteren unbekannten Verwandten von Debbie Noy und Marianne Ries. Und dieser trägt sogar noch den historischen Nachnamen. Stefan Gerhard ist zudem Weinhändler und Winzer und lebt im Heimatort der einstigen Auswanderer, Hattenheim im Rheingau. Er war vollkommen ahnungslos, dass einer seiner Verwandten vor 170 Jahren auf den fünften Kontinent ausgewandert war. Der historische Stammbaum der Familie bewies jedoch die Richtigkeit der Annahme. Die Freude bei ihm wie auch bei den neu entdeckten deutschen und australischen Verwandten war riesengroß, und außer Erfahrungen konnten auch Fotos, das Familienwappen und der Stammbaum weitergegeben werden, der bis ins 14. Jahrhundert zurückreicht und auf dem auch jener Johann Georg Gerhard vermerkt ist, der 1838 mit seinen fünf Mitstreitern nach Australien auswanderte.

Debbie Noy mit neu gefundener Familienbande

ZWEITE BESIEDLUNG

Die Eroberung des Kontinents

Frühe Expeditionen

Die Erschließung des Landes erwies sich angesichts der extremen Landschaft mit großen Wüstengebieten, Sümpfen und dichter Vegetation als beschwerliches und gefährliches Abenteuer. Bevor neue Landflächen in abgelegenen Gebieten besiedelt und Telegraphenleitungen quer durch das Land verlegt werden konnten, bedurfte es langwieriger Expeditionen: Es galt, Gelände und Flussläufe zu kartographieren, Wege durch unwirtliche Gegenden zu erschließen und gutes Weideland zu finden. Im Folgenden werden einige berühmte Expeditionen und Forscherpersönlichkeiten vorgestellt.

Tragische Forscher: Robert O'Hara Burke und William John Wills

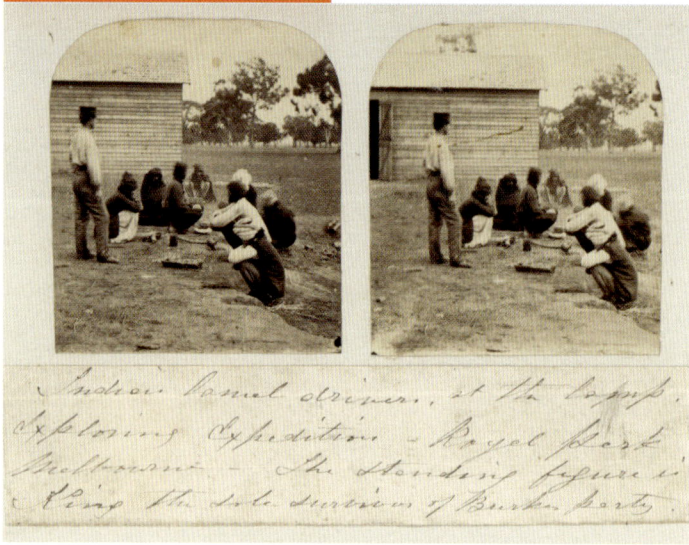

Stereoskopische Aufnahme vom ersten Nachtcamp der Expedition, Essendon, 1861

Robert O'Hara Burke und William John Wills waren die ersten Weißen, die Australien von Süd nach Nord durchquerten. Die südaustralische Regierung hatte 1860 einen Preis für die erste Expedition ausgeschrieben, die den Kontinent durchqueren würde. Burke, der eigentlich von Beruf Polizist war, nahm die Herausforderung an und stellte eine Truppe aus 18 Männern, etwa 25 Kamelen und 22 Pferden zusammen. Neben einem Vorrat an Lebensmitteln für rund zwei Jahre nahm er unter anderem auch Unmengen an Schuhen und Betten mit. Aus heutiger Sicht eine unglückliche Kombination: Ein Forscher, der keiner ist, 22 Pferde, die nicht für das harsche Outback gemacht sind und viel Wasser brauchen, und ein Reisegepäck, das in großen

Die englische Kolonisierung

Teilen komplett nutzlos war, um in der Wildnis zu überleben.

Trotzdem begann die Expedition erfolgreich. Die Mannschaft brach von Melbourne aus auf und erreichte nach etwa acht Wochen Menindee. Burke ließ einige Männer dort zurück und errichtete schließlich ein Basiscamp in Cooper Creek. Von dort aus startete Burke mit William John Wills und zwei weiteren Männern, John King und Charles Gray, in Richtung des Golfs von Carpentaria. Sie

Aufbruch der Burke und Wills Expedition, 1861, ST Gill, Wasserfarbe, State Library of NSW

nahmen ein Pferd, sechs Kamele und Essensvorräte für drei Monate mit. Nach acht Wochen erreichten sie tatsächlich das nördliche Ende Australiens, auch wenn sie das Meer nicht zu Gesicht bekamen, weil Mangrovensumpf ihnen den Weg versperrte. Da der Hinweg schon mehr Zeit als geplant in Anspruch genommen hatte, hielt Burke sich nicht lange auf und machte sich sogleich auf den Rückweg nach Cooper Creek. Auf der Rückreise gingen den vier Männern die Lebensmittel aus, sie aßen das Pferd und ein Kamel. Während der Reise wurde Charles Gray krank und starb. Als die Expedition schließlich völlig erschöpft in Cooper Creek ankam, waren die Männer, die dort fünf Monate auf sie gewartet hatten, gerade abgereist. Tatsächlich hatten sich die beiden Gruppen nur um wenige Stunden verfehlt. Von diesem Zeitpunkt an wendete sich das Schicksal gegen die Männer. Burke, Wills und King fanden zwar das Essen, das man für sie vergraben hatte, sie blieben jedoch nicht am verabredeten Treffpunkt, sondern zogen weiter Richtung Mount Hopeless. Wills hatte zwar seine Notizbücher und einen Brief vergraben, doch an dem Baum, wo die anderen Männer ihre Vorräte und Briefe hinterlassen hatten, brachten Burke, Wills und King keinen Hinweis an. Als tatsächlich wenige Tage später einige Männer zurückkehrten, um nochmals nach

Burkes Tod – Gemälde von Arthur Loureiro (1892)

den Vermissten zu suchen, fanden sie keine Spur davon, dass jemand dort gewesen war und kehrten enttäuscht wieder um.

Aborigines, die in der Gegend lebten, halfen den Männern, doch Burke war misstrauisch und jagte sie meist davon. Schließlich wurden alle drei Männer krank und zehrten körperlich aus. Burke starb als erster am 1. Juli 1861 und Wills folgte wenige Tage später. King wurde von den Ureinwohnern aufgenommen und gesund gepflegt, bis ihn einige Monate später eine Expedition fand und mit zurück an die Küste nahm.

In dem großen Expeditionsteam von Burke und Wills befanden sich übrigens auch drei deutsche Teilnehmer: Hermann Beckler, Arzt, Botaniker und Pflanzensammler, Ludwig Becker, Maler, Geologe und Naturforscher, und Wilhelm Brahe, der zuvor unter anderem als Goldgräber gearbeitet hatte. Ludwig Becker starb während der Expedition, Hermann Beckler gab auf, als die Expedition Menindee erreichte, da er den Glauben an Burkes Fähigkeiten verloren hatte. Wilhelm Brahe war einer derjenigen, die zurückgekehrt waren, um die verloren gegangenen Forscher nochmals zu suchen, und sie verfehlten. Er musste sich später in Melbourne dafür verantworten.

Furchtloser Abenteurer: John McDouall Stuart

John McDouall Stuart (1815-1866)

John McDouall Stuart ist ein weiterer Pionier aus der Anfangszeit der britischen Besiedlung Australiens. Der Abenteurer und Forscher drang tief ins Zentrum des Kontinents ein. Die Überland-Telegrafenleitung, die Adelaide über Darwin mit Europa verband, wurde entlang seiner Route gebaut und auch die erste Zugverbindung des berühmten *Ghans* von Adelaide nach Alice Springs folgte seinen Spuren. Dementsprechend trägt der Stuart Highway, der das südaustralische Port Augusta mit Alice Springs im Zentrum verbindet, seinen Namen.

Der im September 1815 in Schottland geborene Stuart kam Anfang 1839 mit 23 Jahren nach Australien. Eher klein und schmächtig von Statur, war er einer jener jungen Männer, wie sie in dieser Zeit zuhauf aus England nach Australien strömten: auf der Suche nach Freiheit und Abenteuer. Er begann als Vermessungstechniker und erschloss Land im Outback für die Landwirtschaft. Neben fruchtbaren Landflächen suchte er auch nach Gold und Kupfer. Bald

Die englische Kolonisierung

war er als jemand bekannt, der sich überallhin traute, der geschickt und schlau war und mit leichtem Gepäck und wenig Ballast reiste. Stuarts bemerkenswerteste Reise war eine viermonatige Expedition im Jahr 1858, als er zusammen mit einem Assistenten und einem Aborigine aufbrach und über 2000 Kilometer zurücklegte. Die drei Reisenden erschlossen große Flächen an Weideland und überlebten die vier Monate mit Essensrationen, die eigentlich nur für sechs Wochen ausgelegt waren. Stuart eignete sich in diesen Jahren viele Techniken der Ureinwohner an und lernte zum Beispiel, Wasser im Outback zu finden. Vielleicht ist dies einer der Gründe dafür, warum er, der zur gleichen Zeit wie Burke und Wills versuchte, den australischen Kontinent zu durchqueren, die gewagte Expedition im Gegensatz zu seinen Konkurrenten überlebte. Zwar gelang den Überlebenden des Konkurrenz-Unternehmens schließlich zuerst die Süd-Nord-Durchquerung, aber da Stuarts Expedition viel besser dokumentiert wurde, war sie für die Erschließung des Kontinents letztlich viel bedeutsamer. Doch nahm ihn diese letzte Reise mehr mit, als jede andere zuvor, da er an Skorbut und einem Trachom erkrankte und am Ende der Reise fast blind war. Zurück in Südaustralien, wurde er für seine erfolgreiche Expedition begeistert gefeiert, doch Stuart erholte sich gesundheitlich nicht mehr von den Strapazen. 1864 kehrte er nach Schottland zurück und starb schließlich 1866 in London.

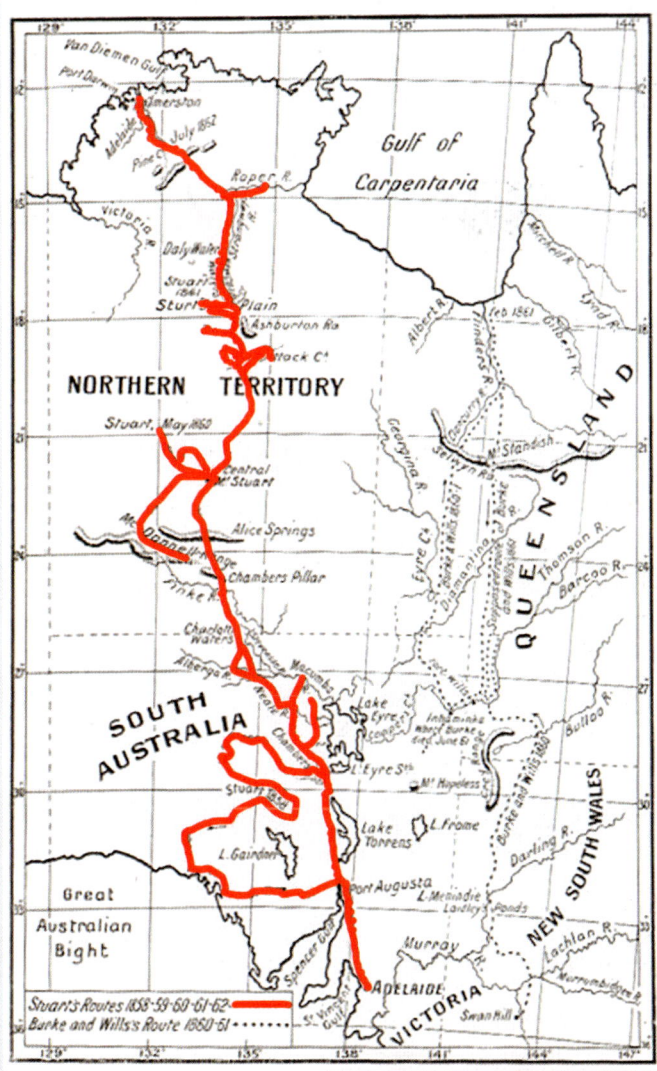

Die Expeditionsrouten von John McDouall Stuart zwischen 1858 und 1862

Deutsche Legende in Australien: Ludwig Leichhardt

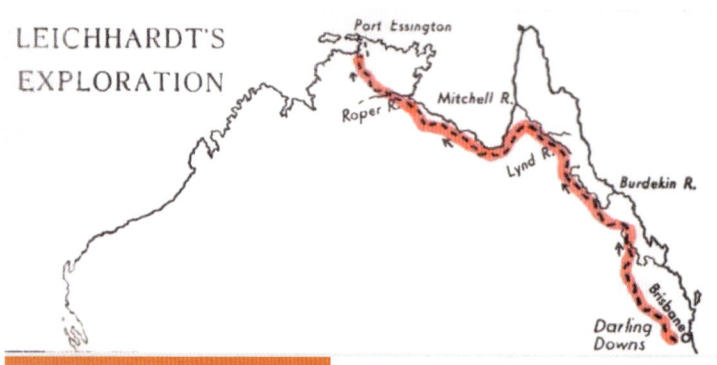

Leichhardts erste Expedition 1845-46

Der 1813 im brandenburgischen Dörfchen Sabrodt geborene deutsche Naturforscher Ludwig Leichhardt wanderte nach Studienaufenthalten in Cottbus, Berlin und Göttingen und nach einigen Forschungsprojekten in Europa 1841 nach Australien aus.

Sieben Jahre lang erforschte er den australischen Kontinent, seine Landschaften und Pflanzen. Seine größte Leistung war eine 14-monatige Expedition (1844-45), bei der er 4800 Kilometer von Moreton Bay an der Ostküste bis nach Port Essington nordöstlich des heutigen Darwin zurücklegte. Eigentlich hatte man ihn bereits für tot gehalten, als er 1846 schließlich doch noch nach Sydney zurückkehrte. Er wurde wie ein Held gefeiert und mit Regierungsgeldern belohnt. Zu diesem Zeitpunkt war seine Reise die längste Expedition, die weiße Einwanderer in Australien unternommen hatten. Er hatte während der Reise für die Landwirtschaft geeignetes Land entdeckt, was ebenfalls mit Genugtuung und Freude quittiert wurde. Ab diesem Zeitpunkt verließ ihn jedoch sein Glück. Nach einer zuvor bereits abgebrochenen Expedition versuchte er 1848 erneut, den Kontinent von Ost nach West zu durchqueren. Doch während dieser Reise verschwand die Expedition, vermutlich nahe der Simpsonwüste, spurlos. Obwohl neun unterschiedliche Suchtrupps über die kommenden hundert Jahre versuchten, seinen Spuren zu folgen, wurden die Männer nie gefunden. Ludwig Leichhardt war zum Zeitpunkt seines Verschwindens erst 35 Jahre alt.

Sein Tod regte etliche Dichter und Schriftsteller zu Gedichten und Romanen an. Auch wenn Ludwig Leichhardt eine durchaus nicht unumstrittene Persönlichkeit ist – angesichts beschränkter Fähigkeiten in Navigation im Gelände und Menschenführung wird ihm manchmal unterstellt, er habe bei seiner ersten Expedition vor allem Glück gehabt – wird er bis heute als einer der heldenhaften Erforscher Australiens gefeiert. Sein Name bleibt durch nach ihm benannte Stadtteile, Straßen, Plätze, Tiere und Pflanzen in Erinnerung.

Ludwig Leichhardt 1813-1848

Die englische Kolonisierung

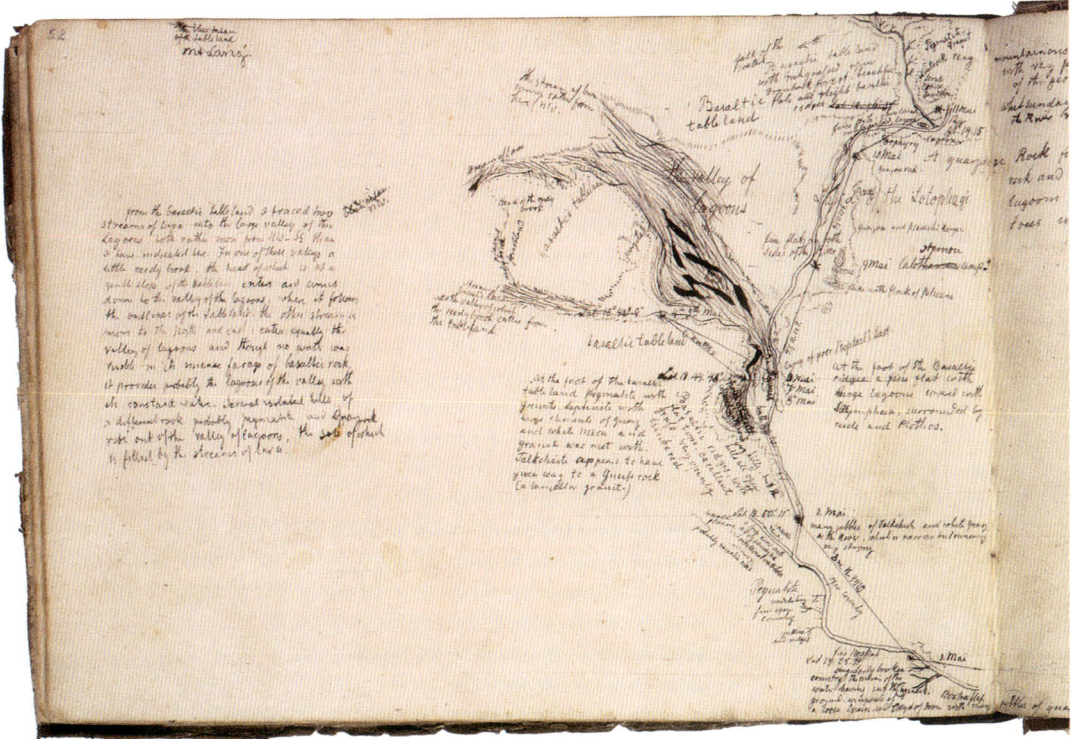

Originalaufzeichnungen von Ludwig Leichardt, die während seiner ersten Expedition entstanden, State Library of NSW

Australiens Robin Hood: Ned Kelly

In der Anfangszeit der australischen Kolonien war es für die neu gegründeten Verwaltungen nicht immer einfach, ihren Machtanspruch durchzusetzen. Das Land war in weiten Teilen zu unerschlossen und das Verhältnis der neuen Siedler zur Administration zum Teil durchaus ambivalent: Oftmals wurden die Handlungen der Obrigkeit als willkürlich empfunden bzw. als nicht der Allgemeinheit, sondern bestimmten Interessengruppen dienend wahrgenommen (siehe auch Unterabschnitt **Eureka Stockade**). Ein Phänomen dieser Zeit waren die *Bushranger*, Gesetzlose, die sich der kolonialen Ordnungsmacht durch ein Leben im unerschlossenen Buschland im Südosten Australiens entzogen und meist von Überfällen oder Viehdiebstählen lebten. Einige dieser „Buschräuber" sind als historische Persönlichkeiten in die australische Geschichte

Zweite Besiedlung

Totenmaske von Ned Kelly im Old Melbourne Gaol

eingegangen, die zum Teil großen Rückhalt in der Bevölkerung genossen, von der sie als mutige Kämpfer gegen Ungerechtigkeit und behördliche Willkür verehrt wurden – wie überhaupt die Parteinahme für Verlierer und Außenseiter bis heute eines der hervorstechenden Merkmale der australischen Mentalität darstellt (siehe auch Kapitel **Australische Lebensart**). Mitunter erfuhren sie sogar Nachsicht von den Behörden: So wurde der als „Captain Starlight" bekannte Harry Readford, der 1870 in Queensland 1000 Rinder stahl und die Herde über 2400 Kilometer durch bisher unbekanntes Land nach Südaustralien führte, als Dank dafür, dass er eine neue Viehtriebroute gefunden hatte, nach seiner Verhaftung begnadigt.

Der bei weitem bekannteste Bushranger, der oft als „australischer Robin Hood" verehrte Ned Kelly, nahm allerdings ein weniger strahlendes Ende. Insbesondere aufgrund der jüngsten Verfilmung seines Lebens hat er auch international einige Bekanntheit erlangt: In dem Film aus dem Jahre 2003 verkörperte der inzwischen verstorbene australische Star Heath Ledger den legendären Räuber. Aber nicht nur das Kino befasste sich mit dieser historischen Figur: Einer der bekanntesten australischen Maler, Sidney Nolan, widmete ihm und seinen berühmten selbst gebastelten Rüstungen eine Porträtserie, und der als bedeutendster lebender Schriftsteller Australiens geltende Peter Carey schrieb einen Roman über ihn.

Ned Kelly, der eigentlich Edward Kelly hieß, stammte von irischen Sträflingseltern ab. Bereits mit 14 Jahren beging er sein erstes Verbrechen und raubte einen chinesischen Schweinezüchter aus. Zwei Jahre später landete er erstmals wegen Pferdediebstahls für längere Zeit im Gefängnis. Zehn Jahre trieb er sein Unwesen und beraubte Reisende, überfiel Banken und widersetzte sich jedweder Autorität. Mindestens drei Polizisten soll er während seiner „Karriere" als Bushranger getötet haben. Zum Showdown zwischen ihm und seiner Bande und der Polizei kam es schließlich 1880, als er fast alle Bewohner eines Ortes in einem Pub als Geiseln hielt und Arbeiter dazu zwang, Eisenbahngleise zu entfernen. Er wollte einen Zug entgleisen lassen, in dem sich eine Polizeitruppe befand. Die Polizisten wurden jedoch rechtzeitig gewarnt und konnten ihn während einer Schießerei, bei der der gesamte Ort Zeuge wurde, verwunden und gefangen nehmen. Ned Kelly wurde am 11. November 1880 in Melbourne gehängt. Die meisten seiner Gefährten starben, als die Polizei das von der Kelly-Bande besetzte „Glenrowan Hotel" niederbrannte. Bis heute wissen die Australier nicht recht, wofür sie Ned Kelly halten sollen: einen Nationalhelden und charmanten Gangster, der sich staatlicher Autorität widersetzte und ähnlich wie Robin Hood den Armen half, oder doch für einen kaltblütigen Mörder, der mehrere Menschen auf dem Gewissen hatte?

Doch egal, was er nun war: Er ist bis heute gut für Mythen und Legenden, er inspiriert die Kunst, und sein angeblich letzter Satz kurz vor seiner Hinrichtung bringt die Australier zum Philosophieren: „Such is life" soll er gesagt haben – ein Ausspruch, der heute ebenso berühmt ist wie seine gesamte Lebensgeschichte.

Die Eisenbahn

Die Erschließung des Landesinneren sowie die Förderung von Rohstoffen wäre ohne Eisenbahn nicht denkbar gewesen. Nach der Entdeckung von Gold in Victoria wurde 1854 in Melbourne zwischen Stadtzentrum und Hafen die erste Bahnstrecke gebaut. Nach und nach bauten die Bundesstaaten jeweils eigene Eisenbahnnetze auf, die jedoch aufgrund unterschiedlicher Spurweiten nicht zu koordinieren waren.

Die Eröffnung der Eisenbahnlinie zwischen Adelaide und Alice Springs, die nach über 50 Jahren Bauzeit 1929 fertig gestellt wurde, war ein Meilenstein bei der Erschließung des Landes. Mit dem Bau der „Ghan" genannten Linie wurde bereits 1877 begonnen. Ziel war es, die Telegrafenstationen in Darwin besser als durch die bisherigen Kamelkarawanen versorgen zu können. 1884 wurde die Strecke von Adelaide bis Oodnadatta fertiggestellt, der Weitertransport von Reisenden und Gütern erfolgte ab hier weiter auf Kamelen. Beim Bau der Linie kam es jedoch zu entscheidenden Planungsfehlern: im Überschwemmungsgebiet des Eyre-Beckens wurden die

> **Übrigens...**
> Die Zuglinie „Ghan" hieß ursprünglich „Af**gha**nistan Express" und verdankt ihren Namen den (allerdings nicht immer) afghanischen Führern der Kamelkarawanen, die in den Zeiten vor der Motorisierung im australischen Outback ihren Dienst taten.

Der Ghan durchquert Australien auf der Nord-Südroute

Zweite Besiedlung

Bernhardt Otto Holtermann mit seinem „Nugget"

Schienen regelmäßig unterspült, der Bahndamm war zu locker gebaut, so dass er wegsackte, und es wurden aus Kostengründen noch immer zwei verschiedene Spurweiten verwendet. Als die Linie 1929 bis Alice Springs verlängert wurde, ließ man die Lastenkamele frei – sie sind die Vorfahren der heutigen Wildkamelherden im Zentrum Australiens (siehe auch „**Unerwünschte Einwanderer**" im Kapitel **Natur**).

Da die ursprüngliche Gleisanlage nicht zu verbessern war, wurde 1980 eine komplett neue Strecke mit einheitlicher Spurweite gebaut. Aber erst 75 Jahre nach Fertigstellung der ursprünglichen Strecke bis Alice Springs wurde im Jahr 2004 die von Anfang an geplante Verlängerung nach Darwin in Betrieb genommen.

Der in der Zeit von 1907 bis 1917 errichtete transkontinentale „Indian Pacific" von Sydney über Adelaide nach Perth durchquert unter anderem als längste schnurgerade Bahnstrecke auf 487 Kilometer die berühmte Nullarbor-Ebene. Beide Linien sind, wie auch der „Overland" von Melbourne nach Adelaide, heute vor allem für den Fremdenverkehr von Bedeutung.

Im Verkehrssystem des Landes kommt der Eisenbahn heute, abgesehen von den Montanbahnen, die das Eisenerz von den Minen zu den westaustralischen Häfen transportieren, untergeordnete Bedeutung zu. Für den Gütertransport werden meist Roadtrains eingesetzt, die auch entlegene Gegenden erreichen. Touristen bevorzugen meist die kostengünstigeren und flexibleren Überlandbusse oder das Flugzeug.

Der Goldrausch

Von 1851 an wurde die Geschichte Australiens vom *Gold Rush* in Victoria und New South Wales geprägt. Die Hoffnung auf schnellen Reichtum lockte viele Menschen aus allen Teilen der Welt nach Australien. Zunächst kamen Immigranten aus Irland, Schottland und England, dann auch aus anderen europäischen Ländern und Amerika. Es folgte eine große Einwanderungswelle aus China. In der Folge kam es zu gewalttätigen Ausschreitungen seitens der europäischen Einwanderer gegenüber den chinesischen Konkurrenten. Die Angst vor Immigranten aus Asien führte im Rahmen der „White Australia Policy" nach der Staatsgründung sogar zu einem faktischen Einwanderungsverbot für Asiaten.

> **Übrigens...**
> Das im Oktober 1872 in Hill End gefundene sogenannte „Holtermann's Nugget" – bei dem es sich genau genommen allerdings nicht um ein im Boden gefundenes „Nugget", sondern eine aus einem Felsen gehauene „Goldader" handelte – ist bis heute mit einem Rohgewicht von 286 Kilogramm der größte jemals entdeckte natürliche „Goldklumpen". Benannt wurde es nach dem Minenbesitzer Bernhardt Otto Holtermann, der 1858 aus Deutschland nach Australien emigriert war, um dem Militärdienst zu entgehen. Später wirkte er auch als Fotograf und Politiker in New South Wales.

Wohnhaus und Bergarbeiter-Büro: William Simmons und Familie in der Goldrausch-Stadt Gulgong, ca. 1875, State Library of NSW

Die Zahl der Goldgräber stieg wöchentlich an und eine Art Massenpsychose breitete sich aus, die dazu führte, dass Aufgaben des „normalen" Lebens wie das Backen von Brot, das Errichten von Häusern etc. vernachlässigt wurden. Die meisten Glückssucher fanden kaum Gold, aber viele blieben und wurden Farmer, Arbeiter oder Geschäftsleute. Allein in den Jahren zwischen 1851 und 1860 verdreifachte sich die Einwohnerzahl Australiens nahezu. Mit der Industriellen Revolution in England stieg dort der Bedarf an Rohstoffen, die Australien liefern konnte. Durch den steigenden Export entwickelte sich eine stabile wirtschaftliche Lage. Melbourne als Zentrum des Goldrausches stieg binnen kürzester Zeit zur Großstadt auf und erlangte großen Reichtum. Manche Historiker sehen in der Zeit des Goldrausches sogar den Umschwung Australiens von einer Sträflingskolonie zum zivilisierten Staat.

Aufstand der Goldsucher: Eureka Stockade

Die Entdeckung von großen Goldvorkommen in der Nähe von Bathurst und Ballarat führte dazu, dass die Regierung eine Steuer von 30 Shilling einführte, die jeder Goldsucher monatlich zu zahlen hatte,

Zweite Besiedlung

Der Beginn des Aufstandes: Treueeid der Goldminenarbeiter am 1. Dezember 1854 auf die Eureka-Flagge, die das Kreuz des Südens symbolisiert, Aquarell von Charles Doudiet, 1854

ob er nun Gold fand oder nicht. Das brachte der Regierung viel Geld ein, die Goldgräber gingen jedoch auf die Barrikaden.

Bereits 1854 kämpften in Ballarat (Victoria) 120 Goldsucher aus 16 unterschiedlichen Ländern für faire Chancen gegen Polizei und britische Soldaten. Der Protest am 3. Dezember 1854, der sich gegen die hohen Kosten und Abgaben für Goldsucher richtete, ist als „Eureka-Rebellion" in die Geschichte eingegangen und gilt als "Geburtsmoment" für die "Fair Go"-Einstellung der Nation, denn in erster Linie ging es den Aufständischen um eine gleiche Behandlung für alle. Sie wollten den bis dahin zur Tätigkeit auf den Goldfeldern nötigen teuren Berechtigungsschein durch ein billigeres System ersetzen und für die Bergleute das allgemeine Wahlrecht erstreiten. Letztendlich hatten sie mit ihrem Protest Erfolg, denn als den gefangen genommenen Rebellen in Melbourne der Prozess gemacht wurde, erhielten sie massenhafte Unterstützung aus der Bevölkerung, so dass die Behörden schließlich einlenken mussten und das allgemeine Männer-Wahlrecht für das Unterhaus des Victorianischen Parlaments einführten. Aus diesem Grund wird die Rebellion auch von vielen als erster Schritt in Richtung eines demokratischen Systems angesehen. Auf jeden Fall hat sie mitgeholfen, die Grundlagen für das soziale Gefüge Australiens zu legen.

Die Cassilis-Mine ca. 1900 (Gegenüberliegende Seite)

Die Entstehung des australischen Staates

Federal Commonwealth of Australia

1901 schlossen sich die bis dahin voneinander unabhängigen australischen Kolonien zum „Federal Commonwealth of Australia" und damit zu einem eigenen Staat zusammen.

Bis dahin stellten die heutigen sechs Bundesstaaten voneinander unabhängige britische Kolonien dar und unterstanden der Gesetzgebung des britischen Parlaments. Allerdings waren auch die Kolonien bereits relativ eigenständig und hatten seit den 1850er Jahren eigene Parlamente. Aber erst als Queen Victoria am 9. Juli 1900 eine eigene Verfassung für Australien – den „Commonwealth of Australia Constitution Act" unterzeichnete, war der Weg frei, die Kolonien zum Australischen Bund, dem Commonwealth of Australia, zu vereinen. Der neue Bundesstaat blieb weiterhin britische Kolonie, wenn auch mit weitgehender gesetzgeberischer Selbstständigkeit, die 1907 bei der „Colonial Conference" zu der Idee beitrug, den Status des *Dominion*, einer halb-autonomen Gebietskörperschaft innerhalb des Empire einzuführen, der auch anderen Kolonien zugute kam.

Eine Hauptstadt vom Reißbrett - Canberra

Das erste nationale Parlament trat zunächst in Melbourne zusammen, doch schnell wurde klar, dass man keine Einigung erreichen würde, ob nun Sydney oder Melbourne australische Hauptstadt werden sollte. Während des Goldrausches war Melbourne schnell zur mit Abstand größten Stadt gewachsen. Sydney hingegen war die erste australische Siedlung und damit die ältere der einzigen beiden damaligen australischen Großstädte. Außerdem war sie immer noch der Ort, an dem die meisten Neuankömmlinge eintrafen. Die Bundesstaaten Western Australia, South Australia und Victoria unterstützten den Hauptstadtanspruch Melbournes; das größte Land New South Wales und auch Queensland bevorzugten Sydney. Die Rivalität zwischen den beiden Städten war so groß, dass keine Stadt es akzeptiert hätte, wenn die andere zur Hauptstadt erklärt worden wäre.

Eröffnung des australischen Parlaments am 9. Mai 1901 in Melbourne, Gemälde von Tom Roberts (1856-1931)

Um eine Spaltung der jungen Nation zu verhindern, beschloss das Parlament 1908 als Kompromisslösung, eine vollkommen neue Hauptstadt zwischen den beiden Metropolen zu bauen, die den Namen *Canberra* erhielt und auf dem Reißbrett entworfen wurde. Für die Hauptstadt wurde eine eigene Verwaltungseinheit, das Australian Capital Territory (ACT) geschaffen, das eine Enklave im Bundesstaat New South Wales bildet. Bis dahin hatte Melbourne übergangsweise als Hauptstadt gedient. Das erste Parlamentsgebäude („Provisional Parliament House", heute als „Old Parliament House" bezeichnet) in der neuen Hauptstadt wurde 1927 eröffnet. Seinem „provisorischen" Charakter zum Trotz war das Gebäude bis 1988 in Gebrauch, obwohl es sich schon spätestens in den 1960er Jahren als zu klein erwiesen hatte,

ZWEITE BESIEDLUNG

Großer Andrang bei der Eröffnung des Parlamentsgebäudes in Canberra im Mai 1927

da es für lediglich 300 Personen geplant war und zuletzt bis zu 4000 beherbergen musste. Die hohen Kosten ließen die Regierungen aber immer wieder vor einem Neubau zurückschrecken, bis im Jahr 1981 endlich der Grundstein für ein neues Parlamentsgebäude gelegt wurde.

1. Weltkrieg: erste Kriegsteilnahme als Nation – Stolz trotz Niederlage

Im Ersten Weltkrieg kämpfte Australien an der Seite Großbritanniens. Die Schlacht auf der türkischen Halbinsel Gallipoli im Frühjahr und Sommer 1916, auch als die „Dardanellenschlacht" bezeichnet, wurde den australisch-neuseeländisch-tongaischen Truppen zum Verhängnis. Die Entente-Mächte, in deren Reihen das ANZAC (Australian and New Zealand Army Corps) eingesetzt wurde, versuchten die Halbinsel als Basis für die Eroberung Istanbuls zu besetzen, scheiterten aber nach mehreren Versuchen unter großen Verlusten. Unter den 46.000 Toten auf Seiten der Alliierten waren nach offiziellen Angaben allein über 8.000 Australier, rund 19.000 wurden verwundet. Noch heute dient ihr „Heldentum" als Vorbild und übt Anziehungskraft auf junge Australier aus (siehe auch *Mateship* Kapitel *Australische Lebensart*).

Feldlager neuseeländischer ANZAC-Truppen in der ANZAC-Bucht auf Gallipoli

168

Der sogenannte „ANZAC Day" am 25. April ist ein Nationalfeiertag, an dem nicht nur in Australien der tapferen „Diggers" gedacht wird, wie die Soldaten liebevoll im Volksmund genannt werden, sondern viele Australier auch jedes Jahr in die Türkei reisen, um der Gefallenen am historischen Ort des Geschehens zu gedenken. Der halb scherzhafte Begriff „Diggers" rührt laut einem der Erklärungsversuche daher, dass man die ANZAC-Soldaten bei Freund und Feind als ausgezeichnete „Gräber" von Schützengräben und Tunneln ansah.

Mahnmal in der türkischen ANZAC-Bucht

Teilnahme am 2. Weltkrieg und Erlangung der Unabhängigkeit von Großbritannien

1931 entließ Großbritannien durch das Statut von Westminster Australien und andere Kolonien in die Unabhängigkeit, indem es ihnen den Status eines gleichberechtigten Staates innerhalb des „Common Wealth of Nations" zugestand. Erst damit wurden die meisten verfassungsrechtlichen Verbindungen zwischen Australien und dem Mutterland gekappt. Das Parlament verabschiedete das Gesetz zur Annahme der legislativen Freiheiten allerdings mit einiger Verspätung, nämlich erst 1942, als der Zweite Weltkrieg eine Neubewertung der außenpolitischen Beziehungen bewirkte. Zwar hatte die Ratifizierung kaum praktische Auswirkungen, denn Australiens wachsende Unabhängigkeit war faktisch bereits anerkannt, aber durch die gesetzliche Bestätigung wurde sie der Welt demonstriert und Australien konnte nun ohne formale Probleme den Schwerpunkt seiner Bündnispolitik auf die USA legen.

Im Zweiten Weltkrieg kämpfte die ehemalige Kolonie wiederum an der Seite der „britischen Mutter". Zum ersten Mal in der Geschichte Australiens wurden die „Diggers" nicht nur auf anderen Kontinenten eingesetzt, sondern waren Ziel eines Angriffes im eigenen Land. Im Februar 1942 flogen japanische Kampfflieger Luftangriffe auf Darwin. Obwohl Darwin sicher nicht das strategisch wichtigste Ziel war, wurden angeblich mehr Bomben auf Darwin abgeworfen als auf Pearl Harbor. Deswegen sprechen die Menschen von diesem Ereignis noch heute als dem „Pearl Harbor of Australia". Das im weltweiten öffentlichen Bewusstsein kaum vorhandene Ereignis erlangte durch

Zweite Besiedlung

den 2008 in die Kinos gekommenen epischen Film „Australia" mit Nicole Kidman und Hugh Jackman internationale Bekanntheit.

Nach dem Zweiten Weltkrieg gelang der verarbeitenden Industrie dank Einfuhrbeschränkungen ein glänzender Aufstieg und Australien blühte wieder auf. In den Folgejahren lockerte man die bis dahin vertretene restriktive, Nicht-Weiße diskriminierende Einwanderungspolitik („White Australia Policy"), die eine Folge der starken Immigration chinesischer Goldsucher und melanesischer Plantagenarbeiter (um 1870) und dadurch bedingter Überfremdungsängste der europäischen Einwanderer gewesen war. Zunächst durften sich Nicht-Europäer dauerhaft in Australien aufhalten, wenn es Geschäftsinteressen diente. Schließlich wurde ein 15 Jahre langer Aufenthalt im Land mit der Staatsbürgerschaft belohnt und auch durften Ehegatten einwandern. Aber erst 1973 wurden mehrere Gesetze verabschiedet und internationale Vereinbarungen gegen Diskriminierung unterzeichnet, die das endgültige Aus für das „Weiße Australien" bedeuteten. Seitdem kamen vor allem viele asiatische Migranten. Sie bereicherten nicht nur die bis dahin oft eher eintönige britische Küche, sondern die gesamte australische Kultur mit ihren Einflüssen. In den 1990er Jahren wuchs die australische Bevölkerung um 1,4 Prozent jährlich ausschließlich durch Zuwanderung und ist heute vier Mal so groß wie nach dem Zweiten Weltkrieg.

Der Australia Act von 1986, unterzeichnet von Königin Elizabeth

Mit der Annahme des *Australia Acts* durch das australische Parlament 1985 und das Parlament Großbritanniens im Jahr 1986 wurden schließlich auch die Legislative und Judikative Australiens formal unabhängig.

Der berüchtigte „Kokoda Track"

Auch mit dem Zweiten Weltkrieg verbinden nationalbewusste Australier einen besonderen Ort: den „Kokoda Track", einen 96 Kilometer langen Fußweg durch den unwegsamen Dschungel Papua-Neuguineas. Er führt von der Ortschaft Kokoda über das Owen-Stanley-Gebirge bis zur Hauptstadt Port Moresby. 1942 landeten japanische Truppen in Papua Neuguinea und marschierten auf dem Pfad in Richtung Port Moresby, um die Hauptstadt einzunehmen. Damit wäre auch das australische Festland aufgrund seiner Nähe zur Nachbarinsel Papua-Neuguinea in Gefahr geraten. Australische und japanische Truppen lieferten sich blutige Gefechte auf dem Weg durch den Dschungel und die japanischen Soldaten mussten schließlich den Rückzug antreten. Noch heute zieht der „Kokoda Track" viele abenteuerlustige Australier an, die den anstrengenden Fußmarsch durch den Dschungel auf sich nehmen wollen, um auf diese Weise der gefallenen Soldaten zu gedenken. Dabei haben allerdings in den vergangenen Jahren etliche Wanderer ihr Leben lassen müssen, die die Gefahren und Anstrengungen unterschätzten.

Australische Soldaten auf dem Kokoda Track

Kapitel 4
Politik und Gesellschaft
Das heutige Australien

Australien ist eine moderne Demokratie mit europäischen Wurzeln. Melbourne ist die europäischte Stadt Australiens

Politik und Gesellschaft

Politik und Gesellschaft
Das heutige Australien

Australische Politik

Verfassung und Wahlsystem

Büste des 12. Premierministers Australiens, Sir Robert Menzies, im Botanischen Garten von Ballarat in Victoria (gefertigt von Wallace Anderson)

Australien ist ein föderaler Staat, bestehend aus den sechs Bundesstaaten New South Wales, Victoria, Queensland, Tasmanien, Western Australia und South Australia sowie dem Australian Capital Territory und dem Northern Territory.

Australien ist eine konstitutionelle Monarchie mit der britischen Königin als Staatsoberhaupt, die wie bei den anderen Mitgliedern des Commonwealth of Nations (Commonwealth Realms) durch einen Generalgouverneur (Governor-General of the Commonwealth of Australia) vertreten wird. Das nach dem Mehrheitswahlrecht gewählte Parlament besteht aus zwei Kammern: dem House of Representatives und dem Senat. Die 150 Sitze des Repräsentantenhauses werden alle drei Jahre neu besetzt, wobei die Wahlkreise der Abgeordneten entsprechend den Bevölkerungszahlen auf die Bundesstaaten und Territorien verteilt sind. Der Senat, das Pendant zum britischen Oberhaus, besteht aus 76 Sitzen, 12 aus jedem der sechs Staaten und zwei aus den beiden Territorien, von denen jeweils 50 Prozent alle drei Jahre für sechs Jahre neu gewählt werden.

Das System, nach dem in Australien gewählt wird, ist es wert, näher erläutert zu werden. Es nennt sich „absolute Mehrheitswahl mit übertragbarer Stimmgebung" und wird auch als „Australian Ballot" bezeichnet. Jeder Wähler gibt seine Stimme mehreren Kandidaten und numeriert durch, wer gegebenenfalls sein favorisierter Kandidat wäre. Wenn kein Kandidat eine Stimmenmehrheit erreicht, wird von hinten „weggestrichen". Derjenige, der die wenigsten Stimmen hat, fällt aus dem Rennen. Die entsprechenden Wahlzettel werden nochmals ausgezählt und die zweite Wahl wird gewertet. Diese Prozedur wird notfalls so lange wiederholt, bis ein Kandidat schließlich die Mehrheit hat.

Australische Regierungen von 1894 bis 2010

Als Inbegriff des modernen australischen Staatsmannes gilt Sir Robert Gordon Menzies (1894–1978), der von 1939 bis 1941 sowie nochmals von 1949 bis 1966 für die Liberale Partei Premierminister Australiens war. Ihm folgten von 1972 bis 1975 Edward Gough Whitlam für die *Labor Party*, im Anschluss daran der Liberale John Malcolm Fraser sowie von 1983 bis 1991 der Labor-Politiker Robert James Lee Hawke. Der Liberale John Winston Howard, der 25. Premierminister Australiens, war mit seiner Amtszeit von 1996 bis 2007 nach Sir Menzies der am zweitlängsten amtierende Premier.

2007 übernahm wiederum für die *Labor Party* Kevin Rudd das Ruder. Bedeutende politische Handlungen von hoher Symbolkraft wie die Unterzeichnung des Kyoto-Protokolls, die Entschuldigung gegenüber den australischen Ureinwohnern und die Initiierung des „2020 Summit", bei dem im April 2008 1002 Delegierte zusammenkamen, um zehn wichtige gesellschaftliche Themen zu diskutieren, brachten ihm zunächst große Beliebtheit bei der Bevölkerung ein. Anfang 2010 verlor Rudd allerdings dramatisch an Zustimmung und Vertrauen bei den Wählern, wozu einerseits Verzögerungen im Klimaschutzprogramm, andererseits aber auch eine vorgeschlagene neue Steuer für die Bergbauindustrie beitrugen. Vom einst beliebtesten Regierungschef Australiens wurde er zum ersten, der noch während seiner Amtszeit das Zepter abgeben musste. Ende Juni 2010 trat Rudd vor einer parteiinternen Kampfabstimmung von seinem Amt zurück und seine Parteikollegin Julia Gillard wurde zur neuen Premierministerin ernannt. Bei den Parlamentswahlen

> *Übrigens...*
> *Ein neues Parlament muss alle drei Jahre gewählt werden. Die Wahlperiode beginnt mit der ersten Sitzung des neu gewählten Parlaments. Traditionell findet diese Sitzung am 9. Mai statt: An diesem Datum trat das australische Parlament nach der Gründung des Australischen Bundes im Jahre 1901 erstmals zusammen. Der Premierminister kann den Generalgouverneur jederzeit innerhalb der Dreijahresfrist bitten, Neuwahlen anzusetzen. Manch ein Premierminister hat schon eine ziemliche Geheimniskrämerei darum gemacht, wann nun gewählt wird. In der Presse wird oft wild über das genaue Datum spekuliert, und eine gute Wahlkampfvorbereitung ist für die jeweilige Opposition nicht immer einfach.*

2010 wurde sie als Regierungschefin bestätigt – allerdings von einer von einem Grünen und drei unabhängigen Abgeordneten tolerierten Minderheitsregierung. Eine absolute Ausnahmesituation in der australischen Politik, wo das Mehrheitswahlrecht in den vergangenen 70 Jahren stets dafür gesorgt hatte, dass eine Partei bzw. ein Parteienbündnis mit eigener Mehrheit regieren konnte.

Außenpolitik: Starker Partner USA

Einen wichtigen Faktor der australischen Außenpolitik stellt die Sorge dar, aufgrund seiner Randlage „außen vor" zu bleiben. Parallel zur Lösung vom Mutterland Großbritannien und seiner Emanzipation als eigenständiger Staat bemühte sich Australien daher außenpolitisch darum, mit den USA einen starken Partner an seiner Seite zu haben. Die Erfahrungen des Krieges mit Japan führten dazu, dass Australien 1951 mit Neuseeland und den USA das ANZUS-Abkommen (Australia, New Zealand, United States) zur gemeinsamen Sicherung des pazifischen Raumes abschloss. Seit 1986 betrifft dieses Abkommen faktisch nur noch Australien und die USA, da diese ihre Verpflichtungen gegenüber Neuseeland ausgesetzt haben, nachdem die neuseeländische Regierung sich geweigert hatte, mit Atomreaktoren betriebene oder mit Nuklearwaffen ausgerüstete Schiffe neuseeländische Häfen anlaufen zu lassen. Am Vietnam-Krieg beteiligte sich Australien mit 47.000 Soldaten. Australien ist kein NATO-Mitglied, gehört aber seit den 1980er Jahren offiziell zu den wichtigsten Verbündeten der USA außerhalb der Nato (Major non-NATO ally, MNNA). Damit besitzt es im strategischen Verhältnis zu den USA sogar gegenüber vielen NATO-Mitgliedern eine privilegierte Stellung. Es wirkt beim G20-Forum mit und steht in ständigem Kontakt mit dem ASEAN-Bündnis (Association

Julia Gillard, seit dem 24.6.2010 die 27. Premierministerin Australiens – die erste Frau in diesem Amt

Das heutige Australien

of South East Asian Nations). Im Februar 2009 unterzeichneten Australien und Neuseeland ein Freihandelsabkommen mit den ASEAN-Staaten.

Politikverständnis und politisches Gefüge

Viele Australier haben wenig Interesse an Politik. Sport ist in den meisten Familien das vorherrschende Thema. Selbst viele Nachrichtensendungen konzentrieren sich mehr auf Sportmeldungen als darauf, was in der nationalen oder internationalen Politik vor sich geht. Wenig wird über die Parteienlandschaft berichtet, und bei aktuellen Themen kommen neben den Politikern der Regierung höchstens noch die Oppositionsvertreter zu Wort. Andere Parteien werden meistens ignoriert. Umso interessanter ist es, einmal eine Parlamentssitzung zu verfolgen, denn dort wird erstaunlich heftig über Innenpolitik diskutiert und man vergreift sich manches Mal auch ganz schön im Ton.

Im Folgenden wird ein Überblick über die wichtigsten politischen Parteien Australiens gegeben.

Dr. Hans Gnodtke, deutscher Generalkonsul in Sydney im Jahre 2009:
„Touristisch steht Australien bei den Deutschen ganz oben auf der Liste der Traumurlaube. Politisch dagegen sehen wir die Australier als diejenigen, die genauso aussehen wie wir und die die gleichen Wertevorstellungen haben und somit gut am Ende der Welt platziert sind, damit sie hier für Ordnung sorgen."

Australische Parteienlandschaft

Australian Labor Party (ALP)

Die 1890 gegründete ALP ist Australiens älteste Partei und eine der großen australischen Volksparteien. Sie wurde inmitten des Arbeiterkampfes der Seeleute, Hafenarbeiter und Schafscherer ins Leben gerufen. Bis heute vertritt sie sozialdemokratische Werte. Bekannte Premierminister(innen) der *ALP* sind Bob Hawke, Gough Whitlam, Paul Keating, Kevin Rudd und Julia Gillard.

Liberal Party of Australia (LP)

Die liberal-konservative *Liberal Party* ist neben der ALP die zweite starke Kraft in der australischen Politik. Die liberale Partei, wie sie heute besteht, ging 1943 aus der *United Australia Party* hervor und wurde vom zweimaligen australischen Premierminister Robert Menzies mitgegründet. Der Gründung ging eine dreitägige Versammlung in Canberra voraus, an der 18 kleinere Parteien teilnahmen und während der Menzies sich für den Zusammenschluss zur *Liberal Party*

Übrigens...
Alle Australier ab 18 Jahren müssen wählen! In Australien gilt seit 1924 die Wahlpflicht auf nationaler und bundesstaatlicher Ebene. Die Nicht-Teilnahme kann eine Geldstrafe nach sich ziehen.

POLITIK UND GESELLSCHAFT

Der Vorsitzende der National Party, Warren Truss

Der parlamentarische Führer der Australian Greens, Bob Brown

aussprach. Er sah darin die Chance, eine zweite starke Partei neben der *ALP* zu schaffen. Bekannte liberale Premierminister waren neben Menzies zum Beispiel John Fraser und John Howard.

National Party of Australia (NP)

Die Nationale Partei, umgangssprachlich als *The Nationals* bezeichnet, ist Australiens zweitälteste Partei. Ursprünglich als *Country Party* gegründet, vertritt sie vor allem die Interessen von Farmern, Viehzüchtern und der Landbevölkerung. Die *Nationals* gehen traditionell Wahlbündnisse mit den ihnen ideologisch nahestehenden Liberalen ein – für beide Parteien zusammen existiert daher der kurze Ausdruck „die Koalition" (die in einem Mehrheitswahlsystem wie in Australien ja normalerweise die Ausnahme darstellt). Im Northern Territory und in Queensland bilden *Liberale* und *Nationale* in Form der *Country Liberal Party* bzw. *Liberal National Party* eine einzige Partei, in West- und Südaustralien existieren die *Nationalen* dagegen als unabhängige, nicht an eine Koalition gebundene Partei.

Australian Greens

Die Australischen Grünen, kurz *The Greens*, sind wie in vielen anderen Ländern auch aufgrund des wachsenden Umweltbewusstseins in den 1980er Jahren entstanden. Die Partei entwickelte sich aus Umweltbewegungen, die sich zum Teil bereits in den 1970er Jahren gebildet hatten. So war bereits 1972 die *United Tasmania Group* ins Leben gerufen worden, um den Bau des Staudamms am tasmanischen Lake Pedder zu verhindern. Die Proteste blieben zwar erfolglos, aber die australischen Grünen bezeichnen diese Gruppe gerne als die weltweit erste Grüne Partei. Bei den Parlamentswahlen 2010 gelang ihnen das erste Mal der Einzug ins Parlament. In den Medien wird neben *ALP* und *Liberal Party* gerne auch der Parteiführer der Grünen, Bob Brown, zitiert.

Alle übrigen Parteien spielen in der australischen Parteienlandschaft aufgrund des Mehrheitswahlrechts eine relativ geringe Rolle. Im Anschluss werden nur einige wenige Namen genannt, die in den vergangenen Jahren ab und zu in den Medien auftauchten und vereinzelt eine mehr oder weniger große Rolle in der australischen Politik spielten.

Das heutige Australien

Australian Democrats
Diese sozial-liberal ausgerichtete Partei wurde 1977 von Don Chipp gegründet, einem ehemaligen Mitglied der *Liberal Party*. Während die attraktive und beliebte Natasha Stott Despoja sich in der Öffentlichkeit für die Partei engagierte und schließlich ihren Vorsitz übernahm, erlebte sie Anfang der 2000er Jahre einen zeitweiligen Höhenflug, verschwand aber nach der Entmachtung der progressiven Stott Despoja durch ihre konservativen Widersacher von der Bildfläche.

One Nation
One Nation ist eine rechtsradikale, nationalistische Partei, die 1996 von Pauline Hanson, einem ehemaligen Mitglied der *Liberal Party*, gegründet wurde. Sie fand in den Anfangsjahren vor allem in Queensland Anhänger, doch infolge vieler Parteistreitigkeiten, eines Prozesses wegen Wahlbetrugs und der Verbreitung extrem rassistischer Ansichten ist sie in der jüngeren Vergangenheit in die Bedeutungslosigkeit gerutscht.

Aborigines-Parteien
Da trotz der in den vergangenen Jahren erreichten Fortschritte bei der Aussöhnung zwischen Ureinwohnern und europäischen Zuwanderern

Zufahrt zum Fürstentum Hutt River

Kurioses am Rande – Australische Monarchien (I): Principality of Hutt River

Das Fürstentum Hutt River liegt etwa 600 Kilometer nördlich von Perth. Fürst Leonard herrscht über das 75 Quadratkilometer große Land, das früher reines Farmland war. Als die Regierung 1969 eine Weizenquote einführen und die Familie darauf nicht eingehen wollte, drohte man ihr, sie zu enteignen. Unter Berufung auf ein altes Gesetz, das bei Bedrohung die Bildung einer Regierung erlaubt, rief Leonard Casley daraufhin am 21. April 1970 die Principality of Hutt River aus, ernannte sich selbst zum Regenten und erklärte die Loslösung vom Commonwealth of Australia. Die offizielle Anerkennung ist dem Fürstentum zwar bisher versagt geblieben, laut Gerichtsurteilen wurde es aber von der Steuerpflicht gegenüber dem australischen Staat befreit und die australische Post zur Beförderung von Briefen mit den von ihm herausgegebenen Briefmarken verpflichtet.

POLITIK UND GESELLSCHAFT

> *Kurioses am Rande –*
> *Australische Monarchien (II):*
> *Empire of Atlantium*
>
> *Nicht aus Not, sondern aus einem Spiel entstand das Kaiserreich Atlantium. Sein Territorium umfasst nur 61 Quadratmeter – die Fläche eines Zweizimmer-Apartments in Sydney. Kaiser George II hatte die Idee zu seiner Gründung zusammen mit seinen beiden Cousins im Alter von 15 Jahren. Sie erklärten Latein zur offiziellen Amtssprache, kreierten eine Hymne, Briefmarken, Münzen und ein eigenes Kalendersystem. Mittlerweile gibt es einen Hofstaat von mehr als 1000 Untertanen, Ministern, Diplomaten, Prinzen, Grafen und Herzogen. Die Titel werden für besondere Verdienste für das Kaiserreich verliehen. Die Erlaubnis, im Wohnzimmer des Kaisers zu campen, ist damit zwar nicht verbunden, bei ordnungsgemäßer Anmeldung gibt er aber Audienzen.*

Münze des Empire of Atlantium

nach wie vor nicht von Gleichheit zwischen den Volksgruppen gesprochen werden kann, gibt es weiterhin Bestrebungen, ihnen eine eigene parlamentarische Stimme zu geben. Einen Ansatz hierzu stellt die 2010 gegründete *First Nations Political Party* (FNPP) dar. Zur Teilnahme an den Regionalwahlen im Northern Territory vereinigte sie sich mit der ebenfalls 2010 gegründeten *Ecological, Social Justice, Aboriginal Party* (ESJAP), die ihrerseits aus der Vereinigung zweier kleinerer Parteien hervorgegangen war. Zum Zeitpunkt der Vereinigung hatten die Parteien zusammen etwa 2000 Mitglieder und waren damit von der Entwicklung zu einer starken politischen Bewegung noch weit entfernt.

Der australische Staat

Sozial- und Gesundheitssystem

Das australische Motto: „A Fair Go"

Das australische Gesellschaftsverständnis und das entsprechende soziale Gefüge kann gut mit dem Satz „a fair go for everyone" beschrieben werden – „Eine faire Chance für jeden". Dieses Motto der australischen Gesellschaft hat eine lange Tradition, die bis zur „Eureka-Rebellion" zurückreicht (siehe Kapitel *Zweite Besiedlung*).

Trotz des „Fair Go"-Gedankens sind die sozialen Unterschiede in Australien aber nach wie vor groß: die Bandbreite reicht von Aborigines, die teilweise unter Bedingungen leben, die einem Dritte-Welt-Land gleichen, über die mehrere Millionen zählenden ärmeren Weißen, die mit einem Familieneinkommen von weniger als 12.000 Euro im Jahr auskommen müssen, bis hin zu Superreichen. Von letzteren gibt es auch in Australien nicht wenige, wie die Villen am Hafen von Sydney bezeugen, die mit Millionen Dollar teuren Yachten samt eigenen Bootsanlegern beeindrucken. Zu den erfolgreichsten Geschäftsleuten gehören der Eigentümer der Westfield-Shoppingcenter-Gruppe Frank Lowy, der Medienmogul und Casino-Besitzer James Packer, sowie die Erbin der Eisenerzminengesellschaft „Hancock Prospecting", Gina Rinehart, und der ebenfalls im Minengeschäft tätige Andrew Forrest.

DAS HEUTIGE AUSTRALIEN

Kurze Fakten zum Sozialsystem

Sozialleistungen werden in Australien über die Steuergelder finanziert. Nur für die staatliche Krankenversicherung „Medicare" werden 1,5 Prozent vom Bruttogehalt des Arbeitnehmers abgezogen. Menschen, die Sozialleistungen in Anspruch nehmen können, sind ältere, behinderte oder kranke Menschen, Alleinerziehende, Arbeitslose und Familien mit Kindern. Sozialleistungen sind einkommensabhängig. Zum Beispiel erhalten nicht alle Familien Kindergeld, sondern nur bedürftige. Ansprechpartner für diese Themen ist "Centrelink", die für Sozialleistungen zuständige Körperschaft des *Department of Human Services*. Auch wer frisch ins Land eingewandert ist, ist nicht gleich berechtigt, Sozialleistungen zu empfangen. Mit Ausnahme der *Medicare*-Krankenversicherung gibt es hier Wartezeiten von bis zu zwei Jahren.

Emperor George II of Atlantium in Potts Point schwenkt würdevoll die Fahne seines Reiches

Gesundheitssystem

Das australische Gesundheitssystem ist auf hohem Niveau und das medizinische Personal ist gut ausgebildet. Trotzdem entsprechen einige der Standards und Vorschriften nicht denen in Deutschland. Grundsätzlich gibt es weniger Standarduntersuchungen bzw. falls diese gewünscht werden, muss häufig zubezahlt werden. Zudem herrscht großer Mangel an medizinischem Personal und Pflegepersonal, so dass es zu teilweise langen Wartezeiten bei nicht sofort notwendigen Behandlungen oder Operationen kommt. Jeder Australier und jeder „Permanent Resident" ist automatisch über die öffentliche Krankenkasse *Medicare* versichert. Viele wählen jedoch eine private Zusatzversicherung, da *Medicare* bei weitem nicht alle Kosten deckt und vor allem zahnärztliche Untersuchungen kaum bezahlt werden. Die *Medicare*-Versicherung kostet auf der anderen Seite aber nur 1,5 Prozent des monatlichen Bruttoeinkommens. Weltweite Anerkennung erfährt Australiens medizinische Forschung (siehe Kapitel **Australiens Wirtschaft**).

Politik und Gesellschaft

Demonstration des Royal Flying Doctor Service bei einer Flugzeugschau in Tasmanien

Die medizinische Versorgung im Outback wird über den *Royal Flying Doctor Service* (RFDS) geleistet, die erste und größte medizinische Versorgung aus der Luft weltweit. Der Service deckt über 80 Prozent der australischen Landfläche ab und operiert von 21 Basen in ganz Australien aus. Über 700 Ärzte, Krankenschwestern, Zahnärzte, Piloten, Ingenieure und Verwaltungsangestellte sind dort beschäftigt. Es stehen fast 50 Flugzeuge zur Verfügung. Pro Jahr werden über 240.000 Patienten behandelt.

Der RFDS geht auf das Engagement von Reverend John Flynn zurück, einem Geistlichen der presbyterianischen Kirche. Er hatte den täglichen Kampf der Pioniere in den einsamen Regionen miterlebt und die Entfernungen, mit denen die wenigen Ärzte zu kämpfen hatten. Oft gab es nur zwei Ärzte auf zwei Millionen Quadratmeter Fläche. 1928 wurde sein Traum, den Menschen im Outback mehr medizinische Sicherheit zu gewährleisten, Realität. In Cloncurry wurde der erste medizinische Service aus der Luft eingerichtet, der später der *Royal Flying Doctor Service* werden sollte.

Wohnen und Arbeiten in Australien

Wohnen

Australien ist bei allen asiatischen Einflüssen ein westlich orientiertes Land. Viele europäische Auswanderer genießen das Meer, die Strände und das häufig gute Wetter. Es lebt sich gut in Down Under, erfährt man von den meisten, die die 20.000 Kilometer von der Heimat fortgezogen sind. Trotzdem ist einiges anders als in Mitteleuropa. Das fängt bei den Wohnungen an. Hier gibt es alles, vom baufälligen Holzbretterverschlag bis zur Luxusvilla am Meer. Mietwohnungen sind zwar größtenteils besser ausgestattet als in Deutschland. Schränke, Lampen, Vorhänge und Küche sind normalerweise inklusive. Doch leider mangelt es meist an der Heizung und der Isolierung, so dass die Winter – zumindest im Süden des Landes – oft mit mehr Frieren verbunden sind, als man aufgrund der milden Außentemperaturen

> **Übrigens...**
> Australische Vermieter erlauben es meist nicht, dass der Mieter Nägel in die Wand schlägt, um daran seine Bilder aufzuhängen. Es sind vorhandene Nägel oder Klebeaufhänger zu verwenden. Jeder Nagel muss offiziell genehmigt werden!

Das heutige Australien

vermuten möchte. Im Sommer dagegen müssen sich Mitteleuropäer an die vielen Krabbeltiere gewöhnen, die das warme und teils tropische Klima auch gerne mögen. Kakerlaken, Ameisen und Spinnen in der Wohnung zu finden, ist keine Seltenheit.

Wohnungen und Häuser werden in Australien über Makler oder von privat verkauft oder vermietet. Provisionen, die der neue Mieter oder Käufer zahlen müßte, gibt es nicht. Mehr als 70 Prozent der Australier besitzen ihr eigenes Haus. Der Traum vom Eigenheim besteht schon bei sehr jungen Menschen und meist kauft und verkauft ein Australier in seinem Leben mehrere Male eine Immobilie. Viele sind infolge der in den vergangenen Jahren explodierten Immobilienpreise mit dieser Methode schon zu Reichtum gelangt. Mieten ist deswegen in Australien nicht besonders populär, und die Makler lassen das die Mieter unter Umständen schon mal spüren. Die hohen Immobilienpreise – gerade in den Metropolen – lassen diesen „Australian Dream" in der jüngeren Vergangenheit allerdings auch immer mehr zu einem Wunschtraum werden. (Siehe auch **Australische Mentalität** im Kapitel **Australische Lebensart**).

> *Übrigens...*
> Der Kauf von Autos oder Häusern bei einer Auktion ist in Australien nichts Ungewöhnliches. Dies hat nichts mit den in Deutschland bekannten Zwangsversteigerungen zu tun – auf diese Weise sollen ganz einfach die Preise nach nach oben getrieben werden.

Arbeiten

Der Arbeitsmarkt in Australien ist etwas entspannter als in Deutschland, doch die Wirtschaftskrise 2008/09 hat auch hier ihre Spuren hinterlassen. Nach wie vor sind Ärzte und medizinisches Personal begehrt, und in einigen Wirtschaftszweigen werden höhere Gehälter gezahlt als in Deutschland. Doch die Durchschnitts-Stundenlöhne sind geringer – weniger als 20 oder 30 AUD $ sind selbst bei qualifizierten Stellen nicht ungewöhnlich. Ein Automechaniker verdient im Normalfall 15 bis 22 AUD $ die Stunde, Grundschullehrer bringen es am Anfang ihrer Karriere auf circa 23 bis 35 AUD $ und ein Buchhalter im ersten Jahr gerade einmal auf 16 bis 23 AUD $. Mindestlöhne sind aber gesetzlich festgelegt. Wachstumsregionen wie Westaustralien oder Queensland machen einen Neuanfang in Down Under oft einfacher. Zudem sind vor allem in Queensland Mieten und Lebenshaltungskosten teilweise noch deutlich geringer als in den exklusiven Metropolen Sydney und Melbourne.

Hausrenovierung in Cairns

Politik und Gesellschaft

> **Übrigens…**
> Feiertage werden „nachgeholt", wenn sie auf einen Samstag oder Sonntag fallen. Ist zum Beispiel ein Weihnachtsfeiertag am Wochenende, so ist der folgende Montag auch noch frei. Einzige Ausnahme ist bisher der „ANZAC Day".
> Auch die Umstellung zur Sommerzeit wird nicht nur je nach Region unterschiedlich, sondern zum Teil auch sehr flexibel gehandhabt. Festlichkeiten können schon mal dazu führen, dass die Sommerzeit länger beibehalten wird, und so ist die Nation für zwei bis drei Wochen im zeitlichen „Chaos", da niemand mehr weiß, wann New South Wales umstellt, ob Tasmanien es schon getan hat und wann Südaustralien eigentlich dran ist. Obendrein gibt es auch Staaten wie Queensland, die sich vehement gegen das Umstellen auf die Sommerzeit wehren und dies engagiert gegen ihre Gegner aus anderen Staaten vertreten (siehe www.nodaylightsavingqld.com).

Um einen Job zu finden, sind Kontakte und persönliche Treffen manchmal wichtiger als Zeugnisse. Australier wollen mit „Referenzen" sprechen, mit denen man bereits gearbeitet hat. Die übliche Arbeitszeit liegt zwischen 38 und 40 Wochenstunden. Australier arbeiten sehr viel und fangen schon früh am Morgen an. Allerdings gönnen sie sich dann auch mal einen ausgedehnten *Business Lunch*, der bis zum Abend dauert, ein Freitagsbierchen, das es auch in der Firma gibt (das „Beer o' Clock") und nicht nur im Pub in der Nachbarschaft, oder sie gehen mal früher heim zur Familie, zum Surfen etc. Viele Australier haben recht flexible Arbeitszeiten, die Geschäfte sind auch sonntags und Supermärkte täglich bis Mitternacht geöffnet. Urlaubstage gibt es deutlich weniger als in Deutschland – im Durchschnitt hat der australische Arbeitnehmer 20 Tage im Jahr frei. Dazu kommen Feiertage wie Karfreitag, Ostermontag, erster und zweiter Weihnachtsfeiertag (aber nicht der Heilige Abend, der hier kaum gefeiert wird), der Nationalfeiertag „Australia Day", der „Tag der Arbeit" („Labour Day") sowie der Geburtstag der Königin und der „ANZAC Day", an dem der australischen Soldaten gedacht wird. Die Daten einiger Feiertage können in den verschiedenen Bundesstaaten und Territorien übrigens recht unterschiedlich ausfallen. So wird der „Labour Day" (der in Tasmanien „Eight Hours Day" heißt) im Australian Capital Territory, New South Wales und South Australia am ersten Montag im Oktober begangen, in Victoria und Tasmanien dagegen am zweiten Montag

Der Immobilienboom hält in vielen australischen Großstädten ungebrochen an

im März, in Western Australia am ersten Montag im März und in Queensland und im Northern Territory am ersten Montag im Mai. Der Geburtstag der britischen Königin wird in den meisten australischen Staaten und Territorien an einem langen Wochenende im Juni gefeiert, in Western Australia aber erst Ende September oder Anfang Oktober.

Die Gesetzeslage ist arbeitgeberfreundlicher als in vielen anderen westlichen Staaten. Dies zeigt sich vor allem bei Themen wie bezahltem Mutterschutz, Betriebsrat und Kündigungsschutz. Deswegen ist es vielleicht auch einfacher, in Australien eine Firma zu gründen. Die bürokratischen Hürden sind minimal und für das australische Äquivalent zur GmbH, der *PTY Limited*, muss kein Kapital hinterlegt werden.

Die Arbeitsetikette ist anders als in Deutschland. Australier sind locker, aber auch sehr direkt. Wer in einen derben Witz mit einbezogen wird, sollte sich nicht gleich beleidigt fühlen. Auch im Geschäftsleben spricht man sich mit Vornamen an, trägt aber in den Metropolen bei geschäftlichen Treffen durchaus sehr formelle Kleidung. Australier sind selbstbewusst und können sich gut vermarkten. Sie mögen Geradlinigkeit, Klarheit, Höflichkeit, Fachwissen und Humor.

Verkehrsmittel auf Kangaroo Island

Australische Schuluniformen müssen nicht immer militärisch-streng aussehen

Schulsystem

Kinder beginnen in den meisten Staaten die Schule mit fünf Jahren bzw. in dem Jahr, in dem sie fünf oder sechs werden. Das erste Jahr ist meist eine Art Vorschuljahr (*Prep year*) – die reguläre erste Klasse und damit der wirkliche „Ernst des Lebens" beginnt erst im zweiten Schuljahr. Das Bildungsangebot ist sehr breit gefächert. Schon früh haben die Kinder das Fach „Science", das unsere Fächer Chemie,

POLITIK UND GESELLSCHAFT

Physik und Biologie umfasst. Viele Grundschulen bieten auch schon das spielerische Lernen einer Fremdsprache an. Meist werden Französisch, Chinesisch, Japanisch oder Italienisch unterrichtet. Der Unterricht ist sehr praxisnah, und in den Sekundarstufen kann auch schon Berufserfahrung gesammelt werden.

Je nach Bundesstaat schließt sich nach sechs bis sieben Jahren an die *Primary School* die *Secondary School* in Form der *Middle School* oder der *High School* an. Für viele Eltern ergibt sich damit das Dilemma, zwischen öffentlicher oder privater Schule wählen zu müssen. Die Privatschulen, die häufig von kirchlichen Organisationen geführt werden, sind teilweise sehr exklusiv und können umgerechnet rund 10.000 Euro und mehr im Jahr kosten. Ein günstigerer Kompromiss zwischen den begehrten privaten und den weniger hoch angesehenen öffentlichen Schulen sind die katholischen Schulen, die ebenfalls einen guten Ruf haben, aber nur einen Bruchteil der Gebühren verlangen, eine Aufnahme zum Teil allerdings von der katholischen Konfession der Schüler abhängig machen. Dies hat in den vergangenen Jahren dazu geführt, dass der Katholizismus sehr populär geworden ist.

Die Schultage sind deutlich länger als etwa in Deutschland. Selbst die „Kleinen" gehen bereits von 8.30 oder 9 Uhr morgens bis etwa 15 Uhr am Nachmittag zur Schule. Die Schulpflicht gilt in Australien bis

Die Winthrop Hall, das Wahrzeichen der University of Western Australia in Perth, der ältesten Hochschule Westaustraliens

zum 15. Lebensjahr bzw. bis zur zehnten Klasse, doch viele besuchen die Schule bis zum *Year 12*, dessen Abschlussnote dann darüber entscheidet, welche Türen zu den verschiedenen Berufsausbildungen oder Universitäten ihnen offenstehen. Viele Schulen in Australien sind übrigens reine Mädchen- oder Jungenschulen. Das Schuljahr beginnt in Australien nach dem Ende der Sommerferien Ende Januar bzw. Anfang Februar. Es besteht aus vier Abschnitten, sogenannten *Terms*, und endet kurz vor Weihnachten.

Wer nach der Hochschulreife die Universität besuchen möchte und kann, hat mit weiteren Kosten zu rechnen. Die Universitäten haben zwar einen hervorragenden Ruf, doch den muss man mit etlichen tausend Dollar pro Jahr bezahlen. Die Kosten sind ganz unterschiedlich, je nachdem, welches Fach man wählt: Sozialwissenschaftliche Kurse sind billiger, juristische, medizinische oder naturwissenschaftliche teurer. Allerdings gibt es Unterstützung vom Staat mit dem sogenannten „Higher Education Contribution Scheme" (HECS), das es Studenten ermöglicht, die Studiengebühren abzubezahlen, sobald sie nach der Universität eine Arbeitsstelle gefunden haben.

In Australien gibt es zwei offizielle deutsche Auslandsschulen: eine in Sydney und seit 2008 eine in Melbourne.

In entlegenen Gegenden wie im Outback wird über die „School of the Air" unterrichtet, eine Kombination aus Selbststudium und Unterricht via Internet, Funkgerät, Telefongesprächen, Video etc. Immer wieder gibt es auch persönliche Treffen zwischen den Schülern, und der Lehrer kommt zur „persönlichen" Nachhilfe auch einmal im Jahr zu Besuch nach Hause. Die Idee zur „School of the Air" kam der südaustralischen Lehrerin Adelaide Miethke. Die erste Stunde wurde 1950 abgehalten. Heute gibt es zwölf „Schools of the Air" in Australien.

Verkehrsmittel

In den großen Städten gibt es Busse, Straßenbahnen, Züge oder Fähren (z.B. Sydney, Perth und Brisbane). Trotzdem ist ein Leben ohne Auto in Australien nicht immer einfach, denn selbst innerhalb der Städte, wo die Entfernungen mitunter groß sind, decken die Verkehrsmittel meist nicht alle Ziele ab. Autofahren ist in Australien billiger als beispielsweise in Deutschland, da es keine Kfz-Steuer gibt und die Versicherungen relativ günstig sind. Auch die Benzinpreise liegen

Politik und Gesellschaft

> **Übrigens…**
> In Australien dürfen auch Radfahrer auf der Autobahn unterwegs sein. Ganz nach dem Motto: „The road is there to share."

deutlich unter den gängigen Preisen in Deutschland. Dafür ist es deutlich teurer, gebrauchte Autos zu kaufen. Pendants zum ADAC gibt es in den einzelnen Staaten und Territorien ebenfalls (siehe **Anhang**). Touristen dürfen mit dem internationalen Führerschein oder ihrem deutschen Führerschein mit englischer Übersetzung in Australien Auto fahren. Wer allerdings als „Permanent Resident" dauerhaft im Land leben möchte, muss seinen Führerschein innerhalb von drei Monaten in einen australischen umschreiben lassen.

Verkehrsregeln

In Australien herrscht Linksverkehr, ansonsten sind die Verkehrsregeln ähnlich. Und es gilt auch hier rechts vor links! Die Höchstgeschwindigkeit ist auf Autobahnen und Highways meist 100 oder 110 km/h, in den Städten 50 km/h und auf größeren Straßen 60 km/h. Unterschiede zu Deutschland gibt es bei den Parkregeln: Hier sind größere Abstände zur nächsten Straßenkreuzung und zu Fußgängerüberwegen einzuhalten.

Wer gegen die Verkehrsregeln verstößt, wird in Australien hart bestraft. Die Geldstrafen gehen schnell in die hunderte Dollar, und wer mit zuviel Alkohol im Blut erwischt wird, kann im Gefängnis

Eher Touristenattraktion als Verkehrsmittel: die Monorail-Hochbahn in Sydney

landen. Deshalb unbedingt daran halten: Die höchste zulässige Blutalkoholkonzentration beträgt 0,5 Promille, bei Anfängern gilt die Null-Promille-Regel. Wer in der Dämmerung oder nachts unterwegs ist, der muss vor allem auf Wildwechsel achten, denn ein Zusammenstoß etwa mit einem Känguru oder Wombat kann zu schweren Unfällen führen.

Vor Verkehrsteilnehmern, die sich nicht immer an die Regeln halten, wird gewarnt

Die australische Gesellschaft

Einwanderungsland Australien

Herkunftsländer und Religionen

Australien ist durch und durch ein Einwandererland. Wer hier mit Akzent spricht, fällt eigentlich kaum auf, denn die Mischung an Kulturen, Sprachen und Hautfarben ist vielfältig. Die 22 Millionen Einwohner Australiens entstammen rund 200 verschiedenen Nationen, ebenso groß ist die Zahl der gesprochenen Sprachen. Außer Englisch wird vor allem Chinesisch (Mandarin und Kantonesisch), Italienisch, Griechisch, Vietnamesisch und Arabisch gesprochen. Bei der Volkszählung 2006 gaben über 40 Prozent der Einwohner an, dass zumindest ein Elternteil aus einem anderen Land stammt. Die meisten nannten dabei Großbritannien, Neuseeland und China. Dies macht den fünften Kontinent zu einem Schmelztiegel der Kulturen und schlägt sich auch in der Vielfalt der Religionsgemeinschaften nieder. Eine Volkszählung im Jahre 2006 ergab, dass 64 Prozent der Australier christlichen Glaubensrichtungen angehören. Nur rund 6,2 Prozent gaben andere Religionen an und circa 30 Prozent äußerten sich nicht zu ihrer Religion. Die Christen sind hauptsächlich Katholiken, Anglikaner, Mitglieder der unierten Kirche (*Uniting Church in Australia*), Presbyterianer, Orthodoxe, Baptisten und Lutheraner, wobei Katholiken und Anglikaner die weitaus größten Gruppen bilden. Zu den anderen Religionen zählen Judentum, Hinduismus, Buddhismus und der Islam. Aborigines und Torres-Strait-Insulaner hängen noch immer ihren eigenen Religionen an, bekennen sich

Politik und Gesellschaft

an, bekennen sich darüber hinaus häufig aber auch zum Christentum. Die Nachfahren der Ureinwohner machen rund zwei Prozent der australischen Bevölkerung aus. Diese rund 500.000 Menschen leben größtenteils in New South Wales, Queensland, Westaustralien und dem Northern Territory. In letzterem ist ihr Anteil im Verhältnis zur Gesamtbevölkerung am größten.

Top 10 der Geburtsorte der australischen Bevölkerung

Land	Personen	% an Gesamtbevölkerung
Australien	14.072.937	70,88%
Großbritannien	1.038.162	5,23%
Neuseeland	389.467	1,96%
China	206.593	1,04%
Italien	199.124	1,00%
Vietnam	159.848	0,81%
Indien	147.111	0,74%
Philippinen	120.534	0,61%
Griechenland	109.989	0,55%
Deutschland	106.528	0,54%

(Quelle: Volkszählung 2006)

Sicherungsverwahrung für Einwanderer ohne offizielle Dokumente: Das Baxter Immigration Detention Centre in der südaustralischen Wüste

Konflikte

Unerwünscht: illegale Einwanderer

So begehrt Australien als Einwandererland ist, so sehr schützt es seine Grenzen und behandelt „unerwünschte Eindringlinge" ohne korrektes Visum weniger zuvorkommend. Auch wenn die Situation in den sogenannten *Detention Centers* mittlerweile durch die Labor-Regierung des ehemaligen Premierministers Kevin Rudd entschärft worden ist, dienen diese „Auffanglager" für Asylsuchende nach wie vor dazu, unerwünschte Immigranten von der einheimischen Bevölkerung und dem normalen australischen Leben zu isolieren. Immerhin werden zumindest keine Kinder mehr jahrelang im Outback weggesperrt. Erwachsene kann dieses Los aber noch immer ereilen. Im Zweifelsfall können dabei Menschen auch ganz zu unrecht als „Illegale" inhaftiert werden. Ein Fall, der international Schlagzeilen machte und öffentliches Entsetzen auslöste, war etwa die Festnahme der Deutschen Cornelia Rau. Sie lebte legal in Australien, wo sie auch aufgewachsen war. Nachdem die psychisch kranke Frau aus einem Krankenhaus weggelaufen und von der Polizei aufgegriffen worden war, wurde sie für eine illegale Einwanderin gehalten, da sie aufgrund ihrer Krankheit widersprüchliche Angaben zu ihrem Namen und ihrer Person machte. Sie verbrachte zehn Monate im mittlerweile geschlossenen *Baxter Detention Centre*, bis andere Inhaftierte und ein Zeitungsartikel die Öffentlichkeit auf ihre Situation aufmerksam machten. Ihre Familie hatte sie bereits als vermisst gemeldet. Später wurde ihr eine Entschädigung durch den australischen Staat von 2,6 Millionen AUD $ zugesprochen.

Die Cronulla-Unruhen („Cronulla Riots")

Im Dezember 2005, wenige Tage vor dem Weihnachtsfest, entstand eine gefährliche Spannung zwischen weißen Australiern und arabischstämmigen Einwanderern. Nachdem am 4. Dezember zwei aus dem Libanon stammende Jugendliche einige Rettungsschwimmer am Strand von Cronulla im Süden von Sydney angeblich aus Abneigung gegen den freizügigen Lebenswandel der weißen Australier angegriffen und teilweise verletzt hatten, trafen sich dort am 11. Dezember rund 5000 überwiegend junge weiße Australier, um den Strand "wieder für

POLITIK UND GESELLSCHAFT

sich zu beanspruchen", und gerieten mit etwa 1500 Zuwanderern aus dem Nahen Osten aneinander. Die Nachrichten, wer sich wo zum Kampf gegen die anderen treffen sollte, wurden von allen Seiten via SMS-Nachrichten verbreitet. Unter starkem Einfluss von Alkohol kam es zu gewalttätigen Übergriffen auf beiden Seiten und teils schweren Schäden an Fahrzeugen und Gebäuden. Viele weiße Australier trugen diskriminierende T-Shirts und Schilder wie „Fuck Allah, Save Nulla*", „Love it or Leave it", „Wog** Free Zone" oder „We grew here, you flew here", was die Unruhen weiter anheizte. Am folgenden Tag zogen Racheakte arabischstämmiger Jugendlicher weitere Gewalttätigkeiten und Sachbeschädigungen nach sich. Die Anspannung, die in den folgenden Wochen nur langsam abnahm, brachte die Diskussion über die australische Identität ins Rollen. Was bedeutet es, „australisch" zu sein? Sind australisch nur diejenigen, die eine weiße Haut und einen britischen Background haben? Oder ist Australien tatsächlich der Multikulti-Staat, als den es sich nach außen präsentiert? Ist eine multikulturelle Gesellschaft überhaupt praktikabel?

Die Diskussion kam verstärkt wieder auf, als im Winter 2009 mehrere indische Studenten angegriffen wurden und Streitigkeiten zwischen indischen und libanesischen Gruppen aufflammten. Polizei und Politik versuchten rasch zu intervenieren, um Australiens Ruf als gutes Ausbildungsland nicht zu gefährden. Die indische Presse

Hitzköpfe im Hochsommer: die Cronulla-Unruhen in Sydney im Dezember 2005

verfolgte die Entwicklungen mit kritischen Artikeln und der damalige Premierminister Kevin Rudd meldete sich selbst zu Wort, um den internationalen Ruf seines Landes zu retten und zu versichern, dass Australien kein rassistisches Land sei.

* *Nulla Nulla* = Waffe und ein Zeremoniengegenstand der Aborigines.
** *Wog* = abwertend für dunkelhäutige Einwanderer, etwa „Kanake"

Deutsche Einwanderung nach Australien

Bereits auf der ersten Flotte waren Deutschstämmige (siehe Kapitel *Zweite Besiedlung*), doch die größte Einwanderungswelle aus Deutschland begann um 1830 in Südaustralien. Dort finden sich auch heute noch viele Dörfer und Gemeinden, die die deutsche Kultur widerspiegeln, wie Hahndorf, Klemzig, Bethany oder Lobethal. Auch der Weinbau im Barossa Valley wie auch in Teilen von New South Wales hat vielerorts deutsche Ursprünge (siehe Kapitel *Erste Besiedlung*). Zwischen 1850 und dem Ersten Weltkrieg waren Deutsche gar die größte Einwanderungsgruppe nach den Briten. Vor allem der Goldrausch brachte viele deutsche Abenteurer nach Australien. Erst der Ausbruch des Ersten Weltkrieges 1914 hatte in dieser Hinsicht einen herben Schlag zur Folge und führte dazu, dass die australische Regierung bis 1925 jede deutsche Einwanderung verbot.

Die Judenverfolgung in der NS-Zeit brachte viele Flüchtlinge nach Australien. Nach dem Ausbruch des Zweiten Weltkrieges folgten den Flüchtlingen Kriegsgefangene, die zusammen mit deutschen Einwanderern, die nun als Sicherheitsrisiko galten, in Internierungslagern untergebracht wurden.

Eine weitere deutsche Einwanderungswelle bescherten die Nachkriegsjahre, in denen viele alleinstehende Männer nach Tasmanien und in die Snowy Mountains in New South Wales geholt wurden, um dort beim Aufbau der großen Wasserkraftwerke zu helfen. Das Snowy-River-Projekt war eines der größten und bedeutendsten Ingenieursprojekte des 20. Jahrhunderts.

Auch in den Boomjahren der 1960er und 1970er Jahre übte Australien auf Auswanderungswillige (nicht nur) aus Deutschland eine große Faszination aus, die bis heute anhält. Die Schönheiten der Landschaft, die weiten Entfernungen und die einzigartige Tier- und Pflanzenwelt faszinieren viele Deutsche. So kommen jedes Jahr über

> **Der deutsche Generalkonsul in Sydney, Hans Gnodtke im Jahr 2009:**
> „Viele Deutsche hier – ich eingeschlossen – hatten von Australien ein falsches Bild. Aufgrund der Fläche und der Entfernungen dachte ich, Australien sei ein großes Land, doch in Wirklichkeit ist es ein kleines, mit nur wenigen großen urbanen Zentren, in denen fast die gesamte Bevölkerung lebt. Dazwischen riesige Strecken unbewohnter, unberührter Natur."

POLITIK UND GESELLSCHAFT

hunderttausend deutsche Urlauber hierher, 2008 waren es sogar über 160.000. Darunter sind pro Jahr ungefähr 16.000 Rucksackreisende, die das Working-Holiday-Visum nutzen. Daneben gibt es rund 6000 deutsche Studenten an australischen Universitäten, die in der Welt einen ausgezeichneten Ruf genießen. Kultureller Austausch findet über die Goethe-Institute oder das Australia Council statt. Zwischen den beiden Ländern bestehen vielfältige bilaterale Abkommen in den Bereichen Wissenschaft, Kultur, Steuern, Banken und Soziales, beispielsweise das am 24. August 1976 unterzeichnete Abkommen über wissenschaftlich-technologische Zusammenarbeit.

Deutschsprachige Kultur in Australien heute

Noch immer gibt es in Australien deutsche, österreichische und schweizer Clubs, die deutschsprachige Zeitung „Die Woche" in Sydney und das regelmäßig erscheinende Faltblatt „Treffpunkt WA" in Westaustralien. Auch einige Internetseiten haben sich auf die deutschsprachige „Community" in Australien spezialisiert, wie z.B. www.infobahnaustralia.com.au oder www.deutscheinmelbourne.net. Der internationale Sender SBS sendet das deutsche Nachrichtenprogramm der „Deutschen Welle" und bietet zudem ein deutschsprachiges Radioprogramm an, das lokal produziert wird.

Prominente deutschsprachige Einwanderer

Der österreichsch-australische Biologe Sir Gustav Nossal bei der World Conference of Science Journalists 2007

Berühmte Namen aus Deutschland aus den Anfängen der deutschen Einwanderung sind zum Beispiel der bereits erwähnte Forscher Ludwig Leichhardt oder der Botaniker Ferdinand von Mueller. Berühmte und einflußreiche Deutsche sind allerdings auf vielen Gebieten zu finden. Infolge der Niederschlagung der Revolution von 1848 wanderten viele der poltisch aktiven „Forty-eighters" nach Australien aus, um staatlicher Repression zu entgehen. Darunter waren etwa der deutsche Komponist Carl Linger, Autor des berühmten Liedes „Song of Australia", der Botaniker Moritz Richard Schomburgk, einer der ersten Direktoren des Botanischen Gartens in Adelaide, sowie sein Bruder Otto, Mitbegründer der „Südaustralischen Zeitung". Eugene von Guérard und Hans Heysen, der von der britischen Königin zum „Sir" geadelt wurde, waren zwei bekannte Landschaftsmaler. Herbert Sachse, Koch im *Esplanade Hotel* in Perth, erfand ‚die' australische Nachspeise, die „Pavlova".

Das heutige Australien

Die Niederschlagung der Märzrevolution des Jahres 1848 (hier dargestellt ist der Aufstand am 18.3.1848 in Berlin) trieb viele politisch Aktive in die Emigration nach Australien

Die Verfolgung der Juden während der NS-Zeit brachte Leute nach Australien, die sowohl künstlerisch als auch geschäftlich ambitioniert waren. Walter Dullo ist dafür ein Beispiel. Der Rechtsanwalt aus Rendsburg eröffnete in Australien ein Schokoladengeschäft und gründete 1945 zusammen mit seinem Freund, dem rumänischstämmigen, in Österreich aufgewachsenen Geiger Richard Goldner, die *Sydney Musica Viva Society*, die noch heute als *Musica Viva Australia* existiert und mittlerweile der weltgrößte Organisator von Kammermusikkonzerten ist, zu deren Repertoire neben klassischer europäischer Musik auch Musikstile anderer Kulturen sowie Jazz gehören. Weitere berühmte Namen sind der Fotograf Wolfgang Sievers oder die Komponisten George Dreyfus und Felix Werder, die während der NS-Zeit aus Deutschland nach Australien emigrierten. Insbesondere ab 1938 kam eine Welle österreichischer Intellektueller nach Australien. Diese „38er" lieferten einen enormen Beitrag zur australischen Kultur, Wissenschaft und Wirtschaft und bauten zum Teil große Firmen auf. Ein Beispiel ist Sir Gustav Nossal, der 1939 als achtjähriges Kind nach Australien kam und später einer der berühmtesten Immunologen und „Australian of the Year 2000" werden sollte.

Aus Wien allein ins Feindesland

Die weltberühmten Wiener Sängerknaben tourten gerade durch Australien, als der Zweite Weltkrieg ausbrach. Plötzlich befanden sich die 20 Jungen mit ihrem Chorleiter Dr. Georg Gruber am anderen Ende der Welt, im „Feindesland", ohne Möglichkeit nach Hause zurückzukehren. Eines der damaligen Chormitglieder, Olav Schappacher, erinnerte sich in einer Sendung des staatlichen australischen Fernsehsenders ABC 2004 an die damalige unsichere Zeit: „Unser Dirigent holte uns zusammen und sagte: ‚Seht mal, ich denke, es ist zu riskant, euch zurückzuschicken. Man weiss einfach nicht, was passieren könnte. So werden wir wohl erst mal hier bleiben.'"

Melbournes katholische Gemeinde nahm die Jungen auf und schickte sie in das Parade College in East Melbourne. Alle wurden bei Pflegeeltern untergebracht, doch die Situation war nicht immer einfach. Olav Schappacher sagte dazu: "An dem einen Tag waren wir noch eine Berühmtheit, wissen Sie, eine Weltberühmtheit. Alles wurde für einen getan, die Leute applaudierten und schauten einen an. Und im nächsten Moment war man auf einmal nichts mehr. Keiner hatte mehr das Geld, auch nur einen Lolly zu kaufen, wissen Sie, und man war ein feindlicher Ausländer. Und das war ein Schock." Die Jungen waren um die zwölf Jahre alt, sprachen kein oder kaum Englisch und wurden rasch zur Schule geschickt. Auch in Australien formten sie einen Chor, doch viele fühlten sich einsam und allein gelassen. Als der Chorleiter Georg Gruber 1941 als angeblicher Nazi in Australien verhaftet wurde, drückte dies die Stimmung unter den Jungs noch einmal. Trotzdem entschlossen sich fast alle, nach dem Krieg in Australien zu bleiben. Sie bauten sich ein Leben auf dem fünften Kontinent auf, manche holten die Eltern nach, die sie als kleine Jungs in die Welt hinaus geschickt hatten und als erwachsene Männer wieder sahen, und sie blieben weiter untereinander befreundet.

Die Wiener Sängerknaben bei einem Konzert im Wiener Musikverein

DAS HEUTIGE AUSTRALIEN

Der australische Leichte Kreuzer HMAS „Sydney" und der deutsche Kreuzer HKS „Kormoran" um 1940/1941

Zehn Jahre später wanderte ein weiterer Österreicher nach Australien aus: Harry Seidler. Auch er sollte zu denen gehören, die die Geschicke des Landes steuern, indem er einer seiner berühmtesten Architekten wurde. Seidler entwarf zum Beispiel den *Australia Square* und das *MLC Centre* in Sydney sowie den *Commonwealth Trade Office Complex* in Canberra.

Auch aus der jüngeren Geschichte gibt es etliche erwähnenswerte Namen. 1990 leitete zum Beispiel der in Deutschland geborene René Block die *Sydney Biennale*. Ein weiterer Deutscher, Markus Stenz, stand dem Melbourne Symphony Orchestra für sieben Jahre vor, bis er Ende 2004 nach Europa zurückkehrte. Burkhard Dallwitz, Komponist der offiziellen Musik zu den Olympischen Spielen 2004, hat seinen Wohnsitz in Melbourne, der in Sydney lebende Andreas (Andy) Graf von Faber-Castell hat die berühmten Farbstifte nach Down Under gebracht, Wolf Blass ist einer der angesehensten Winzer in Südaustralien, und Karin Schaupp ist eine renommierte klassische Gitarristin, die unter anderem mit ihren One-Woman-Shows sowie mit dem australischen Gitarren-Quartett *Saffire* Erfolge feiert.

Von Hofheim nach Brisbane: Die Gitarristin Karin Schaupp

Übrigens...
Eine Entdeckung im März 2008 brachte das Thema „Zweiter Weltkrieg" wieder in die Schlagzeilen: der Fund zweier Schiffswracks auf dem Meeresboden vor der Küste Westaustraliens, des Leichten Kreuzers HMAS „Sydney" und des deutschen Reservekreuzers HKS „Kormoran". Dieser hatte die HMAS „Sydney" bei einem Gefecht am 19. November 1941 versenkt und war anschließend in Anbetracht der schweren Beschädigung des Schiffs von der eigenen Mannschaft versenkt worden. Alle 645 Besatzungsmitglieder der „Sydney" kamen dabei ums Leben, während von den 399 Besatzungsmitgliedern der „Kormoran" 318 gerettet und in Kriegsgefangenenlager interniert wurden.

Portrait: Zwei bemerkenswerte Frauen

Lola Harding-Irmer: Choreographin und Fackelträgerin

Pendlerin zwischen den Kontinenten: Lola Harding-Irmer

Lola Harding-Irmer wurde als Tochter des Deutschen Generalkonsuls 1914 im Sydney-Vorort Manly geboren. Trotz ihres hohen Alters fliegt die rüstige Dame in ihrer Eigenschaft als Gastsprecherin des Orff-Zentrums in München und Sydney regelmäßig zwischen den beiden Metropolen hin und her. Auf die Frage, ob der 24-stündige Flug nicht zu anstrengend für sie sei, bekommt man regelmäßig zur Antwort: „Wissen Sie, in meinem Alter ist es schon egal, wo man stirbt."
Nach dem Umzug ihrer Familie nach Berlin – nachdem der Vater während des Ersten Weltkriegs interniert und deportiert worden war – lernte sie über ihren Großvater, den Direktor der UFA, viele Vertreter des deutschen Kulturlebens persönlich kennen, darunter Marlene Dietrich und Walter Gropius. Beim Komponisten und Dozenten Carl Orff studierte sie Tanz und Rhythmik und blieb ihm in einer lebenslangen Freundschaft verbunden. 1936 war sie Assistentin bei der Choreographie der Eröffnungsfeier der Olympischen Spiele in Berlin. 1948 kehrte sie nach Australien zurück, arbeitete unter anderem für die UNESCO und trug 2000 die Fackel bei der Olympiade in Sydney.

Heidi Giersch-Patzold: Tänzerin und Asylantin

Eine bizarre Geschichte ereignete sich 1980. Heidi Giersch-Patzold, eine Balletttänzerin des Ensembles der *Komischen Oper* in Ost-Berlin, fasste während einer siebenwöchigen Tournee in Australien den Entschluss, nicht mehr in die DDR zurückzukehren. Der australische Staat gewährte ihr schließlich politisches Asyl. Zwar schlug die Geschichte nicht so hohe Wellen wie die berühmt gewordene Affäre um den russischen Diplomaten und KGB-Überläufer Petrov und die versuchte Rückführung seiner Frau 1954, doch auch der Fall der jungen Ostdeutschen war nicht ohne Dramatik. Die damals 27-Jährige war ganz ohne einen Fluchtgedanken zusammen mit ihren 86 Ballettkollegen für mehrere Vorstellungen nach Australien gekommen. In einem Interview erinnert sie sich an den alles entscheidenden Augenblick. „Am dritten Tag unseres Aufenthaltes ging ich alleine am Strand von St. Kilda in Melbourne spazieren... Unerlaubterweise, denn eigentlich durfte ich als DDR-Bürgerin ja nichts ohne die Gruppe unternehmen. Ich kann mich noch genau an diese Weite erinnern. Alles war das gleiche intensive Blau: der Himmel, das Meer... und an diesem wunderschönen blauen Horizont fuhr ein weißes Schiff... Da überkam mich dieses Gefühl, ‚hier musst du bleiben'." Das Bild bedeutete Frieden und eine Freiheit für die junge Tänzerin, die sie in ihrer Heimat Ost-Berlin nicht gekannt hatte. „Es war immer ein Kindheitstraum von mir gewesen, die Welt zu sehen und mit einem Schiff zu reisen", erinnert sich Heidi Giersch-Patzold. Als sie den Plan gefasst hatte, behielt sie ihn ganz für sich, „denn viele hatten damals Kontakte zur Stasi und wir wurden natürlich ständig überwacht." Zusammen mit ihren Kollegen beendete sie noch die Tournee, und nach der letzten Vorstellung am 19. April in Sydney „bin ich dann abgehauen. Ich wusste, ich musste einfach als Erste das Theater verlassen, sonst hätte es nicht geklappt. Ein Fan, den ich während der Tournee kennen gelernt hatte, sollte an einer dunklen Ecke neben einer Kirche auf mich warten, doch er parkte genau vor dem Bühneneingang des Theaters." Ein nervenaufreibender Spießroutenlauf folgte, denn fünf Kollegen standen an der Tür und fragten, wo sie denn so schnell hin wolle. „Ach, ich gehe nur aus, ihr doch sicher auch am letzten Abend", war Heidi Giersch-Patzolds unverfängliche Antwort. „Ich schlenderte langsam zum Auto, obwohl ich lieber losgerannt wäre. Aber das wäre zu verdächtig gewesen. Als wir auf dem Weg nach Melbourne waren, war ich voller Todesangst. Was wäre passiert, wenn man uns entdeckt hätte? Ich versteckte mich unter einer Decke, im Kofferraum, immer in der Angst, gleich hält uns einer an und ich werde verhaftet." Doch Heidi Giersch-Patzold entkam, und ein australischer Rechtsanwalt, mit dem sie heute noch befreundet ist, half ihr, politisches Asyl zu beantragen. Die Medien stürzten sich auf die junge Balletttänzerin, die Geschichte ging um die Welt und nicht allzu viel später verliebte sich Heidi Giersch-Patzold in den jungen Deutsch-Australier, der ihr am 19. April bei der Flucht in die Freiheit geholfen hatte. Als Tänzerin trat sie in Australien noch mit der *Sydney Dance Company* unter Direktor Graeme Murphy auf und gab sogar Vorstellungen in der Sydney Opera, bevor sie ihre Ballettkarriere beendete. Drei Jahre später heiratete sie den ehemaligen Fan und Helfer in der Not. Heute lebt sie in Melbourne und hat eine erwachsene Tochter. Sie liebt immer noch Theater und Ballett und plant, irgendwann ihre Lebensgeschichte als Buch zu veröffentlichen.

Erfüllte sich ihren Traum und tanzte in die Freiheit: Heidi Giersch-Patzold

POLITIK UND GESELLSCHAFT

Berühmte Kriminalfälle der vergangenen 50 Jahre

Die Entführung von Graeme Thorne
7. Juli 1960

Die Jahrzehnte nach dem Krieg waren auch in Australien Aufbaujahre. Viele neue Einwanderer drängten ins Land, und Städte wie Sydney bemühten sich um ein neues Stadtbild und Wahrzeichen, die sie über die Grenzen Australiens hinaus berühmt machten. Der dänische Architekt Jørn Utzon hatte Ende der 1950er Jahre den internationalen Designwettbewerb für ein neues Opernhaus aus insgesamt 233 Einsendungen gewonnen. Um den Bau des waghalsigen Gebäudes zu finanzieren, entschied man sich, eine Lotterie abzuhalten. Die Lose wurden für fünf Pfund das Stück verkauft und ein Gewinn von 100.000 Pfund ausgelobt. Doch die Freude über die so grandios erscheinende Idee wurde schnell getrübt, als der Sohn des Gewinners entführt und wenig später ermordet wurde. Die Entführung löste öffentliche Empörung aus, aber trotz der Bitte des Vaters im Fernsehen um die Freilassung seines Sohnes konnte der Junge nur noch tot aufgefunden werden. Der ungarische Einwanderer Stephen Bradley wurde später des Mordes an Graeme Thorne überführt und zu einer lebenslangen Haftstrafe verurteilt. Er starb 1968 im Gefängnis.

Die Entführung einer Schulklasse und ihrer Lehrerin
6. Oktober 1972

Zunächst hatten die sechs Mädchen im Alter zwischen fünf und zehn Jahren an einen Spaß geglaubt, als zwei Männer in ihre Schule in Faraday in Victoria eindrangen und verkündeten, der Unterricht sei für heute beendet. Doch ein Blick in das Gesicht ihrer zwanzigjährigen Lehrerin Mary Gibbs zeigte ihnen schnell, dass die Sache ernst war. Die Entführer sperrten die Klasse und ihre Lehrerin in einen Lieferwagen und fuhren mit ihnen davon. Sie verlangten eine Million australische Dollar Lösegeld. In der Nacht fuhren sie weg und ließen die Entführten – vermutlich um das Lösegeld in Empfang zu nehmen – allein im Lieferwagen zurück. Doch der Koffer mit dem Geld wurde nie abgeholt, und während die Entführer weg waren, trat Mary Gibbs ein Paneel aus der hinteren Tür des Lieferwagens und flüchtete mit

Das heutige Australien

den Kindern in den Busch, von wo aus sie sich wenig später in Sicherheit bringen konnten. Die Entführer Edwin Eastwood, damals 21, und Robert Boland, damals 32 Jahre alt, wurden wenig später festgenommen und zu 15 beziehungsweise 16 Jahren Gefängnis verurteilt. Eastwood brach 1976 aus dem Gefängnis aus und entführte einen Lehrer und neun Schüler der *Wooreen State School* in South Gippsland, bevor er erneut festgenommen werden konnte.

Felsformation am Uluru, wo das Baby Azaria Chamberlain im August 1980 verschwand

Das Verschwinden von Azaria Chamberlain
17. August 1980

War es ein Verbrechen oder war es keines? Azaria Chamberlain war gerade zwei Monate alt, als sie während eines Camping-Urlaubs mit ihren Eltern und ihren Brüdern am Uluru aus dem Zelt verschwand. Obwohl ihre Mutter Lindy Chamberlain behauptete, ein Dingo hätte das Baby verschleppt und getötet, wurde sie später in einer Gerichtsverhandlung wegen Kindstötung verurteilt. Nach vergeblichen Berufungsverhandlungen führte erst der zufällige Fund eines Kleidungsstücks von Azaria in einer von Dingos als Lager genutzten Gegend zur Freilassung Lindy Chamberlains. Später wurde sie in allen Anklagepunkten freigesprochen. Der Fall erregte in der damaligen Zeit in der Öffentlichkeit enormes Aufsehen und veranlasste die Medien dazu, das Leben der Chamberlains bis ins Detail zu analysieren. Bis heute gibt er Anlass zu Fragen und Spekulationen: Warum hatte Lindy Chamberlain das Kind häufig in schwarz gekleidet? Hatten die Eltern es möglicherweise aus religiösen Gründen geopfert?

Die Amokfahrt im Truck
18. August 1983

Douglas Crabbe war noch in guter Stimmung gewesen, als er im „Inland Motel" am Uluru mit seinem Roadtrain angekommen war. Er wollte etwas essen und ein paar Bier trinken, doch wenig später geriet er in einen Streit und musste gewaltsam aus dem Motel hinausgeworfen werden. Er stieg in seinen Truck, der 500 Meter weit weg geparkt war, hängte einen der Anhänger ab, fuhr auf den Parkplatz, gab Gas und rammte seinen LKW direkt in den Pub, in dem noch immer viele Menschen saßen und aßen und tranken. Etliche Menschen wurden von dem Lastwagen gegen die Wand gedrückt, andere überfahren und Rettungskräften bot sich ein Bild des Grauens. Crabbe sprang aus dem Lastwagen, der Motor lief immer noch, und flüchtete. Fünf Menschen waren sofort tot und 16 weitere wurden schwer verletzt. Die Polizei fasste den Lastwagenfahrer am nächsten Morgen 22 Kilometer entfernt im Busch. Er wurde zu 30 Jahren Gefängnis verurteilt und kann frühestens im Jahr 2013 auf Bewährung entlassen werden.

Der Großmutter-Mörder („The Granny Killer")
1989-1990

Zwischen 1989 und 1990 fielen innerhalb von 14 Monaten im Norden Sydneys sechs ältere Damen einer Mordserie zum Opfer. Sie wurden meist mit einem Hammer erschlagen oder mit ihrer eigenen Unterwäsche erdrosselt. Als Täter überführt wurde schließlich der Verkäufer und Familienvater John Wayne Glover, der selbst im wohlhabenden Vorort Mosman lebte, in dessen Umkreis die Morde begangen worden waren. Nachdem er aufgrund von Indizien bereits unter polizeilicher Beobachtung gestanden hatte, wurde er bewusstlos im Bad seines letzten Opfers, Joan Violet Sinclair, gefunden, wo er versucht hatte, sich mit einer Mixtur aus Valium und Whisky und einem Schnitt in sein linkes Handgelenk umzubringen. Der Mord an Joan Sinclair wich insofern vom üblichen Schema ab, als sie mit 60 Jahren deutlich jünger als die anderen und im Gegensatz zu diesen auch kein zufälliges Opfer war, da Glover mit ihr ein platonisches Verhältnis gehabt hatte.
Glover gestand sechs Morde und plädierte vor Gericht auf „nicht schuldig" wegen verminderter Schuldfähigkeit. Auf der Grundlage

eines psychiatrischen Gutachtens, das ihm volle Zurechnungsfähigkeit attestierte, wurde er aber zu lebenslanger Haft ohne Möglichkeit auf Bewährung verurteilt. Aufgrund des schwierigen Verhältnisses zu seiner Mutter und später zu seiner Schwiegermutter hatte er laut Aussage des Psychiaters Aggressionen gegenüber älteren Frauen entwickelt, die sich nach ihrem Tod in der Mordserie entluden. Nach zwei gescheiterten Selbstmordversuchen erhängte sich Glover 2005 in seiner Gefängniszelle. Zuvor hatte er seinem letzten Besucher die Skizze eines Parks übergeben, auf der zwei Palmen besonders hervorgehoben waren. In der Mitte eines der Bäume war zwischen den Ästen und Blättern die Zahl „9" zu erkennen, die wahlweise als die Gesamtzahl der von ihm begangenen Morde oder die Zahl seiner noch unaufgeklärten Morde interpretiert worden ist.

Mosman, idyllischer Vorort von Sydney und Schauplatz mehrerer Frauenmorde

Um eines seiner potentiellen Opfer, dessen Ermordung Glover im Verhör abgestritten hatte, ranken sich bis heute Gerüchte und Spekulationen. Die extravagante Designerin Florence Broadhurst war 1977 in ihrem Atelier im Stadtteil Paddington im Süden von Sydney ermordet worden. Broadhurst war durch ihr Tapetendesign und ihr turbulentes Leben berühmt geworden. Die gebürtige Australierin lebte zeitweilig in England und Asien, war mit Mitgliedern von Königshäusern befreundet und hatte öffentlich für Frauenrechte gekämpft. Sie war unter anderem Sängerin und Malerin, hatte in Shanghai eine Akademie für Musik, Tanz und Journalismus gegründet, eine Lastwagenfirma geführt und ein Bekleidungsgeschäft besessen. Für die Polizei wurde Glover zum Hauptverdächtigen in dem ungeklärten Mordfall. Freunde und ehemalige Angestellte äußerten allerdings den Verdacht, dass es sich bei dem Mörder um einen Bekannten Broadhursts gehandelt haben müsse und das Motiv wohl finanzieller Natur gewesen sei. Indiz für diese These war der Fund von zwei Tassen Tee am Tatort, die auf eine Verabredung hindeuteten, sowie der Umstand, dass der Täter anscheinend Kenntnisse über den Tatort hatte.

POLITIK UND GESELLSCHAFT

Die Rucksacktouristen-Morde ("The Backpacker Murders")
1988–1992

Ende der 1980er bis Anfang der 90er Jahre verschwanden eine Reihe von jungen Urlaubern in Australien. Sieben von ihnen fand man schließlich ermordet im Belanglo State Forest in New South Wales. Die Liste der Vermissten aus diesem Zeitraum ist noch deutlich länger. Unter den gefunden Leichen waren auch die von drei jungen Deutschen. Die Opfer waren geschlagen, erstochen oder erschossen, eine junge deutsche Frau sogar geköpft worden. Einige der Opfer erweckten den Eindruck, als seien Schießübungen an ihnen ausgeführt worden. Viele der Opfer waren in Kings Cross, dem Rotlichtviertel Sydneys bzw. in oder um Sydney verschwunden.

Wegen der Taten angeklagt und zu lebenslanger Haft verurteilt wurde schließlich Ivan Milat, Spross einer Arbeiterfamilie mit 14 Kindern und einem verbreiteten Faible für Schusswaffen, in dessen Haus Besitztümer der Getöteten sowie Teile der möglichen Mordwaffe gefunden wurden. Bis heute wird darüber spekuliert, ob er die Morde allein beging oder ob noch andere Familienmitglieder daran beteiligt waren, zumal die unterschiedlichen Tötungsarten Psychologen zu der Vermutung verleiteten, dass es sich um zwei Täter gehandelt haben könnte. Die Ermittler gehen davon aus, dass er mindestens zehn Frauen emordet hat. Erst Ende August 2010 wurden im Belanglo State Forest weitere Teile einer Frauenleiche entdeckt.

Auch im Gefängnis ist Ivan Milat, der bis heute seine Unschuld beteuert, noch für Schlagzeilen gut. Anfang 2009 sägte er sich in einer 20-minütigen Prozedur mit einem Plastikmesser den kleinen Finger ab und steckte ihn in einen Umschlag, um ihn an das höchste Gericht Australiens zu schicken. Er wurde umgehend ins Krankenhaus gebracht, aber den Ärzten gelang es nicht, den Finger wieder anzunähen.

Vor dem Betreten des Belanglo State Forest wird gewarnt

Der Amoklauf in Port Arthur ("The Port Arthur massacre")
28. April 1996

An einem sonnigen Sonntag fuhr der damals 28-jährige Martin Bryant aus Hobart in Tasmanien die 90 Minuten lange Strecke nach Port Arthur, denn „es war ein schöner Tag" und ein „hübscher Ort", wie er später sagen sollte. Zuvor hatte er 35 Menschen erschossen und mehr als 20 weitere verletzt und ging damit als einer der schlimmsten Amokläufer in die Geschichte ein.

Port Arthur, der historische Standort einer britischen Strafkolonie, war an diesem

Gefängnisruine in Port Arthur, ein beschaulicher Ort, der 1996 zum Tatort eines Amoklaufs wurde

sonnigen Tag besonders gut besucht und das Café, in dem die meisten von Bryants späteren Opfer saßen, war gedrängelt voll. Bevor Bryant dort eintraf, hatte er bereits ein Ehepaar erschossen, dem ein Bed-and-Breakfast-Gasthaus gehörte, bei dessen Kauf sie Bryants Vater, der drei Jahre zuvor vermutlich aufgrund von Depressionen Selbstmord begangen hatte, zuvorgekommen waren. Bryant gab ihnen die Schuld am Schicksal seines Vaters und glaubte offenbar, dass sie das Anwesen gekauft hatten, um seine Familie zu verletzen. Nachdem er 20 Leute im Café erschossen hatte, tötete er bei seiner anschließenden Flucht weitere Menschen, die meisten von ihnen auf dem Parkplatz in der Nähe des Cafés, nahm schließlich den Insassen eines anderen Autos als Geisel und kehrte zum Gasthaus seiner ersten beiden Opfer zurück. Nachdem er sich dort 18 Stunden verschanzt hatte, in deren Verlauf er auch die Geisel erschossen hatte, setzte er das Haus in Brand und konnte schließlich schwer verletzt von der Polizei verhaftet werden.

Bryant, der schon als Kind mitunter durch Gewalttätigkeit aufgefallen war, von seinen Lehrern als „emotionslos" und „realitätsfern" beschrieben wurde und dem ein psychiatrisches Gutachten das geistige Niveau eines Elfjährigen attestierte, war nach dem Tod der beiden einzigen ihm nahe stehenden Bezugspersonen und der dadurch bedingten Erbschaft immer mehr zum Außenseiter geworden. Er litt offenbar darunter, dass die Leute ihn aufgrund seines bizarren und zum Teil bedrohlichen Verhaltens mieden, so dass er des Lebens überdrüssig wurde und in den Monaten vor dem Massaker einen beträchtlichen Alkoholkonsum entwickelt hatte – wobei er am Tag der Tat selbst aber nüchtern blieb. Laut eigener Aussage hatte er den Plan für das Massaker wohl schon einige Wochen vor der Tat entwickelt – insofern unterscheidet sie sich von ähnlichen Taten, die oft durch einen plötzlich auftretenden Zustand von extremer Aggression oder durch „Tötungsrausch", Kontroll- und Gedächtnisverlust gekennzeichnet sind. Er gab widersprüchliche Begründungen für seine Tat an, aber ein wesentliches Motiv war vermutlich sein Wunsch nach Aufmerksamkeit.

Martin Bryant wurde zu lebenslanger Haft ohne die Möglichkeit vorzeitiger Entlassung verurteilt. Seit seiner Inhaftierung hat er mindestens sechs Selbstmordversuche unternommen. Seiner Opfer – Männer, Frauen und Kinder – wird noch heute in Port Arthur gedacht. Das Café ist nie wieder eröffnet, sondern in eine Gedenkstätte umgewandelt worden. Heute wird bei Führungen durch Port Arthur von der Vergangenheit des Ortes als Gefängnis erzählt, den Anfangsjahren der britischen Sträflinge, ihren harten Lebensbedingungen und der damaligen prekären medizinischen Versorgung. Auf einem Informationsblatt werden die Besucher jedoch gebeten, während der Führungen niemanden auf die Ereignisse am 28. April 1996 anzusprechen – zu tief sitzt nach wie vor der Schmerz über die Tat, bei der viele ihre Freunde und Kollegen verloren haben.

Der Outback-Mord
14. Juli 2001

Die britischen Urlauber Joanne Lees und Peter Falconio waren auf der "Reise ihres Lebens", als sie in der Nähe von Barrow Creek im einsamen Northern Territory Australiens überfallen wurden. Sie waren nachts auf dem Stuart Highway von Alice Springs nach Darwin unterwegs, als der Mechaniker Bradley Murdoch sie anhielt, um ihnen zu sagen, dass Funken aus ihrem Auspuff kämen. Peter Falconio und Murdoch gingen hinter das Auto um nachzusehen. Was dann geschah, ist bis heute nicht hundertprozentig geklärt. Nach Joanne Lees Aussage hörte sie einen Schuss oder eine Explosion und Murdoch tauchte wieder vor ihr auf, bedrohte sie mit einem Gewehr, fesselte ihre Hände und schleppte sie zu seinem Geländewagen. Als er nochmals verschwand – mutmaßlich, um

Das heutige Australien

Das Roadhouse in Barrow Creek im Outback – eine schöne, aber nicht ungefährliche Landschaft

sich Peter Falconios Leiche zu entledigen – konnte die junge Urlauberin fliehen und sich im Busch verstecken. Murdoch suchte sie mit seinem Hund, konnte sie aber nicht finden. Erst vier Stunden später wagte sie sich hervor und hielt an der Straße zwei Lastwagenfahrer an, die sie in Sicherheit brachten. Etwa zwei Jahre später wurde Bradley Murdoch von Lees aufgrund eines Fotos identifiziert, nachdem gegen ihn unter anderem wegen Vergewaltigungsdelikten ermittelt worden war. Er wurde schließlich wegen des Mordes an Peter Falconio zu lebenslanger Haft mit frühester vorzeitiger Begnadigung nach 28 Jahren verurteilt. Er behauptet bis heute, unschuldig zu sein. Die Leiche von Peter Falconio wurde nie gefunden. Auch eine Tatwaffe konnte nicht identifiziert werden. Und noch weitere Fragen blieben offen. Murdoch war definitiv am selben Tag wie die beiden jungen Briten in Alice Springs gewesen und im gleichen Fast-Food-Lokal wie sie eingekehrt, doch ist bis heute unklar, ob er ihnen mit Absicht gefolgt oder zufällig auf sie gestoßen war. Murdoch selbst behauptete, gar nicht auf dem Stuart Highway gefahren zu sein, sondern der Tanami Road in Richtung Westaustralien gefolgt zu sein. Weshalb aber sein Blut auf der Kleidung von Lees und seine DNA-Spur auf den selbst gebauten Handschellen gefunden wurde, mit denen die junge Engländerin gefesselt war, konnte der als Herumtreiber und Drogenkurier einschlägig bekannte Murdoch nicht erklären. Von verschiedenen Seiten wurde über den Konsum von Amphetaminen als Auslöser der Tat spekuliert, doch ohne ein Geständnis von Murdoch bleibt die Geschichte ein verworrener Alptraum, der für Joanne Lees auch noch ein unangenehmes Nachspiel hatte: Medien und öffentliche Meinung verurteilten die zurückhaltende und kühl wirkende Frau und stellten ihre Unschuld in Frage. Doch fanden sich nie Beweise oder Zeugenaussagen, die darauf hingedeutet hätten, dass sie selbst ihren Freund umgebracht haben könnte.

Kapitel 5
Australiens Wirtschaft

Mehr als Gold und Diamanten

Die Super Pit in Kalgoorlie – Australiens größte offene Goldmine. (Die gelben Punkte sind Riesen-LKW)

AUSTRALIENS WIRTSCHAFT

Australiens Wirtschaft

Mehr als Gold und Diamanten

Wirtschaftspolitik und -beziehungen

Australien ist heute eine der freiesten Volkswirtschaften der Welt. Nachdem der australische Staat früher einen relativ starken Einfluss auf die Wirtschaft ausgeübt hatte, startete die Labor-Regierung von Premierminister Bob Hawke in den 1980er Jahren eine Reihe von Privatisierungen und Deregulierungsmaßnahmen. Auf eine kurze Rezession zu Beginn der neuen Wirtschaftspolitik folgten ein rascher Aufschwung mit hohen Wachstumsraten und ein deutlicher Rückgang der Arbeitslosigkeit. Angesichts dieser Erfolge wurde die Wirtschaftspolitik von der folgenden Regierung der Liberalen unter John Howard fortgesetzt, und linke Kritiker, die Nachteile für Arbeitnehmer und sozial Schwache monierten, taten sich schwer, Gehör zu finden. Selbst die Finanzkrise 2008 konnte die australische Wirtschaft weitgehend unbeschadet überstehen.

Zu den größten Wirtschaftspartnern Australiens gehören die Europäische Union, China, Japan und die USA. Daneben spielen naturgemäß auch andere asiatische Staaten und Neuseeland eine wichtige Rolle. Das rasant wachsende China war 2009 und 2010 erstmals wichtigster Handelspartner und Exportmarkt. Bei den importierten Waren kam daneben der EU eine besondere Bedeutung zu.

Wirtschaftsaustausch mit Deutschland

Die Handelsbeziehungen zwischen Australien und Deutschland sind sehr gut. Deutschland als die wesentlich größere Volkswirtschaft dominiert bei Handel und Investment deutlich. In Australien sind rund

Riesige Trucks transportieren in den Minen Erde und Geröll

Mehr als Gold und Diamanten

330 Tochtergesellschaften und weitere 470 Niederlassungen deutscher Firmen unterschiedlichster Branchen vertreten. In Australien operieren deutsche Autohersteller und Autozuliefererfirmen wie Daimler Benz, BMW, Volkswagen, Bosch, Hella und VDO. Siemens ist im Bereich Telekommunikation engagiert, Hochtief und Bilfinger Berger in der Bauindustrie. Auch Pharmakonzerne wie Boehringer Ingelheim, Bayer-Schering oder Fresenius haben ein Standbein in Australien. Deutsche Banken sind hier vertreten, EADS ist Eigentümer der Aerospace Australia, VUAG besitzt die Aluminiumschmelzhütte in Kurri Kurri im Hunter Valley. Etwa ein Drittel der in Australien engagierten deutschen Unternehmen hat dort auch eine Produktionsstätte, manche betreiben sogar Forschung.

Eine Erfolgsgeschichte erlebte die Supermarktkette Aldi. Das Aldi-Konzept wurde von den Australiern begeistert angenommen und das Unternehmen expandierte.

Das Braunkohlekraftwerk in Yallourn (Victoria), wo sich die größte offene Kohlenmine Australiens befindet. Ursprünglich handelte es sich um einen Komplex von sechs Kraftwerken, die in den 1920er bis 1970er Jahren errichtet wurden. Heute existiert nur noch ein Meiler mit einer Leistung von 1.450 MW, was etwa 22 % der in Victoria und 8 % der landesweit erzeugten Energie entspricht

Energieversorgung

Australien ist einer der weltweit größten Produzenten von Energieträgern. Kohle ist der wichtigste Exportrohstoff. Australien besitzt zudem große Vorkommen an Rohöl und Erdgas. Leider ist Australien trotz seiner wenigen Einwohner von nur knapp 22 Millionen auch ein großer Energieverwerter. Dies erklärt sich zum einen durch das rasante wirtschaftliche Wachstum der vergangenen Jahrzehnte, zum anderen durch die Bedeutung des Transportsektors, der einen der Hauptenergienutzer darstellt: Angesichts der weiten Entfernungen

Australiens Wirtschaft

> **Übrigens:**
> Einmal im Jahr findet in Australien ein Solarmobilrennen statt. Solarbetriebene Autos und Fahrzeuge im Eigenbau liefern sich ein Rennen durchs Outback, über 3000 km von Darwin bis Adelaide – ein echtes Highlight nicht nur für Technikfreaks und Bastler. Meist sind auch deutsche Universitätsstudenten mit ihrer „Marke Eigenbau" mit am Start.

im Land und des geringen Ausbaus des Schienennetzes kommt dem Frachttransport auf der Straße eine besondere Bedeutung zu.

Nach wie vor herrschen fossile Brennstoffe in Australien vor. Durch Regierungsinitiativen, etwa in Form von Förderprogrammen, werden aber erneuerbare Energien unterstützt, so dass Wasser-, Wind- und Sonnenenergie sowie Biogas einen Zuwachs zu verzeichnen haben. Vor allem kleinere Gemeinden haben in der jüngeren Vergangenheit Projekte im Bereich ‚erneuerbare Energien' für sich entdeckt. Photovoltaikanlagen sind zwar noch kein so häufiges Bild in der Landschaft wie vielerorts in Deutschland, doch die finanzielle Unterstützung der Regierung hat viele Australier sehr viel aufgeschlossener für diese Ideen gemacht. Australien ist nicht nur aufgrund seines Klimas optimal geeignet für Solarenergie, es ist auch in wissenschaftlicher Hinsicht im Bereich Solartechnik bereits in der Vergangenheit federführend gewesen. So haben australische Forscher 1953 zum Beispiel den ersten Solar-Boiler erfunden und Dr. Stuart Wenham und Professor Martin Green von der University of New South Wales 1985 die seinerzeit weltweit effizienteste Solarzelle (siehe Abschnitt *Forschung und Technik*).

Ende April 2010 gab die australische Forschungsagentur CSIRO bekannt, dass im *National Solar Energy Centre* in Newcastle, circa zwei Stunden Autofahrt nördlich von Sydney, der größte Solar-Turm der Welt gebaut werden soll. Hierzu soll eine Landfläche mit

> *Solar-Schüsseln zum Bündeln von Sonnenlicht zur Energieerzeugung in der Nähe von Hermannsburg im Northern Territory*

ungefähr 450 Spiegeln bestückt werden, die die Wärmestrahlung der Sonne auf einen 30 Meter hohen Turm überleiten, in dem mit der extrem heißen, komprimierten Luft dann eine Turbine angetrieben wird, die Strom erzeugt. Die Leistung des Kraftwerks soll bei 500 kW liegen, was etwa dem Energiebedarf von 100 Häusern entspricht – für ein Forschungsprojekt allerhand, aber im Vergleich zu einer jährlichen nationalen Stromerzeugung von etwa 244 Milliarden kWh (im Jahr 2007) natürlich vernachlässigbar. 80 % der nationalen Energieversorgung erfolgt nach wie vor durch Kohlekraftwerke, eine Form der Stromerzeugung, die seitens der Regierung immer noch stark unterstützt wird, wie Kritiker monieren.

Eine weitere interessante und zukunftsträchtige Möglichkeit im Bereich erneuerbare Energie ist die Geothermie. Von vielen wurde diese Energieform bereits als neuer Goldrausch verklärt, doch Forschungen dazu befinden sich nach wie vor im Anfangsstadium. In Australien wird dabei drei bis fünf Kilometer tief gebohrt, um zum heißen Gestein im Erdinneren (*Hot Rock*) zu gelangen. Über mehrere Bohrungen wird Wasser in die Tiefe geleitet, wo es sich im heißen Gestein auf hohe Temperaturen erwärmt. Wenn dieses heiße Wasser wieder die Oberfläche erreicht, wird es im Geothermie-Kraftwerk schließlich in Energie umgewandelt.

> **Übrigens:**
> Bis 1965 wurde in Australien in Pfund Sterling bezahlt. Seit dem 1. Januar 1966 ist der Australische Dollar die Landeswährung.
>
> *Historische Geldscheine, die bis zur Einführung des Australischen Dollars gültig waren*

Geldwirtschaft

Australien hat vier große Banken – Westpac, National Australia Bank, Commonwealth Bank und ANZ. Alle vier sind äußerst erfolgreich im internationalen Vergleich. Angesichts der turbulenten Zeiten an den Finanzmärkten in den Jahren 2007 bis 2009 standen die Banken Australiens deutlich besser da als viele ihrer internationalen Konkurrenten. Sie hatten kaum in den Subprime-Hypothekendarlehenmarkt investiert, und vor allem die vier Großbanken verfügen über gute Kapitalreserven. Laut einer Untersuchung der Boston Consulting Group vom Februar 2009 ist die australische Westpac die profitabelste Bank und Australien der lukrativste Bankenmarkt der Welt. Interessant ist, dass Australiens

Hauptquartier der Westpac Banking Corporation, der größten Bank Australiens, in Sydney

Banken deutlich strenger reguliert werden, als die Banken in vielen anderen Ländern. Man hat sich für das Regulierungsmodell des Briten Michael Taylor entschieden, das sogenannte „Twin Peaks Modell", in dem nicht eine Allfinanzaufsicht als allmächtige Institution die Banken kontrolliert, sondern zwei unabhängige Agenturen: die Australian Securities and Investments Commission (ASIC) und die Australian Prudential Regulation Authority (APRA). Der konservative Ansatz, den die APRA ihren Schützlingen eingeimpft hat, machte sich in Zeiten der Krise für die australischen Banken bezahlt, ähnlich wie in Kanada, das ähnlich strenge Vorgaben hat. Andererseits gibt es in Australien keinen Einlagensicherungsfonds wie in Deutschland. Angesichts der Finanzkrise sprach Australiens Premierminister Kevin Rudd erst im Oktober 2008 eine Garantie der Regierung für die 300 bis 350 Milliarden Euro Sparguthaben bei australischen Banken aus, um diese vor dem Abzug der Guthaben zu schützen.

Australische Alternativen zum Bankkredit

Ein ‚Fair Go' für Jeden – Kredit ohne Bank

Auf der Straße kann er keine 20 Meter weit gehen, ohne dass Leute auf ihn zukommen, ihm auf die Schulter klopfen oder ihn ansprechen. John Symond ist der Superstar der australischen Finanzwelt. Er ist der David, der gegen Goliath antrat, der Underdog, der die gierigen Banken herausforderte und siegte.

Anfang der 1990er stand der Australier vor dem Nichts, und Schuld war eine Bank. „Ich war mit meiner ersten Firma ein Joint Venture mit der State Bank of South Australia eingegangen. Sie ging pleite und riss mich mit in die Tiefe." So tief, dass er alles verlor: seine Ersparnisse, seine Firma, sein Haus und seine Ehefrau, und immer noch mit mehreren Millionen Dollar verschuldet war. Doch statt sich in einem Schneckenhaus zu verkriechen und sich selbst zu bedauern, stieg Symond wie Phönix aus der Asche. 1992 gründete er die Aussie Home Loans, den ersten Hypothekenverleiher Australiens, der keine Bank war. Symond war zu hundert Prozent überzeugt von seiner Idee. "Der Verbraucher war absolut schutzlos. Die Banken bestimmten die Preise. Sie hatten höhere Zinsen als irgendwo sonst in der westlichen Welt, und das, obwohl Australien die weltweit wenigsten Pleiten hatte." Banken waren zwischen 10 und 15 Uhr geöffnet, die Leute mussten in ihrer Mittagspause Schlange stehen für einen Kredit, der dann auch meist noch abgelehnt wurde. „Es war wie in einem Kartell", erinnert sich Symond.

Acht Jahre dauerte es, bis *Aussie Home Loans* wirklich Geld abwarf, doch heute hat das Unternehmen über 220.000 Kunden und ein Volumen an vergebenen Krediten von über 20 Milliarden australischen Dollar. Über 1000 Menschen arbeiten für „Aussie John", wie Symond im Volksmund liebevoll genannt wird. Heute gehört er zu den reichsten Männern des fünften Kontinents.

John Symond ist der Inbegriff des „australischen Traums". Er wurde 1947 in Australien geboren, als Kind einer libanesischen Einwanderer-Familie. Die Eltern waren als Kinder nach Australien gekommen, eigentlich durch Zufall, denn Symonds Großvater dachte, das Schiff fahre nach Amerika. Symond ist das dritte von insgesamt sieben Kindern. Seine Eltern arbeiteten sieben Tage die Woche, taten alles, um ihren Kindern ein besseres Leben zu ermöglichen. Sie fingen mit einem Obst- und Gemüseladen an, eröffneten noch einen und dann noch einen, bis der Vater irgendwann in die Bauindustrie einstieg. Häufig zog die Familie um, Symond ging auf insgesamt elf Schulen. Später studierte er ein bisschen Kunst, ein bisschen Zahnmedizin, ein bisschen Recht, machte aber nirgendwo einen Abschluss.

Schon während des Studiums begann er bei einem sogenannten „Conveyancing Service" zu arbeiten. Er half Leuten, die eine Immobilie erwerben wollten, bei der rechtlichen Abwicklung des Kaufs. Ganz nebenbei und ohne extra Bezahlung vermittelte er seinen Kunden auch noch Kredite. „Bankkredite waren damals schwierig zu bekommen und ich hatte Spaß daran, Leuten zu einem Eigenheim zu verhelfen. Teilweise stellte ich sehr kreative Kredite zusammen. Einen Teil über einen privaten Verleiher, einen zweiten über eine Finanzierungsfirma, und falls immer noch etwas fehlte, organisierte ich selbst noch einen Privatkredit obendrauf." Letztendlich zahlten die Kunden nicht viel mehr als bei den Banken, die ihnen ohnehin keinen Kredit gegeben hätten. Die Leute sprachen über ihn als denjenigen, der sich „um einen kümmert." Schon damals zeichneten sich die Umrisse *Aussies* ab. Die Idee war geboren. Symond verhalf zehn Kunden pro Tag zu ihrem Traumhaus, 200 im Monat. 1984 verließ er den *Conveyancing Service* und gründete seinen eigenen Finanzservice.

Die Branche der Kreditbroker oder -vermittler steckte damals in Australien noch in den Kinderschuhen. Es gab keine wirkliche Konkurrenz. Für einen Kredit ging der Durchschnitts-Australier zu seiner Hausbank oder Bausparkassse. „Verschiedene Anbieter aufzusuchen und Preise zu vergleichen war damals nicht üblich", erinnert sich Symond. Er wollte mit seiner Firma Gelder von Finanzinstituten vermitteln, sich selbst über jährliche Gebühren von Kunde und Verleiher finanzieren. Soweit eine gute Idee. Er hatte einen exzellenten Ruf in der Branche, die Leute vertrauten ihm. Die geringeren jährlichen Gebühren – statt einer einmaligen, höheren Abschlussgebühr – erzeugten einen permanenten Geldstrom für sein Unternehmen. Das Geschäft wuchs rasant. Doch dann machte er einen entscheidenden Fehler. Er ließ sich auf ein Joint Venture mit der südaustralischen Staatsbank ein. „Da die Bank der Regierung gehörte, dachte ich, sie sei ein sicherer Partner." In den 1980er Jahren geriet jedoch die Inflation außer Kontrolle, die Zinsen kletterten auf über 20 %. 1991 kollabierte die Bank und riss Symond mit sich. Alle Abschlüsse waren in seinem

Namen, er verantwortete alles persönlich. Er verlor allen Besitz, selbst das Haus der Familie. „Ich hatte außerdem nichts dokumentiert. Ich habe daraus gelernt, immer den besten Anwalt zu nehmen, nie einfach etwas zu unterschreiben, ohne es zu überprüfen. Und ich habe gelernt, bei Partnerschaften mit großen Firmen vorsichtiger zu sein. Denn sie können dich leicht erdrücken."

Selbst nach dem Verkauf seines bis dahin schon stattlichen Besitzes war er noch immer mit drei Millionen im Minus. Doch er weigerte sich, sich für bankrott erklären zu lassen. Dieser Punkt ist ihm auch heute noch sehr wichtig. „Schreiben Sie, ich war nie pleite! Mein Ruf war immer intakt."

Er handelte mit seiner Bank aus, dass er drei Jahre Zeit bekommen würde, das Geld zurückzuzahlen. „Ich hatte damals oft nur zehn Dollar in der Tasche. Das peinlichste Erlebnis war, als ich einmal eine Krawatte für ein wichtiges Meeting kaufen wollte und der Verkäufer mir die Kreditkarte zerschnitt." (In australischen Geschäften eine durchaus übliche Vorgehensweise, um Betrug vorzubeugen.)

John Symond, Selfmade-Millionär des australischen Kreditgeschäfts, der die Banken das Fürchten lehrte

Trotz der beruflichen und privaten Misere – denn zur gleichen Zeit, als er das Familienhaus verkaufen musste, ging auch noch seine Ehe zu Bruch – ließ Symond sich nicht entmutigen. „Ich dachte immer an meine zwei Kinder und ich hatte ja noch meine Trumpfkarte *Aussie* im Ärmel." 18 Stunden am Tag arbeitete er an der Idee, ging völlig in Klausur. Er wusste, dass Kreditbroker bzw. -vermittler den Markt in den USA geradezu erobert hatten. Zusammen mit einem Freund und Geschäftspartner reiste er zu einer Finanzkonferenz, um mehr über die Arbeitsweise der amerikanischen Broker zu erfahren. „Das gab mir die nötige Vision."

Als *Aussie Home Loans* ihre Geschäfte aufnahm, war die Bevölkerung äußerst negativ gegenüber der australischen Bankenwelt eingestellt. Zu hohe Zinsen, schlechter Service und zu wenig Respekt gegenüber den Kunden kennzeichneten den Markt.

Symond dagegen wollte geringere Zinsen, individuellen Service mit Besuchen zu Hause und das Ganze 24 Stunden am Tag. Doch zunächst brauchte er Partner, deren Geld er verleihen konnte.

Seine Argumente waren: Keine Läden, keine Werbung, wenig Personal, kein unnötiger Mehraufwand und wenig Risiko durch den Abschluss von Kreditversicherungen. 30 Meetings und neun Monate später hatte er zumindest den Kreditversicherer überzeugt. Das Produkt, das er ausgehandelt hatte, bot 100 % Abdeckung der Kreditsumme und zwei

Jahre Cashflow der Zahlungen. Etwas Vergleichbares war bis dahin noch nie angeboten worden! Mit diesem Verkaufspaket überzeugte er schließlich mehrere Geldgeber, die allerdings allesamt geheim gehalten werden wollten. „Die Gerüchte waren damals, dass japanische Banken hinter uns stünden", sagt Symond.

Er fand ein Büro und konnte aufgrund des schwachen Marktes zwei Jahre mietfreie Nutzung aushandeln. „Schließlich lieh ich mir noch 10.000 Dollar von einem meiner Brüder, um bei einer Auktion Büromöbel zu kaufen." Den Namen „Aussie Home Loans" wählte er aus mehreren Gründen: „Ich wollte, dass rüberkommt, dass wir ein australisches Unternehmen sind, und außerdem landen Namen, die mit „A" anfangen, ja immer vorne auf allen Listen. Und „Home Loans" wählte ich, damit jeder gleich weiß, was wir anbieten." Beim Logo wollte er lebendige, positive Farben und wählte Lila und Gelb. Gute Stimmung war ihm wichtig und dazu gehörte auch, dass immer pünktlich am Zahltag ausgezahlt wurde, „denn das Schlimmste ist, wenn das Personal anfängt, sich Sorgen zu machen."

Die offizielle Geschäftsaufnahme von *Aussie Home Loans* war am 17.2.1992. Und die Medien stürzten sich geradezu auf seine Geschichte. „Überall hieß es David gegen Goliath! Der, der gegen die Banken antritt! Ich nannte die Banken „Bastarde", stellte ihre Integrität in Frage, stürzte ihr Monopol."

„Als *Aussie* seine Geschäfte aufnahm, halfen wir jedem australischen Haushalt, 300 $ im Monat nach Steuern zu sparen. Wir zwangen die großen Banken, die Zinsen zu drücken und den schlechten Service zu verbessern." Heute haben manche Banken auch samstags geöffnet, und auch ihre Einstellung gegenüber dem Kunden hat sich gewandelt. Da Symond zu Anfang wenig Geld für Werbung hatte, machte er sie selbst. Im ersten Fernsehspot 1995 stellte er sich hin und sagte: „Geht zu eurer Bank und verlangt bessere Zinsen, und wenn ihr die nicht kriegt, kommt zu *Aussie*. Wir helfen euch." Seinen Spruch „We'll save you" (mit der doppeldeutigen Aussage „wir helfen/retten euch" bzw. „mit uns spart ihr") kennt heute jedes Kind in Australien. Damals löste die Werbung eine große Kontroverse und einen Ansturm auf die Banken aus. „Die Leute standen Schlange, die Banken hielten eine Krisensitzung nach der anderen ab."

„Am Anfang ging ich auch selber 'raus, um Kredite zu zeichnen. Mein Glück war, dass die Banken einfach zu arrogant waren und mich nicht ernst nahmen. Das war unsere Rettung." Symond arbeitete hart. Bis

heute hat er nie mehr als zwei Wochen Urlaub genommen, in 35 Arbeitsjahren hatte er nur fünf Krankheitstage.
Doch der Kampf gegen die Banken war noch lange nicht gewonnen. 1997 brachte die *Commonwealth Bank*, eine der vier großen australischen Banken, ein neues Produkt heraus: den „Economiser Loan". Die Bank zielte in ihrer Werbung direkt gegen *Aussie* und behauptete billiger zu sein. „Doch sie verglichen Äpfel mit Birnen, viele wichtige Merkmale einer Hypothek fehlten." Symond schrieb einen Brief, zwei, drei mit der Bitte um Korrektur der falschen Angaben. Nichts passierte. „Dann schlugen wir zurück." Symond buchte ganzseitige Anzeigen in allen großen Samstags- und Sonntagsblättern Australiens, in denen er den Täuschungsversuch der Bank erklärte. „An diesem Samstag klingelte mein Handy bereits um sieben Uhr morgens. Einer der Bankmanager war dran. Er sagte, das könnt ihr nicht machen und ich erwiderte: ‚Sie sehen doch, dass wir das können.' Er sprach von einer einstweiligen Verfügung, falls wir die Werbung wiederholen würden. Ich sagte nur: ‚Es ist nicht unsere Absicht, das zu tun.'" Am nächsten Tag schaltete Symond eine andere Werbung, in der er fragte: „Welche Bank zockt Sie seit Jahren ab?" Jeder wusste, dass er über die *Commonwealth Bank* sprach, da deren Werbung immer mit dem Wortlaut „Welche Bank...?" begann. „Danach fing es an, unangenehm zu werden. Anwälte und die für Wettbewerbs- und Konsumentenrechte zuständige *Australian Competition and Consumer Commission* wurden eingeschaltet. Schließlich gaben beide Seiten die vergleichende Werbung auf. „Das Ganze war ein teurer Spaß, und für die Journalisten ein gefundenes Fressen." (Interessant ist in diesem Zusammenhang übrigens, dass Symond 2008 ein Drittel seines Unternehmens an den ehemaligen Erzfeind Commonwealth Bank verkaufte!)
Seit den Anfängen hat Symond es beibehalten, jeden seiner 1000 Mitarbeiter persönlich kennenzulernen. „Ich finde es frustrierend, dass ich mir nicht alle Namen merken kann. Aber ich reise viel, treffe die einen zum Mittagessen oder zu einer Besprechung, die anderen zu Drinks nach der Arbeit. Außerdem setze ich mich mit jeder neuen Gruppe an Auszubildenden zusammen und spreche über ihre und unsere Zukunft. Ich bin sehr sichtbar da draußen." Jeder kann ihm auch einfach eine E-Mail schreiben oder über seine Sekretärin Peta eine Nachricht hinterlassen. Vielleicht ist es deshalb kein Wunder, dass viele Leute über Jahre hinweg mit ihm zusammenarbeiten: sein PR-Manager oder seine Sekretärin zum Beispiel.

„Ich glaube, meine eigentliche Stärke ist, dass ich nach wie vor den kleinen Mann auf der Straße verstehe. Nicht umsonst fahren die Müllmänner auf der Straße langsamer, wenn sie mich sehen und sagen erst 'mal ‚Hallo'." Bekannt wie ein bunter Hund ist Symond nicht zuletzt, weil er bis heute seine Werbung selbst macht. „Ich bin nach wie vor der einzige Eigentümer und das Gesicht der Firma: ein freundliches Gesicht in einer gesichtslosen Industrie", wie er sagt.

Doch er hat auch gelernt, seinen Reichtum zu nutzen, für gute Zwecke wie auch für sich selbst. Auf einem 10,5 Millionen Dollar teuren Grundstück, direkt am herrlichen Hafen Sydneys, baute er sein Traumhaus, vier Stockwerke hoch, 1993 Quadratmeter groß, mit mehreren Wohnbereichen und Terrassen, einem Kino, einem Raucherzimmer, einer Bibliothek, einem Ankleideraum, fünf Schlafzimmern, zehn Parkplätzen und insgesamt zwölf Toiletten, mehrere mit Meerblick.
(Dieser Text ist in einer ausführlicheren und leicht abgeänderten Version im Wirtschaftsmagazin „brand eins" erschienen.)

Kredit ohne Geld: Tauschen statt Kaufen

Andrew Federowsky ist Mitgründer der australischen Firma *Bartercard*. Der gelernte Kfz-Mechaniker stammt ursprünglich aus Wuppertal, wo seine Familie noch heute lebt. (Sein Name ist übrigens echt, nicht „eingeenglischt" - seine Mutter hatte ihn nach einer Sendung im Fernsehen so genannt.) Seit 1988 lebt er in Australien. „Ich hatte den Drang, die Welt auszukundschaften. Erst habe ich die USA in Erwägung gezogen, doch dann habe ich ‚Crocodile Dundee' im Fernsehen gesehen und meine Entscheidung stand fest." Heute lebt Federowsky an der Gold Coast im Südosten Queenslands, einem Ort „wo jedes Wochenende mehr wie ein Mini-Urlaub ist." Trotzdem ist Andrew Federowsky durch und durch Geschäftsmann, dem man den Stolz anhört, wenn er über sein „Barter"-Unternehmen* spricht, dem ein geradezu genial einfaches Prinzip zugrunde liegt.

Ohne Geld geht heutzutage nichts mehr, könnte man denken – eine Erkenntnis, die Andrew Federowsky widerlegt hat. Denn bei *Bartercard* dreht sich alles um den Austausch von Gütern und Serviceleistungen ganz ohne Bargeld. Dieses sogenannte „Barter"-Prinzip ist eigentlich nichts Neues: Schon in der Steinzeit haben die Menschen miteinander getauscht. Doch solchen direkten Tauschgeschäften – beispielsweise eine Kuh gegen ein Schwein – mangelt es an Flexibilität, so dass es, wenn nur zwei Parteien miteinander Handel treiben, schnell zu Problemen kommt. Haben die Waren den gleichen Wert? Und was tun, wenn der eine Händler die von der anderen Partei angebotene Ware nicht haben möchte, statt eines Schweins zum Beispiel doch lieber zwei Schafe hätte? Andrew Federowsky und sein Unternehmen *Bartercard* haben diesen Problemen vorgebeugt. Die Firma agiert gewissermaßen wie eine Bank, die ein alternatives Zahlungsmittel geschaffen hat. Mit dem sogenannten „Trade Dollar" kann man innerhalb der *Bartercard*-Gemeinschaft kaufen und verkaufen, erhält zinslose Darlehen, bekommt aber andersherum für seine *Trade Dollars* auch keine Zinsen. Der *Trade Dollar* ist soviel wert wie die jeweilige Landeswährung, hat also in Australien den Wert eines australischen Dollars, in England den eines britischen Pfunds, in Sri Lanka den einer Rupee usw. International wird zum jeweiligen tagesaktuellen Kurs getauscht, versteuert wird wie beim normalen Geld.

Dank Andrew Federowsky, gelernter Kfz-Mechaniker aus Deutschland, der auch bei seinem Auto auf traditionelle Werte setzt, erlebte der Tauschhandel in Australien eine Renaissance

Ein Beispiel, das verdeutlicht, wie es funktioniert: Ein Restaurant möchte 10.000 Dollar für Druckmaterialien ausgeben. Nun würde natürlich keine Druckerei Mahlzeiten im Wert von 10.000 Dollar gegen ihre Arbeit eintauschen wollen. Der Restaurantbesitzer bezahlt die Druckerei also mit 10.000 *Trade Dollar*. Diese werden dem Drucker gutgeschrieben und dem Restaurantbesitzer in Rechnung gestellt. Somit schuldet das Restaurant der Firma *Bartercard* 10.000 Dollar, nicht der Druckerei. Das Restaurant zahlt dieses zinslose Darlehen von *Bartercard* ab, indem es in den folgenden Monaten verschiedene *Bartercard*-Kunden beköstigt. Wenn die tatsächlichen Kosten des Restaurantbesitzers bei vielleicht 30 bis 40 % des Verkaufspreises der Speisen liegen, zahlt er statt 10.000 Dollar letztlich nur 3000 bis 4000 Dollar aus eigener Tasche. Der Drucker kann im Gegenzug seine *Trade Dollars* bei anderen *Bartercard*-Kunden investieren und auf diese Weise Bargeld einsparen, beispielsweise in Büromöbel, Werbung, Autoreparaturen, Kurierdienste, Schreibwaren oder auch in einen Familienurlaub.

Neben kleinen und mittelständischen Unternehmen gehören auch multinationale Konzerne zu den *Bartercard*-Mitgliedern. „Die wohl berühmteste Transaktion des „Barter"-Geschäfts überhaupt war der sogenannte ‚Pepsi-Deal'. *Pepsi* tauschte einst seinen *Pepsi*-Sirup in Russland gegen Wodka und wurde dadurch Marktführer vor *Coca Cola*", zitiert Federowsky das Vorzeigebeispiel seines Geschäftsprinzips. Auch Länder tauschen gerne mal untereinander.

„Wir sind ein innovatives Unternehmen. Unser Haus ist wie eine supermoderne Bank. Die Leute sind alle hochmotiviert, es ist ein bisschen hip hier bei uns - mit bunten Wänden und vielen gesellschaftlichen Events. Es gibt Frühstücke und Mittagessen für Top-Trader oder neue Mitglieder. All das macht einfach unglaublich Spaß", schwärmt der dynamische Federowsky. Dass er vollkommen hinter der Idee steht, ist offensichtlich. Sein Gehalt wird teils in echten und teils in *Trade Dollars* ausgezahlt. Seine Frau ist eine ehemalige Kundin, ebenso sein bester Freund. „Das Ganze ist ein bisschen wie ein Clan von gleichgesinnten Leuten. Wir sind alle Geschäftsleute, die einen besseren Lebensstil für die Familie wollen. Die Leute sind alle super und wenn man jemandem bei einem Geschäft mehrere tausend Dollar eingespart hat, ist er einem einfach schon mal wohlgesonnen. Und Ihr Bankbetreuer ruft Sie sicher nicht an und sagt, lass uns mal frühstücken gehen und das Geschäft besprechen. Bei uns ist viel persönlicher Touch."

Federowsky genießt seine Firmenidee sowie die neue Heimat Australien rund herum. Die unkomplizierte Mentalität der Aussies, das gute Wetter und auch das offene Geschäftsklima. Als er jedoch 2008 die Arbeit aufgeben und sich ganz seinem Hobby ‚Autos' widmen wollte, merkte er erst richtig, wie sehr ihm das „Bartern" abging. „Ich nahm mir vor, ein Jahr Auszeit zu nehmen, dann wurden es sechs Monate, dann ein Monat und schließlich war ich nur drei Wochen mit meiner Frau in Cairns." Er hat sich zwar vom internationalen Geschäft zurückgezogen, doch jetzt ist er mit seinem eigenen *Barter*-Franchise-Unternehmen an der Gold Coast aktiv. Ohne Geld geht es zwar schon, ohne „Bartern" aber nicht...

---

* *to barter* = bargeldloser Handel von Gütern und Dienstleistungen
[vom mittelenglischen „*barteren*", wahrscheinlich vom altfranz. „*barater*"]

MEHR ALS GOLD UND DIAMANTEN

Rohstoffe

Australiens Wirtschaft wird bestimmt vom Export seiner üppig vorhandenen Rohstoffe. Der Kontinent besitzt unter anderem große Reserven an Kohle, Uran, Öl, Gas, Eisenerz, Nickel, Blei, Bauxit, Kupfer, Zink, Gold, Diamanten, Silber und Opalen. Im Falle von Braunkohle, Blei, Uran, Zink und Nickel verfügt Australien sogar über die weltweit größten abbaubaren Vorräte. Was die Bauxit-, Kupfer-, Gold- und Silbervorräte angeht, nimmt es immerhin die zweite Stelle ein.

New South Wales und Queensland produzieren über 96 Prozent der australischen Steinkohle und Victoria den größten Anteil an Braunkohle. Insbesondere Westaustralien ist äußerst reich an Rohstoffen: Hier befinden sich die bedeutendsten Goldminen des Landes, die *Telfer Mine*, wo neben rund 629.000 Unzen Gold auch etwa 33.000 Tonnen Kupfer pro Jahr gefördert werden, und die *Super Pit*, die größte offene Goldmine Australiens in Kalgoorlie-Boulder mit einer Fördermenge von rund 850.000 Unzen (etwa 28 Tonnen) Gold pro Jahr. Die Pilbara Region steht dagegen ganz im Zeichen der Eisenerzförderung. Die meisten Diamanten stammen aus der *Argyle Mine* in den Kimberleys. Weitere ergiebige Erzabbaugebiete befinden sich am Olympic Dam in Südaustralien und in Mount Isa in Queensland, wo hauptsächlich Kupfer gefördert wird.

Ein Beispiel für die Förderung von Bauxit ist die Cape York Peninsula im Norden Queenslands. Das Aluminium-Erz ist ein wichtiger Rohstoff für Australien, da die einzelnen Schritte der Verarbeitung, von der Förderung bis zum fertigen Produkt Aluminium, viele Arbeitsplätze schaffen. Fast die gesamten Uranreserven Australiens sind an nur sechs Stellen des Kontinents zu finden, die größte am erwähnten Olympic Dam (Südaustralien) sowie in Ranger, Jabiluka und Koongarra in der

> **Übrigens:**
> Rote Diamanten sind die seltensten und teuersten der Welt, und 95 Prozent aller Vorräte liegen in Australien. Die Argyle Mine in den Kimberleys fördert die seltenen Edelsteine neben pinkfarbenen (die oft auch zu den roten gezählt werden), weißen, gelben und champagnerfarbenen Diamanten seit 1985. Schon als Einkaräter werden derartige Steine für mehrere hunderttausend Euro gehandelt. Die besondere Färbung entsteht durch Unregelmäßigkeiten im Atom-Gitter der Kohlenstoffmoleküle. Leider ist bereits jetzt ein Ende der Förderung dieser Kleinode absehbar. Die bisher im Tagebau betriebene Mine Argyle musste in den vergangenen Jahren bereits unter die Erde gehen und die Förderung wird 2018 wahrscheinlich komplett eingestellt werden.
>
> *Einer der seltenen rosa Diamanten, die in der Argyle Mine in Kimberleys gefördert werden*

Australiens Wirtschaft

Abbau von Bauxit im Norden Australiens

Alligator River Region (Northern Territory) und in Kintyre sowie Yeelirrie (Westaustralien). Der Uran-Export ist streng limitiert – wie im Atomwaffensperrvertrag festgelegt: Länder, die nicht zu den fünf offiziellen Kernwaffenstaaten gehören, dürfen nur unter der Voraussetzung beliefert werden, dass das spaltbare Material ausschließlich für zivile Zwecke genutzt wird. Ein Sachverhalt, der allerdings nicht immer leicht zu überprüfen ist; ein prominentes Beispiel sind etwa die immer wiederkehrenden Probleme mit dem Iran.

Mehr als Gold und Diamanten

Immerhin zeigt sich Australien konsequent, wenn es darum geht, das Uran den Ländern vorzuenthalten, die nicht dem Atomwaffensperrvertrag beigetreten sind. Dabei handelt es sich um die Staaten Indien, Pakistan, Israel und Nordkorea. Noch im Juni 2010 bekräftigte die Labor-Regierung unter Julia Gillard diese Haltung gegenüber Indien, das versucht hatte, die Uranexportpolitik Australiens zu seinen Gunsten zu beeinflussen, eine klare Absage gegenüber dem befreundeten Land – und das, obwohl die Lieferländer von Nuklearmaterial in Wien schon 2008 ein Exportverbot für Indien aufgehoben hatten.

Die Arbeit in den Minen ist schwer und mit unangenehmen Arbeitszeiten verbunden. Oft werden die Arbeiter zum Beispiel für vierzehn Tage in einsame Regionen geflogen, um dort zwölf Stunden pro Tag zu arbeiten und nach Ablauf dieser Zeit wieder für sieben Tage zu ihrer Familie zurückzukehren. Das Leben in den Minenorten selbst ist oft recht isoliert und die Orte zeichnen sich durch einen hohen Männerüberschuss aus, da nur wenige der Berufe von Frauen ausgeübt werden können. Doch die hohen Gehälter, die bezahlt werden, verlocken viele jüngere Männer dazu, ein paar Jahre in der Mine zu „malochen". Viele Australier sind durch die Rohstoffgewinnung schon zu schnellem Reichtum gekommen. Vor allem in Perth sieht man in vielen Stadtteilen die riesigen (wenn auch nicht immer geschmackvollen) Villen der Minenbosse. Durch die attraktiven Gehälter in den Minen fehlt es an anderen Orten oft an Arbeitskräften – vor allem in Bereichen, die weniger gut bezahlt sind, beispielsweise bei Bedienungspersonal oder Reinigungskräften.

Super Pit in Kalgoorlie (Western Australia), mit einem Durchmesser von 3 x 1,4 km und 320 m Tiefe die größte Goldgrube der Welt

Schatzsucher auf dem fünften Kontinent

Australien ist nicht nur bekannt für Diamanten, Gold und Silber. Auch über 90 Prozent aller Opale werden hier gefunden. Diese fast schon mystischen Steine haben sich im Laufe von Jahrmillionen an den Ufern prähistorischer, schon lange verschwundener Seen im Innern Australiens aus Siliziumdioxid und Wasser gebildet. Opale werden als Edelsteine hochgeschätzt, denn die Reflexion und Interferenz von Licht zwischen den zu nanometergroßen Kügelchen angeordneten Molekülen führt zu einem spektralen Farbenspiel, das nicht nur viele Frauen betört. Aufgrund seines individuellen Lichtschimmers ist jeder Opal einzigartig. Gefördert wird im Gegensatz zu Gold oder Diamanten nicht im großindustriellen Maßstab – hier graben einzelne Schatzsucher Löcher in die Erde. Die Opalfundorte wie Lightning Ridge werden deshalb gerne mit einem Schweizer Käse verglichen. Bezogen auf ihre geringe Größe haben diese Orte erstaunlich viele Millionäre hervorgebracht, was auch die „gescheiterten Existenzen" immer wieder aufs Neue motiviert… Nicht jedem gelingt ein Glücksgriff wie er einmal einem Touristen passierte, der beim „Noodeln"* – dem Durchsieben des beim Opalabbau anfallenden Schutts – in einem Geröllhaufen am Fluss vor der Touristeninformation in Lightning Ridge einfach mal so einen 20.000-Dollar-Stein fand.

Opale sind amorphe (atomar nicht in Kristallgittern angeordnete) Siliziumdioxide (auch als Kieselgele bezeichnet). Je nach Art reflektieren sie verschiedene Spektralfarben des Lichts und erscheinen dadurch z.B. rot, blau oder grün. Am wertvollsten sind die sogenannten „schwarzen" Opale, die aufgrund einer größeren Regelmäßigkeit ihrer Molekularstruktur die höchste Farbsättigung aufweisen. Entsprechend subjektiven Vorlieben gelten im Übrigen rot schimmernde Opale als wertvoller als grüne oder blaue

* von englisch „noodle" = „Narr"

Lightning Ridge liegt ungefähr 770 Kilometer nordwestlich von Sydney im Norden von New South Wales, 50 Kilometer südlich der Grenze zu Queensland. Opale werden hier bereits seit 1901 abgebaut. In Lightning Ridge findet man unter anderem die begehrten "schwarzen Opale", deren Farbspiele wegen der höheren Kontraste besonders eindrucksvoll sind. Richtiger wäre allerdings die Bezeichnung „dunkler Opal", denn wirklich schwarze Exemplare mit schönem Farbspiel gibt es nicht, und obwohl viele Edelsteinkenner nur den hiesigen als „echten schwarzen Opal" bezeichnen, werden auch anderswo dunkle Exemplare gefunden, beispielsweise in Mintabie (Australien), auf Java (Indonesien) oder in Jalisco (Mexiko). Größere Fundstücke sind sehr selten und werden zu astronomischen Preisen gehandelt. Seit jeher kommen Menschen aus aller Welt hierher in der Hoffnung auf schnellen Reichtum. 50 Nationalitäten arbeiten und leben hier. Viele wollen nur für ein paar Wochen kommen und bleiben dann mehrere Jahre oder gar für immer. Wahrscheinlich leben zwischen 5000 und 6000 Menschen in Lightning Ridge, genau kann man das aber nie sagen...

„Wenn du einmal mit dem Suchen angefangen hast, läßt es dich nicht mehr los", erzählt ein deutscher Opalsucher aus der Nähe von Celle, der bereits seit 30 Jahren mit seiner Familie in Lightning Ridge lebt. Die Hochzeitsreise hatte ihn einst nach Down Under geführt, ein Zeitungsartikel über einen wertvollen Opal nach Lightning Ridge. Heute sind Opale sein Leben – Risiken wie Tunneleinstürze oder Auseinandersetzungen mit sogenannten *Ratter*s, organisierten Banden, die einem die wertvollen Funde wieder abjagen wollen, nimmt er da gerne auf sich.

Der größte Teil des Verkaufserlöses geht an den Opalschleifer, der allerdings auch das größte ökonomische Risiko trägt: Leicht kann sich bei der Bearbeitung ein Stein mehr als Schein denn als Sein erweisen

Ein anderer Schatzsucher, ein ehemaliger Maschinenbaumeister aus Penzberg bei München, hatte schon einen Onkel gehabt, der nach Australien zum Opale-Suchen ausgewandert war. „Der Gedanke hatte mich nicht mehr losgelassen. Es ist ein Glücksritterspiel, wie im Lotto gewinnen, aber für uns hat es sich gelohnt..." Heute arbeitet auch sein Sohn mit in der Mine, die Frau sucht zu Hause die Steine aus, entscheidet, was wertvoll ist und was nicht.

Andere durchleben dagegen ganz schöne Durststrecken. Einer der Pechvögel berichtet, er sei schon seit drei Jahren am Suchen und habe noch nicht viel gefunden. Vor 20 Jahren sei es mit den Opalen noch einfacher gewesen, aber heute sei es ganz schön schwierig, vor allem wenn man nur mit dem Presslufthammer arbeite so wie er. Doch wen die Faszination des funkelnden Steines erwischt hat, der kann schlecht aufhören. Irgendwann scheint es eine Sucht zu sein. Die „Gläubigen" sagen dazu: „Man darf als Schatzsucher die Hoffnung nie aufgeben..."

AUSTRALIENS WIRTSCHAFT

Konsumgüter

Der Konsumgüterbereich wird in Australien in erster Linie von der Mode-, Schmuck- und Kosmetikindustrie bestimmt. Im Modebereich dominieren Schwimm- und Surfmode, doch viele junge Modedesigner haben es auch schon in die großen Modeschauen in Übersee geschafft. In der Schmuckindustrie gibt es diverse Produkte, die verarbeitet werden, beispielsweise Gold, Diamanten, Opale, Saphire und Perlen. Die Kosmetikindustrie genießt aufgrund der Reinheit und Qualität ihrer Produkte einen sehr guten Ruf und hat sich in den vergangenen Jahrzehnten verdoppelt. Vor allem die intensive Sonneneinstrahlung und die unterschiedlichen Klimazonen von arid bis tropisch gaben den Anreiz zu innovativen Entwicklungen bei Sonnenschutz, Antifaltencremes und Körperpflegemitteln.

Zwei Marken, die bei Ausländern oft als typisch australisch gelten, sind heute dagegen in amerikanischer Hand. Die eine ist das erste australische Auto, das 1948 produziert wurde: Der Holden, der nach wie vor einen speziellen Platz in den Herzen der Australier einnimmt, obwohl die Marke bereits seit 1931 zur amerikanischen Firma General Motors gehört. Eine andere australische Ikone in amerikanischer Hand ist die berühmte Kühlbox Esky, deren Produktname stellvertretend für das Produkt selbst wurde. Der Esky darf in keinem australischen

Im heißen Australien ein fast so obligatorisches Accessoire wie das Handy: die Esky-Kühlbox

Mehr als Gold und Diamanten

Haushalt fehlen. Er hat sogar schon Leben gerettet, denn etliche Schiffbrüchige konnten sich mit einem auf dem Meer treibenden Esky über Wasser halten, nachdem ihr Boot gesunken war.

Insgesamt betrachtet, spielt die Konsumgüterindustrie für die australische Wirtschaft aber eine untergeordnete Rolle. Australiens Exporte bestehen hauptsächlich aus Rohstoffen (siehe Abschnitt **Rohstoffe**). Dafür handelt Australien mit den Ländern, die von ihm die Rohstoffe beziehen und führt Konsumgüter aus China und Japan ein. Auch die USA, Großbritannien, Singapur, Neuseeland und Deutschland gehören zu den Haupthandelspartnern des Landes.

Ein Klassiker: der 1951-53 gebaute Holden FX. Bis heute ist die Marke ein nationales Identifikationsobjekt, auch wenn sie bereits damals zu General Motors gehörte

Wer länger in Down Under ist, dem fällt sicher bald ein Satz ins Auge: „Proudly Australian owned" oder „Proudly Australian made". Wenn etwas im eigenen Land hergestellt wurde, verweisen seine Produzenten auffällig darauf und verbinden damit einen gewissen Stolz. Da so viele Konsumgüter aus dem Ausland stammen, haben es die einheimischen Produzenten oft leicht, Käufer zu finden, selbst wenn sie ein wenig teurer sind. Man unterstützt sich eben gerne gegenseitig!

Australische Mode

Mode ist ein spannendes Thema in Australien. Im ersten Moment könnte man meinen, viele Australier hätten keinerlei Stil, denn nur allzu oft sieht man sie nur in Sportkleidung und mit Flip-Flops bekleidet herumlaufen. Doch im nächsten Moment können sie sich in ein edles Designerstück werfen und mit eleganten Schuhen und

Accessoires zu einer Veranstaltung gehen. Vor allem bei den in Down Under beliebten Pferderennen ist ein Gast schicker als der andere.

Dass sich Australiens Mode über die Grenzen des Landes hinaus bewegt und auch anderswo begeisterte Anhänger gefunden hat, ist sicherlich auch den australischen Supermodels Elle McPherson, Gemma Ward, Miranda Kerr und Megan Gale zu verdanken, die durch ihre Prominenz auch zuvor weniger bekannte Marken ins Licht der Öffentlichkeit gestellt haben.

So vielfältig wie der Kleiderschrank eines Australiers aussieht, so bunt sind die Angebote: von den berühmten Surf- und Schwimmlabels wie *Billabong*, *Speedo*, *Roxy*, *Rip Curl* oder *Seafolly* über die Outback-Mode von *Driza-Bone*, *Blundstone*, *RM Williams* oder *Akubra* bis hin zu den kuscheligen *Ugg Boots* oder der edlen Designermode, die schon längst den Sprung nach Paris, London oder Hollywood geschafft hat. Bekannte Namen sind *Ksubi*, dessen Heimat Sydneys Bondi Beach ist, oder *Sass & Bide*, das vor allem bei jüngeren Hollywoodsternchen „in" ist. *Wayne Cooper*, *Carla Zampatti*, *Easton Pearson* oder *Lisa Ho* sind ebenfalls internationale Größen.

Doch kaum einer hat es international zu so viel Anerkennung gebracht wie die in Südafrika geborene und in Neuseeland aufgewachsene Collette Dinnigan und der in Japan geborene Akira Isogawa. Collette Dinnigan hat als erste „Australierin" eine vollständige Prêt-à-porter-Modenschau in Paris abgehalten, und bekannte Schauspielerinnen und Models tragen ihr Label, darunter Naomi Watts, Helena Christensen oder Charlize Theron. Dinnigan ist zudem eine der Modeschöpferinnen, die in ihrer Arbeit auch auf Design aus der Eingeborenenkultur zurückgreifen.

Auch eine Deutsche hat ihren Namen in der Modewelt Australiens verewigt. Traudl Troska (die im September 2010 64-jährig einem Krebsleiden erlag) war „ausgestiegen", als sie 30 Jahre alt war und die Nase voll hatte von ihrem Job in der PR-Branche. Erst kam sie nur, um Urlaub zu machen. Um ein bisschen Geld zu verdienen, verkaufte sie selbst genähte Halstücher auf einem Markt. Und damit begann eine Karriere, die sie nicht nur zu beruflichem Erfolg führen sollte, sondern ihr auch die Liebe ihres Lebens vermittelte. Später verkaufte Traudl Troska ihr Mode-Label. Doch statt sich zur Ruhe zu setzen, fing sie an, Schmuck zu entwerfen. Getreu ihrem Leitspruch: „Man muss flexibel bleiben – denn das hält jung." Ein Motto, das in Australien erfolgversprechend ist!

Die 2010 verstorbene Designerin Traudl Troska, Gründerin des Mode-Labels Von Troska und des Schmuck-Labels Schön

Schick mit Hut

Während der Pferderennen zelebrieren Australierinnen insbesondere die Hutmode. Für viele ist das Rennen Nebensache – vor allem die weiblichen Zuschauer ergötzen sich lieber an den Kleidern und Hutkreationen der anderen weiblichen Gäste. Bei manchen fühlt man sich in die Zeit der Anfänge der Rennen im 19. Jahrhundert zurückversetzt, bei anderen in die 1920er Jahre, und wieder andere sind so innovativ und modern, dass einem vor Staunen der Mund offen stehen bleiben könnte.

"Die australischen Hüte können in ihrer Qualität und Innovation auf alle Fälle mit den britischen mithalten, und Großbritannien gilt als das Paradies für Hutmacher", sagt Carolyn Unwin, eine Hutmacherin aus Sydney. Sie selbst hat sich viele ihrer Tipps und Kreationen in Großbritannien abgeschaut, als sie an der Central Saint Martins Art School in London studierte. Hüte sind für sie Kunstwerke wie Skulpturen, die einen Menschen komplett transformieren. Sie liebt an ihnen das „Unernste" sowie den Umstand, dass Hüte eines der letzten handgefertigten Accessoires sind. „Ein Hut ist ein Luxusgut", sagt Unwin, und so verlangen die renommierten Designer mehrere hundert oder gar tausend Dollar pro Hut. Fast alles ist bei Carolyn Unwin handgemacht – nur die Rohmaterialien bezieht sie von überall in der Welt. Die Stoffe kommen aus asiatischen Ländern, die Blumen-Accessoires aus Frankreich und Deutschland. In Deutschland werden zum Beispiel kunstvolle seidene und samtene Blumen produziert, die die Designerin in Sydney wie ihre anderen Materialien noch weiter bearbeitet. Dazu gehören Bänder, Stoffe, Stroh oder die Federn einheimischer Vögel genauso wie Fundstücke, die Carolyn Unwin am Strand oder beim Spaziergehen findet. Manches beschneidet sie oder färbt es neu ein, so dass jeder Hut ein individuelles Kunstwerk ist. Bei der Hutmacherei sei viel Liebe zum Detail notwendig, sagt sie. Ein Hut sei schließlich ein Kleidungsstück, das wie eine 360-Grad-Skulptur wirken müsse und den wichtigsten Teil des Körpers schmücke. So braucht sie im Durchschnitt auch einen ganzen Tag für einen Hut, manchmal sogar mehrere Tage. Doch die Mühe ist es wert, wenn man die eleganten Damen beim berühmtesten Rennen der Nation, dem Melbourne Cup, betrachtet, wo sie in den fantasievollen Kreationen von Unwin und ihren Kollegen selbst wie wertvolle Kleinode wirken.

Oben: Die Hutmacherin Carolyn Unwin bei der Arbeit
Unten: Kreation mit Pfauenfedern

Australiens Wirtschaft

Landwirtschaft

Ein weiterer wichtiger Bestandteil der australischen Ökonomie ist die Landwirtschaft – vor allem, was den Außenhandel betrifft: Rund 80 Prozent der Erzeugnisse werden exportiert. Die Hauptexportartikel sind Holz, Fisch, Weizen und Gerste, Rind- und Lammfleisch, Wein, Wolle, Milch, Käse und Butter, Gemüse, Obst und Nüsse, Baumwolle, Zucker und lebende Tiere. Die größten Abnehmer der Produkte sind Japan, China, die USA, Indonesien, Neuseeland, Südkorea, Großbritannien, Saudiarabien und Singapur.

Im Rahmen der seit den 1980er Jahren verfolgten liberalen Wirtschaftspolitik strebte die australische Regierung auch in der Landwirtschaft nach offeneren und transparenteren Handelsabkommen. Zu diesem Zweck wurde 1986 im Vorfeld der 8. Welthandelsrunde des Allgemeinen Zoll- und Handelsabkommens GATT (*General Agreement on Tariffs and Trade*) von Australien, Neuseeland, Kanada, Südafrika und 15 weiteren, südamerikanischen und asiatischen Staaten in Cairns die sogenannte „Cairns-Gruppe" gegründet. Die Ländergruppe, die nach eigenen Angaben etwa ein Drittel der Welt-Agrarexporte repräsentiert, setzt sich seither für eine Liberalisierung des Handels mit Agrarprodukten ein.

Orangenernte in Loxton (South Australia)

Die landwirtschaftliche Produktion findet im Wesentlichen auf Großfarmen, sogenannten „Stations" statt, die für europäische Verhältnisse riesige Ausmaße haben. Die größte von ihnen, *Anna Creek Station* in South Australia, ist mit fast 24.000 Quadratkilometern – einer Fläche, die größer ist als Israel – die bei weitem größte Rinderfarm der Welt. Unter guten klimatischen Bedingungen können hier bis zu 16.000 Tiere beherbergt werden. Aufgrund der Trockenheit der vergangenen Jahre lag die Zahl der Rinder im Jahr 2007 allerdings bei nur noch 3000, und selbst die Haltung dieser wenigen war 2008 aufgrund von Wasser- und Futtermangel nicht mehr möglich. Das Auf und Ab des Klimas macht das Leben auf den Farmen nicht immer einfach. Auf den riesigen Flächen müssen Tiere per Pferd, Quad Bike oder sogar mit dem Helikopter zusammengetrieben werden. Um Farmen in dieser Größenordnung betreiben zu können, braucht man viele Angestellte. Doch angesichts der harten Arbeit und der einsamen Lage der Farmen ist es nicht leicht, Mitarbeiter zu finden. Hohe Gehälter wie in den Minen können in der Landwirtschaft nicht bezahlt werden. Oft sind die Farmen für jede helfende Hand dankbar, so dass Rucksacktouristen gute Chancen haben, dort Jobs zu finden.

Große Farmen sind ein typisches Merkmal Australiens, ein anderes sind die berühmten *Road Trains*, Großlastwagen mit mindestens drei oder vier langen Anhängern, die Tiere, Benzin und Waren quer durch den Kontinent transportieren. Übergroße *Stations* wie Anna Creek haben ihren eigenen *Road Train*. Als Erfinder der imposanten Fahrzeuge, die weit über 35 Meter lang sein können, gilt der Australier Kurt Johansson. Die Züge werden während der Fahrt über Land zusammengestellt: Der Lastwagen verläßt zum Beispiel Sydney mit nur einem Anhänger, Nummer zwei nimmt er dann in Dubbo auf und Anhänger Nummer drei in Bourke. Fertig ist der *Road Train* und ab geht es „querfeldein" bis nach Darwin im Northern Territory.

> *Die Cowboys, die in Australien die Stations überwachen, heißen Stockmen. Auszubildende werden, je nachdem ob männlich oder weiblich, als Jackaroos bzw. Jillaroos bezeichnet*

Australischer Wein – eine Erfolgsgeschichte

Australischer Wein hat in der Welt einen guten Ruf. Schon seit längerem heimsen australische Weine internationale Preise ein und können sich durchaus mit alt eingesessenen Weinindustrien in Europa messen. Und so „jung" ist die australische Weinindustrie gar nicht, wie man denken könnte. Tatsächlich wachsen einige der ältesten Weinreben in Down Under, da viele europäische Weinberge im 19. Jahrhundert durch Krankheiten zerstört wurden und nur jene Reben überlebten, die man nach Australien gebracht hatte. Begonnen hatte der kommerzielle Weinanbau mit John Macarthur und den besagten sechs deutschen Winzern 1838 (siehe auch Exkurs *Historische Bande* im Kapitel *Zweite Besiedlung*). Die ersten Reben waren jedoch schon mit der „Ersten Flotte" 1788 ins Land gebracht worden, und bereits 1822 hatte Gregory Blaxland 136 Liter Wein nach London verschickt, für den ihm die *Royal Society of Arts* (*Royal Society for the encouragement of Arts, Manufactures and Commerce* (RSA)) eine Silbermedaille verlieh. Die Erfolgsgeschichte des australischen Weines setzte sich fort, und heute zählt das Land zu den *Top Ten* der Wein produzierenden Länder der Erde. Angebaut wird in allen Staaten und Territorien, doch die bekanntesten Anbaugebiete sind das Barossa Valley in Südaustralien, das Hunter Valley in New South Wales, das Yarra Valley in Victoria

Australische Erfindung: Weinschlauch in einer Box

und die Margaret-River-Region in Westaustralien. Durch die Größe und klimatische Vielfalt kann Australien eine große Bandbreite an Wein produzieren: von schweren, herben Rotweinen über fruchtige Weißweine bis hin zu süßen Dessertweinen. Zu den produzierten Sorten gehören Shiraz, Merlot, Grenache, Pinot Noir, Cabernet Sauvignon, Chardonnay, Semillon, Riesling und Sauvignon Blanc. Die australischen Winzer sind aber nicht nur für ihre exzellenten Weine bekannt, sondern auch für ihre technischen Innovationen. Sie haben Methoden entwickelt, Weine mit weniger Chemikalien zu produzieren und als Alternative zur Flasche den Bag-in-Box-Wein eingeführt. Thomas Angove aus Südaustralien hatte diesen Weinschlauch im Inneren einer Schachtel 1965 erfunden. Später kam noch ein praktischer integrierter Zapfhahn dazu, und fertig war ein Design, das heute fast weltweite Verbreitung gefunden hat. Inzwischen sind die Australier aber schon wieder einen Schritt weiter: sie produzieren nicht nur Wein im Karton, sondern auch in der Dose. Greg Stokes und Steve Barics von *Barokes Wines* haben das sogenannte „Vinsafe"-Verpackungssystem für Wein erfunden und sind ebenfalls dabei, sich in der Weinindustrie – trotz Vorbehalten von konservativer Seite – mit ihrer Idee durchzusetzen.

Weinreben im Hunter Valley nördlich von Sydney

Der teuerste Wein Australiens...

… und einer der teuersten der Welt ist der *Penfolds Grange*. Er ist, anders als die meisten anderen Kultweine, ein Cuvée, denn er setzt sich zusammen aus Shiraz (französisch „Syrah") und einer geringen Menge Cabernet Sauvignon in wechselnden Anteilen (mit Ausnahme weniger Jahrgänge, die nur Shiraz enthalten).

Der „1951 Penfolds Grange" war der erste Versuch des heute legendären australischen Winzers Max Schubert, für die Kellerei Penfolds einen Wein zu kreieren, der mit den legendären Bordeaux-Weinen der Alten Welt konkurrieren sollte. Ihm folgten weitere Experimente, die eine Menge Kritik von verschiedensten Seiten erhielten – inklusive der Penfolds-Geschäftsleitung, die die Fortsetzung der Produktion 1957 in einer Zeit der Likörwein-Mode aufgrund mangelnder Gewinne untersagte. Aber Schubert machte im Geheimen weiter und als Ende der 50er Jahre die ersten Jahrgänge gealtert waren und ihr volles Potenzial entfaltet hatten, erhielt er 1960 die Anweisung, die Produktion wieder aufzunehmen – ungeachtet der Tatsache, dass er sie nie beendet hatte. Heute ist der *Penfolds Grange* einer der besten und teuersten Weine der Welt und mit Abstand der teuerste Wein Australiens. Die wenigen noch existierenden Flaschen „1951 Penfolds Grange", von dem nur 160 Kisten unter der Hand verkauft wurden, sind heute begehrte Sammelobjekte und erzielen bei Wein-Auktionen zehntausende von Dollars. Den Käufern geht es dabei meist nicht darum, den Wein noch zu trinken. Wahrscheinlich wäre er gar nicht mehr genießbar.

Eine echte Sammelleidenschaft für Wein haben auch zwei deutsche Gastronomen in Sydney. Rudi und Max Dietz sind Brüder und Geschäftspartner, die seit über 30 Jahren das gutbürgerliche Restaurant „Stuyvesant's House" führen, ein uriges Lokal im altholländischen Stil, eingepfercht zwischen den modernen Läden des geschäftigen Crows Nest in Sydney. Bei Rudi und Max bekommt der Gast fast jeden Wein, den das Herz begehrt, denn sie sind die Herren über den größten Weinvorrat, den ein Restaurant in Australien zu bieten hat! Selbstverständlich bekommt man hier auch

Einer der teuersten Weine der Welt: der Penfolds Grange

den berühmten „Grange" – einen trinkbaren, nicht das Experiment aus dem Jahre 1951. Wer das Restaurant betritt, kommt nicht auf den ersten Blick darauf, wo diese Vorräte versteckt sind. Doch wer sich gut mit Rudi versteht, den nimmt der exzentrische Deutsche auch mal mit in sein Heiligtum. Dorthin gelangt man über ein paar steile, enge Treppenstufen, die – ganz versteckt hinter der Küche und kurz vor dem Hinterausgang – in die Tiefe führen. Immer tiefer und tiefer geht es unter die Erde, einen rund 25 Meter langen Gang entlang, und plötzlich reiht sich eine Weinflasche an die nächste und der Boden ist von den Korken alter Flaschen übersät. Australischer *Grange*, französischer *Bordeaux*, italienischer *Merlot*, deutscher *Riesling*, insgesamt 2000 Flaschen von 15 bis zu 5000 Dollar das Stück lagern unter dem „Stuyvesant's House".

Bauwirtschaft

Die australische Bauwirtschaft ist nach wie vor sehr beschäftigt. Auf dem fünften Kontinent gibt es immer noch unerschlossene Gegenden und viele Infrastrukturprojekte stehen noch an. Vor allem die wirtschaftlich aufstrebenden Staaten wie Westaustralien und Queensland haben große Bauprojekte und suchen teilweise händeringend nach Handwerkern. Selbst die Ziegelsteine wurden in den vergangenen Jahren immer wieder knapp. Neben den großen australischen Firmen wie *Leighton Contractors*, *Downer EDi* oder *Multiplex* haben sich auch viele ausländische Firmen ein Stück vom Kuchen abgeschnitten. Die deutschen Bauunternehmen *Hochtief* und *Bilfinger Berger* etwa haben sich gut in Australien etabliert und wirken an etlichen Projekten mit.

Große Bau- und Infrastrukturprojekte der jüngeren Vergangenheit waren etwa die Fertigstellung der Eisenbahnverbindung von Alice Springs nach Darwin 2004 und der Bau der Gateway Bridge über den Brisbane River in den 1980er Jahren. Bei diesem Projekt hatten es die Ingenieure nicht gerade leicht: Sie mussten einen Fluss überqueren, der permanent von großen Schiffen frequentiert wird, und wurden zudem durch den in der Nähe liegenden Flughafen bei der Bauausführung behindert. Ihr maximaler Spielraum nach oben betrug 80 Meter und nach unten 55 Meter. Das Ergebnis war eine Brücke, die sich grazil über den Fluß in Brisbane erstreckt, obwohl sie an ihrem höchsten Punkt einem zwanzigstöckigen Gebäude entspricht. Ein ähnlich spektakuläres Bauprojekt war Australiens größtes Wohngebäude, das sogenannte „Q1". Es entstand 2005 im Partyort Surfers Paradise an der Gold Coast und ist 322 Meter hoch. Das aufwendig gebaute Hochhaus soll einem Wirbelsturm der

Besonders in Westaustralien werden Bauprojekte im Akkord fertiggestellt

Kategorie 5 standhalten und dabei an seiner Spitze nur 80 Zentimeter hin- und her schwanken.

Gegenwärtig wird in Brisbane an Australiens größtem Tunnel gebaut: Der „Airport Link" soll ab voraussichtlich 2012 die Innenstadt mit dem Flughafen verbinden.

Tourismus

Obwohl Australien von den meisten übrigen Ländern aus betrachtet gewissermaßen am Ende der Welt oder jedenfalls sehr abgelegen liegt, ist die Tourismusindustrie eine der wichtigsten des Landes. Letztlich macht die Lage und Entfernung wohl gerade einen Teil des Reizes aus, den das Land auf viele Europäer und Amerikaner ausübt. Hier ist man weit weg von allem – vom Weltgeschehen wie auch von eigenen beruflichen oder privaten Sorgen. Landschaft, Pflanzen- und Tierwelt sind exotisch, die Menschen sind umgänglich und das Wetter ist im Normalfall gut – eine Kombination, die einen gelungenen Urlaub verspricht, und Australien weiß diese Faktoren geschickt für sich zu nutzen. *Tourism Australia* fährt internationale, aufwendige und meist gut gemachte Marketing- und Werbekampagnen. Im Gedächtnis blieb dem einen oder anderen vielleicht die Kampagne von *Tourism Queensland*, bei der der „beste Job der Welt" vergeben wurde. Gesucht wurde eine Art Hausmeister, der auf einer paradiesischen Insel der Whitsundays wohnen, surfen, tauchen, schnorcheln und Promotion machen sollte, bei einem Gehalt von 150.000 AUS $ für

Das Archipel der Whitsunday Islands (Pfingstsonntagsinseln), 35 Seemeilen nördlich des Great Barrier Reefs gelegen, umfasst 74 Inseln, von denen 17 bewohnt sind

sechs Monate „Arbeit". Eine deutsche Teilnehmerin kam sogar ins Finale, doch ausgewählt für den Top-Job wurde schließlich ein Engländer. Der 34-jährige Mitarbeiter einer Wohlfahrtsorganisation stach aus den fast 35.000 Bewerbern aus aller Welt unter anderem durch seine Liebe zum Bungee-Jumping und durch Fotos, auf denen er auf einem Strauß ritt oder eine Giraffe küsste, heraus.

Die Three Sisters in den Blue Mountains in New South Wales

Fast eine halbe Million Menschen arbeiten in Australien in der Tourismusindustrie, und Touren, Events usw. sind meist exzellent und professionell organisiert.

Beliebte Reiseziele in den einzelnen Regionen

New South Wales

Zu den meistbesuchten Reisezielen dieses Bundesstaates zählen natürlich die Metropole Sydney und die vielen Buchten wie Byron Bay und Jervis Bay, die für ihre Küstenlandschaft und ihre Sandstrände berühmt sind. Die gewaltigen Canyons der Blue Mountains – mit der berühmten Felsformation *Three Sisters* – und die Snowy Mountains erfreuen sich bei Wanderern und Wintersportlern großer Beliebtheit. Bei Reisenden, die den Reiz des Outbacks suchen, ist die im äußersten Westen gelegenen Bergbausiedlung Broken Hill ein gefragtes Reiseziel.

Queensland

Die Zentren des Massentourismus in Queensland sind die nördlich bzw. südlich der Landeshauptstadt Brisbane gelegenen Gold Coast und Sunshine Coast. Insbesondere Queenslands zweitgrößte Stadt Gold

Coast ist mit ihren Stränden ein Anziehungspunkt für Surfer und partybegeisterte Besucher aus aller Welt. Zu den Hauptreisezielen Australiens überhaupt zählen herausragende Ökosysteme wie das Great Barrier Reef und die ursprünglichen Regenwälder im Daintree-Nationalpark, den Atherton Tablelands oder auf der Kap-York-Halbinsel. Als Ausgangspunkt für Touren dorthin dient das im Norden gelegene Cairns. Beliebte Touristendestinationen sind außerdem Fraser Island und die Whitsunday Islands.

Phillip Island, berühmt für seine Pinguine

Lost City – bizarre freistehende Sandsteinformationen im Litchfield Nationalpark im Northern Territory

Victoria

Die bekanntesten Touristenziele Victorias sind sicherlich die Landeshauptstadt Melbourne und die Great Ocean Road mit ihren berühmten Felsformationen und Küstenausblicken. Die östlich von Melbourne gelegene Insel Phillip Island ist für ihre Tierwelt, insbesondere für ihre Pinguinkolonie berühmt. Andere bei Wanderern beliebte Naturschutzgebiete sind etwa der Grampians-Nationalpark und der Alpine-Nationalpark.

Northern Territory

Zu den herausragenden touristischen Zielen im Northern Territory gehören die berühmten Naturschutzgebiete Kakadu- und Litchfield-Nationalpark. Die anderen beiden mit der Region verbundenen Stichworte lauten „Outback" – für das die „Stadt im Nirgendwo" Alice Springs als Inbegriff gelten kann – und

„Aborigines-Kultur": vorab natürlich der *Uluru*-Fels, sicherlich eine der meistbesuchten Sehenswürdigkeiten Australiens überhaupt, aber auch das Arnhem Land, von dem allerdings nur ein kleiner Teil unter strengen Auflagen von Touristen besucht werden kann. Die Metropole Darwin bildet den Ausgangspunkt für Ausflüge in die Nationalparks, ist aufgrund ihres multikulturellen Flairs und reichen Kulturlebens aber auch selbst ein beliebtes Touristenziel.

Western Australia

Wortwörtlich herausragende Touristenattraktionen in Westaustralien sind die berühmte Felsformation *Wave Rock*, die im Nambung-Nationalpark liegenden *Pinnacles* und die Sandsteingebilde *Bungle Bungle* im Purnululu-Nationalpark in der Kimberley-Region. Diese stellt mit ihrer abwechslungsreichen Landschaft und ihrer reichen Tier- und Pflanzenwelt für viele Wanderer und Outback-Reisende eine bevorzugte Region dar (und diente nicht zufällig auch als Kulisse für den Hollywood-Film „Australia"). Eine berühmte Outback-Destination anderer Art sind die Schwesterstädte Kalgoorlie und Boulder, wo sich noch heute eine der größten Goldadern („*Golden Mile*") befindet. Ein Ausgangsort für Reisen in die Kimberley-Region ist die Küstenstadt Broome, die mit dem Cable Beach selbst ein beliebtes Touristenziel darstellt. Nicht nur bei Tauchern bzw. Schwimmern sind das Ningaloo

Die bienenkorbförmigen Bungle-Bungle-Sandsteinformationen in der Kimberley-Region

Das Ningaloo Reef ist nicht zuletzt wegen der dort vorkommenden Walhaie ein weltberühmtes Tauchrevier

Australiens Wirtschaft

Der Hafen von Hobart ist alljährlich im Dezember der Endpunkt des Sydney to Hobart Yacht Race

Reef für seine Walhaie und der Strand von Monkey Mia für seine zutraulichen Delphine berühmt.

Tasmanien

Zu den größten Touristenattraktionen auf der Insel Tasmanien gehören die historische Sträflingskolonie Port Arthur, der Cradle-Mountain-Lake-St.-Clair-Nationalpark mit dem Overland Track, der Freycinet-Nationalpark mit der berühmten Wineglass Bay sowie die Cataract Gorge – ein durch eine Schlucht verlaufender Flusslauf, der entlang eines Pfads auf der nördlichen Seite der Schlucht abgelaufen werden kann. Die Inselhauptstadt Hobarth zieht nicht nur mit ihrer Hafenbrücke und ihrer historischen Innenstadt, sondern auch mit der hier Ende Dezember stattfindenden Sydney-Hobart-Segelregatta Besucher an.

South Australia

Südaustralien ist eine sehr beschauliche Region, die mit Natur und Kultur aufwartet. Die Hauptstadt Adelaide rühmt sich vieler historischer Gebäude, Kirchen und Museen. Zugleich ist sie Ausgangspunkt für Ausflüge in die Region, etwa in das Weinanbaugebiet Barossa Valley, zu den historischen Dörfern deutscher Auswanderer, ins Outback nach Coober Pedy, in die Flinders Ranges und natürlich in Richtung Süden zur Fleurieu Peninsula. Von dieser Halbinsel aus setzt eine Fähre nach Kangaroo Island über, einer der beliebtesten australischen Inseln, die für ihre reiche Tierwelt bekannt ist.

Das Tidbinbilla Nature Reserve besticht nicht nur durch seine Tierwelt

Australian Capital Territory

Außer der australischen Hauptstadt Canberra weist das Capital Territory noch ein weiteres Touristenziel auf: den Namadgi-Nationalpark. Teil davon ist das Tidbinbilla Nature Reserve, das aufgrund seiner Tierwelt und der Spuren der Aborigines-Kultur für Wanderer besonders attraktiv ist.

Außergewöhnliche Feriendomizile

In Australien gibt es vom Backpacker-Hostel bis zum Luxus-Hotel alles, was das Herz begehrt. Darunter sind auch Hotels, die einen von der Norm etwas abweichenden Urlaub versprechen.

Übernachten im Luxuszelt

Australische Safari-Gefühle kommen im „Paperbark Camp" in New South Wales auf. Das idyllische *Bush Retreat* liegt an der spektakulären Jervis Bay, die durch türkisblaues Wasser und Delfine besticht, die sich im Wasser tummeln. Die Zelte sind mit allem Komfort ausgestattet, den der Reisende wünscht. Highlights: ein warmes Bad mit Blick in den Busch nehmen, Papageien füttern oder abends den Possums gute Nacht sagen. Das „Urwald-Refugium" ist entsprechend den Prinzipien des Ökotourismus möglichst umwelt- und ressourcenschonend konzipiert – so erfolgt die Energieversorgung der Zelte über Solarzellen, statt Air-Conditioning gibt es Ventilatoren, das Abwasser wird über ein eigenes Leitungssystem in 900 Metern Entfernung entsorgt und für die Toiletten wenn möglich Regenwasser benutzt. Die Inhaber Irena und Jeremy Hutchings haben sich damit einen Traum erfüllt, der einst – wie sollte es auch anders sein – während einer Safari in Afrika geboren wurde.

Eine Alternative dazu gibt es in der Einsamkeit Westaustraliens am Ningaloo Reef: Das „Sal Salis" besteht aus fünf exklusiven Safarizelten inmitten der weißen Sanddünen des Cape Range National Parks.

Luxus-Zelt im Busch von New South Wales

Eine Nacht unter der Erde...

Traditionelles Hotel-Ambiente in Coober Pedy. Der Name leitet sich ab vom Aborigines-Ausdruck „kupa piti", zu Deutsch „weißer Mann im Loch"

... kann man in der für den Opal-Abbau bekannten Stadt Coober Pedy verbringen. In Anpassung an die Schürftätigkeit und das extreme Klima leben nicht nur die meisten ihrer Einwohner in sogenannten *Dugouts* unter der Erde, es gibt auch einige unterirdische Hotels. Die Zimmer haben eine urige Atmosphäre und bleiben auch in der Sommerhitze des Outbacks schön kühl. Die älteste dieser Herbergen ist das „Underground Motel". Es wurde 1984 erbaut und zwischenzeitig renoviert und modernisiert. Wer will, kann noch tiefer in das Leben der südaustralischen Stadt eintauchen und einen Gottesdienst in einer der unterirdischen Kirchen besuchen. Coober Pedy liegt 850 Kilometer nördlich von Adelaide und 690 Kilometer südlich von Alice Springs und ist ein guter Zwischenstopp für diejenigen, die Australien von Nord nach Süd bzw. umgekehrt durchqueren möchten.

Das Robinson-Crusoe-Paradies

Für denjenigen, der das Wort „Exklusivität" ganz wörtlich nimmt und über genügend Kleingeld verfügt, ist Bedarra Island die passende Insel. Sie beherbergt nur ein Hotel, das allen Luxus bietet, und ist ziemlich nah an dem, was sich viele unter einem Paradies auf Erden vorstellen.

In den Urwald gebautes Luxus-Haus auf Bedarra Island

Die private Insel liegt an der Küste vor Cairns. Nur 32 Gäste werden zur gleichen Zeit in 16 abgeschiedenen Villen aufgenommen, die im Regenwald eingebettet sind, nur wenige Minuten vom Traumstrand entfernt. Vom puren Relaxen mal abgesehen, kann man auf der Insel auch Fischen, Schnorcheln, Tauchen oder Boot fahren. Oder sich mit Blick auf den eigenen Pool und den Regenwald mit einer Massage verwöhnen lassen...

Italienische Raffinesse an der Gold Coast

Nicht, dass die Party-Hochburg Gold Coast als „stilvollster Ort Australiens" bezeichnet werden kann – eher ist der Ausdruck „*Ballermann* des fünften Kontinents" zutreffend, doch die Gegend ist definitiv ein Touristenmagnet und ein guter Standort für ein höchst ungewöhnliches Hotel wie den „Palazzo Versace". Das Luxushotel steht ganz unter dem Motto seiner Namensgeberin: Donatella Versace hat nicht nur das Mosaik in der Einfahrt entworfen, eines der größten Mosaike der Welt, für dessen Verlegung fünf italienische Fliesenleger sechs Wochen harter Arbeit benötigten. Blauer italienischer Marmor ziert die Böden des Hotels. In den Zimmern erwarten den Gast Versace-Produkte – von den Proben im Badezimmer bis hin zu den Tellern oder den Hausschuhen im Schrank. Selbst die Angestellten sind von Versace eingekleidet worden.

Lobby des Palazzo Versace

Für Antarktis-Fans

In Kingston, etwas außerhalb der tasmanischen Hauptstadt Hobart, befindet sich in der Murray Street das „Hadleys Hotel". Dort stieg im März 1912 Ronald Amundsen ab, nachdem er von seiner erfolgreichen Reise zum Südpol zurückgekommen war. 1834 erbaut, ist es das älteste Boutique-Hotel Tasmaniens und als Baudenkmal im National Trust gelistet.

Wer subantarktisches Klima und Pflanzen kennenlernen möchte, kann sich aber auch das entsprechende Pflanzenhaus im Botanischen Garten in Hobart ansehen oder auf die subantarktische Insel Macquarie Island reisen, die zu Tasmanien gehört und nur eine kleine Anzahl Besucher pro Jahr empfängt.

Macquarie Island im südlichen Pazifik

Forschung und Technik

Einige Beispiele Australischer Erfindungen und Forschungserfolge

Dave Warren und der Prototyp der von ihm entwickelten Black Box

Die Australier sind ein recht innovatives Völkchen, auch wenn sie nicht immer das beste Händchen haben, ihre Einfälle zu vermarkten. Einige ihrer Erfindungen haben aber die gesamte Welt beeinflusst. So entwickelte der australische Luftfahrttechniker David Warren 1961 den Flugschreiber, die sogenannte *Black Box*, mit der während eines Fluges die Stimmen der Piloten und andere relevante Daten aufgezeichnet werden und die aufgrund ihrer stabilen Bauweise im Fall eines Flugzeugabsturzes wichtige Hinweise über die Absturzursache liefern kann. Auch die aufblasbare Rutsche, über die sich Passagiere im Notfall aus einem Flugzeug retten, stammt aus Australien.

Australische Forscher gehören auch zu den Vorreitern auf dem Gebiet der Photovoltaik: So wurde 1985 an der University of New South Wales die erste Silizium-Solarzelle entwickelt, die einen Wirkungsgrad von 20 Prozent hatte (was bis heute der maximale Wirkungsgrad von kommerziell erzeugten Solarzellen ist). Die erste Ultraschallsonde zur pränatalen Diagnostik wurde von der Arbeitsgruppe von George Kossoff und David Robinson am Commonwealth Acoustic Laboratory in Sydney im Jahr 1962 vorgestellt. 1964 brachte die *Ansell Company* in Melbourne erstmals Latex-Wegwerf-Handschuhe für medizinische Untersuchungen und Operationen auf den Markt. Das Australian Institute of Marine Science 1993 entwickelte den „WetPC", einen speziellen, unter Wasser benutzbaren Computer, der aus einem vor der Taucherbrille montierten Display und einer mit einer Hand zu bedienenden Tastatur besteht.

Ein Meilenstein für die australische Astronomie war der Bau des aus sechs Teleskopen bestehenden Radiointerferometers *Australia Telescope Compact Array* (ATCA), das 1988 in der Nähe von Narrabi offiziell eröffnet wurde. ATCA ist das zur Zeit leistungsfähigste Radiointerferometer auf der südlichen Erdhalbkugel und trägt zur Erforschung von kosmischen Radiostrahlern wie der Sonne, Supernova-Überresten, dem galaktischen Zentrum und entfernten Galaxien bei. Seit 2010 ist es Teil einer Kooperation mit anderen australischen und neuseeländischen Interferometern, die zusammen

Zwei der nach Westen ausgerichteten ATCA-Teleskope

ein gigantisches Teleskop mit einem Durchmesser von 5.500 Kilometern bilden. Es lieferte Bilder der 14 Millionen Lichtjahre entfernten Galaxie Centaurus A, die 100.000 mal detaillierter waren als die ein Jahr zuvor vom australischen Verbund CSIRO gemachten Aufnahmen – und das waren schon die detailliertesten, die es jemals von dieser Galaxie gegeben hatte. „Wir zoomen auf das Schwarze Loch im Zentrum dieser Galaxie, um zu verstehen, wie diese Systeme funktionieren", sagt der Astronomieprofessor Steven Tingay von der Curtin University. „Diese neue Aufnahme zu machen, das war so als ob man einen Stecknadelkopf aus 20 Kilometern Entfernung fotografiert."

Bedeutend sind die Errungenschaften der australischen Medizin. So war der australische Wissenschaftler Howard Florey Leiter der Forschungsgruppe, die das Penicillin entwickelte. Das von Graeme Clark 1978 in Sydney entwickelte Cochlearimplantat, das sogenannte

Australiens Wirtschaft

> **Übrigens:**
> Mitunter regt auch der Alltag zu Erfindungen an: Ihre drei sportbegeisterten Jungen brachten die Aborigine Lisa Louden auf die Idee, „Lacemates Lace Retainer" zu entwickeln. Ihre Erfindung hilft endlich, lästige Schnürsenkel an ihrem Platz zu halten. Sportler lieben die Erfindung schon jetzt und mit Hilfe des Aboriginal Business Growth Programs wird das neue Produkt auch bald in Sportgeschäften erhältlich sein.

„Bionische Ohr", hat zehntausenden zuvor tauben Menschen zu Hörvermögen verholfen, und das von der plastischen Chirurgin und Brandwunden-Spezialistin Dr. Fiona Wood in Perth entwickelte Verfahren der aufsprühbaren Hautzellen (*Spray-on skin*) erwies sich speziell bei den Opfern des Bombenanschlages in Bali 2002 als lebensrettend. In Australien wurde außerdem das erste Mittel gegen die Grippe entwickelt (siehe folgenden Exkurs). 1982 entdeckten Barry Marshalls und Robin Warrens in Perth das Bakterium *Helicobacter Pylori*, das sie später als Verursacher von Gastritis und Geschwüren in Magen und Zwölffingerdarm identifizieren konnten, und wurden dafür 2005 mit dem Nobelpreis ausgezeichnet. Der erste Impfstoff gegen Gebärmutterhalskrebs auslösende Papillomaviren (*Human Papilloma Virus*, HPV) wurde ebenfalls 1991 in Australien entwickelt, wofür Professor Ian Frazer später zum „Australier des Jahres" ernannt wurde.

Insgesamt sind Australiens Universitäten, Forschungsinstitute und vor allem die staatliche Forschungsagentur *CSIRO* (Commonwealth Scientific and Industrial Research Organisation) auf vielen verschiedenen Gebieten tätig. So blicken die Australier zum Beispiel auch in Richtung Südpol. Die Antarktisforschung wird von der *Australian Antarctic Division* in der tasmanischen Hauptstadt Hobart aus geleitet. Da Tasmanien mit 27.000 Kilometern Entfernung dem eisigen Kontinent vergleichsweise nah ist, starten von hier aus nicht nur die meisten Kreuzfahrten in die kalte Region, einmal in der Woche fliegen auch Wissenschaftler in die Antarktis und landen am Wilkins Runway in der Nähe der Forschungsstation – der nach dem australischen Politiker Baron Casey benannten „Casey Station". Die Landebahn kostete den australischen Staat 46,3 Millionen australische Dollar. 2005 war mit den Arbeiten begonnen worden, die sich über insgesamt drei Sommer hinzogen. Auch in dieser Jahreszeit mussten die Arbeiter noch mit Temperaturen von bis zu minus 32 Grad Celsius kämpfen.

> *Von Tasmanien in die Antarktis ist es nur ein klein wenig mehr als ein Robbensprung*

Eine infektiöse Geschichte

Stellen Sie sich vor, Sie entwickeln das erste Mittel gegen Grippe, nicht gegen nur einen Virusstrang, sondern gegen alle bestehenden. Ein Mittel das eventuell Millionen Menschen das Leben retten kann. Stellen Sie sich vor, Sie gewinnen für dieses Medikament sogar einen bedeutenden Medizinpreis, und die „Sunday Times" in London plaziert Sie auf ihrer Liste der 500 mächtigsten Menschen auf Platz 56 – noch vor dem Papst und nur zehn Plätze hinter der Queen. Doch dann verzögern die US-Behörden die Marktzulassung des Medikamentes und ein Konkurrenzprodukt, das Ihre Erkenntnisse nutzt, erscheint nur zwei Monate später. Ihr Pharmakonzern bewirbt das Produkt eher dürftig und das Präparat der Konkurrenz hat den Erfolg, der Ihrem Medikament gebührt hätte…
So erging es einer Gruppe australischer Wissenschaftler, unter ihnen Graeme Laver, Peter Colman und Mark von Itzstein. Jahrzehnte intensiver Forschung schienen umsonst – fast alle Produktionsstätten stellten die Herstellung des Grippe-Inhalationsmittels „Relenza" ein. So hätten das amerikanische Biotechnologieunternehmen Gilead Sciences und der schweizer Pharma-Produzent *Roche* mit ihrem Präparat „Tamiflu" fast auf ganzer Linie gesiegt, obwohl sie erst Jahrzehnte später auf den Forschungszug aufgesprungen waren. Doch dann ließ der Ausbruch der „Vogelgrippe" in Asien und der „Schweinegrippe" in Mexiko und die damit einher gehende weltweite Panik vor einer möglichen Pandemie die Nachfrage nach jedem verfügbaren Heilmittel nach oben schnellen, und plötzlich war auch das schon fast in Vergessenheit geratene Produkt wieder interessant.
Doch zunächst zurück zum Anfang einer höchst spannenden Geschichte: Versetzen Sie sich in ein Labor in England im Jahre 1933. Seit Jahren forschen hier britische Wissenschaftler schon am Influenza-Virus. Das Thema hat an Brisanz gewonnen, seitdem die Spanische Grippe 1918/19 rund 15 Millionen Menschen das Leben gekostet hat. Der Australier Frank Macfarlane Burnet ist gerade für ein Jahr hier in Hampstead und züchtet Grippeviren in Hühnerembryonen – eine Methode, die später in der Impfstoffproduktion genutzt wird. Er ist dabei, als einer der englischen Forscher begeistert ausruft: „Die Frettchen niesen!" Zum ersten Mal in der Geschichte der Medizin ist damit das Grippe-Virus isoliert worden. Das Niesen der Frettchen ist ein sicheres Zeichen dafür, dass die Substanz, die die Forscher den grip-

Vom Flaschenwäscher zum Professor: Graeme Laver (1929-2008) mit zur Grippevirenzucht verwendeten Hühnerembryonen

peanfälligen Tieren gegeben haben, auch tatsächlich die Grippe ist. Burnet kehrt im folgenden Jahr nach Australien zurück, forscht weiter an der Influenza, an noch anderen Viruserkrankungen und am Thema ‚Immunologie', wofür er 1960 schließlich den Nobelpreis für Medizin erhält.

1946 ist Burnet Direktor des *Walter and Eliza Hall Institut* in Melbourne, als ein 16-jähriger Junge dort als Nachwuchs-Techniker anfängt. „Oder als Flaschenwäscher, wenn man genau ist", sagt Graeme Laver und lacht. „Eigentlich hätte ich Musiker werden sollen, doch ich wollte immer nur Wissenschaftler sein. Und dort im Labor in Melbourne habe ich alle meine Tricks für später gelernt." 1946, kurz nach dem Zweiten Weltkrieg, geht wieder die Angst vor einer weiteren Grippe-Epidemie um die Welt. Das Thema beschäftigt das gesamte Institut, vor allem der aus Deutschland nach Australien emigrierte Wisssenschaftler Alfred Gottschalk arbeitet ohne Unterbrechung, und mit ihm auch der junge Graeme Laver. „Es war schwierig mit Dr. Gottschalk zusammenzuarbeiten, er war ein fast obsessiver und extrem ehrgeiziger Mensch." Auch in den USA und in Europa forschen Wissenschaftler am Grippevirus. Klar ist bereits, dass das Virus ein Enzym braucht, um von einer menschlichen Zelle auf die nächste überzugreifen und sich damit auszubreiten. Es ist ein wissenschaftliches Wettrennen mit der Zeit, und Gottschalk ist letztendlich der Gewinner. „Ich – der Flaschenwäscher – machte damals einen Vorschlag, empfahl ihm, eine andere Substanz zu testen." Gottschalk befolgt Lavers Rat und identifiziert die Neuraminidase als das alles entscheidende Enzym. Damit ist klar: Wer einen Hemmstoff für die Neuraminidase findet, kann das Grippevirus besiegen. Doch genau das stellt sich als schwieriger und langwieriger heraus als gedacht...

Laver geht schließlich nach London, um Biochemie zu studieren, und kehrt erst 1958 nach Australien zurück. Nach wie vor ist wenig über das Grippevirus bekannt. „Es waren spannende Zeiten. Als ich an die John-Curtin-Schule in Melbourne kam, gab mir der damalige Direktor ein Labor und meinte: nimm es und mach was daraus." Graeme Laver lacht: „Das waren noch Zeiten, heute dagegen bist du als Wissenschaftler nur noch versklavt..." Zunächst denkt er gar nicht daran, ein Mittel gegen die Grippe zu entwickeln oder gar Geld damit zu verdienen. „Alles, was ich dachte, war, es ist besser an einem Virus zu arbeiten, das viele Menschen betrifft, als an irgendeinem obskuren, das keiner kennt. Wir alle wollten nur neue Dinge herausfinden, sie veröffentlichen und allen damit zeigen, wie schlau wir sind." Es geht Laver darum, das Virus in seine Einzelbestandteile zu zerlegen, herauszufinden, aus welchen Proteinen es besteht. Laver und sein neuseeländischer Kollege Robert Webster fangen an zu experimentieren. „Die Amerikaner hatten damals schon eine erste Grippeimpfung entwickelt – doch die war höchst giftig für den Menschen. Wir probierten herum, mixten schließlich Reinigungsmittel* rein und siehe da, plötzlich war der Impfstoff sicher." Dank Lavers und Websters „Herumexperimentieren" wird heute jeder Impfstoff weltweit so gemacht, doch Laver ist trotzdem kein Fan der Grippeimpfung: „Ich hatte schon damals wenig Vertrauen in die Grippeimpfung, nun ja, wahrscheinlich ist sie immer noch besser als nichts, und trotzdem: gegen die Vogelgrippe ist sie nicht besonders effektiv."

1968 befällt die Hongkong-Grippe die Weltbevölkerung. Rund 750.000 Menschen sterben. Laver und Webster erhalten neuen Antrieb, wollen herausfinden, wo das Grippevirus seinen Ursprung hat. Als die beiden Freunde und Kollegen gegen Ende der 60er Jahre an einem Strand im Süden von New South Wales in Australien spazieren gehen, fällt ihnen auf, dass alle zehn bis 15 Meter ein toter Sturmtaucher liegt. „Da wir wussten, dass 1961 ein Grippevirus die Seeschwalben in Südafrika getötet hatte, fragten wir uns, ob das auch hier der Fall gewesen sein könnte", sagt Laver.

Die Vogelgrippe selbst ist bereits seit langem in Wissenschaftskreisen bekannt, doch an eine Verbindung zwischen dem menschlichen Grippevirus und der Erkrankung bei Vögeln hat noch niemand gedacht. Eine Expedition auf eine australische Vogelinsel am Great Barrier Reef bringt schließlich den Heureka-Moment. Webster und Laver finden Vögel, die Antikörper gegen die Neuraminidase der Asiatischen Grippe-Epedemie von 1957 besitzen. „Tagsüber schwammen wir und sonnten uns. Am Abend gingen wir auf Vogelsuche und entnahmen unsere Proben", erinnert sich Laver. Bei einer weiteren Expedition gelingt es, das Grippevirus der Vögel am Great Barrier Reef zu isolieren. Noch immer ist die Wissenschaftsgemeinde misstrauisch. Vögel sollen die Grippe auf Menschen übertragen? Robert Webster gelingt es schließlich nachzuweisen, dass kerngesunde wilde Enten im Norden Kanadas mit jedem nur erdenklichen Influenza-A-Virus infiziert sind und dass das Virus nicht nur aus ihrem Blut, sondern auch aus dem Seewasser, in dem sie schwimmen, isoliert werden kann.

Heute gilt als allgemein anerkannt, dass die meisten wirklich tödlichen

Grippe-Pandemien (die Spanische Grippe 1918/19, die Asiatische Grippe 1957/58 und die Hongkong-Grippe 1968/69) entstanden sind, nachdem das Grippevirus vom Tier auf den Menschen übergesprungen war.

Ende der 70er Jahre experimentiert Laver wieder einmal in seinem Labor, als sich eines seiner Neuraminidase-Proteine zu einem Kristall formt. „Es war reiner Zufall – aber es war der Ball, der alles ins Rollen brachte." Kristalle haben eine klar geordnete Struktur, und dies wiederum verrät viel über die Proteine in ihrem Inneren. Genau zu dieser Zeit kommt ein talentierter australischer Physiker nach einem Auslandsaufenthalt wieder zurück nach Melbourne. Peter Colman hat am Max-Planck-Institut für Biochemie in München gearbeitet und sich mit der Struktur von Antikörpern beschäftigt. „Dazu passte das Grippe-Projekt von Laver wie Ying zu Yang." Der Spezialist für Röntgen-Kristallografie erhofft sich neue Erkenntnisse für seine eigene Forschung. „Zu Beginn dachte ich gar nicht daran, dass daraus jemals ein Medikament werden könnte. Einen Kristall zu verstehen, das ist mehr Kunst als Wissenschaft." Lavers erster Kristall hatte Defekte und so schlug Colman vor, Neuraminidase-Proteine von allen nur möglichen Virussträngen herzustellen, um den bestmöglichen Kristall züchten zu können.

Neuraminidase-Kristalle

Über ein Jahr lang produziert Laver fleißig seine Neuraminidase-Proteine. Dreimal die Woche schickt er sie in einer Kühlbox von Canberra, wo er wohnt, nach Melbourne in Colmans Labor. Colman prüft sie auf anfängliche Kristallisierung und versucht, Kristalle daraus zu züchten. „Ich fand schließlich zwei bessere Kristalle, an denen wir arbeiten konnten. Einer stammte aus einem menschlichen Grippevirus und einer aus einer Vogel-Influenza." Noch ein weiteres Jahr dauert es, bis Colman und der Computer-Spezialist Jose Varghese die dreidimensionale Struktur der Kristalle verstehen. Sie sehen, dass die Struktur des Neuraminidase-Proteins von Grippevirus zu Grippevirus unterschiedlich ist. Doch eine kleine „Lücke" taucht immer wieder auf. Sie mutiert nicht, sondern ist identisch in allen Virussträngen. Colman und Varghese schlussfolgern, dass dies der Schlüssel dazu ist, wie das Neuraminidase-Enzym dem Virus den Weg von einer Zelle zur nächsten bahnt. Damit ist klar, dass ein Medikament genau dieses Loch angreifen muss, um das Virus zu stoppen.

1985 wird in Melbourne die Firma *Biota Holdings* gegründet, mit Colman und Laver als Mitglieder im Treuhänderfonds. Doch dann zerstreiten sich die beiden Wissenschaftler bis aufs Mark. „Peter wollte alles geheim halten. Ich nicht." Laver schickt Kristalle auch an andere Wissenschaftler, die ebenfalls an einem möglichen Grippemedikament forschen. Eine weitere Zusammenarbeit erscheint beiden unmöglich. Colman sagt heute: „Leute gehen eben ihre eigenen Wege. Er hat seine Kristalle weggeschickt, wir haben unsere Arbeit weitergemacht. Das hat unser Projekt nicht verzögert. Und „Tamiflu" ist von cleveren Leuten in San Francisco entwickelt worden, die unsere Veröffentlichungen nutzten. Das hat nichts mit Graeme zu tun." Laver sieht das anders. Er denkt, dass *Gilead Sciences* in Kalifornien durch seine Hilfe noch auf den Forschungszug mit aufgesprungen ist und das Konkurrenzprodukt „Tamiflu" somit schneller auf den Markt bringen konnte. Seine Geschichte dazu liest sich wie ein James-Bond-Krimi. „Ich hatte damals die Idee gehabt, Kristalle im Weltall zu züchten und schaffte es, meine Neuraminidase-Proteine in das „Challenger"-Space-Shuttle zu bekommen." Doch die „Challenger" explodiert und mit ihr Lavers Kristalle. „Danach versuchte ich es mit den Russen. Ich fragte, ob ich die Kristalle auf der *MIR* züchten könnte. Colman versuchte mich noch zu stoppen, er dachte sich schon, dass ich die Kristalle letztendlich in die USA geben wollte." Colman und seine Frau reisen extra nach Moskau, doch die Russen laden nur Laver ins Kontrollzentrum ein und das Shuttle landet ohnehin nach vielen Problemen in der Wüste, weit weg von Moskau. Laver schafft es, seine Kristalle an Colman vorbei nach Australien zu schaffen. „Der arme, alte Peter schaute in die Röhre", lacht er verschmitzt. „Ich nahm die Kristalle und schickte sie in die USA. Sie waren leider keinen Deut besser als diejenigen, die man auf der Erde züchtet, aber *Gilead* konnte mit ihnen arbeiten." Trotzdem weiß er bis heute nicht, ob „Tamiflu" entwickelt werden konnte, weil *Gilead* seine Kristalle nutzte, oder weil Colman seine Informationen doch noch in einer internationalen Datenbank veröffentlicht hatte. Während Laver mit Kristallen im All experimentiert, arbeiten die

Mark von Itzstein in seinem Labor

Chemiker in Melbourne auf Hochtouren, um ein Hemm-Mittel für das Neuraminidase-Protein zu finden und somit alle Virusstränge der Grippe bekämpfen zu können. Mark von Itzstein leitet das Team. Er ist erst 27 Jahre alt, noch jung genug, um alle Probleme und Schwierigkeiten um ihn herum zu ignorieren. Der Queensländer entspricht nicht dem typischen Bild eines Wissenschaftlers. Er ist ein aktiver Volleyballspieler und Triathlet, spricht vier Sprachen und spielt Klavier und Trompete. Von Itzstein hat deutsche Eltern, und wie Colman ist er gerade für ein Forschungsprojekt in Deutschland gewesen, bevor er zum „Grippe-Team" stößt. Er soll ein Molekül finden, das genau auf den unveränderten Abschnitt passt, den Colman und Varghese in den Neuraminidase-Strukturen der verschiedenen Virusstränge gefunden haben. Damit würde das Virus im Inneren der Zelle gehalten und seine Ausbreitung so sehr verlangsamt werden, dass das Immunsystem des Körpers mit ihm fertig werden könnte. Tag und Nacht beschäftigt ihn das Rätsel um das fehlende Molekül, sogar in seine Träume schleicht es sich ein. In den 1980er Jahren sind die Computerprogramme noch nicht so weit entwickelt wie heute, und Mark von Itzstein entschließt sich letztlich mit „altmodischer Chemie" zu arbeiten.

Und tatsächlich findet der Chemiker ein Molekül, das die Neuraminidase zu hemmen scheint und im Versuch mit Mäusen funktioniert. „Das war der entscheidende Wendepunkt für mich", sagt Itzstein. „Ab dann wusste ich, dass es uns gelingen konnte, einen passenden Verschluss für die ‚Lücke' zu finden." Colman und seine Kollegen hatten in der Zwischenzeit das Strukturmodell des Proteins noch einmal extrem verfeinert. „Nun hatten wir plötzlich sehr scharfe Bilder vorliegen, die uns eine exakte Computermodellierung erlaubten", erinnert er sich.

Inzwischen ist das Team um Itzstein auf über 25 Wissenschaftler angewachsen. Sie schlagen schließlich einen Zucker vor, der von anderen internationalen Wissenschaftlern bereits abgelehnt worden war. Die Substanz, die sie daraus entwickeln, erweist sich als effektiv. Nun können die klinischen Tests beginnen. *Biotas* britischer Kooperationspartner *Glaxo* (heute *GlaxoSmithKline*) testet den Stoff an Mäusen und Frettchen. Und siehe da: Die Frettchen müssen nicht niesen! Selbst die klinischen Tests an menschlichen Patienten in Virginia in den USA funktionieren reibungslos. „Das waren aufregende Tage, als wir feststellten, dass das Medikament tatsächlich funktioniert", sagt Peter Colman. Colman fliegt extra in die USA, um die Tests an den ersten 48 gesunden Studenten zu verfolgen. Der amerikanische Grippe-Spezialist

Frederick Hayden, der die Tests ausführt, ist zunächst nicht begeistert. „Niemand hat bei so etwas gerne jemanden dabei, der ihm über die Schulter schaut. Doch Peter ist so ein netter Kerl, dass wir nicht nur unsere Tests zusammen durchgeführt, sondern am Abend sogar noch gemeinsam Fußball geschaut haben." Bei den Tests stellt sich heraus, dass das Medikament am besten sechs bis zwölf Stunden nach den ersten Anzeichen von Grippe inhaliert werden sollte. Dann hindert es die Grippeviren an einer weiteren Ausbreitung im Körper.

Ein Riesenerfolg für die australische Wissenschaft und ein weltweiter Durchbruch in der Medizingeschichte! Doch der medizinische zieht nicht den gewünschten wirtschaftlichen Erfolg nach sich. Die amerikanischen Behörden verzögern die Zulassung von „Relenza", wie das australische Grippemittel nun heißt. Als es schließlich 1999 auf den Markt kommt, wird nur zwei Monate später auch schon der Konkurrent „Tamiflu" zugelassen, den der Schweizer Konzern *Roche* inzwischen unter seine Fittiche genommen hat. „Tamiflus" großer Vorteil ist, dass das Medikament in Tablettenform eingenommen werden kann und nicht wie „Relenza" inhaliert werden muss. „Man könnte sicher sagen, dass es ein Versagen unseres Programms ist, dass wir kein Molekül entdeckt haben, das man schlucken kann, sondern eines, das man einatmen muss. Doch wenn Sie mich fragen, warum sollten Sie etwas in Ihren Magen geben, das Sie letztendlich doch in der Lunge brauchen... Aber so ist eben das Kräftespiel der pharmazeutischen Industrie", sagt Colman.

Doch mit Grippewellen wie der asiatischen Vogelgrippe oder der mexikanischen „Schweinegrippe" erlebt Relenza ein Revival... Denn plötzlich sind „Tamiflu" und „Relenza" die beiden einzigen Medikamente, die die Menschheit vor einer Pandemie retten können.

Ein paar Jahre vor Lavers Tod 2008 sind er und Colman sich übrigens zufällig wieder über den Weg gelaufen. Und sie haben sogar kurz miteinander gesprochen. Aus einer Freundschaft zwischen den beiden brillianten Wissenschaftlern wurde trotzdem nichts mehr. Doch beide nahmen es gelassen. Wie Laver einst sagte: „Einmal sagte jemand zu mir, was für ein Pech, dass ihr beide euch zerstritten habt und ich antwortete: Sehen wir es doch anders herum – was für ein Glück, dass wir so lange zusammengearbeitet haben."

* Detergentien (Tenside) zerstören die Virushülle.

Kapitel 6
Australische Lebensart

No worries mate!

Australischer Lebensstil: Entspannt und gut gelaunt

Australische Lebensart

No worries mate!

Australische Mentalität

Im Jahr 2008 erregte der Bergbauort Mount Isa, in dem Kupfer, Silber, Blei und Zink gefördert werden, internationales Aufsehen, als sein Bürgermeister John Molony gegen den extremen Frauenmangel in der Stadt – auf fünf Männer kam eine Frau – antrat und öffentlich verkündete, dass auch „hässliche" Frauen gerne in den Minenort kommen könnten. „In unseren Straßen sieht man oft nicht so hübsche Mädchen. Aber die Mädchen tragen ein Lächeln im Gesicht. Ob das nun die Erinnerung an etwas vorher Geschehenes ist oder eine Ahnung, was am nächsten Abend kommt – es gibt eine Menge Fröhlichkeit hier. In Mount Isa erwartet Menschen aus anderen Orten in Australien Glück. Schönheit ist nur oberflächlich. Aber es gibt doch dieses Märchen über ein hässliches Entlein, das später zu einem wunderschönen Schwan erblüht." Molony wurde daraufhin eine Menge Kritik an den Kopf geworfen – doch der Vorfall verriet auch viel über die Mentalität der Australier. Das weltweite Image, das einst die berühmten „Crocodile Dundee"-Filme und ihr Hauptdarsteller Paul Hogan mitprägten, schien hier im Falle Molonys und seiner Outbackmänner wieder einmal bestätigt.
Doch Hand aufs Herz: das Gros der Australier hat wenig mit dem Messer schwingenden Naturburschen gemein. Die Massen, die jeden Morgen in die Innenstädte, die „Central Business Districts"(CBD) ziehen, sind einheitlich gestylte Geschäftsleute in Anzug und Kostüm, und nur noch wenige Charaktere im einsamen Outback Australiens passen in die Klischees aus dem Fernsehen. Trotzdem ist

No worries mate!

es – neben der spektakulären Natur und den bizarren Tieren – auch das Wesen der Australier, das Menschen aus aller Welt zu verzaubern scheint. Denn die meisten Menschen auf dem fünften Kontinent scheinen freundlicher und hilfsbereiter zu sein als vielerorts sonst in der westlichen Welt. Arroganz und soziale Unterschiede scheinen weniger Gewicht zu haben in der australischen Gesellschaft. Nicht umsonst ist die heimliche Nationalhymne des Landes ein recht einfaches Volkslied. „Waltzing Matilda" wurde im Jahre 1895 von dem australischen Dichter Banjo Paterson geschrieben und erzählt die Geschichte eines „Swagman", eines Wanderarbeiters oder Landstreichers.

Waltzing Matilda

Once a jolly swagman camped by a billabong,
Under the shade of a coolibah tree,
And he sang as he watched and waited 'til his billy boiled
"Who'll come a-Waltzing Matilda, with me?"

Waltzing Matilda, Waltzing Matilda
"You'll come a-Waltzing Matilda, with me"
And he sang as he watched and waited 'til his billy boiled,
"You'll come a-Waltzing Matilda, with me".

Down came a jumbuck to drink at the billabong,
Up got the swagman and grabbed him with glee,
And he sang as he stowed that jumbuck in his tucker bag,
"You'll come a-Waltzing Matilda, with me".

Waltzing Matilda, Waltzing Matilda
"You'll come a-Waltzing Matilda, with me"
And he sang as he stowed that jumbuck in his tucker bag,
"You'll come a-Waltzing Matilda, with me".

Down came the squatter, mounted on his thoroughbred,
Up came the troopers, one, two, three,
"Who's that jolly jumbuck you've got in your tucker bag?"
"You'll come a-Waltzing Matilda, with me".

Ein Liederbuch des Waltzing-Mathilda-Dichters Andrew Barton „Banjo" Paterson aus dem Jahr 1906

Waltzing Matilda, Waltzing Matilda
"You'll come a-Waltzing Matilda, with me"
"Who's that jolly jumbuck you've got in your tucker bag?",
"You'll come a-Waltzing Matilda, with me".

Up got the swagman and jumped into the billabong,
"You'll never catch me alive", said he,
And his ghost may be heard as you pass by that billabong,
"Who'll come a-Waltzing Matilda, with me?"

Waltzing Matilda, Waltzing Matilda
Who'll come a-Waltzing Matilda, with me
And his ghost may be heard as you pass by that billabong,
"Who'll come a-Waltzing Matilda, with me?"

In dem Lied geht es um den freien Geist und den Widerstand gegen die Autorität: Lieber wählt der Wanderarbeiter den Tod, als dass er sich von der Polizei seiner Freiheit berauben lässt. Der Text nimmt vermutlich Bezug auf ein Ereignis während des Schafscherer-Streiks im Jahre 1894. Nach einem von streikenden Schafscherern verursachten Brand auf einer Zuchtstation in der Nähe von Winton wurde der Scherer Samuel Hoffmeister vom Besitzer der Schafe und der Polizei der Tat verdächtigt und beging daraufhin in einem Wasserloch Selbstmord.
Mit "Waltzing Matilda" ist das Tragen des Bündels auf der „Walze" (Wanderschaft) gemeint. Dieses bestand hauptsächlich aus dem sogenannten „Swag", der Bettrolle, die auch zum Transport der Habseligkeiten diente. Der teutonische Name „Matilda", der ursprünglich „mächtige Kämpferin" bedeutet, wurde umgangssprachlich für eine Frau verwendet, die einen Wandersmann auf seiner Wanderschaft begleitete. Da im australischen Busch der „Schlafpartner" eines Wanderers allerdings selten eine Frau, sondern meist allein sein Swag war, wurde dieser auch „Matilda" genannt. "Billabong", ein von den Aborigines stammender Ausdruck, bezeichnet eine permanente Wasserstelle in einem ansonsten ausgetrockneten Flussarm. Ein „Coolibah" (auch „Coolabah") ist eine Eukalyptusart, die in der australischen Volksdichtung eine besondere Bedeutung hat, ein „Billy" ist ein offener Teekessel mit Henkel, in dem Wasser über dem Feuer heiß gemacht wurde – oft handelte es sich dabei um eine alte Konservendose. „Tucker bag" ist der Proviantbeutel, „Jumbuck"

ist ein Schaf, „Squatters" sind Farmer (die in der damaligen Umgangssprache mit „illegalen Landbesetzern" gleichgesetzt wurden), und „Troopers" sind Soldaten. Soviel zum Aussie Slang in aller Kürze – mehr dazu im Anhang.

Die offizielle Hymne Australiens ist heute übrigens „Advance Australia Fair". Diese Entscheidung war den Australiern allerdings nicht leicht gefallen. 1973 sollte am Australia Day, dem 26. Januar, in einem Wettbewerb eine Nationalhymne für das Land gefunden werden. Doch von den fast 2500 Textvorschlägen und den 1300 Kompositionen wurde von den Juroren kein einziges Lied als geeignet angesehen. Stattdessen sprachen sie Empfehlungen für drei bereits existierende Lieder aus: „Advance Australia Fair", „God Save the Queen" und „Waltzing Matilda". Daraufhin befragte 1974 das Amt für Statistik 60.000 Menschen und fügte dabei ein viertes Lied zur Auswahl hinzu, den „Song of Australia", das von dem deutschen Komponisten und Dirigenten Carl Linger stammte, der 1849 nach Südaustralien ausgewandert war. 51,4% der Befragten stimmten schließlich für „Advance Australia Fair". Doch damit hatte das Thema noch kein Ende gefunden. Obwohl das Lied nun offiziell die Hymne Australiens war, wurde bei Besuch aus dem britischen Königshaus nach wie vor "God Save the Queen" gespielt. Eine weitere Volksabstimmung bestätigte „Advance Australia Fair", aber der damalige Premierminister Malcolm Fraser ernannte eigenmächtig „God Save the Queen" zur Hymne und „Advance Australia Fair" zum „Nationallied". Doch damit noch immer nicht genug der Kontroverse und Kuriosität: Bei den olympischen Spielen in Montreal 1976 wurde auf Ansage Frasers „Waltzing Matilda" gespielt! Erst der nächste Premierminister Bob Hawke brachte wieder

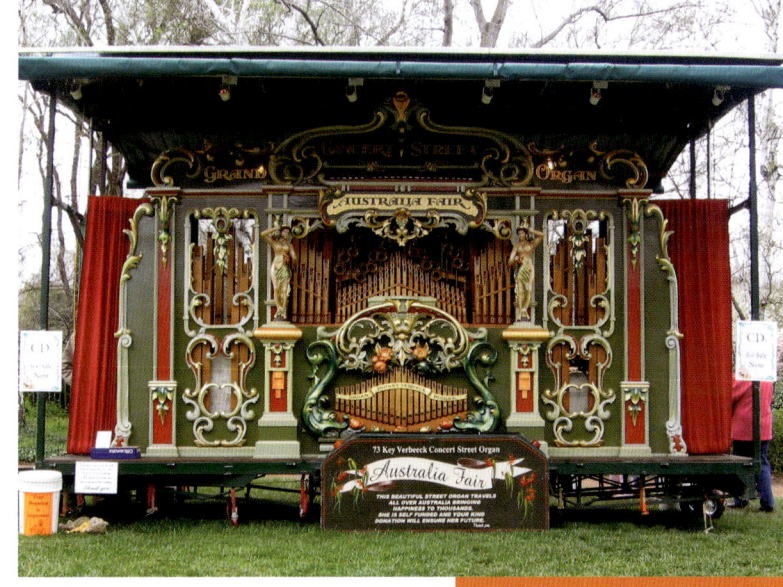

Diese Straßenorgel spielt die offizielle Nationalhymne „Australia Fair"

mehr Ordnung in die Dinge und erklärte „Advance Australia Fair" ein für alle mal zur Hymne und „Waltzing Matilda" zum beliebtesten australischen Lied und zur „inoffiziellen" Hymne.

Höflich, entspannt und gesellig

„Aussie" nennen sich die Australier gerne selbst, und irgendwie verrät dieses Wort bereits eine Menge über ihr Wesen. Denn grundsätzlich sind Australier ein entspanntes und recht sorgenfreies Völkchen. Es wird hart gearbeitet und ausgelassen gefeiert. Viele Australier gehen früh ins Büro, damit sie am Nachmittag noch mal schnell auf dem Surfbrett die Brandung testen oder Zeit mit der Familie verbringen können. Das gesellschaftliche Klima ist grundsätzlich freundlich und offen. Jeder spricht mit jedem, egal ob im Bus, im Supermarkt, auf der Straße, am Spielplatz oder im Café. Man quatscht eben gerne miteinander – nicht so sehr über „wichtige" Themen, eher über das Wetter, den nächsten Urlaub, die Schule der Kinder etc. Selbst unter engen Freunden kommen kritische Themen wie Politik, die Probleme der Ureinwohner, wirtschaftliche Probleme, oder internationale Nachrichten – die in vielen Nachrichtensendungen ohnehin zu kurz kommen – nur selten zur Sprache. In vielerlei Hinsicht ist man die

Gesellige Picknicks am Strand sind eine beliebte Freizeitaktivität

Ruhe selbst und regt sich kaum über etwas auf. Meist ist das eine wundervolle Eigenschaft, doch wer etwas von jemandem will, einen Handwerker braucht oder einfach auf einen pünktlichen Termin hofft, kann durchaus böse Überraschungen erleben. Der Trick, dieser „relaxten" Arbeitseinstellung entgegen zu treten, besteht darin Ruhe zu bewahren, sich höflich für die Eile zu entschuldigen und um „Hilfe" zu bitten. Denn Australier sind sehr hilfsbereite Menschen, und niemand kann einem hilfesuchenden Mitmenschen etwas abschlagen. Nicht zufällig ist in Down Under Fundraising eine so verbreitete und erfolgreiche Angelegenheit. Ständig wird irgendwo Geld gesammelt: für Hilfsorganisationen, Schulen oder die in großen Teilen ehrenamtlich arbeitenden Rettungsschwimmer. Dies ist ein weiterer sympathischer Zug des Völkchens am anderen Ende der Welt; die Gemeinden halten zusammen, viele engagieren sich ehrenamtlich für Organisationen – all das zum Teil neben Vollzeitjobs und einer Familie mit mehreren Kindern.

Kinder spielen in der australischen Gesellschaft eine große Rolle. Niemand reagiert böse, wenn sich ein Kind etwa im Supermarkt in einem Wutanfall auf den Boden wirft oder im Restaurant den Boden voll krümmelt. Kinder wachsen sehr behütet auf. Die Eltern chauffieren sie von zu Hause zur Schule, holen sie dort wieder ab, bringen sie zum Tennis, Ballett oder Rugby, frieren am Spielfeldrand – und lassen ihre Kinder dabei nicht aus den Augen. Wehe es fotografiert sie ein Fremder oder fasst sie gar an – dabei verstehen Australier keinen Spaß. Die Angst vor Pädophilen ist extrem groß. Andererseits werden Kinder von Anfang an zu guten Manieren erzogen – viele Teenager überraschen einen mit Sätzen wie „Good morning, Mam", „Sorry, Sir". ... Insofern erwarten Australier auch gute Manieren und höfliches Benehmen von Ausländern. Vorsicht ist deswegen geboten beim Thema ‚Humor'. Die deutschen Witze kommen nicht immer bei den Australiern an, die gerne mal ein wenig lakonisch sind.

Australier sind gerne ausgelassen und nehmen das Leben mit Humor

The Great Australian Dream

Der „Große Australische Traum" vom eigenen Haus als Sinnbild von Erfolg, Unabhängigkeit und Sicherheit stellt nach wie vor ein Leitbild der australischen Gesellschaft dar (umso mehr, als die hohen Immobilienpreise speziell in den großen Städten dafür sorgen, dass er immer häufiger ein Traum bleibt).

Der *Great Australian Dream* geht auf die Zeit des Wiederaufbaus nach dem zweiten Weltkrieg zurück: Das Wachstum der wirtschaftlichen Produktion, die geringe Arbeitslosenzahl, der Baby-Boom und der Wegfall von Mietpreisbindungen in den 1950er und 1960er Jahren waren bei weiten Bevölkerungskreisen Auslöser dafür, den Besitz eines Eigenheimes mit der Vorstellung von einem besseren Leben zu verbinden.

Von Schriftstellern ist der *Australian Dream* oft kritisch betrachtet und satirisch aufgespießt worden, indem er mit gewissen weiteren gesellschaftlichen Stereotypen in Verbindung gebracht wurde, wie den Ritualen des wöchentlichen Rasenmähens und Wagenwaschens durch den männlichen Familienernährer, dem jährlichen Urlaub am Meer oder gar dem eigenen Swimmingpool und der jährlichen Überseereise. Ein bekanntes Beispiel ist John O'Gradys Roman „They're a Weird Mob".

„The Lucky Country"

Dieser Ausdruck, der auf den Titel eines 1964 von Donald Horne veröffentlichten Romans zurückgeht, steht oft als Synonym für den Namen des Fünften Kontinents. Glücklich scheint das Land zu sein mit seinem warmen Klima, dem Rohstoffreichtum, der großen Entfernung von jedem Problemgebiet der Erde... Doch ironischerweise lag es durchaus nicht in der Absicht des Autors, eine Lobeshymne auf Australien zu verfassen: Er schrieb, Australien sei ein glückliches Land, geführt von zweitklassigen Leuten, die dieses Glück teilten und meinte damit, dass Australien seinen Reichtum den geologischen Gegebenheiten zu verdanken habe und ihn sich nicht durch Technologie und Fortschritt erarbeiten musste. Horne polemisierte zudem gegen das Australien der 1960er Jahre, das er noch in Kolonialzwängen verhaftet sah, mit kulturellen Unzulänglichkeiten

Große Mohnblumen, „tall poppies", werden in Australien nicht immer geschätzt

und einer nicht akzeptablen „White Australia Policy". Doch bis heute wird der Begriff gerne und häufig in rein positiver Weise verwendet und seine ursprüngliche kritische Bedeutung vergessen. Viele Politiker haben ihn aufgegriffen und auch vom „cleveren Land" (*„smart country"*) gesprochen – ob dies ein typisches Beispiel australischer Oberflächlichkeit bzw. Verdrängung von Problemen ist oder eher ein Ausdruck von australischem positivem Denken und Optimismus, sei dahingestellt.

Die Problematik der Zweitklassigkeit, dieses „Wir wollen nicht aus der Masse hervorstechen", die Skepsis gegenüber allem, was neu, innovativ oder „anders" ist, macht es insbesondere auch Künstlern in Australien nicht immer leicht. Über das sogenannte „Tall Poppy Syndrom" (siehe folgenden Absatz) wird auch immer wieder in den nationalen Tageszeitungen diskutiert. Den grundlegenden Umstand, dass Australien populäre Kultur fördert und liebt, „hohe" bzw. abseitige Kultur dagegen weniger freundlich behandelt, konnte dies aber bisher nicht ändern.

Von Underdogs und Tall Poppies

Zwei Phänomene, die einem erst nach einiger Zeit im Land auffallen, sind das „Underdog"- und das „Tall Poppy"-Phänomen.

Unter dem „Tall Poppy"-Phänomen versteht man die oft kritische Haltung der Australier, sobald sie auf besonders kreative oder innovative Menschen stoßen. Diesen „großen Mohnblumen", die aus der Masse im Feld herausragen, wird hier gerne der Kopf abgeschnitten. Sprich: man ist nicht besonders offen gegenüber Veränderungen oder neuen Wegen, ein Umstand, der es etwa auch modernen Künstlern im Land oft schwer macht, Akzeptanz zu finden.

Mit dem Underdog-Phänomen ist die Liebe des Australiers für den „Benachteiligten", den stoischen kleinen Mann gemeint, der den Champion herausfordert oder sich gegen das Establishment stellt. Nichts freut die Aussies mehr, als wenn der Müllmann den Gesangswettbewerb gewinnt, der Bauarbeiter zum Model des Jahres gekürt wird oder jemand, der sozial abgestürzt war, wie der Phönix aus der Asche steigt (siehe hierzu den Exkurs *Ein ‚Fair Go' für Jeden* im Kapitel *Politik und Gesellschaft*). Vor allem im Sport feiern die Australier die Siege von Underdogs mit besonderer Freude. 2002 hat der Sieg von Steven Bradbury beim Eislaufen während der Winterolympiade sogar den Ausdruck „Doing a Bradbury" geprägt, nachdem der absolute Außenseiter gewann, als alle seine Gegner im Rennen gestürzt waren. Mit dieser Wendung bezeichnet man seitdem das hartnäckige Kämpfen eines Underdogs, der nicht bereit ist aufzugeben, sondern stets am positiven Denken festhält: Ein Sieg ist möglich – so unwahrscheinlich er auch erscheinen mag.

Andere Beispiele sind der begeisterte Empfang des georgischen Rugby-Teams in Perth während des *Rugby World Cups* 2003 oder die Unterstützung von „Eric the Eel" während der Olympiade 2000 in Sydney. Der Schwimmer Eric Moussambani aus Äquatorialguinea in Westafrika erlangte damals weltweite Aufmerksamkeit, gerade weil er beim 100-Meter-Freistil mehr als doppelt so langsam war wie seine Konkurrenten und über eine Minute schlechter als der damalige Weltrekord. Immerhin stellte er damit einen neuen persönlichen und nationalen Rekord auf. Obwohl er die sportlichen Mindestanforderungen zur Qualifikation für die Olympischen Spiele nicht erfüllt hatte, erhielt er eine spezielle *Wildcard* für Teilnehmer aus Entwicklungsländern, die nicht über teure Trainingseinrichtungen verfügen. Sein Wille, trotz allem sein Bestes zu versuchen, brachte Moussambani, der erst wenige Monate vorher Schwimmen gelernt und zuvor noch nie ein 50-Meter-Becken gesehen hatte, in Australien viele Sympathien ein.

Australische Kämpfernaturen in Ausnahmesituationen

Die als typisch australisch betrachtete Wesensart, auch in scheinbar aussichtslosen Situationen nicht aufzugeben, ist bereits im vorherigen Abschnitt behandelt worden. Im Folgenden die Beispiele von fünf Australiern, deren dramatische Geschichten um die Welt gingen, nachdem ihr Schicksal schon besiegelt erschien.

43 Tage verschollen im Himalaya

Der Queenslander James Scott, ein angehender Arzt, überlebte 1991 43 Tage mit nur zwei Schokoriegeln und geschmolzenem Schnee im Himalaya-Gebirge. Scott musste wegen seiner Verletzungen zwar seinen Traum, Chirurg zu werden, aufgeben, doch er blieb dem Metier der Medizin treu, schließlich hatte sein Fachwissen ihm das Leben gerettet. Beispielsweise las er stets zwei Seiten in einem Buch, bevor er sich die nächste Portion Schnee in den Mund steckte, um seinem Körper Flüssigkeit zuzuführen, da er wusste, dass er durch zu schnelles Trinken erbrechen und Krämpfe bekommen könnte. Da ihm bekannt war, dass die Körperwärme am schnellsten über den Kopf verloren geht, achtete er außerdem darauf, seinen Kopf besonders warm zu halten.

65 Stunden in einer Lawine

Der Skilehrer Stuart Diver war 1997 der einzige Überlebende eines Lawinenunglücks im Ski-Ort Thredbo, das 19 Menschen getötet hatte, zu denen auch seine Frau gehörte. Stuart war nach 65 Stunden unter den Schneemassen trotz eisiger Temperaturen lebend aus dem Schnee gezogen worden.

14 Tage im Bergwerk eingeschlossen

Eine der spektakulärsten Überlebensgeschichten ereignete sich 2006 während eines Bergwerkunfalls im kleinen Städtchen Beaconsfield auf Tasmanien. Die beiden Bergleute Todd Russell und Brant Webb waren durch einen Steinfall nach einem Erdbeben in der Goldmine eingeschlossen, ein dritter Kamerad war getötet worden. Alle anderen Bergleute konnten rechtzeitig entkommen. Russell und Webb waren in einem winzigen Bereich von circa 1,40 mal 1,20 Meter eingeschlossen, rund einen Kilometer unter der Erde. Zwei Wochen lang gruben Rettungsmannschaften nach ihnen und fürchteten dabei permanent, dass der Felsen, der sie einschloss, auch auf sie stürzen könnte. Die ersten Tage verbrachten sie ohne Essen und nur mit dem schmutzigen Wasser in der Mine, bis die Rettungsmannschaften ein kleines Rohr durch das Geröll führen und Wasser und Essen zu ihnen leiten konnten. Als die beiden Bergleute schließlich nach 14 Tagen wieder das Tageslicht erblickten, bestanden sie gegenüber den Ärzten darauf, das Bergwerk ohne fremde Hilfe zu verlassen. Der Medienzirkus, der sie draußen erwartete, war gigantisch, und bis heute werden die beiden als Helden verehrt.

Drei Monate im Outback verschollen

Ebenfalls 2006 ging die Geschichte eines weißen Mannes um die Welt, der drei Monate im Outback überlebt haben soll. Ricky Megee wurde in der Nähe eines Dammes auf einer einsam gelegenen Viehfarm im Northern Territory gefunden. Er behauptete, am Buntine Highway entführt und mit Drogen betäubt worden zu sein. Später habe man ihn für tot gehalten und im Outback liegen gelassen. Zehn Tage lang sei er barfuß durch die unerträgliche Hitze und das schwierige Terrain des Outbacks gegangen, bis er zu dem Damm kam, wo er drei Monate überlebte – nur mit Wasser und einer kargen Nahrung aus Blutegeln, Grashüpfern, Fröschen und Pflanzen. Er verlor 60 Kilo Gewicht und ähnelte einem Skelett, als man ihn fand. Allerdings lassen einige Details seiner Geschichte Fragen offen, so dass nicht klar ist, wie lange er nun tatsächlich allein im Outback war.

Mateship

Ein weiterer wesentlicher Bestandteil der australischen Mentalität ist *Mateship*. Das Konzept des „Mate" (halbwegs mit „Kumpel" zu übersetzen) hat seinen Ursprung vermutlich bei den Sträflingen und wurde in der frühen, von Männern dominierten Besiedlungszeit der Entdecker und Pioniere gefestigt. Die harten, einsamen Männer im Busch wie auch die Pionierfamilien waren aufgrund der Entfernungen und der unbekannten Natur auf gegenseitige Hilfe angewiesen. Auch unter den australischen Soldaten, den *Diggers* in den Schützengräben der Weltkriege, wurde dieser Begriff weiter gestärkt.

Als „Mates" reden sich meist nur Männer untereinander an. Frauen werden nicht so genannt und bezeichnen sich auch gegenseitig nicht

Am Australia Day kostümieren sich selbst alte Damen

als „Mates", verhalten sich aber genauso (und verdienen daher wohl zumindest die Anerkennung einer Art „*Mateship* ehrenhalber").
Mateship verlangt vor allem absolute Loyalität. *Mates* müssen „fair dinkum" – „integer, glaubhaft und vertrauenswürdig" sein, ein weiteres Konzept, das zentrale Bedeutung für die australische Mentalität hat.
Das Wort „Mate" wird sehr häufig im alltäglichen Umgang miteinander gebraucht, auch wenn man sich nicht kennt. (Frisch eingeflogene Touristen, die das Wort nicht kennen, sind daher mitunter verblüfft, dass die Tourführer im Outback, die sich gegenseitig grüßen, anscheinend alle „Mike" oder so ähnlich heißen.)

Nationalstolz – das Phänomen „Australia Day"

Australier haben meist ein sehr starkes Nationalempfinden. Zu vielen Gelegenheiten wird die australische Flagge geschwenkt und der Nationalfeiertag, der „Australia Day" am 26. Januar, dem Tag an dem im Jahr 1788 die Erste Flotte mit europäischen Siedlern an der Ostküste ankam, ist ein wichtiges Datum im Kalender der jungen Nation, das ausgelassen mit Barbecues und Bier gefeiert wird. Auch die australischen Ureinwohner, für die der Tag als Beginn der Invasion ihres Landes ja ursprünglich eher mit negativen Ereignissen verknüpft ist, bleiben dabei nicht außen vor – hier wurden die Zeichen in den vergangenen Jahren deutlich in Richtung Versöhnung gestellt.

Besondere Vorlieben

Bier

Ein australisches Bier im praktischen Stubby Holder

In Australien hat Bier eine große Tradition. Schon unter den Sträflingen der Ersten Flotte war ein Braumeister, dessen Name „James Squire" noch heute eines der bekanntesten australischen Biere ziert. In Australien wird viel und oft Bier getrunken, wobei es die Australier mit dem Reinheitsgebot nicht so genau nehmen wie die Deutschen – neben Hopfen, Malz, Hefe und Wasser geben australische Bierbrauer bis zu 30 % Rohrzucker zu, der zwar durch die Hefe zu Alkohol vergoren wird, aber das Bier leichter trinkbar macht (sagt jedenfalls der Bierbrauer Chuck Hahn von der Sydney's Malt Shovel Brewery).

NO WORRIES MATE!

Immerhin nahm das Land 2004 den vierten Platz beim Pro-Kopf-Konsum von Bier ein, unter anderem eine Folge der hier herrschenden Trinksitten. Da gibt es das fest institutionalisierte „Beer o' Clock" – das Feierabendbierchen in der Firma.

Auf Firmenkosten wird hier regelmäßig zur Flasche gegriffen. Die Mitarbeiter treffen sich mit dem Chef im Besprechungsraum, aus dem Kühlschrank wird der eisgekühlte Gerstensaft ausgegeben (zimmerwarmes Bier ist in Australien verpönt), und der Arbeitstag oder die Arbeitswoche werden besprochen. Das fördert ein gutes Firmenklima und erklärt vielleicht auch, warum Australier zu den Arbeitnehmern gehören, die weltweit die meisten Stunden pro Woche im Büro sitzen. Viele Firmen haben sogar hauseigene, mit der Firmenwerbung bedruckte „Stubby Holder", Gummihalter, in die man die kleinen australischen Bierflaschen stecken kann, um sie trotz Eiskühlung angenehm in der Hand halten zu können.

Sheaf Stout wird sogar in die USA exportiert

Nicht nur die Rezeptur der australischen Biere ist vielfältiger als die deutsche, auch bei der Namensgebung sind die Australier deutlich kreativer. Oder haben Sie in Deutschland schon mal von einem „Barfüßigen Radler" (*Barefoot Radler Beer*) oder einem „Fetten Yak" (*Fat Yak*) gehört? Gekauft werden Bier und andere Alkoholika in der Regel im sogenannten „Bottle Shop", einem Geschäft eigens für alkoholische Getränke. Eine weitere Besonderheit ist der häufig in australischen Restaurants zu findende Hinweis „BYO" (Bring Your Own). In diesen Restaurant darf man den eigenen Alkohol mitbringen, wofür der Gast nur eine sogenannte Korkensteuer von ein paar Dollar zu bezahlen hat. Man bekommt Gläser und die mitgebrachte geöffnete Flasche serviert. Dieses Angebot ist vor allem darin begründet, dass die Schanklizenzen in Australien schwer zu erhalten und teuer sind. Eine Sitte, die allerdings nicht nur das Portemonnaie schont, sondern auch zur höheren Dosis verleitet…

Aufwendige Lichtspiele zieren an Weihnachten viele australische Wohnhäuser

Glücksspiel

Die Sportbesessenheit der Australier geht einher mit einer Leidenschaft für Wetten und Glücksspiele, die nicht auf Sportereignisse beschränkt ist. Neben den Pferderennen erfreuen sich Casinos großer Beliebtheit, und in den meisten Pubs gibt es eine eigene Ecke mit Spielautomaten, den sogenannten "Poker Machines".

Barbecue

Eine weitere australische Lieblingsbeschäftigung ist das Barbecue. Grillen am Strand oder im Nationalpark wird durch fest installierte Grills erleichtert, und auch im eigenen Garten gönnen sich Aussies für deutsche Verhältnisse riesige Grillstationen. Auch hier ist das Grillen im Normalfall Männerdomäne: Der Hausherr grillt und die männlichen Gäste stehen mit einem Bier in der Hand um den Grill herum und schauen zu – auch gerne zu Weihnachten.

Grillen ist eine der Lieblingsbeschäftigungen des Australiers

Weihnachten

Weihnachten wird in Australien anders als in Deutschland und Mitteleuropa gefeiert. Der 24. Dezember ist kein Feiertag, Geschenke gibt es erst am Morgen des 25.12. Über Weihnachten ist es heiß und oftmals wüten Buschbrände – keine gute Kombination für klassische Weihnachtsstimmung. Trotzdem lassen sich die positiven Australier Weihnachten nicht verderben. Sie grillen am Strand, servieren statt Ente und Gans kalte Meeresfrüchte und amüsieren sich mit Christmas-Crackern, lustigen Papierbonbons zum Aufreißen, die meist kleine Spielsachen und witzige Botschaften enthalten. Weihnachtsmärkte, Glühwein und Plätzchen sind den meisten Australiern unbekannt, dafür werden viele Häuser mit großen Lichtersortimenten geschmückt – der Stromverbrauch muss gewaltig sein!

Typisch australische „Utensilien": Ute und Hills Hoist

Ein Transportmittel, dass so charakterisch für Australien ist wie die Kängurus, ist der *Ute*. Das von Lewis Brandt von der *Ford Motor Company* in Geelong in Victoria entworfene Auto besteht je zur Hälfte aus einer Kabine und einer offenen Ladefläche. Speziell bei

Lebensart

Real Aussies drive Utes: Hier ein 1953er Holden FJ Utility

Handwerkern und Farmern beliebt, hat es sich ein wenig zur Ikone des Outbacks entwickelt.

Eine weitere australische Spezialität ist die sogenannte „*Hills Hoist*", eine drehbare Wäschespinne, die in kaum einem australischen Hinterhof fehlt. Mitunter dient diese Haushaltsikone sogar als Kunstobjekt: So wurde von der deutschen Künstlerin Irene Hoppenberg anläßlich der Skulpturenausstellung „Sculpture by the Sea", die einmal im Jahr den berühmten Wanderweg von Bondi nach Coogee (Sydney) ziert, eine *Hills Hoist* mit 1300 Zitronen in kleinen Säckchen behangen, was einige Aufmerksamkeit erregte.

Do's and Don't's –
Dinge, die es zu beherzigen gilt:

Australische Alltagsikone als Kunstobjekt: Wäscheständer mit Zitronen bei „Sculptures by the Sea"

- Pünktlichkeit: bei einer privaten Einladung immer ca. 15 Minuten zu spät kommen, bei einem geschäftlichen Meeting bitte pünktlich sein (auch wenn es der Australier vielleicht nicht ist).
- Bei einer Einladung immer eine Flasche Wein mitbringen und gegebenfalls einen Teller voll Essen (wenn „Bring a plate" auf der Einladung steht).
- Vorsicht vor der Bürokratie: bei aller „No worries"-Mentalität sich nicht mit der Einwanderungsbehörde oder anderen offiziellen Stellen anlegen!

Vorsicht auch…

… vor den vielen Klischees in diesem Kapitel! Nicht alle Australier sind gleich – das versteht sich von selbst, doch die Beobachtungen helfen vielleicht, manche Situation in Australien einordnen zu können.

NO WORRIES MATE!

„No worries", diese in Australien häufig benutzte Redensart ist Ausdruck von Optimismus, Wohlwollen und Gutmütigkeit

Australisches Essen

Australier kürzen gerne alles ab, so auch ihr Essen. Breakfast heißt „Breakkie" und ist eine Mahlzeit, die gerne in den vielen günstigen Cafés Australiens eingenommen wird. Ob „Bacon and Eggs", eine Scheibe „Banana Bread" oder ein „Blueberry Muffin" – gefrühstückt wird nicht nur am Wochenende oft außer Haus. Das beliebte Barbecue ist das „Barbie" und einen Feinschmecker nennen die *Aussies* „Foodie". Davon gibt es inzwischen übrigens eine ganze Menge. Gute Restaurants haben lange Wartelisten, und Kochsendungen im Fernsehen sind meist Quotenhits. Die Kochsendung „Masterchef" etwa hat seit Beginn der Ausstrahlung im Jahr 2009 nicht nur alle Einschaltquoten-Rekorde gebrochen – sogar eine Wahldebatte wurde wegen des Finales im Jahr 2010 verschoben –, sondern die Nation auch zum – häufig auch gemeinschaftlich im Freundeskreis durchgeführten – Kochen animiert. So kommt es vor, dass plötzlich auch in Australien sonst eher ausgefallenere Lebensmittel wie Fasan oder Ente gefragt sind, und Supermärkte Produkte, die in der Sendung erwähnt wurden, nachbestellen müssen, da sie am Tag nach der Sendung ausverkauft werden.

Doch das war nicht immer so. Die Anfänge der australischen Küche waren sehr bescheiden und die britischen Einflüsse deutlich erkennbar. Erst als im 20. Jahrhundert Griechen und Italiener und vor allem viele Asiaten ins Land strömten, entstand ein wunderbares Potpourri an Einflüssen und Geschmacksrichtungen, das von geschickten Köchen weiterentwickelt wurde. Im berühmtesten Restaurant Australiens, dem „Tetsuya's" in Sydney, das mit Preisen überhäuft wird und als eines der besten Restaurants der Welt gilt, mischen die Köche japanische Küche mit französischer Technik.

Asiatische Einflüsse: kunstvoll angerichtetes Sushi

Australien kann sich aber auch wegen seiner hervorragenden Lebensmittel glücklich schätzen. Hier grasen die Rinder frei auf der Weide, das Meer bietet frischen Fisch und Meeresfrüchte, und Obst und Gemüse werden fast ausschließlich in den klimatisch unterschiedlichen Regionen des Landes angebaut.

Australische Spezialitäten

Bush Tucker

Bush Tucker („Busch-Essen") sind Früchte, Samen und Kräuter, die in der freien Natur vorkommen und nicht gezielt angebaut werden. Die Aborigines haben sich jahrtausendelang von *Bush Tucker* ernährt, und so langsam werden mehr und mehr der Früchte und Gewürze auch von der modernen australischen Küche adaptiert. Trotzdem kann man die meisten Zutaten nicht so einfach im Supermarkt kaufen, sondern nur in speziellen Geschäften oder über das Internet. Im Supermarkt erhältlich sind aber Kängurufleisch und Makadamianüsse, die von Australien aus auch in den Rest der Welt exportiert werden.

Bush Tucker in einem Coolamon

Quandongs

... haben in den vergangenen Jahren ihren wohlverdienten Durchbruch gehabt. Diese wohl schmeckende Outback-Frucht enthält viel Vitamin C und wird inzwischen auch auf Plantagen angebaut.

Pepperberrys

... sind der einheimische Pfeffer. Pepperberrys verfeinern Aufläufe, Suppen oder Currys.

Buschtomaten

... wachsen an kleinen Sträuchern und sind sehr genügsam. Sie gedeihen selbst noch in sehr trockenen Gebieten. Buschtomaten werden normalerweise als Würze verwendet und erinnern im Geschmack an getrocknete, eingelegte Tomaten. Sie haben einen sehr intensiven Geschmack und sollten in Gerichten sparsam verwendet werden. Wie die eingelegten Tomaten passt ihre Würze gut zur mediterranen Küche.

> **Übrigens...**
> Beim Autowaschen kann man in Down Under in sogenannten „Car Wash Cafés" entspannen. Ein Kaffee ist meist im Preis mit inbegriffen.

Wattleseed

… sind die Samen verschiedener Akazienarten, insbesondere der in ganz Australien vorkommenden *Acacia victoriae*. Die getrockneten und gemahlenen Samen passen wunderbar zu Süßspeisen und haben einen nussigen Geschmack.

Lemon Myrtle

… auf Deutsch „Zitronenmyrte", wird wie der Quandong mittlerweile auch kommerziell angebaut. Ursprünglich ist der Baum eine Regenwaldpflanze. Seine Blätter haben einen zitronigen Geschmack, der nicht nur an die gelbe Zitrusfrucht erinnert, sondern auch an Zitronengrass und Limetten. *Lemon Myrtle* verfeinert zum Beispiel Sorbets, Eis oder Käsekuchen, funktioniert aber auch gut mit Herzhaftem wie Fisch oder Huhn. Es ist ein unglaublich vielfältiger *Bush Tucker*, der unter anderem auch für die Kosmetik- oder Kerzenproduktion verwendet wird.

Das australische Brot: Damper

Damper ist ein sehr altes, traditionelles Gericht, das schon die frühen Siedler in Australien über ihren Lagerfeuern gebacken haben. Das Grundrezept besteht aus etwas Mehl, einer Flocke Butter und Milch, die zu einem weichen, luftigen Teig geknetet werden. Die Masse wird gerollt, locker um einen Stock gewickelt, über dem Feuer geröstet und dabei leicht rotiert, so dass alle Seiten gleichmäßig gebacken werden. Serviert noch heiß vom Stock, mit Marmelade oder Käse zum Beispiel, ist Damper das Highlight eines Campingurlaubes.

Der australische Brotaufstrich: Vegemite

Damper frisch vom Lagerfeuer ist ein leckerer Snack

Die meisten Ausländer verziehen das Gesicht, wenn sie den australischen Brotaufstrich Vegemite probieren. Für sie schmeckt er nur extrem salzig. Doch Australier wachsen vom Kindesalter an mit Vegemite-Sandwiches auf und können sich ein Leben ohne diesen Aufstrich meist kaum vorstellen. Vegemite wird aus Heferückständen produziert und ist eine braune, klebrige Masse, die Australier hauchdünn zusammen mit Butter oder Käse auf ihrem Toastbrot essen. Entwickelt wurde das Produkt in den frühen 1920er Jahren von Fred Walker und dem Lebensmittelchemiker Cyrill Callister.

Doch zunächst kam der Brotauftrich auch bei den Australiern nicht an und es dauerte 14 lange Jahre, in denen Fred Walker intensives Marketing betrieb und Vegemite sogar umsonst vergab, wenn jemand ein anderes seiner Produkte kaufte, bis schließlich der Durchbruch kam. Mitte der 1930er Jahre wurde es plötzlich als wichtige Vitaminquelle erkannt, da es viel Vitamin B enthält. Heute ist Vegemite in jedem australischen Haushalt zu finden und die meisten Kinder haben als Pausenbrot ein Vegemite-Sandwich dabei.

Einige Rezepte aus der australischen Küche

Steak – das australische Lieblingsessen

Ein Steak so braten, dass es innen schön rosig, aber nicht mehr bluttriefend ist, ist eine echte Kunst, die in Down Under gepflegt wird. Der Trick besteht darin, das Steak auf jeder Seite drei Minuten anzubraten und es anschließend vier Minuten im Ofen bei circa 200 Grad weiter zu erwärmen. Am besten schmeckt es, wenn das Fleisch vor dem Essen noch für kurze Zeit auf einem Teller ruht, bevor man es serviert und anschneidet..

Das australische Gebäck: Lamingtons

Lamingtons sind ein einfaches, bei Kindern beliebtes Gebäck, das sich in etwa 30 Minuten zubereiten lässt und sich auch gut als Geburtstagskuchen eignet. Der Name geht auf Charles Cochrane-Baillie, den zweiten Baron Lamington zurück, der von 1896 bis 1901 Gouverneur von Queensland war und dessen Chefkoch diese Kekse kreiert haben soll.

Zutaten:
150 g Mehl
½ Teelöffel Backpulver
70 g Maismehl/Stärke
6 Eier
215 g feiner Zucker
1 Esslöffel kochendes Wasser
170 g geraspelte Kokosnuss

Kulturelles Symbol, „the taste of Australia": ein extrem salziger Hefeextrakt namens Vegemite. Sein Verzehr gehört für Durchschnittseuropäer (abgesehen von Engländern) sicher zu den gewöhnungsbedürftigsten Erfahrungen, die man in Australien machen kann

Lamingtons, hier nicht ganz traditionell mit einer Cremefüllung getrennt

Für den Schokoladenguss:
300 g Puderzucker, 35 g Kakaopulver, 60 ml Milch, 60 ml kochendes Wasser

Zubereitung:
Den Ofen auf 160 Grad vorheizen. Ein tiefes Backblech mit Backpapier auslegen. Das Mehl zweimal sieben, die Eier kräftig mit einem Rührgerät rühren bis sie eine dicke Masse ergeben, langsam den Zucker beimengen und gut verrühren. Das Mehl vorsichtig beigeben und das kochende Wasser am Rand der Schüssel eingießen.

Mit einem großen metallenen Löffel alles vorsichtig unterheben. In das tiefe Backblech gießen und die Mixtur glatt streichen. Circa 20 Minuten backen, bis ein Holzstäbchen beim Anstechen ohne Teigreste herauskommt. Den Kuchen auf ein Gitter stülpen, mit einem sauberen Geschirrtuch bedecken und über Nacht stehen lassen. Die Seiten glatt schneiden und den Kuchen in circa 15 Würfel unterteilen. Für die Schokoladenmasse die Zutaten in eine Schüssel geben und gut verrühren. Die Kuchenwürfel in die Schokolade eintauchen, bis sie komplett bedeckt sind und danach in den auf einem Teller ausgebreiteten Kokosraspeln wälzen. Zum Trocknen wieder auf ein Gitter stellen.

Das australische Dessert: Pavlova

Dieses Dessert ist 1935 vom damaligen Koch des Hotels *Esplanade* in Perth, dem Deutschen Herbert Sachse, erfunden worden. Er hat es nach der russischen Balletttänzerin Anna Pavlova benannt. Die Zubereitung ist schnell und einfach, allerdings muss das Dessert etwa anderthalb bis zwei Stunden im Ofen gebacken werden.

Zutaten:
4 Eiweiße
1 Tasse feiner Zucker
1 Teelöffel Zitronensaft oder Essig
2 Teelöffel Maismehl/Stärke

Zubereitung:
Die Eiweiße zu Eischnee schlagen, Zucker, Zitronensaft und Maismehl beigeben und weitere zehn Minuten mit dem Rührgerät schlagen. Auf einem mit Backpapier ausgelegten Backblech aufhäufen und in einen Kreis formen, das Zentrum dabei frei lassen. Für anderthalb bis zwei Stunden bei circa 100 bis 120 Grad Celsius im Ofen backen lassen, bis das Baisser außen knusprig und innen noch ein wenig weich ist. Den Ofen ausschalten und die Pavlova im Innern bei leicht geöffneter Ofentür abkühlen lassen. Mit frischer Schlagsahne und Früchten der Saison dekorieren. Beliebt sind Passionsfrüchte, Mangos, Erdbeeren und Kiwis.

Die Pavlova ist das typische australische Dessert

Australischer Sport

Cathy Freeman schafft es auch heute noch oft in die australischen Medien

Australier sind ein sportbegeistertes Volk; jeder scheint zu joggen, zu schwimmen oder zu surfen, und am Samstag morgen treffen sich alle Eltern zum Schwimmkurs, Rugby oder Football der Kinder. Auch der Sonntag ist gerne noch mit Sport gefüllt, wenn die Kleinen beim sogenannten „*Nippers*-Training" der Rettungsschwimmer den Strand auf- und abmarschieren und später um die Wette schwimmen. Zweimal hat Australien unter begeisterter Anteilnahme der Bevölkerung die Olympischen Spiele ausgerichtet: 1956 gingen sie an Melbourne, 2000 hatte dann endlich Sydney seinen großen Auftritt, der sich vor allem aufgrund der guten Organisation sehr positiv auf das Image der Stadt auswirkte. Obwohl die Australier mit 22 Millionen Menschen ein relativ kleines Völkchen sind, heimsen sie bei internationalen Sportveranstaltungen wie den Olympischen Spielen oder den Commonwealth Games erstaunlich viele Medaillen ein. Bekannte australische Sportler sind beispielsweise die Schwimmer Dawn Fraser, Murray Rose und Ian Thorpe, die Tennisspieler Evonne Fay Goolagong Cawley, Lleyton Hewitt und Mark Philippoussis, der Cricket-Spieler Don Bradman, die Sprinterin Betty Cuthbert (das sog. „Goldmädel" der Olympischen Spiele von Melbourne 1956, wo sie drei Goldmedaillen gewann) und die Läuferin Cathy Freeman, die bei den Olympischen Spielen in Sydney im Jahr 2000 die Goldmedaille im 400-Meter-Lauf Gold holte.

Ballsportarten

Eine der beliebtesten Sportarten in Australien wie auch im benachbarten Neuseeland ist Rugby, das in zwei Varianten gespielt wird: *Rugby League* und *Rugby Union*. Ein Merkmal des Rugby-Sportes ist es, dass der Ball nicht nach vorne geworfen werden darf, sondern nur durch Laufen mit ihm oder durch Schießen weiter ins gegnerische Spielfeld gebracht werden kann. *Rugby League* und *Rugby Union* unterscheiden sich vor allem in der Mannschaftsgröße sowie hinsichtlich der Art und der Regeln des *Tackle*, des Angriffs, bei dem sich alle Spieler auf den gegnerischen Spieler werfen, der den Ball besitzt: Während bei *Rugby*

AUSTRALISCHER SPORT

Union um den Ball gekämpft wird, wird bei *Rugby League* nach einem kurzen *Tackle* gestoppt und sofort weiter gespielt.

Beliebte andere Ballsportarten sind Australian Rules Football, Cricket sowie auch Fußball in der europäischen Tradition. Australian Rules Football ist wie das American Football eine Mischung aus Rugby und Fussball, bei der zwei Mannschaften mit jeweils 18 Spielern um einen eiförmigen Ball kämpfen, der mit jedem beliebigen Körperteil berührt werden darf und bis ins Tor gekickt, geworfen oder getragen werden kann.

Australian Rules Football wird auf einem elliptischen Spielfeld mit einem ellipsoiden Ball gespielt

Cricket wurde aus Großbritannien nach Australien mitgebracht. Ähnlich dem Baseball stellen dabei zwei Mannschaften abwechselnd jeweils einen Werfer und einen Schlagmann, der den vom Werfer geworfenen Ball mit seinem Schläger möglichst weit wegschlägt, während die anderen Mitglieder der Mannschaft des Werfers versuchen, ihn möglichst schnell zurückzubringen. Die Spielzeiten können mehrere Tage betragen. Generell wird Cricket nur bei gutem Wetter gespielt und auch für Mittags- oder Teepausen unterbrochen, was Gegner der Sportart gerne zum Spotten veranlasst.

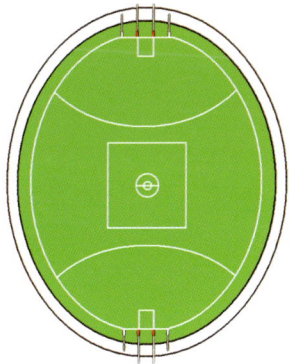

Weitere beliebte Sportarten sind Hockey, Golf, Basketball sowie das dem Basketball ähnliche, hauptsächlich von Mädchen und Frauen gespielte Netball. Nicht zu vergessen ist natürlich Tennis, das sich in Australien vor allem durch die *Australian Open* einen Namen gemacht hat, eines der vier bedeutendsten Tennis-Turniere der Welt, das alljährlich im Januar im Melbourne Park am Yarra River ausgetragen wird.

Rad- und Motorsport

Australien ist außerdem sehr dem Motorsport zugetan. Melbourne ist einmal im Jahr Gastgeber des Formel-1-Rennens *Australian Grand*

Pferderennen sind in Australien sehr beliebt

Prix und Australien hat seine eigene Motorsportorganisation, die *V8 Supercars Touring Series*. Aber auch Zweiradfahren ganz ohne Motor ist in Australien sehr beliebt. Angesichts der klimatischen Bedingungen ist die Verbreitung des Radfahrens als Freizeitsport nicht verwunderlich, und auch im Profisport fährt Australien vorne mit, sei es nun bei der *Tour de France*, den Olympischen Spielen oder bei der jährlich im Januar in Adelaide stattfindenden *Tour Down Under*.

Pferderennen

Doch nichts ist beliebter als Pferderennen, ein Thema, das weniger den Sportsmann bzw. die Sportsfrau herauskommen läßt, als vielmehr eine tief verwurzelte Liebe zum Glücksspiel. Das größte und berühmteste Ereignis in diesem Bereich findet wiederum einmal im Jahr in

Australischer Sport

Melbourne statt, der *Melbourne Cup* am ersten Dienstag im November. Um drei Uhr Nachmittags schaut die ganze australische Nation auf die Hauptstadt Victorias. Dort wird offiziell nicht gearbeitet, denn die gesamte Stadt ist im Wettfieber. Die Stimmung ist explosiv, die Mode exzentrisch. Nirgendwo sonst bekommt man aufwendigere Hüte und Kleider zu Gesicht. Auch der Rest des Landes feiert mit, entweder zu Hause vor dem Fernseher oder mit Freunden in der Bar – gearbeitet wird an diesem Novembertag in Australien generell wenig. In sportlicher Hinsicht ist der *Melbourne Cup* eines der schwierigsten Rennen der Welt. Die Pferde müssen 3200 Meter zurücklegen und sind dabei teilweise mit Gewichten beschwert. Je besser ein Rennpferd ist, umso mehr zusätzliches Gewicht muss es tragen, damit es gegenüber schwächeren Teilnehmern nicht zu sehr im Vorteil ist.

Phar Lap ging als das australische Wunderpferd in die australische

Ähnlich wie in England sieht man beim Pferderennen oft Damen mit Hut

LEBENSART

> **Übrigens...**
> Zu Helden der Nation wurden die Rettungsschwimmer durch ein schockierendes Erlebnis am Bondi Beach. Am sogenannten „Black Sunday" 1938 bevölkerten rund 35.000 Menschen den berühmten Strand, als sich plötzlich völlig unvorhergesehen drei riesige Wellen auftürmten und hunderte von Menschen ins Meer hinauszogen. Die Rettungsschwimmer konnten über 300 Menschen lebend aus dem Wasser ziehen. Nur fünf Menschen starben. Dabei hatte Bondi Glück im Unglück, denn zufällig waren aufgrund eines Schichtwechsels und eines bevorstehenden Wettschwimmens rund 80 Rettungsschwimmer vor Ort.

Ein Surfer plaudert mit Rettungsschwimmern am Manly Beach

Geschichte ein. Der Hengst war der Held der 1930er Jahre und gewann zwischen 1928 und 1932 37 von 51 Rennen, darunter den *Melbourne Cup* von 1930. Als er zwei Jahre später an einer geheimnisvollen Krankheit starb, munkelten viele, dass er vergiftet worden sei. Dies ist jedoch nie bewiesen worden. Nach seinem Tod stellte man fest, dass sein Herz die doppelte Größe eines „normalen" Pferdeherzens hatte. Phar Laps Herz ist noch heute zu sehen: Es wird im *National Museum of Australia* in Canberra ausgestellt.

Wassersport

Surfen und die *Surf Rescue*

Surfen und die *Surf Rescue*, die Bewegung der Rettungsschwimmer in Australien, sind eng miteinander verbunden.

Australien hat nicht ohne Grund im Surfsport einige herausragende Erfolge erzielt. Die Strände sind voll von Surfern, die sich trotz der dort vorkommenden Haie im Wasser tummeln und die meist guten Wellen genießen. Bekannte Surfer sind beispielsweise Peter Drouyn, Pam Burridge, Mark Richards, Mick Fanning, Stephanie Gilmore und Layne Beachley.

Die Anfänge der *Surf Rescue* reichen in die Anfänge des 20. Jahrhunderts zurück. Seitdem engagieren sich viele Australier, etliche von ihnen ehrenamtlich, bei der Überwachung der Strände.

Vor allem Urlauber unterschätzen die gefährlichen Strömungen im Meer sehr oft. An den patrouillierten und mit Flaggen gekennzeichneten Strandabschnitten reicht es im Normalfall, bei Problemen die Hand zu heben, und umgehend naht Hilfe.

Wenn man fit und ein exzellenter Schwimmer ist, dauert es circa zehn Wochen, den Rettungsschwimmer-Kurs zu absolvieren.. Zum strengen Schulungsprogramm gehört es, 400 Meter auf Zeit zu schwimmen, Erste-Hilfe-Kurse zu belegen und regelmäßig im Fitness-Studio zu trainieren.

Segeln...

... ist ein weiterer beliebter Zeitvertreib der Australier, die am Meer wohnen. Nach der Arbeit finden oft noch sogenannte „Twilight Regattas" statt, und die wichtigste Segelregatta des Landes, das bereits erwähnte „Sydney to Hobart Yacht Race" zieht vor allem beim Start- und Zielort tausende von Schaulustigen an.

Die bisher jüngste Seglerin, die die Welt allein und in einem Stück umrundet hat, war 2010 die Australierin Jessica Watson, die im Oktober 2009 im Alter von 16 Jahren von Sydney aus startete und im Mai 2010 nach einer Fahrt entlang der Line Islands, Kap Horn, den Falklandinseln, Kap Agulhas, South East Cape (Tasmanien) inklusive einer Überquerung des Äquators bei Kiritimati dorthin zurückkehrte. Aufgrund ihres geringen Alters war das Unternehmen allerdings höchst umstritten. Insbesondere die Kollision ihres Bootes mit einem koreanischen Frachter kurz vor Beginn der Weltumseglung ließ ihre Kritiker an ihren Segelfähigkeiten zweifeln.

Jessica Watson bei der Pressekonferenz nach ihrer Weltumseglung

Segelregatta im Hafen von Sydney

Kapitel 7
Kultur und Medien

Australiens kreative Seite

Festivals und Umzüge gibt es in Australien viele. Der größte Umzug ist Sydneys Mardi Gras

KULTUR UND MEDIEN

Kultur und Medien
Australiens kreative Seite

Kunst

Im Foyer des National Museum of Australia in Canberra

Weltbekannt ist vor allem die Kunst der Aborigines (siehe Kapitel *Die erste Besiedlung*), deren traditionelle Sujets, Farbwelten (Braun- und Rottöne) und Maltechniken von modernen indigenen Künstlern erfolgreich aufgegriffen und weiterentwickelt wurden. Kommerziell am erfolgreichsten sind die Röntgentechnik und die Anfang der 1970er Jahre auf Leinwand übertragene Punkt-Technik (Dot-Painting). In der Siedlung Papunya in der Nähe von Alice Springs hatte der Lehrer Geoffrey Bardon eine Künstlergruppe älterer Männer dazu aufgefordert, ihre Ideen mit ihren Methoden auf die Leinwand zu bringen. Einer der wichtigsten Künstler, die die Technik entwickelten, war Johnny Warangkula Jupurrula (kurz als „J. W." oder „Big J. W." bezeichnet), dessen Bilder später bei Auktionen für hohe Summen versteigert werden sollten. Ebenfalls erfolgreich war sein Zeitgenosse Clifford Possum Tjapaltjarri, der heute zu den bekanntesten Aboriginal Künstlern gehört und ebenso im Dot-Stil gemalt hat. Einen schlichteren Stil mit vertikalen Linien und runden Mustern pflegte dagegen der populäre Aborigine-Künstler David Daymirringu Malangi. Eines seiner Werke erlangte landesweite Berühmtheit, nachdem es ohne seine Einwilligung auf der im Jahr 1966 eingeführten Ein-Dollar-Note abgedruckt worden war. Als Malangi seine Copyright-Ansprüche geltend machte, reiste der Präsident der

Australiens kreative Seite

Zentralbank in Sydney rasch persönlich nach Darwin, um dem Künstler die Summe von 1000 AUS $, eine Medaille und eine Fischausrüstung zu überreichen. Während sich die Arbeiten der meisten indigenen Künstler mit der Welt der Ureinwohner, ihrem Glauben und ihrem Träumen beschäftigen, hat ein jüngerer Künstler einen dezidiert politischen Anspruch entwickelt. Richard Bell befasst sich in seinen Arbeiten mit dem Verhältnis zwischen Ureinwohnern und weißen Einwanderern. Sein Werk umfasst abstrakte Malerei, Performance- und Video-Kunst. Eine weitere bekannte Aborigine-Malerin der Gegenwart ist Barbara Weir, deren in starken Ockertönen angefertigten Bilder oft bestimmte Pflanzen und Traumzeitgeschehnisse thematisieren. Auch unter den australischen Künstlern mit westlicher Maltechnik sticht ein Ureinwohner hervor: Albert Namatjira.

Bild von David Malangi auf der 1966 eingeführten 1-$-Note

Denkmal für die Ureinwohner, die bei Konflikten mit den weißen Siedlern umkamen. Die 200 aus hohlen Baumstämmen geschaffenen Grabmale wurden von 43 Künstlern aus der Kolonie Ramingining, (u.a. auch David Malangi) geschaffen und 1988 anlässlich der 200-Jahrfeier der britischen Kolonisation in der National Gallery of Australia in Canberra aufgebaut

Albert Namatjira (1902 – 1959)

Albert Namatjira ist einer der bedeutendsten australischen Maler überhaupt. Er malte in Aquarelltechnik, die er in den 1930er Jahren von dem europäischen Künstler Rex Batterbee erlernt hatte. Namatjira hatte ihm im Austausch schöne Orte zum Malen gezeigt. Schnell wurde klar, dass Namatjira ein besonderes Talent hatte. Er stellte in Melbourne, Adelaide und Sydney aus, und selbst die britische Königin fand Gefallen an seinen Werken. Doch obwohl er mit seiner Arbeit einiges Geld verdiente und gesellschaftlich angesehen war, hatte auch er unter den rassistischen Beschränkungen des damaligen Australiens zu leiden. Er durfte keine Farm kaufen und kein Haus bauen. 1957 gewährte die Regierung ihm und seiner Frau schließlich die australische Staatsbürgerschaft, da ihn die britische Königin treffen wollte. Die übrige Aborigines-Gesellschaft sollte dieses Recht erst in den 1960er Jahren erhalten. Damit war es ihm erlaubt zu wählen, Eigentum zu erwerben und Alkohol zu kaufen. Dieser Umstand brachte ihn schließlich in Konflikt mit dem Gesetz, da er verbotenerweise auch anderen Aborigines Alkohol beschaffte. Sein Stammesgesetz kannte kein persönliches Eigentum und so war Teilen für ihn eine Selbstverständlichkeit. 1957 musste er deswegen für zwei Monate ins Gefängnis und kehrte als gebrochener Mann zurück. Ein Jahr später starb er. Außer seinen Werken erinnern sein Grabmal in Alice Springs und ein Denkmal in seinem Geburtsort Hermannsburg an den Künstler. Der 350-Seelen-Ort etwa 130 Kilometer südwestlich von Alice Springs ist eine 1877 gegründete Missionsstation der lutherischen Kirche von Südaustralien. Dort waren einst auch deutsche Pastoren tätig, die – nicht immer erfolgreich – versuchten, den Ureinwohnern ihre Sprache, Religion und Sitten beizubringen.

Albert Namatjira Ende der 1940er Jahre vor dem Government House in Sydney

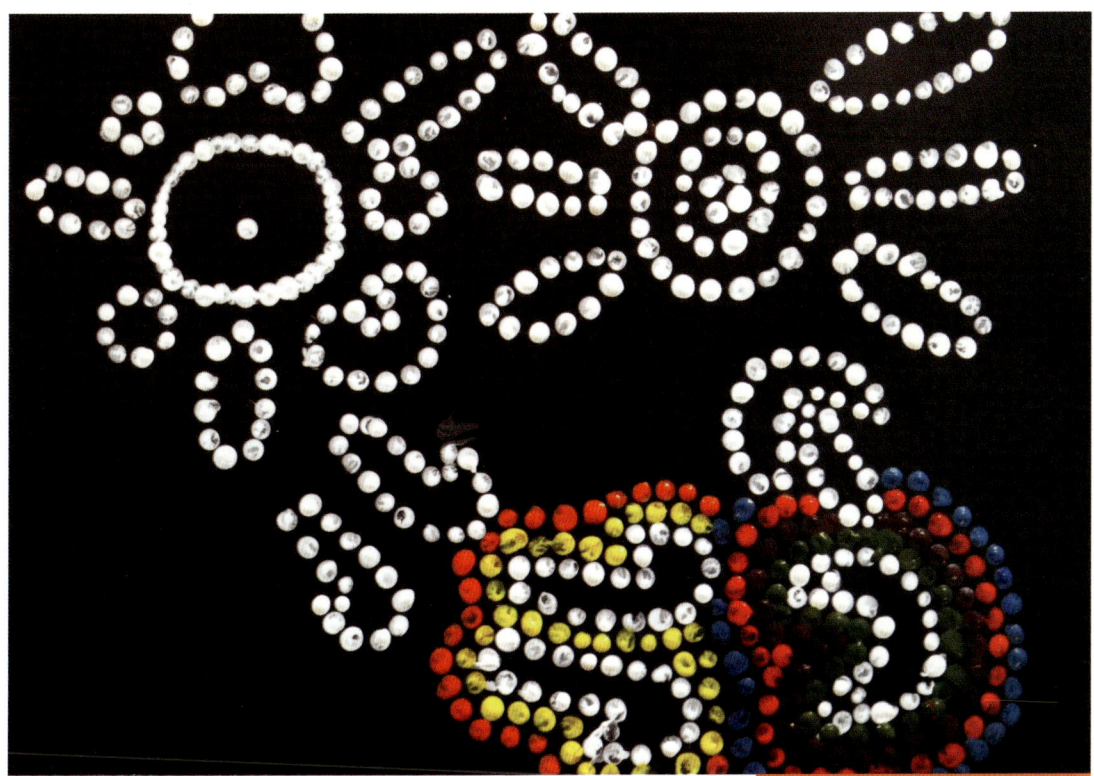

Ein im Rahmen des Kunstunterrichts einer australischen Schulklasse 2010 angefertigtes Bild im Dot-Painting-Stil. Er ähnelt dem im 19. Jahrhundert aus dem Impressionismus hervorgegangenen Pointillismus.

Doch auch die weißen Siedler initiierten schon früh künstlerische Bewegungen. Die ersten Künstler waren von der rauen Szenerie und den ungewohnten Farben und Landschaftsbildern zunächst überwältigt. Anfänglich malten Künstler wie der Sträfling John Eyre oder der Landschaftsmaler Conrad Martens nur das, was sie sahen, so exakt wie möglich. John Glover war dann einer der ersten, der versuchte, mit seinen tasmanischen Landschaftsbildern einen australischen Stil zu entwickeln. Ein bedeutender Landschaftsmaler war auch der aus Hamburg stammende Hans Heysen (1877-1968), der insbesondere durch seine Aquarelle des australischen Busches bekannt wurde.

Die erste künstlerische Bewegung war die „Heidelberg School", die sich wiederum auf Landschaftsmalerei beschränkte, vom Impressionismus beeinflusst war und daher auch als „Australischer Impressionismus" bezeichnet wird. Ihr gehörten zum Beispiel Eugene von Guérard, Tom Roberts, Fredrick McCubbin und Arthur Streeton an. Der 1855 geborene McCubbin war der erste bedeutende europäischstämmige

Kultur und Medien

> **Klaus Krischok, Direktor des Goethe-Instituts Australien, im Jahr 2009:**
> „Australier kaufen mehr Bücher als Deutsche oder gehen häufiger ins Kino. Und das trotz des guten Wetters. Sie sind also kulturinteressierter als man so denkt."
>
> „Australien versteht sich zunehmend nicht mehr nur als aufnehmendes Land, Brisbane bietet zum Beispiel Ausblick auf die gesamte Pazifikregion. In New South Wales, Victoria oder Südaustralien ist dagegen die indigene Kunst einmalig in ihrer Dichte. Die Auseinandersetzung mit und die Transformation von Traditionen ist Australiens größte kulturelle Stärke."

in Australien geborene Maler. Sein bekanntestes Werk ist "Lost", ein Gemälde, das von einem jungen Mädchen namens Clara Crosbie inspiriert wurde, das im Busch verloren ging, nach drei Wochen aber lebend wiedergefunden wurde.

Die „Heidelberg School" war in Melbourne entstanden (Heidelberg ist ein Stadtteil Melbournes), doch die erste Modernistenbewegung sollte in Sydney ins Leben gerufen werden. Die australische Malerin Nora Simpson war 1913 aus Europa zurückgekehrt und hatte Reproduktionen französischer Künstler mitgebracht. Diese sollen angeblich den Anstoß für die Moderne in Australien gegeben und Experimente mit Kubismus und Expressionismus initiiert haben. Namen, die für die Modernismus-Bewegung stehen, sind Grace Cossington Smith und Margaret Preston. Letztere war auch eine der ersten Künstlerinnen, die von Aborigine-Kunst beeinflusst wurden und deren Bedeutung verstanden.

Eine erste etwas mutigere und visionärere Epoche ist der symbolische Surrealismus von Arthur Boyd, Albert Tucker und Sidney Nolan, der vor allem durch seine Serie von Ned-Kelly-Porträts bekannt geworden ist (siehe auch *Australiens Robin Hood: Ned Kelly* im Kapitel *Zweite Besiedlung*).

Eine höchst interessante Entwicklung hat eines der Hauptmotive der australischen Maler durchlaufen: der australische Busch. Anfänglich wurde er romantisiert als Ort der grenzenlosen Freiheit dargestellt, doch diese Wahrnehmung entwickelte sich immer mehr in eine Reflektion über verlorene Hoffnung und Verfall. Einer der Künstler, die die Leere und Hoffnungslosigkeit des Busches zum Ausdruck brachten, war zum Beispiel Russell Drysdale.

Zu den wichtigsten Namen seit den 1950er Jahren gehören der Landschaftsmaler John Olsen, der Avantgarde-Künstler Brett Whiteley, der Pop-Art-Maler Richard Larter, der abstrakte Maler Michael Johnson oder Lindy Lee, eine chinesisch-australische Künstlerin, die auch fotografische Elemente und ungewöhnliche Techniken in ihre Bilder einbaut.

In Australien werden einige bekannte Kunstpreise vergeben, wie der *Archibald Prize* für Porträtmalerei und der seit 1897 alljährlich für ein Landschaftsgemälde oder eine Skulptur ausgelobte *Wynne Prize*. Der erstmals 1921 vergebene Archibald-Preis erregt jedes Jahr großes Aufsehen in der Bevölkerung, die ihrerseits einen Publikumsfavoriten wählen kann, und führte im Laufe der Jahre immer wieder zu Kontroversen über die prämierten Bilder.

> **Übrigens...**
> Der Eintritt in die meisten Kunstmuseen Australiens ist kostenlos.

Kunst-Extreme

Big Things

Die überdimensionalen Abbildungen von mehr oder weniger typisch Australischem stehen meist am Rand gut befahrener Hauptstraßen und markieren Geschäfte oder Raststätten. In Victoria gibt es beispielsweise den „Big Koala", den „Big Milkshake", den „Big Ned Kelly" und das „Big Platypus" – das „Große Schnabeltier". In New South Wales zieren eine riesige Avocado, eine Monster-Banane und das abgebildete gigantische Merino-Schaf die Straßen. In Queensland setzt man dagegen auf Gummistiefel oder fette Kröten.

Großer Widder bei Goulburn, New South Wales

Museum of Particularly Bad Art

Seit 2004 wird in der Melbourner Chapel Street einmal jährlich ausgestellt, was besonders schrecklich und handwerklich misslungen ist, gleichwohl aber oft mit ganzer Leidenschaft und Herzblut geschaffen wurde – darunter beispielsweise skurrile Porträts von populären Ikonen wie Elvis Presley, Bruce Springsteen oder John Lennon. Das Publikum ist zu diesem Anlass aufgefordert, selbst Bilder mitzubringen, und an das schlechteste Kunstwerk wird der *Itchiball Prize* – in phonetischer Anlehnung an den *Archibald Prize* – verliehen.

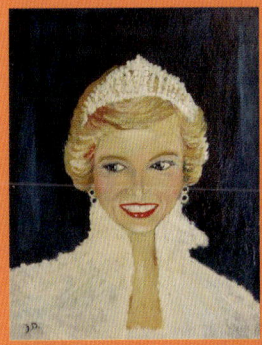
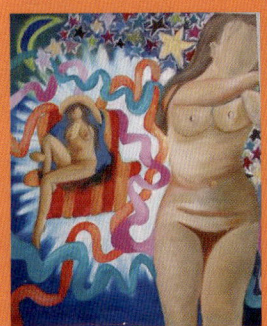

Links oben: Liz Wahr: „Never Say Di"; unten: Brian Hatswell: „Nude Stars"; oben: Kollage aus vielen Kunstwerken

Kunst am Meer - Sculptures by the Sea

Eine besondere Ausstellung ist „Sculptures by the Sea", die jedes Jahr im November Sydneys berühmten Wanderweg von Bondi Beach nach Tamarama sowie im März den Cottesloe Beach in Perth mit Skulpturen von Künstlern aus aller Welt in ein Kunstmuseum verwandelt.

Eindrücke vom Bondi Beach: auch fremde Arten werden problemlos integriert, Kunst und Sport miteinander in Einklang gebracht, Traditionen und Vorbilder erfahren angemessene Würdigung und Zivilisationsabfälle werden effizient und restlos verwertet

Architektur

Beispiele für historische Architektur der Aborigines sind aufgrund der Bauweise kaum erhalten. Die verschiedenen Stämme bauten je nach den Klimazonen und den ihnen zur Verfügung stehenden Materialien. In den kälteren Regionen im Südosten hatte man Steinhütten, in Südaustralien nutzte man Walknochen als Rahmen für die Häuser und im Westen Holz und Spinifex-Gras.

Einfache Terrace Houses im Raum Sydney

Die ersten Häuser nach dem Beginn europäischer Besiedlung folgten stark den Vorbildern aus Großbritannien. Es gibt Beispiele georgianischer Architektur, später folgte bedingt durch den Goldrausch eine Epoche viktorianischer Bauwerke. So finden sich in den Innenstädten von Sydney und Melbourne viele sogenannten „Terrace Houses", Reihenhäuser im viktorianischen Stil. Diese stellten mit ihrer relativ einfachen, standardisierten Bauweise eine Antwort auf das Bevölkerungswachstum dar, das durch den Goldrausch der 1850er Jahre ausgelöst und erst durch die Wirtschaftskrise Anfang der 1890er unterbrochen wurde. Terrace Houses gab es in allen Varianten, vom teuren Mittelklassehaus mit bis zu fünf Etagen bis zu eingeschossigen kleinen Cottages in den Arbeitervierteln. Als gängigstes Material wurden Ziegelsteine verbaut, die mit Stuck bzw. Gips verziert wurden. Sehr beliebt war der „Filigree"-Stil, der sich durch die vielen schweren gusseisernen Ornamente der Balkonbrüstungen, häufig in Form von einheimischen Pflanzen auszeichnet. Am Übergang vom 19. zum 20. Jahrhundert hielt der „Federation Style" Einzug, der erstmals die Bedürfnisse der australischen Lebensweise aufnahm. Charakteristisch für diese Bauweise sind die Verwendung lokaler Materialien wie Holz und Wellblech, die Betonung von Raum und Licht sowie die Beziehung zur Landschaft. Die Ziegelsteinhäuser waren meist von einer tiefroten oder bräunlichen Farbe und hatten große Veranden.

Kultur und Medien

Die in Queensland in den 1840er Jahren entwickelten, als „Queenslander" bezeichneten Häuser sind typischerweise auf Holzstämmen erhöht gebaut. Dieses Stil prägende Merkmal hat seine Ursache in konkretem praktischem Nutzen: Die Luftzirkulation im freien Bereich unter dem Haus sorgt für Kühlung der Räume und zugleich ist das Haus vor Termitenbefall geschützt. Außerdem muss das Gelände vor dem Bau nicht eingeebnet werden und der Raum unter dem Haus kann als Lagerplatz genutzt werden. Alle Etagen haben meist eine oder mehrere Veranden, die typischerweise halb geschlossen sind und als zusätzlicher Raum genutzt werden können. Auf der Veranda sitzt man zugleich drinnen und draußen, sie bietet sowohl Schutz vor der Sonne als auch vor den in Queensland häufigen tropischen Regengüssen.

In der ersten Hälfte des 20. Jahrhunderts wurden immer mehr der alten Gebäude in den Innenstädten abgerissen, um moderne mehrstöckige Büro- und Wohngebäude zu errichten. So findet man in den „Central Business Districts" von Sydney oder Melbourne fast

Altes Queenslander-Haus in Shorncliffe, Brisbane

Der Federation Square in Melbourne – Stadtplatz, öffentliches Zentrum und ein auffälliges, nach wie vor umstrittenes Beispiel moderner Architektur in Australien

nur noch Hochhäuser mit spiegelnden Fassaden. Dazwischen steht überraschenderweise aber gelegentlich auch noch die eine oder andere übrig gebliebene kleine viktorianische Kirche oder ein Terrace House. Heute sind die Häuser im alten Stil wieder sehr begehrt und besonders in der Nähe der „Central Business Districts" inzwischen sehr teuer. In vielen Stadtvierteln werden neuerdings postmoderne Reihenhaussiedlungen geplant, die dem alten Terrace-House-Stil nachempfunden sind.

Australiens moderne Architektur ist bekannt für qualitativ hochwertigen Wohnungsbau. Hier werden kaum mehr Massenwohnungen gebaut, sondern moderne Inspirationen. So können selbst Apartments je nach Lage, Größe und Ausstattung Millionen kosten, vor allem wenn sie am Meer liegen bzw. Meerblick haben. Interessanterweise ist die australische Architektur der Moderne nicht mehr vom Mutterland Großbritannien

Kultur und Medien

beeinflusst. Sie ist vielmehr eine Mischung aus amerikanischen, europäischen und asiatischen Einflüssen. Ihre grundlegenden Prinzipien basieren auf Luft, Licht und Sonne, die Umsetzung ist aber sehr vielfältig, je nachdem, aus welchem Wirkungskreis die jeweiligen Architekten stammen. Der Österreicher Harry Seidler war in seinen Bauten unter anderem von Walter Gropius beeinflusst. Robin Boyd favorisierte ganz den freien Grundriss, Neville Gruzman wurde für seine Glasbauten bekannt und Iwan Iwanoff für seine zwischen Skulptur und Relief schwankenden Häuser, um nur einige der bekannteren Namen zu nennen. Die zeitgenössische Architektur brachte einige Ikonen hervor, allen voran das schon häufig erwähnte Sydney Opera House, das der dänische Architekt Jørn Utzon entwarf. Aber auch der Federation Square in Melbourne oder das neue Parlament in Canberra sind eindrucksvolle Beispiele moderner Architektur.

Zwei bekannte Bauwerke von Harry Seidler: das 1977 eröffnete MLC Centre und das 1950 im Bauhaus-Stil errichtete Rose House in Sydney

Literatur

Die Geschichte der australischen Literatur beginnt mit der europäischen Besiedlung. Wie die vielen damals verfassten Briefe befassten sich die ersten literarischen Werke mit den Alltagsproblemen der Kolonisten und Sträflinge. Weitere Themen waren die harsche Landschaft, der Schmerz des Exillebens wie auch die Abenteuer der ersten Forscher und Entdecker, sowie die australischen Tugenden des *Mateship* und des Zusammenhalts. Noch heute beliebte Werke wie „For the Term of His Natural Life" (1872) von Marcus Clarke über das harte Leben in einer Sträflingskolonie oder Busch-Balladen wie jene von Henry Lawson und Andrew „Banjo" Paterson waren prägend für das Bild des Lebens im Busch und für das in jener Zeit aufkommende Nationalgefühl. Paterson schrieb Australiens „inoffizielle Nationalhymne" „Waltzing Matilda" und ist mit „Clancy of the Overflow" und „The Man from Snowy River" (1889 bzw. 1890) wohl der bekannteste der *Australian Bush Poets*. Henry Lawson, Sohn der bekannten australischen Frauenrechtlerin Louisa Lawson und eines norwegischen Goldsuchers, schrieb Gedichte, die regelmäßig in der progressiven Zeitung „The Bulletin" veröffentlicht wurden. Dennoch sah man den trunksüchtigen Dichter oft auf den Straßen Sydneys betteln. Schon zu Lebzeiten gehörte er zu den berühmtesten Persönlichkeiten Australiens, starb aber verarmt mit nur 55 Jahren. Weitere bekannte Dichter dieser Zeit sind Charles Harpur, Henry Kendall, George Gordon McCrae, der auch Eingeborenen-Themen aufgriff, sowie Adam Lindsay Gordon.

Erst im 20. Jahrhundert befasste sich die australische Literatur vermehrt mit allgemeineren Themen wie dem Verhältnis zwischen Individuum und Gesellschaft. Bis heute als Meilenstein gilt der autobiographische Roman „My Brilliant Career" (1901) von S.M.S. Miles Franklin,

„Banjo" Paterson circa 1890

Büste vom Grenfell Henry Lawson Festival of Arts 2008

Kultur und Medien

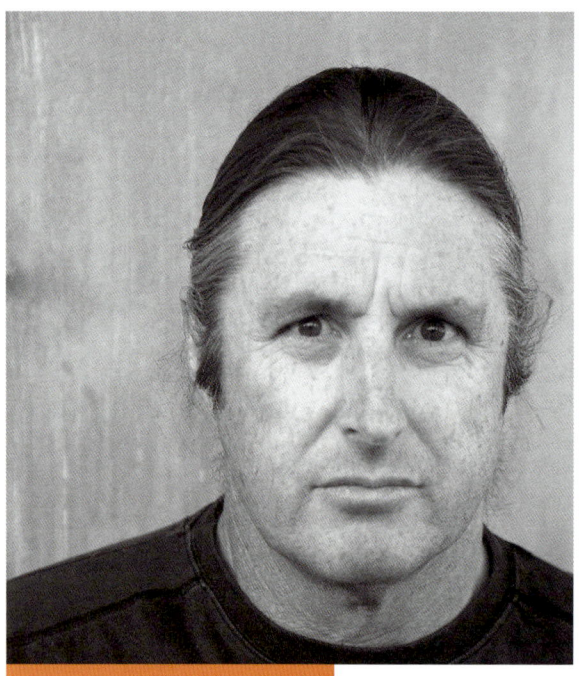

Tim Winton

die Geschichte einer jungen verarmten Farmerstochter, die von einer Karriere als Schriftstellerin träumt und beschließt, ihren eigenen Weg zu gehen, statt den vorgegebenen gesellschaftlichen Rollen zu entsprechen. Franklin, die große Teile des Romans verfasste, als sie noch keine 20 Jahre alt war, hatte mit ihrer Ich-Erzählerin nicht nur das jugendliche Alter und das Herkunftsmilieu gemeinsam. Wie diese verfolgte sie konsequent ihren feministischen Traum von Unabhängigkeit und blieb Zeit ihres Lebens unverheiratet.

Eine herausragende Gestalt nicht nur der australischen Literatur ist Patrick White, der in seinen Romanen den Konflikt zwischen individuellem Bewusstsein und sozialer Existenz auf oft satirische Weise untersucht und 1973 als erster und bisher einziger Australier den Literaturnobelpreis gewann (siehe Kasten). Andere bedeutende Namen der Literatur seit 1970 sind die Booker-Preisträger Peter Carey und Thomas Keneally. Peter Carey gilt als bedeutendster lebender Schriftsteller Australiens. Seine bekanntesten Romane sind „Oscar and Lucinda" (1988), eine Liebesgeschichte zweier Spielsüchtiger, und „True History of the Kelly Gang" (2000), für die er jeweils den *Booker Price* verliehen bekam. Er verfasste auch zusammen mit Wim Wenders das Drehbuch für dessen Film „Bis ans Ende der Welt" (1991). Thomas Keneally wurde vor allem durch den mit dem *Booker Prize* ausgezeichneten Roman „Schindler's Ark" (1982) bekannt, der als Vorlage für den von Stephen Spielberg gedrehten Film „Schindler's List" (1993) diente. Weitere wichtige Namen sind der durch seine Aborigines-Themen bekannt gewordene Dichter und Romanautor Rodney Hall, der wohl derzeit populärste und produktivste australische Autor Tim Winton (u.a. „Dirt Music", deutsch „Der singende Baum", 2001/ 2004), sowie David Malouf. Letzterer hat sowohl mit seinen Romanen als auch seinen Gedichten fast alles gewonnen, was im Bereich der Literatur an Preisen zu vergeben ist, und wurde unter anderem mit seinen Romanen „Remembering Babylon" (1993) und „Conversations at Curlow Creek"

(1996) bekannt, die sich mit den in der Anfangszeit der Kolonisation nach Australien gekommenen Siedlern bzw. Sträflingen befassen. Zu erwähnen sind außerdem Kate Grenville, Janette Turner Hospital, Marion Halligan, Christopher Koch, Alex Miller, Shirley Hazzard und Richard Flanagan.

Zu den prominenten australischen Lyrikern des 20. Jahrhunderts gehören neben David Malouf Alec Derwent Hope, Judith Wright, Kenneth Slessor, Dorothy Hewett, Dorothy Porter und Les Murray. Malouf ist übrigens ein Beispiel dafür, dass Gedichte in der Literatur durchaus kein Randdasein fristen müssen: Im Juni 2007 brachte er im Rahmen des *Sydney Writers' Festival* einen Gedichtband heraus, dessen Erstauflage von 3000 Stück innerhalb von drei Tagen ausverkauft war. Bei diesem Festival tragen seit 1997 jährlich über 300 Autoren aus der ganzen Welt und den verschiedensten literarischen und geisteswissenschaftlichen Disziplinen ihre Werke vor.

Als erster Schriftsteller der Aborigines gilt David Unaipon. Er wurde 1872 in Südaustralien geboren und versuchte, den weißen Einwanderern Aborigine-Kultur zu vermitteln und die Bildung der Ureinwohner zu verbessern. Seine bekanntesten Werke sind „Aboriginal Legends" (1927), „Native Legends" (1929) sowie das seinerzeit nicht unter seinem Namen und ohne seine Erlaubnis veröffentlichte „Myths and Legends of the Australian Aboriginals" (1930). Er verfasste außerdem zahlreiche Artikel in Zeitschriften und Magazinen über die Traditionen und Rechte der Aborigines. Ein wichtiges Anliegen Unaipons war, die von ihm gefundenen Gemeinsamkeiten zwischen den Werten der Aborigines-Kultur und dem Christentum herauszustellen. Zugleich war David Unaipon Erfinder und wurde auch als „Leonardo da Vinci Australiens" bezeichnet. Er konstruierte technische

David Malouf beim Australian Poetry Festival in Kings Cross 2010

Verbesserungen einer Schafschermaschine, versuchte, ausgehend vom Drehprinzip eines Bumerangs einen Hubschrauber zu entwickeln und war besessen von der Idee, das Geheimnis des Perpetuum mobile zu ergründen. Unaipons Konterfei ziert die australische 50 Dollar-Note. Ihm zu Ehren wird seit 1988 von der University of Queensland der *David Unaipon Award* an herausragende, bisher unveröffentlichte Werke indigener Schriftsteller verliehen.

Eine mit diesem Preis ausgezeichnete Schriftstellerin war Doris Pilkington für ihren Roman „Caprice: A Stockman's Daughter" (1990), die seit der Veröffentlichung ihres zweiten Buches, „Follow the rabbit-proof fence" (1996), zu den populärsten indigenen Schriftstellern Australiens zählt. Das Buch, das sich mit dem Schicksal der „Stolen Generations" beschäftigt, gehört heute in vielen australischen Schulen zur Pflichtlektüre und wurde 2002 unter dem Titel „Rabbit-proof fence" (in Deutschland „Long Walk Home") verfilmt.

Portrait von David Unaipon mit Diagrammen des von ihm patentierten Schafschergeräts auf der 50-Dollar-Note

Die erste Aborigine, die einen Gedichtband veröffentlichte, war Kath Walker (bis zu ihrer Heirat Kathleen Jean Mary Ruska) mit „We Are Going" (1964). Sie gewann mehrere Literaturpreise und machte sich auch als politische Aktivistin einen Namen. Die dem Stamm der Noonuccal angehörende Dichterin nahm 1988 offiziell ihren traditionellen Namen Oodgeroo an. Die international erfolgreichste indigene Autorin ist wohl Sally Morgan, die lange Zeit glaubte, indischer Herkunft zu sein, bis sie ihre Aborigines-Wurzeln entdeckte. Ihr erstes Buch „My Place", in dem sie sich mit ihrer Identitätssuche und ihrer Zugehörigkeit zur Aborigines-Kultur beschäftigt, verkaufte sich allein in Australien mehr als eine halbe Million Mal.

Etwas umstritten ist der Schriftsteller Mudrooroo. Geboren unter dem Namen Colin Thomas Johnson, änderte er seinen Namen später in Mudrooroo Nyoongah, Mudrooroo Narogin und schließlich in Mudrooroo. Seit seinem 1965 erschienen Roman „Wild Cat Falling" wird er häufig als Begründer der modernen Aborigines-Literatur bezeichnet. Die Aufdeckung des Umstands, dass seine Herkunft nicht auf Aborigines, sondern afroamerikanische Sklaven zurückgeht, setzte seinen Anspruch als Repräsentant der Aborigines-Literatur allerdings zum Teil heftiger Kritik aus. Da sein Vater vor seiner Geburt starb, wurde er in staatlichen Institutionen aufgezogen; die Identität seiner Mutter ist nicht eindeutig geklärt. Mudrooroos Werk umfasst neben Romanen Lyrik, Dramen, Drehbücher und auch Literaturkritik. Er reiste viel – unter anderem nach Südostasien, Indien und Amerika – und dozierte an verschiedenen Universitäten über die Aborigines-Literatur. Als Autor und Wissenschaftler hat er einige öffentliche Debatten über indigene und postkoloniale Literatur angestoßen. Der nach eigener Aussage heute als Nomade lebende Mudrooroo ist Mitglied des *Aboriginal Arts Committee* des Australia Council und gründete gemeinsam mit Jack Davis die *Aboriginal Writers, Oral Literature and Dramatists Association*.

Besonders erwähnenswert ist außerdem Alexis Wright, die bisher zwei Romane über das Leben von Aborigines im heutigen Australien veröffentlichte. Ihr Schreibstil ist sehr komplex und geprägt von Elementen aus Traumzeitgeschichten und einer Erzählweise, die auf der Wiedergabe zeitlich ungeordneter Bewusstseinsströme beruht (*Stream of Consciousness*). Nach langen Schwierigkeiten einen Verlag zu finden, gewann sie 2006 mit ihrem zweiten Roman „Carpentaria" Australiens bekanntesten Literaturpreis, den mit 42.000 AU$ dotierten *Miles Franklin Award*, der aus dem Nachlass von Stella Maria Sarah Miles Franklin finanziert und seit 1957 jährlich für ein Buch vergeben wird, das sich mit australischem Leben beschäftigt.

Alexis Wright, Schriftstellerin und Landrecht-Aktivistin

Patrick White (1912-1990)

Patrick White war der erste und bisher einzige Australier, der mit dem Literatur-Nobelpreis ausgezeichnet wurde. Er wurde 1912 in London geboren, als sich seine Eltern – australische Viehzüchter, deren Vorfahren aus England stammten – auf einer zweijährigen Reise durch Europa und den Nahen Osten befanden. Sechs Monate nach seiner Geburt kehrte die Familie zurück nach Australien.
Schon in jungen Jahren las Patrick White viel und wurde von seiner Mutter ins Theater mitgenommen; seine bereits mit vier Jahren auftretende Asthma-Erkrankung hielt ihn von anstrengenderen physischen Betätigungen ab. Mit 13 Jahren wurde er von seinen Eltern auf ein britisches College geschickt – eine „vierjährige Gefängnisstrafe", wie er die Zeit in seiner Autobiographie bezeichnete. Nachdem er im Anschluss an die Schule gemäß dem Wunsch seiner Eltern zwei Jahre in Australien als Farmgehilfe gearbeitet hatte – wodurch sie hofften, ihm seine künstlerischen Ambitionen austreiben zu können –, kehrte er zum Studium deutscher und französischer Literatur nach Europa zurück und ließ sich danach in London nieder. Zwischen 1933 und 1935 besuchte er mehrmals Deutschland und 1939 die USA. Die Erbschaft von 10.000 Pfund nach dem Tod seines Vaters 1937 ermöglichte es ihm, sich ohne finanzielle Sorgen ganz dem Schreiben zu widmen. Nach dem Eintritt Großbritanniens in den Zweiten Weltkrieg wurde er Nachrichtenoffizier der Royal Air Force und im Laufe seines Kriegsdienstes unter anderem in Griechenland eingesetzt, wo er seinen späteren Lebenspartner, den griechischen Offizier Manoly Lascaris kennenlernte, mit dem er 1946 nach Australien zurückkehrte und auf eine Farm in der Nähe von Sydney zog. White war sich seiner Homosexualität schon früh bewusst gewesen – während seiner Zeit im College hatte sie zu seiner Vereinsamung dort beigetragen. Abgesehen von seinem 1981 veröffentlichten Selbstportrait „Flaws in the Glass" machte er sie aber nicht zum Thema seines literarischen Schaffens.
Den Nobelpreis erhielt Patrick White 1973 für seine psychologische und epische Erzählkunst. Whites Werk zeichnet sich darin aus, dass es viel auf griechischer Mythologie basiert, obwohl die meisten seiner Romane in Australien spielen. Auch Jungs Psychologie hat ihre Spuren hinterlassen und er bedient sich unter anderem auch der Methode des Bewusstseinstromes, die James Joyce entwickelt hat.
Sein Roman „The Tree of Man" (1955), der die Geschichte dreier Ge-

nerationen einer Farmerfamilie im Buschland in der Nähe von Sydney erzählt, brachte ihm erstmals internationalen Ruhm. Mit seinem Roman „Voss" (1957) gelang ihm schließlich auch in Australien der literarische Durchbruch. In Anlehnung an die historische Gestalt Ludwig Leichhardts wird darin von einer Expedition durch die australische Wüste unter der Leitung des Deutschen Voss erzählt, die einen Landweg von Sydney nach Darwin finden soll. Parallel dazu handelt er von der Stieftochter eines der Finanziers der Expedition in Sydney, die zu Voss während der Reise sowohl über Briefe als auch auf metaphysische Weise in Verbindung steht. Auf der Grundlage von „Voss" entstand eine Oper von Richard Meale, zu der David Malouf das Libretto verfasste. Ein weiterer großer Erfolg für White – auch durch den Gewinn des Nobelpreises im gleichen Jahr – wurde „The Eye of the Storm" (1973). Es ist ein Roman über eine Frau, für die der Aufenthalt im Auge eines Zyklons zum einschneidenden Erlebnis wird, so dass sie ihre Einstellung zum Leben und ihr Verhältnis zu ihren Mitmenschen grundlegend ändert. Patrick White starb am 30. September 1990 in seinem Haus in Sydney.

Das von Patrick White seit 1964 bewohnte Haus am Centennial Park in Sydney

Kultur und Medien

Musik

Was die klassische Musik betrifft, sind vor allem die hervorragenden Symphonieorchester des Landes zu erwähnen, wie jene in Sydney und Melbourne. Das Melbourne Symphony Orchestra (MSO) stand von 1998 bis 2004 unter der Leitung des deutschen Dirigenten Markus Stenz. Im Jahr seiner Rückkehr nach Europa kam ein weiterer noch recht junger deutscher Dirigent nach Australien, der nun ebenfalls Erfolge feiert: Sebastian Lang-Lessing leitet als Chefdirigent und künstlerischer Direktor das Tasmanian Symphony Orchestra in Hobart.
Die berühmteste künstlerische Institution Australiens ist zweifelsohne das Opernhaus in Sydney. Es hat Sänger wie Deborah Riedel, Lisa

Konzertsaal des Sydney Opera House im November 2009

Gasteen, Yvonne Kenny und Teddy Tahu Rhodes hervorgebracht, die würdevoll in die Fußstapfen der großen Namen der Anfangsjahre wie Dame Nellie Melba und Dame Joan Sutherland getreten sind. Einmal im Jahr werden übrigens in Kooperation mit dem Hessischen Staatstheater in Wiesbaden sowie mit der Oper Köln zwei „German Australia Opera Grants" ausgeschrieben, die es zwei jungen australischen Sängern bzw. Sängerinnen ermöglichen, ein Jahr in Europa zu verbringen und in renommierten internationalen Opernhäusern aufzutreten. Dies stellt für viele junge Künstler eine große Chance dar. Der Insel-Charakter Australiens, fernab von internationalen Einflüssen und ohne die Möglichkeit, wie in Europa mal eben über die Grenzen zu schnuppern, macht es vielen australischen Künstlern schwer, ihre Kreativität voll zu entfalten.

Ein zeitgenössischer Komponist australischer Herkunft war der in Melbourne geborene, später in die USA ausgewanderte Percy Grainger (1882 - 1961). Der Schüler des italienischen Komponisten Ferruccio Busoni entwickelte unter anderem *Free Music Machines*, die als Vorläufer der Synthesizer gelten, und experimentierte mit sogenannten *Theremins*, die mit Hilfe von Radiowellen Klänge erzeugen. Wie Grainger „flüchteten" auch andere Künstler ins Ausland. Peggy Glanville-Hicks (1912-1990) lebte zeitweilig in den Vereinigten Staaten und später in Griechenland. Sie verarbeitete Einflüsse griechischer und auch indischer Musik zum Beispiel in ihrer Oper „Nausicaa". Auch Malcolm Williamson (1931 - 2003), der als erster (und bislang einziger) Nicht-Brite von der englischen Königin zum Master of the Queen's Music ernannt wurde, lebte seit seinem achtzehnten Lebensjahr vorwiegend in England. Erfolgreich waren aber auch Künstler, die sich den australischen Wurzeln und der Natur annäherten. So setzte sich der 1929 geborene Peter Sculthorpe

Percy Aldridge Grainger, musikalischer Neuerer, Erfinder der Free Music Machines, Exzentriker, bekennender Rassist und Sado-Masochist, dem in Melbourne bereits zu Lebzeiten ein eigenes Museum gewidmet wurde

in seinem Werk unter anderem mit der Musik der australischen Ureinwohner und des pazifisch-asiatischen Raumes auseinander. 1997 wurde er vom *Australian Council of National Trusts* (ACNT) zum „lebenden Kulturschatz" erklärt und in die Liste der *Australian Living Treasures* aufgenommen.

Auch die Komponistin und Klangkünstlerin Ros Bandt verwendete in ihren Klanginstallationen unter anderem Naturgeräusche. Ebenfalls erwähnenswert sind noch David Chesworth, der vor allem durch Klanginstallationen und Filmmusiken sowie durch seine Mitwirkung in der experimentiellen Band Essendon Airport bekannt wurde. Der von den australischen Ureinwohnern abstammende David Page war zunächst ein Kinderstar, der als „nächster Michael Jackson" tituliert wurde (was aber durch den einsetzenden Stimmbruch vereitelt wurde), beschäftigte sich später unter anderem mit der Musik der Ureinwohner und verfasste zahlreiche Kompositionen für Tanzvorführungen, Film und Fernsehen.

Der populären Musik fällt der Sprung von der großen Insel in den Rest der Welt naturgemäß leichter. Die heute sehr erfolgreiche australische Popmusik hatte ihre Anfänge in den 1960er Jahren mit Stars wie The Easybeat, Skyhooks und Little Pattie, die 1966 Bekanntheit erlangte, als sie mit gerade einmal 17 Jahren für die australischen Truppen in Vietnam sang. Am Abend der Schlacht von Long Tan trat sie im nahen Nui Dat auf, und die Soldaten berichteten später, dass sie ihre Stimme hören konnten, während sie durch den Dschungel patrouillierten.

Ende der 60er Jahre hatten auch die

Nick Cave, umtriebiger Rock-Musiker mit Punk-, Blues- und Gospel-Einflüssen, Schriftsteller und gelegentlicher Schauspieler, mit seinem jüngsten Band-Projekt Grinderman bei einem Konzert 2009

zu den erfolgreichsten und langlebigsten Musikgruppen aller Zeiten zählenden Bee Gees ihren internationalen Durchbruch. Ebenfalls als Ikonen der australischen Popmusik können John Farnham und Olivia Newton-John gelten, deren musikalischen Erfolge Ende der 60er bzw. Anfang der 70er Jahre begannen.

Die Gruppe Cold Chisel und ihr Sänger Jimmy Barnes stellen seit Ende der 70er Jahre eine Größe in der australischen Rockmusik dar. Die Erfolge ihres typisch australischen Pub Rock mit Blues-Elementen beschränkten sich allerdings weitgehend auf Australien.

Seit den 70er und insbesondere seit den 80er Jahren kamen dagegen verschiedene andere australische Gruppen und Musiker mit unterschiedlichen Spielarten der Rockmusik wie AC/DC, Men At Work, Midnight Oil, INXS, Powderfinger, Crowded House, Silverchair, The Living End oder Nick Cave zu internationaler Geltung. Erfolgreiche australische Exportartikel sind auch die Popgruppen The Seekers und Savage Garden. Beispiele aus jüngerer Zeit sind etwa die Rockgruppen Eskimo Joe, Grinspoon, The Vines, Jet und Wolfmother, die Popsängerin und Songschreiberin Vanessa Amorosi, die Singer und Songwriter Missy Higgins und Ben Lee, die Country-Sängerin Kasey Chambers und die Popsängerin und Schauspielerin Christine Anu, die als Angehörige der Torres-Strait-Insulaner auch als Sprecherin für die Anliegen der Ureinwohner auftritt.

Nationale Pop-Ikone: John-Farnham-Statue von Peter Corlett an den Melbourne Docklands

Immer wieder machten auch populäre australische Soap-Opera-Stars aus Serien wie „Neighbours" oder „Home and Away" durch musikalische Veröffentlichungen von sich reden. Besonders erfolgreich waren dabei die Sängerinnen Natalie Imbruglia 1997 mit „Torn" und Delta Goodrem, die 2002 mit „Born to Try" ihren Durchbruch hatte. Das berühmteste Beispiel und zugleich der populärste australische

Kultur und Medien

Export der Gegenwart ist zweifelsohne Kylie Minogue, die zunächst ebenfalls durch „Neighbours" bekannt wurde. Ihre musikalische Karriere begann 1987, als sie mit einer Neuauflage des 1960er Hits „Locomotion" ihre erste Single herausbrachte, die in Australien sieben Wochen lang den ersten Platz der Verkaufscharts belegte (siehe auch **Zehn australische Persönlichkeiten**).

Auch wenn die australische Jazzszene in Europa nicht sehr bekannt ist, so sagt dies wenig über ihre Qualität aus. Australien hat seit den 1920ern eine sehr lebendige Jazzszene. Frank Coughlan gilt mit seiner Jazzband „The Californians" als der Vater des australischen Jazz. Anfänglich war der Jazz populäre Tanzmusik, doch nach dem Zweiten Weltkrieg entwickelte sich eine regelrechte Jazzbewegung. Seit 1946 wird in Melbourne jährlich die sogenannte „Australian Jazz Convention" abgehalten. Jazz wurde in den Nachkriegsjahren in Clubs und Hotels gespielt, es gab Jazzkonzerte und die Begeisterung für Jazz breitete sich wie ein Lauffeuer aus. vor allem jüngere Leute und Kreative waren Jazzanhänger. Anfänglich wurde die Musik auch mit einer politischen Auffassung verbunden, denn sie galt als radikal und unkonventionell. Der Mitbegründer der „Australian Jazz Convention" Harry Stein zum Beispiel gründete auch eine linksorientierte politische Bewegung. Doch auch heute noch äußern sich Musiker wie Vince Jones in ihren Texten zu politischen Themen. In den 1960ern und 1970ern wurde es wie auch anderswo ruhiger um den Jazz, da Rock- und Popmusik ihn verdrängten, doch seit den 1980ern erfreut sie sich in Australien wieder wachsender Beliebtheit Eine Legende des australischen traditionellen Jazz ist der Trompeter Bob Barnard, der seine Karriere als Musiker in der 1950er Jahren begann und in den 70er Jahren seine eigene Band gründete,

Missy Higgins, Songschreiberin, Schauspielerin und Tierrechtsaktivistin bei einem Konzert in Sydney 2010

mit der er auch zahlreiche Auftritte auf Festivals in Europa und den USA absolvierte. Der Klarinetten-, Saxophon- und Flötenspieler Don Burrows ist seit den 1970er Jahren als Swing- und Jazzmusiker eine feste Größe und erlangte sowohl im australischen Fernsehen als auch auf internationalen Festivals Bekanntheit. Weitere beliebte und erfolgreiche Jazzmusiker sind der Saxophonist und Komponist Graeme Lyall, der 2003 von der Queen für seine Verdienste als Musiker, Komponist und Chefdirigent zum „Member of the Order of Australia" ernannt wurde, das Trio „The Necks" und der erwähnte Trompeter, Flügelhornist und Sänger Vince Jones. Der Saxophonist Julien Wilson feierte mit seinem ungewöhnlichen Trio mit Gitarre und Akkordeon in jüngerer Zeit auch auf europäischen Jazz-Festivals Erfolge. Ein hochgelobter Nachwuchsstar ist der Jazz- und Blues-Gitarrist Joe Robinson. Er stand bereits mit 13 Jahren auf der Bühne und gewann im Jahr 2008 den TV-Talentwettbewerb „Australia's Got Talent". Im Anschluss daran produzierte er in Nashville mit dem renommierten Produzenten Frank Rogers ein Album.

Lange Zeit wurde die australische Musikszene von weißen Musikern dominiert. Einzige Ausnahme war über Jahre hinweg der Sänger, Songschreiber und Gitarrist Jimmy Little, dessen Musik unter anderem von amerikanischer Countrymusik beeinflusst wurde. In jüngerer Zeit hat sich der Einfluss der Ureinwohner auf die australische populäre Musik nicht nur in quantitativer, sondern

Lloyd Swanton, Mit-Begründer des Jazz-Trios The Necks, bei einem Solo-Konzert in den USA 2009

Vince Jones beim Mullumbimby Music Festival 2010

auch in qualitativer Hinsicht verstärkt. Bekannte Beispiele sind Archie Roach (Bild: Kapitelanfang, oben), der 1990 mit dem Lied „Took the Children Away" (über die erwähnten gestohlenen Generationen) bekannt wurde und die Band Yothu Yindi (in der Aboriginal Sprache der Yolngu „Kind und Mutter"). Letztere wurde 1986 gegründet und setzte sich aus Aborigines und europäischstämmigen Australiern zusammen. Sie kombiniert Didgeridoo-Klänge mit modernen Instrumenten und verbindet damit relativ erfolgreich traditionelle indigene Musik mit Rock-Elementen. Bekannt wurde sie mit dem politischen Song „Homeland Movement" (1989). Mit dem Stück „Treaty" gewann die Gruppe renommierte Preise wie den Songwriting Award der Australian Human Rights Commission (1991). Es wurde zehn Jahre später in die Liste der „30 besten australischen Songs aller Zeiten" aufgenommen. In Deutschland wurde die Gruppe vor allem durch ihre Zusammenarbeit mit Peter Maffay bekannt.

Yothu Yindi beim East Coast Blues and Roots Festival, Byron Bay, 2006

Tanz und Theater

Besondere Erwähnung im Bereich der „Hochkultur" verdient das australische Ballett, es gilt als eines der weltbesten. Choreographen und Tänzer wie Edouard Borovansky und Sir Robert Helpmann legten hier Anfang des 19. Jahrhunderts die Grundsteine für ein hohes Niveau, und Choreographen wie Graeme Murphy und Meryl Tankard setzten die Tradition fort. Die in Darwin geborene Meryl Tankard hatte übrigens ihre ersten großen Erfolge in Deutschland, als sie zwischen 1978 und 1984 mit Pina Bausch und ihrem Tanztheater Wuppertal arbeitete. Durch viele nationale und internationale Gastspiele und ein umfangreiches und vielfältiges Programm, gewinnt das *Australian Ballet* auch immer wieder bekannte Gastchoreographen zur Zusammenarbeit. Heute haben das australische Ballett und insbesondere die moderne *Sydney Dance Company* internationales Renommee.

Cate Blanchett als Blanche in „A Streetcar Named Desire (Endstation Sehnsucht)", 2009

Aber auch ein die Traditionen der australischen Eingeborenen aufgreifendes Tanztheater hat sich weltweit einen guten Ruf verschafft. Zu nennen sind hier vor allem das *Descendance Aboriginal and Torres Strait Islander Dance Theatre* in Sydney, das *Tjapukai Dance Theatre* in Cairns, sowie das ebenfalls in Sydney ansässige *Bangarra Dance Theatre*, das auch während der Eröffnungs- und Abschlusszeremonie der Olympischen Spiele in Sydney auftrat und immer wieder mit dem australischen Ballett kooperiert. Sein Sitz befindet sich in dem noch relativ jungen Künstlerviertel an der Walsh Bay, wo auch die *Sydney Theatre Company* ihr Domizil hat. Letztere befindet sich augenblicklich unter der künstlerischen Leitung des australischen Hollywood-Stars Cate Blanchett und ihres Ehemannes Andrew Upton, und Vorstellungen sind teilweise über Monate hinweg ausgebucht, vor allem natürlich wenn Cate Blanchett persönlich auf der Bühne steht.

Das Tjapukai Dance Theatre in Kuranda nahe Cairns, das die Kultur der Regenwaldbewohner des nördlichen Queensland präsentiert, bei einer Aufführung im Jahr 2005

Theaterregisseurin Down Under

> **Klaus Krischok, Direktor des Goethe-Instituts Australien, im Jahr 2009:**
>
> „Während die Theaterszene in Deutschland sehr gut gefördert wird und jede kleine Stadt ein Theater hat, ist die Förderung von Kultur in Australien deutlich weniger ausgeprägt. Dies führt jedoch manchmal zu ungewöhnlich innovativen und kreativen Lösungen."

Nadine Helmi lebt seit 1988 in Australien. Noch bis 1995 pendelte die erfolgreiche Theaterregisseurin und Stückeschreiberin zwischen Deutschland und Australien, bis die Geburt ihres Sohnes sie die Zelte in Deutschland abbrechen ließ. Nadine Helmi hat sich auf Theater für Kinder spezialisiert. In Deutschland machte sich die Mainzerin vor allem durch ihr Stück „Frau Holle" einen Namen und in Australien feierte sie mit „The Secret of the Seven Marbles" Erfolge.

Wir treffen uns am Circular Quay in Sydney. Während hier die Fähren in Richtung Manly, Mosman und Taronga Zoo ablegen, schütteln wir uns die Hände. Die Frau mit dem frechen Kurzhaarschnitt und den sinnlichen dunkelblauen Augen hatte bereits am verabredeten Ort auf mich gewartet. Die Sonne strahlt und die Oper glitzert im Hintergrund. Es ist einer dieser Bilderbuchtage, der Sydney für viele zur Traumstadt schlechthin macht. Doch Nadine Helmi ist nicht deswegen nach Australien gekommen. Sie ist keine klassische Auswanderin, eher eine „wider Willen". Denn wie sie sagt: „Ich kam nicht wegen der Sonne und des Surfs, auch wenn meine Theater-Company „Surf ‚n' Theatre" heißt. Ich lebe eigentlich nur wegen meines Mannes hier."

Ihr Mann, das ist David Patch, ein bekannter Rechtsanwalt und *Labor*-Politiker in Sydney. David hatte sie im Urlaub in Frankreich kennen und lieben gelernt. Sie war nach ihrem Studium in Heidelberg mit ihrem Studentenchor in Nizza gewesen. „Ich hatte gerade das Examen bestanden, war gut gelaunt. David reiste ebenfalls nach seinem Examen in Frankreich herum und arbeitete in dem Restaurant, in dem wir Abendessen gingen." David hatte eine Wette mit Kollegen abgeschlossen: Sie mussten ihm immer dann ein Bier spendieren, wenn ihn – den Australier – jemand für einen echten Franzosen hielt. „Obwohl ich dachte, er sei Italiener und er seine Wette mit mir verlor, verliebten wir uns ineinander." Drei Jahre lebte David mit Nadine Helmi in Deutschland, doch dann wollte er seine Karriere als Rechtsanwalt ausbauen und zurück nach Australien. Nadine kam mit, obwohl es für die damals gerade am Anfang ihrer Karriere stehende Regisseurin „beinahe ein beruflicher Selbstmord war, von der Kulturhochburg Deutschland ins kulturell deutlich weniger engagierte Australien zu gehen."

Warum gerade das Theater in Australien eine soviel geringere Aufmerksamkeit erfährt, ist schwer zu erklären. Nach Nadine Helmis

Meinung sind historische Gründe dafür verantwortlich, denn Theater ist traditionell eher eine Institution des Bürgertums und die australische Bevölkerung von eher ländlicher und proletarischer Herkunft. Deutschland dagegen – das stellt Nadine auch heute noch bei ihren Besuchen in der Heimat fest – scheint geradezu besessen vom Theater. „Für viele Deutsche ist ein regelmäßiger Theaterbesuch durchaus eine Art kulturelles Bedürfnis."

Erst in der jüngeren Vergangenheit zog die Bekanntheit Cate Blanchetts (Sydney Theatre Company) das Augenmerk der Öffentlichkeit verstärkt auf das Theater und seine hochwertigen Produktionen; Schauspieler und Regisseure kommen seither nach Sydney. In einem Interview mit dem australischen ABC-Moderator John Doyle, antwortete Nadine Helmi auf die Frage, worin der größte Unterschied zwischen dem deutschen und dem australischen Theater bestehe: „In Deutschland bekommen die unzähligen öffentlich finanzierten Theater Millionen vom Steuerzahler, in Australien vielleicht mal ein paar Hunderttausend Dollar, wenn es hoch kommt." Solche Bemerkungen machen ihr nicht immer Freunde, auch wenn sie der Wahrheit entsprechen und in ähnlicher Form auch von prominenten Vertretern wie Cate Blanchett geäußert werden.

Dass der Stellenwert kultureller Themen in beiden Ländern überhaupt ein komplett anderer ist, wird unter anderem am Grad der Professionalität deutlich. In Australien ist die Amateurszene im Theater groß. Nadine Helmi sagt: „Jede Schule hat eine Theatergruppe, und ‚Drama' ist ein beliebtes Lehrfach. Die Lehrer sind oft gelernte Schauspieler, die in ihrem Beruf keine Arbeit finden konnten. Und es ist sehr einfach, in diesem Beruf in Australien arbeitslos zu sein. Deshalb haben die meisten Schauspieler und andere Theaterschaffende einen sogenannten „Day Job". Eine Anekdote aus ihrer Anfangszeit verfolgt sie noch heute: „Als ich neu im Land war, hat mich ein Taxifahrer mal gefragt: ‚Und was machen Sie beruflich hier in Australien?' Als ich antwortete ‚Ich bin Theaterregisseurin', fragte er unbeeindruckt weiter: ‚und mit

Nadine Helmi, deutsche Theatermacherin in Sydney

was verdienen Sie ihr Geld?' Ich war damals baff, aber er hatte recht. Es ist wirklich schwer, in diesem Beruf in Australien Geld zu verdienen."

Doch auch wenn sie es selbst herunter spielt, sind der sympathischen Mainzerin schon einige bemerkenswerte Erfolge in Down Under gelungen. Im Sydney Opera House war ihr Stück „Wobble Wombat learns to dance" zu sehen, und das Museum of Sydney zeigte „The Secret of the Seven Marbles". Darin geht es um die Geschichte einer irischen Auswandererfamilie im historischen Rocks-Viertel am Circular Quay, wo die Stadt Sydney gegründet wurde. Auf den Erfolg dieses Stückes hin sponserte der Historic Houses Trust mehrere Theaterstücke für Kinder, die in historischen Gebäuden spielen und sich mit der Kolonialgeschichte von Sydney befassen. Nadine sagt: „Diese Auftragswerke halten mich und die Theater-Company seit Jahren am Leben." Das Stückeschreiben hatte sie schon in ihrer Zeit als Regisseurin in Deutschland begonnen, doch in Australien öffnete diese Sparte ihr weitaus mehr Türen als die Regie.

Szene aus Nadine Helmis Stück „The Secret of the Seven Marbles"

Aber auch im Regieressort kann Nadine Helmi auf einige Erfolge zurückblicken. Bereits in ihrem Anfangsjahr 1988 inszenierte sie für das Womens' Festival im Bondi Pavillion. In Bondi rief sie 1997 auch mit Professor Gerhard Fischer von der Universität in New South Wales die Surf ‚n' Theatre Company ins Leben. Das erste Stück „A Punch in the Face" war ein großer Erfolg beim jugendlichen Publikum und bei der Presse. Doch da es kritische Jugendthemen ansprach, unter anderem das Thema ‚Selbstmord', gab das Department of Education keine Empfehlung heraus, sondern überließ den Lehrern die Entscheidung selbst, ob sie das Stück für geeignet hielten (Lehrer konsultieren in der Regel das Department of Education, bevor sie ein Stück mit Schülern ansehen). „Ich musste hier ganz schön umdenken lernen. Was wir in Deutschland sehen und als wichtig empfinden, sehen die hier nicht unbedingt genauso", sagt Nadine Helmi nachdenklich.

Trotzdem gibt sie das Träumen nicht auf und auch nicht die Hoffnung, gutes Kindertheater in Australien zu etablieren. „Sydney hat als Viermillionenstadt und Weltstadt nicht mal ein eigenes Kindertheater. Das würde ich gerne gründen. Das wäre mein großer Traum!"

Film

Australiens Filmproduktion hat eine lange Tradition. Bereits 1896 machte einer der Lumiere-Fotografen Aufnahmen in Sydney und während des Melbourne Cup. Der 1906 von der australischen Heilsarmee gedrehte Film „Soldiers of the Cross" gilt als erster „echter" Film der Welt. Der nächste wichtige australische Film „The Story of the Kelly Gang" über das Leben des berühmt-berüchtigten australischen Räubers Ned Kelly (siehe hierzu **Australiens Robin Hood: Ned Kelly** im Kapitel **Zweite Besiedlung**) kam 1907 in die australischen Kinos und gilt als erster Langspielfilm. Der auch in finanzieller Hinsicht sehr erfolgreiche Film hatte ursprünglich eine Länge von 60 oder 70 Minuten, doch im Laufe der Zeit wurde er infolge von Nitratzersetzung leider größtenteils zerstört, so dass heute nur noch etwa 17 Minuten erhalten sind, die im *National Film and Sound Archive* in Canberra aufbewahrt werden.

Bereits 1911 boomte die australische Filmindustrie und im Laufe der 20er Jahre wurden über 250 Stummfilme produziert. Doch trotz des erfolgreichen Anfangs der australischen Filmproduktion konnten sich danach zunächst nur wenige Filme international einen Namen machen. Eine der besonders erwähnenswerten Ausnahmen stellt der Klassiker „Jedda" (1955) von Charles Chauvel dar. Das Melodram war Australiens erster Farbfilm, dessen beide Hauptrollen erstmals mit Ureinwohnern besetzt wurden. Erst als die Regierung begann, den Sektor zu subventionieren, entwickelte sich eine nennenswerte Filmemacher-Szene. Filme wie "Picnic at Hanging Rock" oder "Sunday Too Far Away" waren die ersten Erfolge, die sich daraus ergaben. In den 80er Jahren kam der durchschlagende internationale Erfolg. Die 1979 begonnene „Mad Max"-Science-Fiction-Filmtrilogie gehört in diese Epoche wie auch „Crocodile Dundee", dessen Hauptdarsteller Paul Hogan das Image des Australiers weltweit wie kein anderer geprägt hat. Dass das Bild des Machete schwingenden Outdoor-Burschen nicht unbedingt dem städtischen Durchschnittsaustralier entspricht, merkt allerdings jeder schnell, der einen Fuß auf den fünften Kontinent setzt.

In den 90er Jahren folgten weitere erfolgreiche Filme wie „The Castle", „Muriel's Wedding", „Priscilla, Queen of the Desert", die australisch-neuseeländische Produktion „The Piano" oder „Strictly Ballroom". Auch Filme mit Aborigines-Thematik, -Schauspielern und

Frank Mills in der Hauptrolle des 1906 uraufgeführten, mittlerweile größtenteils zerstörten Films „The Story of the Kelly Gang", der heute fast ebenso legendär wie seine Titelfigur ist

Kultur und Medien

Stil-Ikone und Klischeebild Australiens: „Crocodile Dundee" Paul Hogan, dargestellt von einem Prager Straßenkünstler 2005

-Produzenten machten immer wieder von sich reden. Der bekannteste darunter ist wohl „Rabbit-Proof Fence", der in Deutschland unter dem Titel „Long Walk Home" in die Kinos kam und die wahre Geschichte von zwei Aborigines-Schwestern und ihrer Cousine schildert, die aus einem staatlichen Erziehungsheim entflohen waren, um zu ihrer Familie zurückzukehren, und wochenlang an einem Zaun entlang wanderten, der die Ausbreitung der Kaninchen im Land verhindern sollte. Auch Hollywood war in den vergangenen Jahrzehnten immer wieder zu Gast in Down Under, um Filme wie "The Matrix", die „Star Wars"-Episoden II und III, die jüngste „Ned Kelly"-Verfilmung von 2003 und "Australia" zu drehen. So wurden australische Regisseure wie Peter Weir oder Baz Luhrmann und Schauspieler wie Nicole Kidman, Hugh Jackman, Mel Gibson (amerikanisch-australisch), Cate Blanchett, Toni Collette, Eric Bana, Olivia Newton-John, Naomi Watts (britisch-australisch) oder der verstorbene Heath Ledger weltberühmt.

Cate Blanchett und ihr Ehemann, der Drehbuchautor, Regisseur und Produzent Andrew Upton, bei einer Pressekonferenz im Dezember 2010

AUSTRALIENS KREATIVE SEITE

Kulturveranstaltungen

Australien liebt seine Festivals und der jährliche Kalender ist mit hunderten von Veranstaltungen für Kunst, Musik, Tanz oder für welchen Bereich der Kultur auch immer geschmückt – von kleinen lokalen Veranstaltungen bis hin zu großen Festivals mit internationalen Gästen.

Jede der größeren Städte hat auch ein großes, bedeutendes Kultur-Festival. Das seit 1977 veranstaltete *Sydney Festival*, das größte australische Festival überhaupt, und das seit 1986 stattfindende *Melbourne International Arts Festival* präsentieren in jedem Januar bzw. Oktober große internationale Namen und Produktionen aus den Bereichen Musik, Theater, Tanz und anderen Spielarten der Visual Arts.

Vergleichbare Ereignisse im Bereich „Film" sind seit 1951 das *Melbourne International Film Festival* und seit 1954 das *Sydney Film Festival*.

Teilnehmer des Zombie Walk in Brisbane 2010, ein Kostümumzug der dunkleren Art, der jedes Jahr in verschiedenen australischen Großstädten zu unterschiedlichen Jahreszeiten abgehalten wird

Kultur und Medien

Im 1928 errichteten Bondi Pavilion findet das Flickerfest statt, ein Kurzfilm-Festival

Der Sydney Gay & Lesbian Mardi Gras hat mit dem „fetten Dienstag" (frz. :mardi gras), dem Karnevalstag vor Aschermittwoch nur wenig zu tun

Beide Veranstaltungen finden alljährlich im Juli und August in Melbourne bzw. im Juni in Sydney statt. Beim *Sydney Film Festival*, das als einziges australisches Festival bei der *Internationale des Associations de Producteurs de Films* (FIAPF) akkreditiert ist, werden ein Publikumspreis und der *Dendy Award* für australische Kurzfilme vergeben. Seit dem Jahr 2008 findet außerdem ein Wettbewerb unter internationalen Spielfilmproduktionen statt.

Im australischen Sommer sind die ebenfalls in Sydney stattfindenden Kurzfilmfestivals *Tropfest* und *Flickerfest* zwei kostenlose Massenevents, die auch international große Beachtung haben. Insbesondere das Tropfest im innerstädtischen Park The Domain zieht regelmäßig über 100.000 Zuschauer an und wird live via Satellit in öffentliche Parks und Cafés vieler anderer australischer Großstädte übertragen. Bei diesem weltgrößten Kurzfilmfestival wird unter anderem der beste australische Kurzfilm mit maximal 7 Minuten Länge gekürt.

Neben den „offiziellen" Festivals gibt es natürlich auch Veranstaltungen, die aus Traditionspflege, als politisches Statement oder einfach als Ausdruck von Lebensfreude von verschiedenen sozialen Gruppen organisiert werden – so sind etwa das Chinese New Year oder die weltweit größte Schwulen- und Lesbenparade im Rahmen des „Sydney Gay & Lesbian Mardi Gras" jedes Jahr im Februar ein riesiges Spektakel.

Medien

In Australien werden rund 500 Zeitungen und 1500 Zeitschriften herausgegeben. Auch das Radioangebot ist mit über 500 öffentlichen und kommerziellen Sendern sowie von unterschiedlichen gesellschaftlichen Gruppen oder lokalen Gemeinschaften ehrenamtlich betriebenen Community Radios vielfältig. Beim Fernsehen sieht es ganz anders aus. Es gibt zwei staatliche und drei private Sender, die australienweit ausgestrahlt werden, sowie das Bezahlfernsehen Foxtel. Die staatlichen Sender sind die Australian Broadcasting Corporation (ABC) mit ABC1 und ABC2 und der Special Broadcasting Service (SBS), ein auf ein internationales Publikum ausgerichteter Sender, der viele fremdsprachige Filme und Nachrichten verbreitet, unter anderem die Nachrichten der Deutschen Welle. Die drei privaten Sender sind Channel 7, 9 und 10; diese treten in manchen Regionen allerdings unter anderem Namen auf und haben noch Zweitkanäle, auf denen unter anderem ältere Filme und Wiederholungen laufen.

In den zurückliegenden Jahren haben einige Fernsehproduktionen international Anerkennung gefunden. Dazu gehörte in den 70ern „Skippy the Bush Kangaroo" und seit den 80er Jahren „Neighbours" und „Home and Away". Vor allem in den USA feierten die Sendungen des Tierfilmers Steve Irwin wie „The Crocodile Hunter" große Erfolge. Irwins Tod – er war 2006 bei Dreharbeiten am Great Barrier Reef von einem Stachelrochen ins Herz gestochen worden und kurz darauf verstorben – schockierte seine Fans auf der ganzen Welt. Die von 2001 bis 2009 produzierte Outback-Serie „McLeod's Daughters" ist ebenfalls ein erfolgreicher australischer TV-Export. In Australien sehr beliebt und mit dem nationalen Logie Award ausgezeichnet, ist die australische Comedy-Serie „Kath & Kim" von Jane Turner und Gina Riley. Die Serie dreht sich um die gestörte Beziehung zwischen der 50jährigen Kath und ihrer Tochter Kim, die im fiktionalen Melbourner Vorort Fountain Lakes leben.

Extrem erfolgreich war auch die 2009 ausgestrahlte 13-teilige Mini-Fernsehserie „Underbelly: A Tale of Two Cities", die entfernt auf realen Begebenheiten des Marihuana-Handels in und um die Stadt Griffith in New South Wales basiert. Im Übrigen werden im australischen Fernsehen – wie auch in anderen Ländern – viele amerikanische Serien und Shows nach amerikanischem oder britischem Vorbild gezeigt wie zum Beispiel die Late Night Shows von Rove McManus oder die Castingshows „Masterchef Australia", „Australian Idol" und „Australia's Next Topmodel".

Die qualitativ besten australischen Zeitungen sind die landesweit erscheinende Tageszeitung „The Australian", der „Sydney Morning Herald" und „The Age" in Melbourne. Auch die Finanzzeitung „The Australian Financial Review" wird in Wirtschaftskreisen sehr geschätzt. „The Age" war im 19. Jahrhundert die wichtigste Tageszeitung Australiens, während die Zeitungslandschaft mit über 500 Titeln heute sehr diversifiziert ist. Alle größeren Zeitungen gehören aber entweder News Limited, das zu Rupert Murdoch's News Corporation gehört, oder Fairfax Media, ein 1841 von John Fairfax gegründetes Medienimperium, das seit 1990 allerdings kein Familienunternehmen mehr ist. Rupert Murdoch's konservativer Einfluss auf die australische Zeitungslandschaft ist dabei beängstigend groß. Ihm gehören neben dem „Australian" der „Advertiser" in Adelaide, die „Courier Mail" in Brisbane, die „Herald Sun" in Melbourne, der „Mercury" in Hobart, die „Sunday Times" in Perth sowie das „Gold Coast Bulletin". Die Tageszeitungen unterhalten meist auch Internetseiten, auf denen die wichtigsten Nachrichten jederzeit aktualisiert werden. Insgesamt berichten die meisten Medien weniger über internationale Nachrichten als europäische Blätter und gewähren auch dem Feuilleton nur wenig Platz. Demgegenüber ist der Sportteil sehr ausführlich. Ebenfalls erwähnenswert sind noch eine linksorientierte Publikation namens „Green Left Weekly", die viele Kommentare zu Menschenrechten, Umweltthemen und Nachhaltigkeit beinhaltet. Ureinwohner-Themen werden in der „National Indigenous Times" behandelt.

Auch im Zeitalter des Internets noch wichtige Informationsquelle nicht nur im Outback: Tageszeitungen wie der „Sydney Morning Herald", „The Australian" oder die „Financial Review"

Eine Liste mit australischen Nachrichten- und Meinungsportalen im Internet findet sich im *Anhang*.

Die wichtigsten australischen Tageszeitungen:

Überregional: *The Australian*
Sydney: *Sydney Morning Herald*
Melbourne: *The Age*
Canberra: *The Canberra Times*
Adelaide: *The Advertiser*
Perth: *The West Australian*

Brisbane: *The Courier-Mail*
Cairns: *The Cairns Post*
Darwin: *Northern Territory News*
Alice Springs: *Alice Springs News*
Hobart: *Mercury*

Portrait: Julian Assange – der Enthüller

Manche sehen ihn als Sicherheitsrisiko und Staatsfeind Nummer Eins an, andere verehren ihn als Held: den 1971 in Townsville in Queensland geborenen Julian Assange, Computerhacker, politischer Aktivist und Mitbegründer von WikiLeaks, jener Internetplattform, die sich dem Kampf gegen Zensur und für Informationsfreiheit verschrieben hat und Dokumente veröffentlicht, die Unternehmen und Regierungen lieber geheim halten würden. Erstmals große Schlagzeilen machte die Veröffentlichung eines US-Militärvideos, das die Ermordung unschuldiger Menschen in Bagdad dokumentierte, unter ihnen auch zwei Reuters-Journalisten. Zu den vielen WikiLeaks-Veröffentlichungen gehörten neben Dokumenten über die Kriege in Afghanistan und Irak, über die Entwendung persönlicher Daten von UN-Personal durch US-Diplomaten und vertraulichen Depeschen von US-Botschaften auch solche über außergerichtliche Hinrichtungen in Kenya, die Entsorgung von Giftmüll an der afrikanischen Küste oder Leitfäden von Scientology. Die Vorgehensweise von Wiki-Leaks, von Assange als „wissenschaftlicher Journalismus" bezeichnet, umfasst auch die Beteiligung renommierter alteingesessener Medien bei der Auswertung und Auswahl des zu veröffentlichenden Materials. Für seine Arbeit wurde Assange mit positiven Würdigungen und Preisen bedacht, neben einem *Amnesty International Media Award* 2009 etwa auch dem von einer Gruppe ehemaliger CIA-Offiziere an Whistleblower vergebenen *Sam Adams Award* 2010.

Julian Assange bei der Podiumsdiskussion „Too much information? Security and censorship in the age of Wikileaks" im September 2010 an der City University London

Nachdem der Programmierer und ehemalige Student der Physik, Mathematik, Philosophie und Neurowissenschaften infolge der Veröffentlichung der NATO-Kriegsdokumente bereits in den USA zur Fahndung ausgeschrieben worden war, wurde er aufgrund sexueller Anschuldigungen in Schweden von Interpol per „Red Notice" gesucht und stellte sich schließlich in Großbritannien der Polizei. Ob es sich dabei um eine inszenierte Kampagne handelte, ist Gegenstand von Spekulationen und Verschwörungstheorien. Schon früher war Assange aufgrund seiner Hacker-Aktivitäten in Australien mit dem Gesetz in Konflikt geraten. Nach der Festnahme gingen hunderte WikiLeaks-Unterstützer in Australien auf die Straße und forderten die Regierung auf, sich für Assange einzusetzen. Im Interesse der guten Beziehungen zu den USA hielt sich diese mit Äußerungen oder gar Unterstützung für ihn allerdings zurück.

Zehn australische Persönlichkeiten

Premierminister Sir Robert Menzies (1894–1978)

Sir Robert Menzies (1941) – bis heute Australiens Premierminister mit der längsten Amtszeit

Robert Gordon Menzies gilt noch heute als Inbegriff des modernen australischen Staatsmannes. Er war von 1939 bis 1941 und nochmals von Ende 1949 bis Anfang 1966 Premierminister und ist damit bis heute der am längsten amtierende Regierungschef Australiens. Viele Australier bezeichnen ihn nach wie vor als einen der einflussreichsten und eindrucksvollsten Politiker des Landes. Der Umstand, dass Politik in der australischen Gesellschaft normalerweise eher wenig diskutiert und der „herrschenden Klasse" deutlich weniger Aufmerksamkeit entgegengebracht wird als in vielen Ländern Europas, macht das hohe Ansehen Menzies in der Bevölkerung umso bemerkenswerter. Während der Amtsperioden von Menzies wurde die Liberale Partei gegründet, Canberra als Hauptstadt aufgebaut und viel in Bildung investiert. Als erster Australier wurde er von Königin Elisabeth II. zum Lord Warden of the Cinque Ports ernannt.

Cricket-Spieler Sir Donald Bradman (1908-2001)

Donald Bradman 1937 auf dem Melbourne Cricket Ground

„The Don", wie die Australier ihn gerne nennen, ist nach wie vor einer der am meisten bewunderten Sportler Australiens. Er beherrschte von 1928 bis 1948 (mit einer achtjährigen Zwangspause während des Zweiten Weltkriegs) den Cricket-Sport und zeichnete sich nicht nur durch sein exzellentes Spiel aus, sondern auch durch seine besondere Grazie und Eleganz. Für seine Erfolge auf dem Cricketfeld wurde er von der britischen Königin als Knight Bachelor in den Ritterstand erhoben. In Bowral südlich von Sydney ist Donald Bradman sogar ein Museum gewidmet. In der heutigen Zeit ist nur der Cricket-Spieler Shane Warne annähernd so beliebt.

Australiens kreative Seite

Feministin Germaine Greer
(*1939)

Germaine Greer, australische Journalistin, Autorin und Literaturprofessorin, gilt als eine der wichtigsten Feministinnen des 20. Jahrhunderts. In ihren öffentlichen Auftritten und Publikationen, wie dem 1970 erschienenen internationalen Bestseller „The Female Eunuch", trat sie gegen die Reduzierung der Frau auf ein Sexualobjekt und für die freie Sexualität der Frauen ein und hatte damit prägenden Einfluss auf die modernen Vorstellungen über die Partnerschaft zwischen Mann und Frau. Germaine Greer ist für Australien, was Alice Schwarzer für Deutschland ist – mit dem Unterschied, dass Greer ihrem Heimatland schon früh den Rücken gekehrt hat und heute in Großbritannien lebt.

Germaine Greer, Marxistin, Mitbegründerin und Modell eines erotischen Underground-Magazins, Provokateurin und Literatur-Professorin, beim Humber Mouth Literature Festival im englischen Hull 2006

Medienmogul Rupert Murdoch
(*1931)

Rupert Murdoch, der ebenfalls nicht mehr in Australien, sondern in den USA lebt, gilt als einer der reichsten und mächtigsten Wirtschaftsmagnaten der Welt. Die Anfänge seines Imperiums lagen einst in Adelaide, wo er zunächst zwei kleine Lokalblätter, darunter „The News", und einen Radiosender von seinem Vater übernahm. Murdoch ist Gründer und Vorstandsvorsitzender des Medienimperiums News Corporation mit 64.000 Mitarbeitern und einem Jahresumsatz von knapp 33 Mrd. US-Dollar. Es umfasst Zeitungen, Verlage, Fernsehstationen und elektronische Medien auf der ganzen Welt. Dazu gehören das Hollywood-Film-Studio *20th Century Fox*, das US-amerikanische TV-Network *Fox Broadcasting Company* und der US-amerikanische Verlag *HarperCollins*. 2005 kaufte Murdoch *MySpace* und übernahm 2007 nach monatelanger Verhandlungsschlacht den bekannten US-Verlag *Dow Jones*, zu dem unter anderem das „Wall Street Journal" gehört.

In Großbritannien gehören Murdoch das sonntäglich erscheinende Boulevardblatt mit der größten Verbreitung, die „News of the World", sowie „The Sun" und die „Times". In Deutschland besitzt er den Bezahlsender „Sky" (ehemals „Premiere") und den bekannten Klingeltonanbieter *Jamba*. In Australien gehören ihm sowohl die

Kultur und Medien

Rupert Murdoch – einflussreicher und nicht unumstrittener Medienzar

landesweite Tageszeitung „The Australian" als auch diverse andere Zeitungen in fast allen Bundesstaaten, darunter neben den bereits im Abschnitt **Medien** genannten auch „The Herald Sun" (Victoria), „The Daily Telegraph" (New South Wales) und die „Northern Territory News" (Northern Territory). Neben Medienunternehmen besitzt Murdoch auch Anteile an verschieden Sportteams wie z.B. den Los Angeles Lakers.

Murdoch wird in Australien aufgrund seiner Erfolge bewundert und ist gleichzeitig wegen seines enormen Einflusses in den Medien verhasst. Auch in Amerika und Europa wird Murdoch vorgeworfen, sein Medienimperium zur Verbreitung seiner konservativen Weltanschauung zu nutzen. Er steht vor allem in der Kritik wegen persönlicher und nicht-unabhängiger Einflussnahme auf die Berichterstattung während der Bush-Regierung und über den Irak-Krieg. Die gegenwärtige US-Regierung ist im offenen Streit mit *Fox*, das in seinen Sendungen wiederholt gegen Präsident Obama polemisiert und ihn sogar als Rassisten bezeichnet hat.

Läuferin Cathy Freeman (*1973)

Cathy Freeman – Identifikationsfigur nicht nur für indigene Australier

Cathy Freeman stammt aus einer Aborigine-Familie in Queensland und gehört zu den Vorzeigefiguren des australischen Sports und der australischen Ureinwohner. Ihre sportlichen Leistungen verschafften ihr die Möglichkeit, sich auch politisch und gesellschaftlich zu engagieren: Indem sie als Ausdruck der Verbundenheit mit ihrem Volk und zur Unterstützung des Selbstbewusstseins der australischen Urbevölkerung bei Sportwettbewerben neben der australischen mehrmals auch die Aborigine-Flagge schwenkte, löste sie kleine Skandale aus und erlangte dadurch Aufmerksamkeit und Interesse für ihr Volk bei heimischen Medien und der Weltöffentlichkeit. Mit der 2007 gegründeten *Catherine Freeman Foundation* setzt sie sich für gleiche Bildungschancen von Kindern aus Aborigine-Familien ein. Ihre größten Erfolge als Kurzstreckenläuferin über 400 und 200 Meter waren insgesamt sieben Goldmedaillen bei internationalen Wettbewerben: vier Goldmedaillen bei den Commonwealth Games, zwei bei Leichtathletik-Weltmeisterschaften und eine bei den Olympischen Spielen.

Australiens kreative Seite

Komiker John Barry Humphries (*1934)

Barry Humphries nimmt sein Heimatland gerne mal auf die Schippe. Er gilt nicht umsonst als bester Satiriker und Komödiant des Landes. Humphries, weltweit besser bekannt in seiner Rolle als australische Hausfrau „Dame Edna Everage", hat den australischen Humor entscheidend mitgeprägt und gilt als einer der Begründer der heute recht lebhaften australischen Comedy-Szene, deren Mitglieder regelmäßig im Fernsehen auftreten und sich einmal im Jahr beim beliebten Comedy Festival in Melbourne versammeln.

Dame Edna Everage alias Barry Humphries – nationale Kultfigur

Popsängerin Kylie Minogue (*1968)

Kylie Minogue ist wohl der bekannteste australische Popstar der Gegenwart. Nachdem sie bereits in jungen Jahren als Schauspielerin unter anderem in der beliebten Fernsehserie „Neighbours" mitgewirkt hatte, begann ihre Karriere als Musikerin im Jahr 1987 mit einer Neueinspielung des 60er-Hits „Locomotion". Nachdem sie in den 80er Jahren zunächst zum Aushängeschild der „Hit Factory" des britischen Produzententeams Stock Aitken Waterman wurde, bemühte sie sich seit Anfang der 90er Jahre um die Anerkennung als eigenständige Künstlerin, wozu im Laufe der Zeit auch mehrere Image-Wechsel und Kooperationen mit anderen Musikern gehörten, unter denen das Duett mit Nick Cave in dessen Song „Where the Wild Roses Grow" (1996) die bekannteste darstellt. Anfänglich symbolisierte sie das „Mädchen von nebenan" und wurde dadurch zur

Das „nette Mädchen von nebenan" – Kylie Minogue bei einer Autogrammstunde 2007

Identifikationsfigur vieler junger Australierinnen. Vor allem ihre Live-Auftritte – wie zum Beispiel während der Feierlichkeiten zu den Olympischen Spielen 2000 in Sydney – bringen ihr regelmäßig Lob bei Medien und Öffentlichkeit ein. Kylie Minogues musikalisches Werk mag immer wieder kritisiert oder belächelt werden, doch allein aufgrund der Tatsache, dass sie es vom „einfachen Mädchen" zum erfolgreichen, weltberühmten Star gebracht hat, trifft sie bei den Australiern auf viel Sympathie und Anerkennung. Bewunderung und moralische Unterstützung erhielt sie zudem während der Zeit ihrer Brustkrebs-Erkrankung, die sie in echter Underdog-Manier kämpferisch besiegte.

Augenarzt Fred Hollows
(1929-1993)

Fred Hollows, Kämpfer gegen das Trachom und für die medizinische Versorgung der Ureinwohner

Fred Hollows wurde in Neuseeland geboren, verbrachte sein Leben aber hauptsächlich in Australien, wo er sich vornehmlich für die bessere medizinische Versorgung der Ureinwohner einsetzte. Er half Tausenden von Menschen, ihr Augenlicht wiederzubekommen, indem er das *National Trachoma and Eye Health Program* initiierte. Später weitete er sein Engagement auf Entwicklungsländer in Afrika aus. 1990 wurde er vom *Australia Day Council* zum "Australian of the Year" ernannt, eine Auszeichnung, mit der seit 1960 jährlich herausragende Leistungen, vorbildhaftes Verhalten oder signifikante Beiträge zur australischen Gemeinschaft und Nation gewürdigt werden. 1993 starb er an Krebs, doch die *Fred Hollows Foundation* setzt seine Arbeit fort.

Historiker Geoffrey Blainey
(*1930)

Geoffrey Blainey ist einer der bekanntesten australischen Historiker und Autoren sowie langjähriger Professor an der Universität von Melbourne und Mitgründer der Universität von Ballarat. Durch populäre Bücher wie „A Short History of the 20th Century" oder „A Short History of the World" gelang es ihm, Geschichte für viele Menschen greifbar zu machen.
Blainey ist einer der zentralen Kommentatoren in den sogenannten

History Wars, eine seit Jahren andauernde öffentliche Debatte in Australien über die Interpretation der Geschichte der europäischen Kolonisation Australiens und ihre Auswirkungen auf die Ureinwohner. Dabei geht es um die Frage, ob die europäische Besiedlung seit 1788 human und friedlich war und bestimmte Ereignisse der schlechten Behandlung von indigenen Australiern Ausnahmen waren, oder ob sie gekennzeichnet war von offiziellem und inoffiziellem Imperialismus, Ausbeutung, Enteignung, Misshandlung, gewaltsamen Konflikten und kulturellem Genozid. Eine dritte Position sieht die Wahrheit irgendwo dazwischen. Blainey prägte den Begriff des „Black Armband" (Trauerbinde), mit dem er die Sichtweisen der Geschichte beschreibt, die sich auf die negative Auslegung fokussieren.

1988 erhielt er für sein Werk den *International Britannica Award For Excellence in the Dissemination of Knowledge for the Benefit of Humankind* (Internationaler Britannica-Preis für herausragende Leistungen bei der Verbreitung von Wissen zum Wohle der Menschheit). Neben wenigen anderen gehört er zu den Australiern, deren Biographie in die Encyclopaedia Britannica aufgenommen wurde.

Geoffrey Blainey, der angesehenste Historiker Australiens

Schauspielerin Nicole Kidman (*1967)

Nicole Kidman gilt in Australien als die große Film-Ikone, die nicht erst seit ihrer Hauptrolle im Australien-Epos „Australia" zum Stolz ihrer Landsleute auf ihre Künstler und ihre Heimat beigetragen hat. Dass sie ihren Ruhm dazu nutzt, sich als Sonderbotschafterin für das Kinderhilfswerk UNICEF und den United Nations Development Fund for Women (UNIFEM) einzusetzen, dürfte für die ihr entgegengebrachte Anerkennung eher einen Nebenaspekt darstellen. Nicole Kidman hält in gewisser Weise die australische Flagge hoch, wie es einst Paul Hogan tat, der mit seinen „Crocodile Dundee"-Filmen Australien einen Popularitätsschub bescherte, wobei das von ihm geprägte Image allerdings bereits damals mehr Klischee als Realität war. Doch die raue Busch-Attitüde Hogans wurde brilliant von der Eleganz und Würde Kidmans ersetzt.

Nicole Kidman, UNIFEM-Botschafterin und australische Ikone, bei der Pressekonferenz anlässlich der Premiere des Films „Australia" in Rom 2008

Kapitel 8
Städte und Regionen
Vom Großstadtdschungel ins Outback

Der Hafen von Sydney von der Harbour Bridge aus aufgenommen

STÄDTE UND REGIONEN

Städte und Regionen

Vom Großstadt-Dschungel ins Outback

Land der großen Entfernungen

Über die Größe Australiens und die extremen Entfernungen wurde in diesem Buch bereits geschrieben. Die folgende Tabelle verdeutlicht nochmals, dass Urlauber in Australien ihre Routen gut planen müssen. Hier fährt man mit dem Mietauto nicht eben mal von einer größeren Stadt in die andere wie von Hamburg nach Berlin. Adelaide, Melbourne, Sydney, Brisbane sind alle mindestens eine Tagesreise voneinander entfernt, Perth und Darwin noch um einiges weiter.

Australien hat wesentlich weniger große Städte als Deutschland. Die größten Städte sind Sydney und Melbourne, in deren Bundesstaaten New South Wales und Victoria auch die meisten Menschen leben. Sehr dünn besiedelt ist dagegen das sehr große Gebiet des Northern Territory mit seiner Hauptstadt Darwin (siehe Tabellen).

Entfernungen zwischen australischen Städten [km]	Adelaide	Brisbane	Canberra	Darwin	Melbourne	Perth	Sydney
Adelaide	-	2055	1198	3051	732	2716	1415
Brisbane	2055	-	1246	3429	1671	4289	982
Canberra	1198	1246	-	4003	658	3741	309
Darwin	3051	3429	4003	-	3189	4049	4301
Melbourne	732	1671	658	3789	-	3456	873
Perth	2716	4363	3741	4049	3456	-	3972
Sydney	1415	982	309	4301	873	3972	-

Der künstlich angelegte See mitten in Canberra

STÄDTE UND REGIONEN

Städte	Bundesstaat/Territorium	Einwohner [Mio]
Sydney	New South Wales	4,4
Melbourne	Victoria	3,9
Brisbane	Queensland	1,9
Perth	Westaustralien	1,6
Adelaide	Südaustralien	1,2
Hobart	Tasmanien	0,2
Canberra	Australian Capital Territory	0,34
Darwin	Northern Territory	0,12

Bevölkerungszahlen der Hauptstädte der Bundesstaaten in Millionen (2008). Quelle: Department of State and Regional Development

Weitere bekannte Städte und zugleich Hauptstädte australischer Bundesstaaten sind Brisbane (Queensland), Adelaide (Südaustralien), Perth (Westaustralien), Canberra (die Hauptstadt Australiens, des Australian Capital Territory und des Jervis Bay Territory. Sie liegt als einzige Hauptstadt nicht am Meer, sondern im Landesinneren) und Hobart (Tasmanien). Die Ostküste ist dicht besiedelt, im Landesinneren und auch im Norden und Westen ist die Besiedelung eher spärlich.

Die einzige größere Stadt im Landesinneren ist Alice Springs. Sie bietet ihren rund 22.000 Einwohnern und den zahlreichen Touristen, die von hier meist zu einer Tour in Richtung Uluru und Kings Canyon starten, allerdings jeden Komfort. Hier gibt es Luxushotels vom Feinsten und im Supermarkt kann der Gourmet ohne Probleme die ausgefallensten Waren kaufen.

Abendstimmung auf Lord Howe Island

Bundesstaat/Territorium	Anteil an der Gesamtfläche [%]	Fläche [km²] Festland	Inseln	Gesamt
Westaustralien	33,0	2 526 786	3089	2 529 875
Queensland	22,5	1 723 936	6712	1 730 648
Northern Territory	17,5	1 335 742	13 387	1 349 129
Südaustralien	12,7	978 810	4672	983 482
New South Wales	10,4	800 628	14	800 642
Victoria	3,0	227 010	406	227 416
Tasmanien	0,9	64 519	3882	68 401
Australian Capital Territory	0,03655	2358	—	2358
Jervis Bay Territory*	0,00095	72	1	73
Gesamt:	100	7 659 861	32 163	692 024

Bundesstaat/Territorium	Einwohner [T]	Zuwachs zum Vorjahr [T]	Zuwachs [%]
New South Wales	7 041,4	97,5	1,4
Victoria	5 364,8	102,4	1,9
Queensland	4 349,5	106,7	2,5
Südaustralien	1 612,0	18,5	1,2
Westaustralien	2 204,0	66,0	3,1
Tasmanien	500,3	4,9	1,0
Northern Territory	221,7	4,2	2,0
Australian Capital Territory	347,8	5,8	1,7
Gesamt:	21 644,0	406,1	1,9

Flächen der Bundesstaaten und Territorien.
* Der offiziell zum Australian Capital Territory gehörende Hafen. Quelle: Geoscience Australia

Einwohner der Bundesstaaten und Territorien in Tausend. Quelle: Australian Bureau of Statistics (Stand: Dezember 2008)

Die beiden Metropolen Sydney und Melbourne

Wer in Sydney lebt, ist Melbourne nicht grün und andersherum. In Sydney sagen die Leute gern: „Aus Melbourne kommt nichts Gutes außer dem Hume Highway." Doch wenn man ehrlich ist, könnte man den Spruch auch umdrehen. Tatsächlich sind die Städte im Vergleich miteinander wie Äpfel und Birnen oder wie New York (Melbourne) und L.A. (Sydney). Die eine, ehrwürdig und konservativ, kulturbeflissen und intellektuell, die andere bunt, schnell, laut und multikulti. Vielleicht liegt es daran, wie die Städte entstanden sind – Sydney als

„Abschiebelager" für in Großbritannien unerwünschte Kriminelle, Melbourne dagegen als gutbürgerliches Dorf, dessen Standort den Ureinwohnern sogar ordnungsgemäß abgekauft wurde. Rivalinnen wurden die beiden Städte schon früh. Ende des 19. Jahrhunderts stritten sie um den Hauptstadttitel, gingen jedoch beide zugunsten des auf dem Reißbrett geplanten Canberra leer aus. Ein anderes Streitthema waren die Olympischen Spiele. 1956 gingen sie an Melbourne, dafür wurde 2000 Sydney dazu auserkoren, das Spektakel auszurichten. Doch gegenüber Sydney kann sich Melbourne rühmen, Gastgeber eines der vier bedeutendsten Tennisturniere der Welt, der *Australian Open*, zu sein, und auch die *Formel 1* findet in der Hauptstadt Victorias statt. Auch in vielerlei anderer Hinsicht spielt Melbourne seine Trumpfkarten aus. Sein Engagement im Tourismus und im Bemühen, Investoren und Wirtschaftsleute nach Victoria zu holen, ist unübertroffen. Bei innovativen Themen wie Bio-, Nano-, oder Informationstechnologie hat Melbourne die Nase vorn. Die bekanntesten medizinischen Forschungseinrichtungen sind in der südlichen Metropole angesiedelt, und auch Mode und Design haben ihr Zentrum im hippen Melbourne. Journalisten werden von den Victorianern geradezu bombardiert mit interessanten Themen, Kongressen, Einladungen zu Betriebsbesichtigungen und organisierten Reisen, um über die Schönheiten Melbournes und seiner Umgebung zu schreiben. Sydney und New South Wales sind da deutlich zurückhaltender. Aber schließlich hat man ja die Oper, die Harbour Bridge und den Hafen. Und die Liste könnte noch weiter gehen mit den Klippen, den Stränden, den herrlich altmodischen Fähren, den tropischen Pflanzen, den Nationalparks wie dem Royal National Park im Süden, dem Kuringai im Norden und den Blue Mountains im Westen.

Doch werfen wir einen etwas genaueren Blick auf die wichtigsten Städte des fünften Kontinents.

Sydney – weit weg und doch mittendrin

Sydney, einen ca. 24-stündigen Flug von Europa entfernt, ist eine wichtige internationale Metropole in der asiatisch-pazifischen Region. Faszinierend ist das Gemisch an Hautfarben und Kulturen für denjenigen, der zum ersten Mal die Straßen Sydneys betritt. Chinesen, Japaner, Inder und Europäer tummeln sich in der Innenstadt. Mittags,

Sydney: das historische Hafenviertel The Rocks

wenn die Wolkenkratzer Tausende von Büromitarbeitern entlassen, riecht es an jeder Ecke nach anderen Leckereien. In sogenannten „*Food Courts*" gibt es Curry oder Sushi, Pizza oder Thai Noodles. Kleine Cafés, sogenannte „*Coffee Shops*", sind an jeder Ecke und servieren selbst zum Mitnehmen noch einen hervorragenden Kaffee. Die Auswahl ist groß, zwischen *Latte*, *Flat White*, *Cappuccino*, *Macchiato*, *Long* oder *Short Black* mit normaler oder fettreduzierter Milch (*Skim Milk*)– eine Wissenschaft für sich. Viele *Barristas,* wie sich die Kaffeemeister nennen, zeichnen in den Milchschaum kunstvolle Blätter, Blumen, Herzen oder gar Gesichter.

Über vier Millionen Menschen drängen sich in der Millionenmetropole, die zwischen den genannten Nationalparks eingezwängt ist und so inzwischen nur noch in die Höhe, aber nicht mehr in die Breite wachsen kann. Entsprechend chaotisch ist die Infrastruktur, die aus allen Nähten platzt. Straßen, Züge, Busse und Fähren können den täglichen Menschenmassen, die sich in den *Central Business District* (*CBD*) drängen, wo die meisten Bürojobs zu finden sind, nicht mehr standhalten.

STÄDTE UND REGIONEN

Die einfachste und schönste Weise Sydney zu erkunden, ohne im Stau stecken zu bleiben, sind die nostalgisch anmutenden Fähren, die vom Circular Quay zwischen Opernhaus und Harbour Bridge abfahren. Majestätisch gleiten sie zwischen den beiden Ikonen Sydneys hindurch und bringen die Fahrgäste zum schicken Balmain, dem relaxten Badevorort Manly, zum Ort der besten Aussicht auf die Stadt, dem Taronga Zoo, zu der schroffen Klippenlandschaft der Watson Bay oder den schicken Vororten Rose Bay und Mosman.

Die Innenstadt Sydneys ist schnell und einfach zu Fuß zu erkunden: das historische Viertel The Rocks ist die erste städtische Ansiedlung Australiens und damit der Ursprung der Kolonisierung. Heute sind in den einst von Sträflingen erbauten ehemaligen Lager- und Verwaltungshäusern viele Restaurants, Kneipen und Cafés untergebracht. Von hier aus hat man auch gute Einblicke in den mächtigen Stahlkoloss der Hafenbrücke. Die Harbour Bridge ist die

Sydneys berühmte Skyline

größte (wenn auch nicht die längste) Stahlbogen-Brücke der Erde. 1932 eröffnet, bildet sie noch immer den wichtigsten Verkehrsknotenpunkt der Metropole. Sie wird liebevoll von den Einheimischen als „Coathanger" („Kleiderbügel") bezeichnet.

Täglich wird an der Instandhaltung der Harbour Bridge gearbeitet. Im Mittelpunkt steht dabei das Streichen der Brücke, wobei die Arbeiter oft in schwindelerregender Höhe hängen. Ein Gesamtanstrich dauert zehn Jahre, danach beginnt die Arbeit wieder von vorn. Die Fläche, die gestrichen werden muss, entspricht umgerechnet 60 Sportplätzen. Für einen Anstrich braucht man 80.000 Liter Farbe. Eine teure Notwendigkeit, die zusammen mit den anderen Aufwendungen zum Erhalt der Brücke fünf Millionen australische Dollar kostet, und Grund dafür ist, dass für das Überqueren der Brücke pro Auto in Richtung Innenstadt eine Gebühr zu entrichten ist. Einer der berühmtesten Anstreicher war übrigens der spätere „Crocodile Dundee"-Darsteller Paul Hogan.

Die auf der Innenstadtseite wohnenden *Sydneysider* haben eine ganz spezielle Beziehung zu "ihrer Brücke", und das Klischee aus dem Reiseführer stimmt wirklich: Wer diesseits der Brücke wohnt, würde niemals auf die andere Hafenseite ziehen und umgekehrt!

Das zweite markante Gebäude Sydneys, die Oper direkt gegenüber der Harbour Bridge, ist eines der berühmtesten und meistfotografierten Bauwerke der Neuzeit. Ihr Architekt, der Däne Jørn Utzon, erhielt 2003 für sein Werk den weltweit renommiertesten Architekturpreis, den von der Hyatt-Stiftung vergebenen Pritzker-Preis. Doch seine Ideen kamen nicht von Anfang an gut an. Kritiker hatten den Bau einst als „Gruppe französischer Nonnen beim Fußballspiel" bezeichnet, und Utzon selbst war bei der offiziellen Eröffnung 1973 gar nicht mehr an dem Projekt beteiligt. Er hatte schon einige Zeit vor Vollendung der Oper, hauptsächlich aufgrund finanzieller Streitigkeiten, das Handtuch geworfen und Australien den Rücken gekehrt.

Direkt hinter dem spektakulären Hafenpanorama türmen sich die Glas- und Stahlfassaden der Skyline. Einen scharfen Kontrast dazu bilden die riesigen Grünflächen des Botanischen Gartens. Hier steht nicht nur ein Exemplar der botanischen Sensation des 20. Jahrhunderts, der für ausgestorben gehaltenen Wollemie (siehe hierzu entsprechendes Kapitel im Abschnitt „*Flora und Fauna*"). Hier tummeln sich auch Papageien, Kakadus, Flughunde und verschiedene Kleinbeutler, die vor allem in der Dämmerung zum Leben erwachen.

Schlemmertipps...

Die gute Qualität des Fisches und der Meeresfrüchte wurde ja bereits erwähnt. Insbesondere der Fischmarkt in Sydney, der zwischen der Pyrmont Bridge Road und der Bank Street in Pyrmont abgehalten wird, lohnt einen Besuch. Die Auswahl an frischen Fischen und Meeresfrüchten ist riesig, und natürlich gibt es auch genug Schlemmerstände, an denen man frisch Gebratenes kaufen kann. Beim Verzehr der Leckereien muss man sich dann nur vor gierigen Möwen und Pelikanen in Acht nehmen, bei denen sich dieser Tipp ebenfalls herumgesprochen hat.

Für Wagemutige:
In Sydneys Chinatown sollten Liebhaber der exotischen Küche unbedingt ein „Yam Cha" probieren – eine Art Brunch, bei dem man viele kleine Portionen chinesischer Kochkunst auswählen kann.

STÄDTE UND REGIONEN

Jedes Jahr aufs Neue ein Publikumsmagnet: das Sylvester-Feuerwerk in Sydney

An der berühmten Macquarie Street, die wie so vieles andere nach dem ersten Gouverneur der Stadt Lachlan Macquarie benannt wurde, befinden sich das Parlament, die bereits erwähnten Hyde Park Barracks (ein Museum für Sozialgeschichte) und die Staatsbibliothek sowie in der Verlängerung der Straße die *St. Mary's Cathedrale* und das *Australian Museum*. Shopping-Möglichkeiten bieten die George, Oxford und Pitt Street sowie die edlen Einkaufspassagen wie z.B. die im *Queen Victoria Building*, das sich direkt neben dem Rathaus an der George Street befindet.

Ein Farben-Spektakel...

Das professionelle Silvesterfeuerwerk in Sydney zieht die Zuschauer jedes Jahr wieder in seinen Bann. Kinderfreundlich wie die Australier sind, veranstalten sie bereits um 21 Uhr ein stattliches Feuerwerk. Doch das Feuerwerk, dessen Bilder regelmäßig um die Welt gehen, ist natürlich das um Mitternacht. Feuerwerkskörper werden von der berühmten Hafenbrücke abgeschossen sowie von Booten im Hafen. Tausende gruppieren sich schon Stunden vor dem Spektakel an den guten Aussichtspunkten um den Hafen herum, um die beste Sicht genießen zu können – eine friedliche Party der Sinne und eines der größten Events Australiens. Privates Feuerwerk ist übrigens verboten.

Melbourne: europäisches Flair

Unter den Städten Australiens erinnert die Hauptstadt Victorias am ehesten an eine europäische Metropole. Viele enge Gassen, Hochhäuser sich abwechselnd mit viktorianischen Gebäuden, die wie eingequetschte Salamischeiben in einem Sandwich wirken. Und gutes Essen! Melbourne hat Dank seiner griechischen und italienischen Einwanderer eine der besten Küchen Australiens entwickelt. Kneipen, Cafés und Restaurants säumen die Straßen und trotzen dem nicht immer guten Wetter der Stadt. Ein ähnlich hohes Niveau pflegt Melbourne, wenn es um Kultur, Mode und Sport geht. Kulturell spiegelt sich die Vielfalt der Stadt in Vierteln wider wie dem griechischen um die Lonsdale Street, dem vietnamesischen in der Victoria Street oder dem chinesischen in Chinatown. Auch kulinarisch sind diese Viertel ein Highlight, ebenso wie einer der berühmtesten Märkte Australiens: der heute denkmalgeschützte Queen Victoria Market. Wer durch die engen, Katakomben ähnlichen Gänge schlendert, dem steigt der Duft frisch gebackenen Brotes in die Nase. An der einen Ecke türmen sich Käsesorten aus aller Herren Länder, an der nächsten hängen große Schinken und lange Salamis von der Decke und

Der Bahnhof Melbournes: die Flinders Station

Städte und Regionen

Ein Delikatessenladen im Queen Victoria Market

Übrigens...
Weshalb europäische Firmen Australien auswählen, um mal etwas „Anderes" auszuprobieren, ist nicht ganz klar. Vielleicht wird den großen Namen aus Europa am „Ende der Welt" ein noch ehrwürdigerer Klang zuerkannt, und andererseits ist im Fall eines Scheiterns dort der Imageschaden vielleicht auch nicht so gravierend wie im eigenen Land? Jedenfalls hat nicht nur Donatella Versace in Down Under ihr erstes Hotel ausgestattet (siehe Kapitel Wirtschaft), auch die Schweizer Schokoladenfirma Lindt hat in Sydney und Melbourne ihre weltweit ersten Kaffeehäuser eröffnet.

Knoblauch, Chilis, Oliven und leckeres Gebäck türmen sich hinter den Glasvitrinen auf.

Der *Queen Victoria Market* hat Tradition: es gibt ihn bereits seit dem 19. Jahrhundert. Zwischen 1837 und 1854 war der größte Teil der Fläche noch ein Friedhof. Die Gebeine von fast tausend Verstorbenen mussten verlagert werden, als sich der Markt ausdehnte und mehr Platz in Anspruch nahm, doch etwa 9000 Gebeine liegen noch heute unter dem Parkplatz des Marktes begraben. Und auch im 20. Jahrhundert erlebte der Markt mehr Turbulenzen als Manchen lieb war, denn die italienische Mafia hatte ihn in Beschlag genommen und zu einem Schauplatz der Schutzgelderpressung gemacht. Es gab mehrere Schießereien, die 1963 ein Todesopfer unter den Händlern forderten. Die Konflikte wurden schließlich vom Markt ferngehalten, indem man den Großhandel an einen anderen Ort verlagerte.

Mitten durch Melbourne zieht sich der Yarra River. Im Gegensatz zur geschäftigen Innenstadt mit dem Bahnhof, der *Flinders Station*, dem Rathaus, Büros, Hotels und dem kulturellen Zentrum, dem *Federation Square*, läßt es die Seite jenseits des Yarras etwas ruhiger angehen. Nicht nur kann man von hier einen guten Blick auf Melbournes Skyline werfen, auch der Botanische Garten ist einen Besuch wert. Verschiedene Ökosysteme, von tropischen Regenwäldern bis hin zu ariden Wüstenflächen mit Sukkulenten, sind dort nachgebildet worden.

Melbourne läßt sich gut zu Fuß oder mit Hilfe einer herrlich nostalgischen Trambahn erkunden. Eine solche bringt den Besucher auch in den kleinen Vorort St. Kilda, dessen entspanntes Strandleben Besucher wie Einheimische gleichermaßen anzieht. Ganz in der Nähe sind hier die Fitzroy und Acland Street, wo viele trendige Cafés und Restaurants Einzug gehalten haben, man aber auch herrlich nach Kleidung, Möbeln und Büchern stöbern kann.

Ein guter Ausgangspunkt ist Melbourne auch für Ausflüge in den Nationalpark „The Grampians" mit seinen spektakulären Ausblicken oder zur Mornington Peninsula mit den romantischen Örtchen Sorrento und Portsea, die 1967 zu trauriger Berühmtheit gelangten, als der damalige Premierminister Australiens, Harold Holt, dort beim Schwimmen im Meer ertrank. Sein Leichnam wurde nie gefunden und bis heute ranken sich Verschwörungstheorien um seinen Tod. Einen Abstecher lohnt auch die Pinguininsel Phillip Island und natürlich die berühmte Great Ocean Road.

Die Top Ten der australischen Strände

Platz 1: Der Traumstrand
Whitehaven Beach, Whitsundays, Queensland

Auf einem unbewohnten Fleckchen Erde inmitten der romantischen Inselgruppe der Whitsundays befindet sich der Whitehaven Beach. Sein Sand ist so hell und strahlend, dass man kaum die Augen öffnen kann. Über sechs Kilometer erstreckt sich der Strand und trennt üppiges Buschland von azurblauem Wasser. Whitehaven Beach kann nur per Boot erreicht werden, zum Beispiel mit einer organisierten Tour von der Hauptinsel Hamilton Island oder dem Strandort Airlie Beach aus. Wer den eher ärmlichen Strand der Reicheninsel Hamilton Islands satt hat, lernt mit Whitehaven Beach das wahre Paradies kennen!

Platz 2: Die Idylle
Wineglass Bay, Freycinet National Park, Tasmanien

Tasmanien und der Freycinet National Park haben ohnehin schon eine Menge Charme. Doch wer die relativ anstrengende, eineinhalbstün-

Whitehaven Beach

dige Wanderung vom Coles-Bay-Parkplatz bis zur berühmten Wineglass Bay und zurück auf sich nimmt, den erwartet eine besondere Belohnung: perlmuttweißer Sand in einer idyllischen Bucht, eingebettet in hohe Granitberge. Mit Recht gilt Wineglass Bay als einer der zehn schönsten Strände der Welt.

Platz 3: Der berühmte Strand
Bondi Beach, Vorort von Sydney, New South Wales

Bondi Beach

Kein Strand in Australien ist berühmter als Bondi Beach in Sydney. Hier tummeln sich Einheimische, Surfer, Touristen und Selbstdarsteller gleichermaßen. Bondi Beach ist ein schönes Beispiel für die Strandkultur mitten in der Stadt, wie sie auch Adelaide mit Glenelg Beach, Perth mit Cottesloe Beach oder Melbourne mit St. Kilda Beach pflegen. Berühmt sind in Bondi vor allem die Rettungsschwimmer, die nicht nur durch eine beliebte Fernsehserie bekannt wurden, sondern auch im ältesten Club des Landes arbeiten: Der *Bondi Surf Bathers* wurde bereits 1907 gegründet. Von Bondi aus lässt sich eine herrliche Küstenwanderung bis nach Coogee oder sogar noch weiter unternehmen, die über herrliche Klippen zu kleinen, versteckten Stränden führt, und darüber hinaus jedes Jahr im November die Möglichkeit bietet, die beste Skulpturenausstellung des Landes zu besichtigen (siehe Kapitel **Kultur und Medien**).

Platz 4: Das Surfmekka
Bells Beach, Great Ocean Road, Victoria

Bells Beach ist mit Abstand der Lieblingsort der Surfer. Hier gibt es nicht nur eine tolle Brandung, hier ist auch das gesamte Drumherum auf Surfen eingestellt: die Läden, die Einheimischen, die Cafés ... Bells Beach ist etwa 100 Kilometer von Melbourne entfernt und liegt direkt an der berühmten Great Ocean Road, zwischen den Orten Torquay und Jan Juc. Einmal im Jahr findet am Bells Beach das berühmte *Rip Curl Pro Surf & Music Festival* statt, zu dem Besucher und Surfer aus aller Welt anreisen.

Platz 5: Der beste Sonnenuntergang
Cable Beach, Broome, Westaustralien

Cable Beach ist eng mit der Geschichte des westaustralischen Ortes Broome verbunden. Seinen Namen erhielt der Strand einst von dem Telegraphenkabel, das 1889 Broome mit Java verband. 22 Kilometer reiner Sandstrand erwarten den Besucher am Cable Beach. Doch die wirkliche Sensation sind die Sonnenuntergänge, die sicherlich zu den schönsten der Welt gehören: Wenn man im warmen Sand sitzt und beobachtet, wie die Sonne langsam im Indischen Ozean zu versinken scheint und das Wasser für einen kurzen Moment in allen Rottönen erstrahlt...

Platz 6: Der weißeste Sand
Hyams Beach, Jervis Bay, New South Wales

Angeblich hat Hyams Beach in New South Wales den weißesten Sand der Welt! Ob das nun stimmt oder nicht, sehenswert ist der an der Jervis Bay in New South Wales gelegene Strand auf alle Fälle. Drei Autofahrtstunden südlich von Sydney erwartet einen eine wunderschöne Urlaubsgegend, die vor allem bei Familien sehr beliebt ist. Von Jervis Bay aus kann man auch herrlich Delfine beobachten, die sich gerne in der geschützten Bucht tummeln.

Platz 7: Der Fitness-Strand
Cottesloe, Perth, Westaustralien

Cottesloe Beach

Wer auf Fitness und Geselligkeit aus ist, sollte Cottesloe Beach am besten um 6 oder 7 Uhr morgens besuchen. Dann ist der Strand voll von Schwimmern, Joggern und anderen Sportlern. Eine Altersgrenze gibt es nicht, ganz im Gegenteil scheint die ältere Generation in Perth besonders eifrig dabei zu sein. Einige nette Cafés haben sich oberhalb des Strandes angesiedelt, wo sich die Frühsportler später einen Milchkaffee oder Capuccino gönnen. Cottesloe machen vor allem die Menschen aus – die Atmosphäre ist herzlich, jeder kennt jeden und es ist rundum entspannt.

Platz 8: Der Familienstrand
Manly Beach, Vorort von Sydney, New South Wales

Es gibt kaum etwas Schöneres, als an einem sonnigen Tag mit der Fähre von der Innenstadt Sydneys zu dem beliebten Strandvorort Manly zu fahren. Eine halbe Stunde im „schönsten" Hafen der Welt, in dem sich, wenn man Glück hat, auch mal Wale, Delfine und Pinguine ein Stelldichein geben. Der Strand in Manly befindet sich gegenüber dem Fähranleger (es ist nicht der kleine Streifen Sand direkt neben dem Anleger). Man muss also einmal über die schmale Halbinsel wandern, um Familien, Surfer und Urlauber in bunter Mischung am Strand zu finden. Cafés und hohe Norfolk-Kiefern säumen den Strand und die Atmosphäre ist fröhlich und entspannt.

Platz 9 : Der Partystrand
Surfers Paradise, Gold Coast, Queensland

So manch einen schüttelt es beim Anblick der stählernen Kolosse und der vielen jungen Urlauber in Partylaune. Doch Surfers Paradise ist für die Australier, was für uns Europäer Mallorca oder Ibiza sind: ein fröhlicher Ort, um Partys zu feiern und sich mal so richtig gehen zu lassen. Hochhäuser, viel Glamour, Golfplätze, Freizeitparks und Einkaufszentren drängen sich an der Gold Coast aneinander, doch die eigentlichen Schätze liegen davor bzw. dahinter. Davor erstreckt sich

Übrigens...
Auch der längste Strand der Welt befindet sich in Australien: der Ninety Mile Beach. Er erstreckt sich über 150 Kilometer an der Küste des Bundesstaates Victoria entlang. Und unnötig zu sagen: auch er lohnt auf jeden Fall einen Besuch.

Stockton Beach

der einmalige Strand, der zum Schwimmen und Surfen einlädt, und dahinter erwartet einen herrlicher Regenwald, den man auf verschiedensten Wanderungen erkunden kann.

Platz 10: Der befahrbare Strand
Stockton Beach, New South Wales und Fraser Island, Queensland

Geländewagen-Fans werden die beiden Strände lieben, die sich Platz 10 der Top-Ten-Liste teilen, Stockton Beach in New South Wales und der Hauptstrand Fraser Islands. Auf beiden kann man mit dem Geländewagen umherfahren, auf Fraser Island ist der Strand sogar Flugzeuglandebahn. Während man sich Stockton Beach mit Kamelen teilt, die für Ausritte zur Verfügung stehen, sind es auf Fraser Island die Dingos, die man auf dem gelben Sandstreifen antrifft. Bei Ausflügen mit dem Geländewagen gilt: Luftdruck im Reifen verringern, auf Warnschilder achten und vorsichtig fahren. Es gab bereits viele ernsthafte Unfälle, da sich die Fahrbedingungen im Sand schnell und unerwartet ändern können.

Der Lieblingsstrand der Autorin:
Palm Beach, Sydney, New South Wales

Nein, mein Lieblingsstrand ist nicht der Strand in Byron Bay, den so viele andere Deutsche an dieser Stelle nennen würden. Ich liebe Palm Beach im Norden Sydneys. Palm Beach ist der letzte einer ganzen Reihe von spektakulären Sandstreifen, die sich bis zum Ku-ring-gai National Park erstrecken, der die natürliche Grenze der Stadt im Norden bildet. Palm Beach ist der Vorort der Reichen und Schönen und der Drehort einer der beliebtesten Fernsehserien Australiens, "Home and Away". Doch das ist es gar nicht, was mich an dem Strand so fasziniert. Vielmehr ist es sein leicht rötlicher Sand und der Blick auf den Leuchtturm, *Barrenjoey Lighthouse*, der wie eine Festung über dem Strand zu thronen scheint. Das Ganze hat etwas Märchenhaftes, Unwirkliches an sich – vielleicht eignet sich die Szenerie deswegen so gut als Filmkulisse.

Palm Beach, der Lieblingsstrand der Autorin

STÄDTE UND REGIONEN

Städte des aufstrebenden Queenslands

Australien wird ungezwungener je höher man in den Norden des Landes kommt. In Queensland nimmt man viele Dinge durchaus leichter, das betrifft auch die Anzug- und Kostüm-Uniform, auf der die Arbeitgeber in Sydney und Melbourne meist bestehen. Brisbane ist eine Hauptstadt mit tropischem Flair. Der Brisbane River mäandert in großen Schleifen durch die Stadt, an seinen Ufern erinnert koloniale Architektur an frühe Pionierzeiten. Einst war Brisbane eine Strafkolonie für besonders schwierige Strafgefangene. Der Botanische Garten war der Gemüsegarten der Sträflinge. Was würden diese „Verdammten" von damals sagen, könnten sie die stählernen Hochhäuser und die üppigen tropischen Palmen von heute sehen?

Einen schönen Spaziergang durch die Stadt kann man auf den *Brisbane Heritage Trails* machen. Man kommt vorbei am Anzac Square, der *City Hall*, dem *Customs House*, dem *Old Government House*, der *Old Windmill*, dem Parlament und dem *Brisbane Casino*. Ebenso lohnenswert ist eine Fährfahrt auf dem Fluß, die bei dem meist schönen Wetter in Brisbane schnell Urlaubsgefühle aufkommen läßt.

Die Anziehungspunkte der Stadt liegen aber hauptsächlich im Norden und Süden. Hier befinden sich zwei der beliebtesten Urlaubsregionen der Australier: die Gold Coast mit der Party-Hochburg *Surfers Paradise* im Süden und die Sunshine Coast mit dem etwas beschaulicheren Noosa im Norden. Beide Gegenden sind touristisch hervorragend erschlossen, Hotels und Tourangebote gibt es in allen Qualitäts- und Preisstufen – doch das einsame, naturverbundene Australien erlebt man hier nicht! Dafür ist Party angesagt und etliche aufwendig gestaltete Themenparks und Zoos bieten gute Unterhaltung für Groß und Klein. Wer Ruhe und Einsamkeit sucht, sollte sich in das Hinterland begeben. Die drei Nationalparks der Gold Coast, der Lamington National Park, der Mount Barney National Park und der Tamborine National Park, sind nicht nur für Wander- und Naturenthusiasten ein Muss auf der Liste der Reiseziele. Tamborine Mountain wird gerne als eine Oase des

> **Übrigens...**
> Queensland ist fast viereinhalb Mal so groß wie Deutschland und ein reicher Bundesstaat durch den Export von Rindfleisch und Bodenschätzen, wie z.B. Kohle.

> **Eine deutsche Kuriosität ...**
> ...findet sich in dem kleinen Ort Eagle Heights. Versteckt vor dem Trubel der Gold Coast, betreiben Sigrid und Lothar Schafroth das „Cuckoo Clock Nest", einen gemütlichen Laden, der vollgestopft ist mit tickenden, schlagenden und „kuckuck" rufenden Uhren aus deutscher Produktion. Die beiden Uhren-Enthusiasten sind vor über 30 Jahren aus dem Schwarzwald eingewandert und haben ihre Heimatliebe zum Geschäft gemacht.

VOM GROSSSTADT-DSCHUNGEL INS OUTBACK

Regenwaldes beschrieben: tiefe Schluchten, weite Täler, Wasserfälle und zerklüftete Felsformationen haben sich hier nach einem Vulkanausbruch vor 22 Millionen Jahren gebildet.

Eine besondere Anziehungskraft auf Urlauber hat Cairns ganz im Norden Queenslands. Am hiesigen Flughafen landen Flugzeuge aus aller Welt und bringen Touristen, die das berühmte *Great Barrier Reef* bewundern möchten. Denn von Cairns aus starten zahlreiche Tagestrips, Tauchtouren und Segeltörns zum Riff. Noch vor wenigen Jahren war Cairns eine reine Touristenhochburg mit wenig Charme, doch in den vergangenen Jahren hat sich einiges verändert. Die Promenade ist umgestaltet worden, ein kostenloses Schwimmbad ziert einen Teil des Strandweges, ein bunter und mit Wasserspielen ausgestatteter Spielplatz einen anderen Teil. Am *Pier Marketplace* ist ein Unterhaltungs- und Einkaufskomplex entstanden, und wer am Wochenende in Cairns ist, sollte nicht den *Mud Market* verpassen, um Andenken und Geschenke zu kaufen.

Alt und Neu auf engstem Raum in Brisbane, der Hauptstadt Queenslands

Cairns ist ein guter Ausgangspunkt nicht nur, um das *Great Barrier Reef*, sondern auch um den Daintree-Regenwald oder Cape Tribulation im Norden zu besuchen und Krokodile „hautnah" zu sehen. Nördlich von Cairns werden die Dörfer immer kleiner und die Natur immer wilder. Wanderungen durch den ursprünglichen Regenwald, die zum Teil von Ureinwohnern geführt werden, können in der Mossman Gorge unternommen werden. Auf dem Daintree River gibt es geführte Bootsfahrten, bei denen die Touristenführer einem nicht nur die großen, dabei recht gut getarnten Salzwasserkrokodile zeigen, sondern auch Krokodiljunge, grüne Baumschlangen, Pythons oder Eisvögel. Aufregend ist auch die Fahrt mit der Fähre über den Daintree und die anschließende Fahrt durch

Tropische Landschaft im Norden von Queensland

den Dschungel bis nach Cape Tribulation, das mit einem weiteren traumhaften Strand aufwartet. Wer einen Geländewagen mietet, kann sogar noch weiter bis in den ganz einsamen und entlegenen Norden fahren und Cooktown und Cape York besuchen.

Ebenfalls reizvoll sind die ein wenig archaisch anmutenden Atherton-Tablelands, das Hinterland von Cairns. Während der Fahrt kommt man an Quadratkilometer großen mit Zuckerrohr bewachsenen Feldern vorbei, dessen lange Halme sich im Wind wiegen. Hier wurden riesige Flächen Regenwald gerodet, denn der gute Boden und die ergiebigen Regenfälle des tropischen Nordens machen das Land fruchtbar und somit landwirtschaftlich gut nutzbar. Beim Anblick der vielen Felder, grünen Wiesen und grasenden Kühe, fühlt man sich als Deutscher an die eigene Heimat erinnert. Halt machen

Das Great Barrier Reef ist eine der Hauptattraktionen Queenslands

sollte man auf alle Fälle in dem romantischen Dörfchen Yungaburra und an den Kraterseen Lake Barrine und Lake Eacham.

Tipps zum Beobachten von Wildtieren

Eine kurze Wanderung von Peterson Creek in Yungaburra aus (am besten früh am Morgen oder in der Abenddämmerung – unbedingt dem Wanderpfad unter der Brücke folgen und nicht nur auf der Plattform bleiben!) ist ein heißer Tipp, um Schnabeltiere in Aktion zu sehen. Und wer ganz geduldig ist, kann sich am nahen Curtain Fig Tree auf die Lauer legen, um Baumkängurus zu beobachten. Wer einer kleinen Abzweigung zwischen Atherton und Mareeba in Richtung Granite Gorge folgt, kommt in eine idyllische Felsenlandschaft mit unzähligen zutraulichen Felsenkängurus. Das Füttern mit Haferflocken ist erlaubt und ein Riesenspaß!

Das Krankenhaus der Fledermäuse

Ein weiterer Ort in den Atherton Tablelands, an dem man Wildtiere hautnah erleben kann, ist das *Tolga Bat Hospital*. Fledertiere (Fledermäuse und Flughunde) sind in Australien wahrscheinlich vor 26 Millionen Jahren eingetroffen, als es noch Landverbindungen zwischen Nordaustralien und dem heutigen Papua-Neuguinea gab. Obwohl die fliegenden Säugetiere ziemlich erfolgreiche Überlebenskünstler sind, sind sie durch die Zerstörung ihres Lebensraumes und eine für die Fledermäuse gefährliche Zeckenart akut bedroht. Ohne Fledermäuse wäre der Regenwald im Norden Australiens in seinem Weiterbestand bedroht, denn die Tiere helfen dem Wald, sich zu regenerieren und weiter auszubreiten, indem sie die Regenwaldfrüchte fressen und ihre Samen beim Ausscheiden verteilen. Deswegen ist die Aufgabe des Fledermauskrankenhauses von so großer Bedeutung.

Jenny Maclean schaut nach ihren Flughunden

„Abgesehen davon, dass Fledermäuse extrem wichtig für unser Ökosystem sind, macht es auch wirklich Spaß, mit ihnen zu arbeiten. Sie sind neugierige und intelligente Tiere", sagt Jenny Maclean vom Fledermaus-Krankenhaus in Atherton. Jenny und ihr Team aus freiwilligen Helfern kümmern sich um verletzte, kranke oder verwaiste Fledermäuse. Sie retten Fledermäuse, die in Not geraten sind, befreien sie aus Stacheldrahtzäunen oder sammeln sie auf, wenn sie einen elektrischen Schlag von einer Stromleitung bekommen haben. „Zwischen Oktober und Dezember beherbergen wir oft mehrere hundert Tiere, die nach einem Zeckenbiss krank geworden sind. Wir können nicht alle retten, aber wir geben unser Bestes."

Alle Fledertiere, gesund gepflegte wie groß gezogene, werden in die Freiheit entlassen. Bevor das aber geschieht, müssen sie zunächst wieder aufgepäppelt werden. Verwaiste Fledermausjunge werden mit der gleichen Babymilch aufgezogen, die auch Menschenbabys erhalten. Alle zwei bis vier Stunden bekommen sie ihr Fläschchen oder werden über eine Spritze gefüttert. Nach etwa acht Wochen wird ihre natürliche Fruchtnahrung aus Papayas, Bananen oder Melonen zusätzlich zur Milch gegeben.

Vom Grossstadt-Dschungel ins Outback

Australiens Hauptstadt Canberra

Viele Australienreisende werden sagen, „Canberra, das kannst du ruhig vergessen. Da brauchst du nicht unbedingt gewesen zu sein." Canberra gilt als gut situiert, bürgerlich, ordentlich und ziemlich langweilig, auch unter Australiern. Auf den ersten Blick mag das sogar stimmen, doch Canberra hat für denjenigen mehr zu bieten, der nicht nur einmal durch die Stadt und zum Parlament fahren möchte, sondern sich die Zeit nimmt, einen genaueren Blick auf die vielen kulturellen Angebote der Hauptstadt zu werfen.

Doch zunächst einmal zu den Ursprüngen dieser jugendlichen Hauptstadt. Canberra verdankt seine Existenz dem nicht entschiedenen Streit darum, ob Melbourne oder Sydney die bessere Hauptstadt sei. Ein Kompromiss brachte schließlich die Lösung: Sie bestand darin, eine neue Hauptstadt zu bauen. Der amerikanische Architekt Walter Burley Griffin plante sie als Gartenstadt mit vielen Parks und Boulevards, und verlieh ihr so einen besonderen Charakter, der bis heute erhalten geblieben ist. So schön die Parks sind, so weit sind leider auch die Entfernungen zwischen ihnen, denn die großzügige Planung der Stadt war nicht darauf ausgelegt, sie zu Fuß zu erkunden. Die Grundsteinlegung fand 1913 statt. Noch heute erinnert ein künstlich angelegter See mitten in der Stadt an ihren Planer.

Idylle mitten in der Stadt: Canberra hat viele Erholungsräume

Die Symmetrie, mit der Griffin Canberra angelegt hat, läßt sich am besten erkennen, wenn man einen der Aussichtspunkte in der Umgebung, Mount Pleasant, Mount Ainslie oder den *Telstra Tower* besteigt. Von dort oben aus lassen sich auch die teils gewaltigen Entfernungen besser abschätzen.

Canberra ist vor allem wegen seiner vielen Museen und Ausstellungen einen Besuch wert. Hier befinden sich das Nationalmuseum, die Nationalgalerie, die Porträtgalerie, die

> *Das australische Parlament ist ein gelungenes Beispiel moderner Architektur*

Staatsbibliothek, das Kriegsdenkmal *War Memorial* und das Staatsarchiv. Einige der Angebote weichen auch ein wenig von der Norm ab, wie das Wissenschafts-Zentrum *Questacon*, das interaktive und aktionsreiche Museumserfahrungen bietet.

Wer nicht allzu viel Zeit für Canberra eingeplant hat, sollte zumindest dem Parlament einen Besuch abstatten. Es ist das Zentrum der Stadt, direkt in den Capitol Hill hineingebaut und ein Beispiel gelungener moderner Architektur. Das Parlament gleicht einem Museum. Über 5000 australische Kunstwerke werden darin ausgestellt und geben einen hervorragenden Überblick über Australiens Kunstgeschichte, unter anderem mit Bildern von Arthur Boyd, Fred Williams und Mandy Martin. Mandy Martins Bild „Red Ochre Cove" ist das größte je in Auftrag gegebene Gemälde Australiens. Vom Parlament aus führen die Wege nicht nur zurück in die Innenstadt Canberras, sondern auch in das Botschaften-Viertel Yarralumla und in die Ausgehbezirke Manuka und Kingston.

> **Übrigens...**
> Das auf den ersten Blick biedere Canberra ist bekannt für seine (legalen) Rotlichtbezirke Fyshwick und Mitchell

VOM GROSSSTADT-DSCHUNGEL INS OUTBACK

Zwei Antipoden: Adelaide und Darwin

Einmal quer durch den Kontinent...Über 3000 Kilometer trennen Adelaide in Südaustralien von Darwin im Northern Territory. Und die Gegensätze könnten kaum größer sein. Auf der einen Seite das elegante Adelaide mit seinen zahlreichen historischen Gebäuden, Kirchen und schön angelegten Parks, seiner Vorliebe für gutes Essen und Wein und den zahlreichen kulturellen Festivals wie den australischen Wagner-Festspielen, dem *Adelaide Bank Festival of Arts*, der *Adelaide Fringe* oder dem Musikfestival *WOMADelaide*; auf der anderen Seite das tropische Darwin mit seinen Gewitterstürmen, dem schwül-heißen Klima und dem Gemisch an Kulturen und Nationalitäten.

Adelaide alias Adelheid – Wiege des Weines

Adelheid von Sachsen-Meiningen (1792-1849)

Adelaide, benannt nach der Deutschen Adelheid von Sachsen-Meiningen, die 1818 den Duke of Clarence, den späteren britischen König Wilhelm IV („Silly Billy") geehelicht hatte, ist zurecht für seinen Wein und sein Essen berühmt. In Südaustralien weiß man das Leben einfach zu genießen. Besucher erhalten einen Überblick über die zahlreichen südaustralischen Delikatessen, wenn sie die *Adelaide Central Markets* besuchen, die größten Markthallen der südlichen Hemisphäre. Der Markt ist auch historisch von Interesse, hat er doch eine lange Tradition. Es gibt ihn bereits seit 1869.

In Adelaide befindet sich auch das *National Wine Centre of Australia*, kein Wunder, denn das berühmte Barossa Valley, in dem einige der besten Weine Australiens produziert werden, ist nur einen Tagesausflug entfernt.

Eine Stadtbesichtigung in Adelaide läßt sich einfach zu Fuß unternehmen, denn alles liegt in Adelaide nah beieinander. Nicht umsonst wird die Stadt gerne die Zwanzig-Minuten-Stadt genannt. Selbst zum Strandvorort Glenelg braucht die historische Straßenbahn vom Victoria Square im Zentrum nur rund 20 Minuten.

Das Casino, der Bahnhof, mehrere Kunstgalerien, die Bibliothek und die Universität befinden sich zum Beispiel alle entlang der North

Städte und Regionen

Adelaide ist die Stadt der Festivals und des Weines

Terrace. Einen Besuch lohnen aber auch der Botanische Garten und der *Adelaide Zoo* sowie zur Festival-Saison die *North Parkland*, das Festival-Center der Stadt.

Nach einer Stadtbesichtigung können Besucher in Wein und gutem Essen schwelgen: rund um die Rundle Street East, an der Parade at Norwood, an der Gouger Street sowie an der O'Connell und Melbourne Street in North Adelaide befinden sich viele gute Lokale.

Von Adelaide aus lassen sich viele interessante Ausflüge unternehmen. Im erwähnten Barossa Valley kann man den Spuren der ersten deutschen Einwanderer folgen, die seit 1850 nach Südaustralien kamen. Deutsche Dörfer in Südaustralien sind zum Beispiel Hahndorf, Klemzig, Lobethal oder Bethany. Dort gibt es auch immer noch exzellente deutsche Produkte wie Marmelade (Beerenberg), Wein (Wolf Blass, Peter Lehmann), Brot und Wurstwaren.

Outback-Feeling stellt sich in den malerischen Flinders Ranges ein (siehe auch den Exkurs „Ediacara Hills" im Kapitel *Natur*), und wer sich etwas weiter ins Landesinnere traut, kann in Coober Pedy die berühmtesten Opalgräberstätten Australiens besuchen. Idyllisch wird es, wenn man sich in Richtung Süden zur Fleurieu Peninsula und nach *Kangaroo Island* aufmacht. Die Insel, kurz *KI* genannt, ist ein Wildtierbeobachtungserlebnis pur.

Wildtierbeobachtung auf Kangaroo Island

Im Flinders Chase National Park, wo auch die berühmte Felsformation „Remarkable Rocks" zu finden ist, leben Kängurus, Wildgänse, Ameisenigel und Schnabeltiere. In Seal Bay ist man beinahe auf Tuchfühlung mit Seelöwen, und unter dem Felsbogen *Admirals Arch*

Vom Grossstadt-Dschungel ins Outback

am Cape du Couedic kann man eine Kolonie Neuseeländischer Seebären beobachten. In den kleinen Orten Kingscote und Penneshaw werden Pelikanfütterungen und Nachtwanderungen zu den Pinguinkolonien veranstaltet, in der Wüstenlandschaft Little Sahara fühlen sich die großen Goanna-Echsen und etliche Schlangenarten wohl und an der Hanson Bay trifft der Besucher auf dem *Koala Walk* mit Sicherheit gleich mehrere dieser gemütlichen Beutler.

Kangaroo Island ist ein Naturparadies

Darwin – die Unverwundbare

Anfang 2004 verewigte sich die Stadt – nach dem bereits erwähnten verheerenden Zyklon „Tracy" 30 Jahre zuvor – nochmals in der Geschichte des Landes. Diesmal allerdings mit einem positiven Ereignis: Nach 75 Jahren wurde die Eisenbahnlinie fertig gestellt, die heute Adelaide und Darwin miteinander verbindet. Eine Fahrt mit dem Zug, dem sogenannten „Ghan" ist ein besonderes Erlebnis, das 47 Stunden dauert. Der „Ghan" ist neben dem „Indian Pacific", der die Route zwischen Sydney und Perth befährt, der berühmteste Zug Australiens.

Bis zu diesem historischen Moment konnten Reisende nur von Adelaide bis Alice Springs mit dem Zug fahren und mussten dann auf das Auto oder den Bus umsteigen.
Nach einer Fahrt mit dem „Ghan" in Darwin auszusteigen, ist in vielerlei Hinsicht ein besonderes Erlebnis, nicht nur, weil man einen ganzen Kontinent durchquert hat, sondern auch, weil man plötzlich in einem Schmelztiegel der Kulturen steht. Die nur 100.000 Einwohner

STÄDTE UND REGIONEN

Panorama-Ansicht von Darwin

Darwins kommen aus über 50 verschiedenen Ländern. Dies liegt an der wichtigen Rolle des Hafens und an der spürbaren Nähe zu Asien. Am besten läßt sich dieser Schmelztiegel bei einem Besuch auf dem Mindil Beach Sunset Market erleben, wo sich nicht nur die Nationalitäten und sozialen Schichten vermischen. Hier steigt einem der Duft reifer tropischer Früchte in die Nase, es riecht nach Räucherstäbchen und indischen Currys.

Darwin wurde 1869 gegründet und erfuhr eine Bevölkerungsexplosion, nachdem kurze Zeit später im nahen Pine Creek Gold gefunden worden war. Im Zweiten Weltkrieg wurde die Stadt wichtige Militärbasis im Kampf gegen die Japaner. Nachdem der Zyklon „Tracy" die Stadt 1974 weitgehend zerstört hatte, stieg sie in den Jahren danach wie ein Phönix aus der Asche. Für Urlauber ist sie ein lohnenswertes Ziel, denn von hier aus lassen sich Ausflüge in den Kakadu- und den Litchfield-Nationalpark unternehmen, zur Katherine Gorge oder ins einsame Arnhem Land, für dessen Besuch man allerdings eine Erlaubnis braucht, da es ein den Ureinwohnern vorbehaltenes Territorium ist. Im Litchfield-Nationalpark gibt es zwei Meter hohe Termitenhügel, die entlang des Erdmagnetfeldes in Nord-Süd-Richtung ausgerichtet sind. Aus der Ferne erinnert ihr Anblick an einen gigantischen Friedhof mit übermannsgroßen Grabsteinen. Noch gigantischer wirken die als „Kathedralen" bekannten Termitenhügel. Sie können sogar dreimal so groß wie ein Mensch werden.

Die Wetlands im Welt-Natur- und Kulturerbe Kakadu-Nationalpark

Ein weiterer Besuchermagnet ist der Kakadu-Nationalpark. Rund 250 Kilometer von Darwin entfernt wechseln sich hier üppige Feuchtgebiete mit tiefen Schluchten und Wasserfällen ab. Auch beeindruckende Felsmalereien der Ureinwohner sind zu besichtigen. Da die Wasserstellen im Kakadu-Nationalpark über Kanäle teilweise mit dem Meer verbunden sind, beherbergen sie nicht nur die für Menschen relativ harmlosen Australien-Krokodile („*freshies*" – auch Süßwasserkrokodile), sondern auch die weit größeren, gefährlichen Salzwasser- oder Leistenkrokodile („*salties*"). Immer wieder kommt es zu Übergriffen auf Menschen. Im Oktober 2002 ist zum Beispiel eine junge Deutsche am Sandy Billabong von einem vier Meter langen Krokodil angefallen und getötet worden.

Der wilde Westen und seine Metropole Perth

Westaustralien hat einige der spektakulärsten Naturwunder des Kontinents zu bieten. Doch der Besucher muss Geduld mitbringen, denn es liegen gut und gerne einmal mehrere hundert oder sogar tausend Kilometer zwischen den einzelnen Sehenswürdigkeiten, und dazwischen gibt es nur wenige Road Houses (Raststätten) und kaum einen größeren Ort. Zu den Highlights gehören der Strand von Monkey Mia, wo man mit Delfinen im Meer unmittelbar auf Tuchfühlung gehen kann, die gigantischen, bienenstockförmigen Steinformationen der Bungle Bungles, das 260 Kilometer lange Korallenriff am Ningaloo Marine Park, die tausenden bis zu vier Meter hohen Felsformationen der Pinnacles, der rund 27 Millionen Jahre alte Wave Rock, der an eine Skateboard-Bahn erinnert, oder die Stromatolithen im Hamelin Pool Marine Nature

Die Pinnacles, erosionsresistente Kalksteinsäulen erinnern an die spitzen Krallen eines Monsters

Die spektakuläre Bungle Bungle Sandsteinformation im Purnululu-Nationalpark, ganz im Nordwesten von Westaustralien

Reserve in der Shark Bay. Hierbei handelt es sich um Kolonien von Bakterien und Cyanobakterien, die aufgrund ihres Stoffwechsels während ihres Wachstums feine Kalksteinschichten bilden. Diese Kolonien, die vor ihrer Entdeckung in der Shark Bay nur als bis zu 3,5 Milliarden Jahre alte Fossilien bekannt waren und in lebender Form bisher nur an wenigen anderen Orten gefunden wurden, konnten an diesem Ort aufgrund des extrem hohen, für die meisten anderen Organismen lebensfeindlichen Salzgehalts bis heute überleben..

Für kürzere Ausflüge ist die Weinregion im Südwesten von Perth, die Gegend um den Margaret River ein lohnendes Ziel. Für Tagestouren empfiehlt sich außerdem Rottnest Island, eine Insel, auf der insbesondere Kurzschwanzkängurus (Quokkas) zu beobachten sind. Rottnest Island ist ein beliebtes Wochenendziel der Einwohner von Perth und mit Ausflugsbooten einfach und schnell zu erreichen.

Perth selbst ist eine komische Mischung aus Großstadt und abgelegenem Nest, das in den nationalen Nachrichten des Landes kaum Erwähnung findet. Viele Westaustralier sind durch den Rohstoffreichtum ihres Bundesstaates zu schnellem Reichtum gekommen und so reihen sich am Fluß und im edlen Stadtteil Mosman Park millionenschwere Villen aneinander. Leider geht Reichtum nicht unbedingt mit Geschmack einher, und so muss sich der Besucher ab und zu über überdimensionale Betonklötze, klassizistisch anmutende Glas- und Stahlpaläste und ähnliche Stilgemische wundern. Immer wieder liest man in der lokalen Zeitung „The West Australian", wie historische Häuser – meist illegal in Nacht-und-Nebel-Aktionen – abgerissen werden, um solchen ultramodernen Palästen Platz zu machen. Doch Perth ist Gott sei Dank mehr als die Geschmacksverirrung einiger Superreicher.

Perth – das sind auch endlose Strände, eine beeindruckende

Perth: Die Skyline ähnelt denen anderer australischer Großstädte

Skyline am Swan River, der romantische Kings Park und das historische und sehr gemütliche Fremantle im Süden der Stadt.

Einer der nettesten Strandorte mitten in Perth ist Cottesloe Beach, wo selbst im Winter bei nur wenigen Plusgraden Jogger, Schwimmer, Radfahrer und Spaziergänger aller Altersklassen unterwegs sind. (siehe Kapitel „*Top Ten der australischen Strände*").

Westaustralien-Tipp
Westaustralien ist besonders schön von Juli bis November, wenn die Wildblumen in der ansonsten manchmal kargen Landschaft Einzug halten. Rund 12.000 Blumenarten verwandeln das Land dann in ein buntes Farbspektakel.

Die ersten Blüten öffnen sich im Juli im Norden in der rohstoffreichen Pilbara Region. Im August ist der 186.000 Hektar große Kalbarri-Nationalpark einer der Höhepunkte und Anfang September erblühen die südlichen Regionen um Esperance, Pemberton, Denmark, Northcliffe, Albany, Margaret River sowie die Region Porongorup. Im September gibt es auch ein alljährliches Wildblumen-Festival im Kings Park in Perth.

Hobart – die romantische Hauptstadt Tasmaniens

Die 240 Kilometer vom Festland entfernte Insel Tasmanien ist mit ihren 2000 Kilometern an Wanderwegen besonders für Wanderer ein beliebtes Urlaubsziel.

Entsprechend der relativen Abgelegenheit und natürlichen Ursprünglichkeit der Insel wirkt Hobart bei weitem nicht so, wie man es von einer Hauptstadt erwarten würde. Eher ist es ein wenig verschlafen, doch ganz im positiven Sinne. Denn außer Ende Dezember, wenn die „Sydney-to-Hobart"-Segelregatta stattfindet und Hobart für mindestens eine Woche zu einer der geschäftigsten Städte Australiens wird, ist das tasmanische Städtchen ruhig und beschaulich. Hier scheint die Zeit ein wenig stehen geblieben zu sein, vor allem in Stadtteilen wie Battery Point, wo sich winzige, historische Häuschen aneinander drängen, kleine Cafés mit verschnörkelten Stühlchen zum Verweilen

Beschaulicher Hafen in Hobart

einladen oder im Süßwarenladen große Gläser gefüllt mit zuckrigen Leckereien auf Kunden warten. Auch die Salamanca Markets, die immer samstags stattfinden, erinnern an früher, als Einkäufe noch nicht im Supermarkt erledigt wurden.

Romantisch wird es in Hobart bei Bootsfahrten im Hafen, den Derwent River hinauf oder an der Küste entlang. Auch der Blick vom Mount Wellington oder dem etwas kleineren Mount Nelson lohnt sich: Der Hafen, der sich unter einem auftut und über den sich eine mächtige Hafenbrücke spannt, erinnert ein klein bisschen an den Sydneys. Auch der Botanische Garten ist ähnlich wie in Sydney ein Ort, der zum Verweilen und zum Beobachten von Tieren und Pflanzen einlädt.

Azurblau, so weit das Auge reicht...

Eine Reisereportage aus Tasmanien

Es ist kurz nach sechs Uhr am Morgen. Das Meer liegt spiegelglatt vor mir, kaum eine Welle trifft auf den Strand. Das Wasser hat eine intensive blaue Farbe, wie ich es eher in der Karibik erwarten würde. Davon sind wir hier aber weit entfernt, an der Ostküste Tasmaniens, die eher mit einem recht wechselhaften, mitteleuropäischen Klima aufwartet. Im Hintergrund türmen sich majestätisch die Berge des Freycinet-Nationalparks auf. Auch hier stört kein Wölkchen den hellblauen Himmel dahinter. Doch nicht immer kann es so friedlich und still sein, denn der Strand macht einen eher aufgewühlten Eindruck. Da türmt sich Tang auf und ausgewaschene Muscheln sind bis zu den mit Gras bewachsenen Dünen verstreut. Der Geruch des vertrockneten Tangs schleicht sich auch so langsam in meine Nase und so kehre ich dem herrlichen Anblick den Rücken und entscheide mich für ein Frühstück in der Sonne – mit Eiern und Speck. Wir haben ein kleines Cottage direkt am Strand gemietet, mitten in der Natur mit all seinen Vor- und Nachteilen: herrlicher Ruhe und guter Luft (mal vom Tang abgesehen), Eidechsen, Ameisen, Skorpionen und Huntsman-Spinnen (die trotz ihrer Größe völlig harmlos und in Australien häufig anzutreffen sind). Auch die Skorpione sind übrigens recht harmlos, wie uns der argentinische Besitzer unserer Unterkunft glaubhaft versichert, nachdem wir nachts einen in unserem Cottage gefunden haben. „Sie sind ja nur winzig im Gegensatz zu den gefährlichen Exemplaren in Amerika und ungefähr so giftig wie eine Wespe. No worries also."

In Battery Point fühlt man sich in eine andere Zeit zurück versetzt

Am Tag fahren wir von unserem Idyll in der Nähe von Swansea (ca. zwei Stunden nordöstlich von Hobart) 45 Minuten bis in den Freycinet-Nationalpark. Dort scheint sich das Türkis des Wassers nochmals zu intensivieren. Wir stoppen an den Friendly Beaches. In kleinen Mulden im Busch hinter dem weißen Sandstrand campen Urlauber. Jeder hat eine eigene Bucht für sein Zelt, alle 50 bis 100 Meter gibt es ein Toilettenhäuschen. Der Strand selbst ist mit Granitfelsen durchzogen, das

Wasser ist trotz der warmen Sommertemperaturen eiskalt. Weiter geht die Fahrt bis nach Coles Bay, einem winzigen Örtchen direkt im Nationalpark. Eine Tafel am Ortseingang weist auf den nicht mehr vorhandenen Wasservorrat hin – „Empty" steht da in großen Buchstaben. Ganz Tasmanien ist trocken, wirkt fast schon verdörrt, während wir da sind. Nichts mit grüner Insel. Eher hat es den Charme einer spanischen Insel mit vielen Gelb- und Brauntönen. In Coles Bay holen wir uns die Informationen zu den verschiedenen Wanderrouten, die alle hier in der Nähe ihren Ausgangspunkt haben. Eineinhalb Stunden sind es bis zur berühmten Wineglass Bay und zurück, einem der angeblich zehn schönsten Strände der Welt. Perlmuttweißer Sand erwartet den Wanderer, eine Bucht eingebettet in hohe Granitberge... Doch es ist heiß, der Weg steil und wir haben unsere vierjährige Tochter dabei. Also üben wir uns in Verzicht. Aber die Dame an der Touristeninformation, die nebenbei noch Lebensmittel, Landkarten und Getränke verkauft, beruhigt uns. „Ihr könnt auch nur eine 20-Minuten-Wanderung machen. Ein Bohlenweg führt euch um den Leuchtturm Cape Tourville. Da seht ihr die gesamte Küste und auch einen Großteil von Wineglass Bay." Zehn Minuten später sind wir da und blicken aufs Meer, endlose Strände und die zackigen Granitberge, die steil in den Himmel ragen. Auch früher schon hat die Schönheit dieser Gegend die Menschen angezogen. Walfänger, Schafhirten, Zinn- und Kohlebergleute haben Spuren hinterlassen, und bereits die frühen Entdecker schrieben über die Gegend des heutigen Nationalparks. 1642 segelte Abel Tasman vorbei und hielt die Halbinsel noch für mehrere kleine Inseln. Der französische Entdecker Nicholas Baudin klärte diesen Irrtum dann in den Jahren 1802/03 auf. Benannt ist der Park übrigens nach Mitgliedern seiner Expedition, den Brüdern und Offizieren Freycinet.

Die berühmte Wineglass Bay soll eine der zehn schönsten Buchten der Welt sein

Vom Freycinet-Nationalpark aus sind es rund 30 Minuten zurück nach Bicheno, einem beschaulichen Küstenort mit Hotels, Restaurants und einigen netten Sehenswürdigkeiten. Ein winziges Aquarium begrüßt uns direkt am Hafen. Drei Dollar Eintritt zahlen wir pro Person, doch dafür treffen wir auf die „dickbäuchigen" Seepferdchen der Region, die Pot bellied Seahorses, die tasmanischen Riesenkrabben und den nur etwa ein bis anderthalb Meter großen, aber durchaus nicht ganz harmlosen Dornhai (*Spiny Dogfish Shark*), der Tauchern mit den Dornen auf seinen Rückenflossen, die mit Giftdrüsen verbunden sind, unangenehme Verletzungen zufügen kann. Bryan Hughes, der Inhaber des kleinen Aquariums (das zwischenzeitig leider geschlossen wurde), verrät uns, wo wir auch die kleinen Pinguine sehen können, für die Bicheno so berühmt ist. „Wandert einfach an der Küste entlang und achtet auf Löcher mit weißen Flecken davor. Darin sitzen im Sommer die kleinen Pinguine und warten auf ihre Eltern oder die Mütter brüten auf ihren Eiern." Die Wanderung führt uns an der wilden Küste entlang bis zu einem „Blowhole", einer Felsspalte, durch die das Wasser emporschießt, wenn eine große Welle auf die Felsen prallt. Zwischen dem Gekreische von Kindern und Touristen, die in der Gischt baden, entdecke ich tatsächlich die ersten Pinguinnester. Und da sitzen sie: ein kleines noch dunkelgefärbtes Baby und gleich nebendran in einer zweiten Höhle eine Mutter auf ihren Eiern.

Die Pinguine gehören zu den wenigen Tierarten, die durch den Tourismus gewonnen haben. Sie waren gerade in Bicheno vom Aussterben bedroht. Verwilderte Katzen und Hunde hatten ihre Zahl von mehreren Hundert auf 40 reduziert, bis zwei Freunde, Male, ein Landschaftsgärtner und Wardlaw, ein Musiklehrer, beschlossen, dem ein Ende zu setzen. Sie gingen auf die Jagd nach den Katzen und Hunden. Das war 1992. Heute kommen, je nach Saison, wieder rund 600 Pinguine jeden Abend an die Küste von Bicheno. Male und Wardlaw haben aus ihrem Tierschutz-Engagement inzwischen ein Geschäft gemacht. Sie bieten die beliebten Pinguin-Touren in der Region an.

Tasmanien bedeutet Natur pur

Am Abend liegt das Meer immer noch spiegelglatt vor uns, als wir wieder zu unserem Cottage zurückkehren. Unser Skorpion, den wir nach dem nächtlichen Schreck am Morgen wieder in die Freiheit entlassen hatten, ist nirgendwo mehr zu sehen. Wir wühlen unsere Füße in den Sand und unsere Tochter baut eine Burg aus Tang. Sie stört der strenge Geruch nicht. Und wir schauen in die Ferne: azurblau soweit das Auge reicht.

Das Outback und sein Zentrum Alice Springs

Heiß wie eine Bratpfanne (35 Grad Celsius ist die sommerliche Durchschnittstemperatur!), umgeben von roter Erde, arider und semiarider Landschaft und viel Nichts: Das ist Alice Springs im Northern Territory. Es ist wahrlich „in the middle of nowhere", mitten im roten Zentrum Australiens, 1500 Kilometer von Adelaide im Süden und ebensoviele Kilometer von Darwin im Norden entfernt.

Alice Springs ist ein Ort, an dem der Besucher regelmäßig auf neue Überraschungen stößt. Da gibt es Banken, Luxushotels und gut sortierte Supermärkte. Da campen aber auch mitten in der Stadt obdachlose Aborigines und zeigen die sozialen Schattenseiten Australiens.

In Alice Springs befindet sich die Zentrale der „School of the Air", wo Besucher Einblicke in die Unterrichtsmethoden im weitläufigen Outback erhalten können, und der Todd River, der meist ausgetrocknet ist, aber trotzdem einmal im Jahr Schauplatz eines wahnwitzigen Bootsrennens ist – das im Staub ausgetragen wird.

Ausgetrocknete Wasserstelle im Desert Park bei Alice Springs

Vom Wind geformte Sandrippeln im Outback

Städte und Regionen

Mitten im Outback gelegen: das etwa 22.000 Einwohner große Alice Springs

Alice Spings ist auch Ausgangspunkt für Ausflüge zum etwa fünf Stunden Autofahrt entfernten Uluru (Ayers Rock), zu den Olgas und zum Kings Canyon. Zahlreiche Tourveranstalter bieten drei- bis fünftägige Outback-Trips an, mit Übernachtung im Zelt oder im Swag, dem traditionellen Schlafsack der weißen australischen Pioniere, Kochen auf offenem Feuer und viel Abenteuer-Romantik.

Alice Springs gehört – auch wenn es scheinbar im Nirgendwo liegt – offiziell zum Northern Territory. Und dies ist schwer begreifbar für einen Europäer. Denn es ist so groß wie Frankreich, Italien und Spanien zusammen, hat aber nur etwas mehr als 200.000 Einwohner.

Das Outback ist ein Ort, der so ganz anders ist, als alles, was man aus Europa kennt. Es fasziniert, schreckt ab, macht Angst, begeistert... Vorbereitung ist bei einer Reise in dieses unwirtliche und menschenfeindliche Gebiet deswegen das Allerwichtigste.

Die drei wichtigsten Tipps für Reisen ins Outback:
- Hotel/ Buschranger/ Freunde etc. über Zielort, Länge der Tour und geplante Ankunfts- und Abfahrtszeiten informieren.
- Genügend Benzin tanken, die Abstände der Tankstellen kennen, bei jeder Tankstelle wieder auffüllen.
- Bei einer Panne niemals das Auto verlassen, um Hilfe zu holen. Bei einer Suche aus der Luft wird ein Auto immer einfacher zu sehen sein und außerdem bietet es Schutz und spendet Schatten.

Mit dabei sollten sein:
- Gutes Kartenmaterial, Kompass, evtl. Funkgerät/ Satellitenhandy etc.
- Ausreichend Wasser. Bei heißem Wetter braucht der Körper einen Liter Wasser pro Stunde!
- Gut haltbare Essensvorräte in ausreichender Menge
- Schützende Kleidung gegen Kälte wie Sonne
- Verbandskasten im Auto und am besten zwei Ersatzreifen

Rasthäuser im Outback – das „Pink Roadhouse"

Das „Pink Roadhouse", das „Rosa Rasthaus", liegt in der 150-Seelen-Gemeinde Oodnadatta in Südaustralien zwischen Coober Pedy und Alice Springs, über 1000 Kilometer von Adelaide entfernt und abseits des berühmten Stuart Highways am Oodnadatta Track. Es ist ein uriges Roadhouse, alles andere als modern, und beliebt bei Truckern, Reisenden und Aborigines.

Lynnie und Adam Plate, beide ursprünglich Stadtkinder, kamen mit Anfang 20 in den 1970er Jahren nach Oodnadatta – in einer Zeit, die sie beide als ihre "Hippiejahre" bezeichnen. In sengender Hitze marschierten sie zu Fuß von Alice Springs nach Oodnadatta, zusammen mit zwei Freunden und einer Herde Esel und Kamele, immer an der Eisenbahnlinie entlang. „Wir brauchten nur ein paar Wochen", sagt Lynnie heute mit einem Lächeln in der Stimme. Die Freunde verließen den kleinen Outback-Ort wieder, Lynnie und Adam blieben. Sie kellnerte, putzte, arbeitete als Verkäuferin und kümmerte sich um die Aborigines-Kinder - Adam dagegen fuhr Roadtrains durchs Outback und war ständig unterwegs. Die beiden bekamen vier Kinder, die alle in Oodnadatta zur Schule gingen, zusammen mit rund 50 Aborigines-Kindern.

Das „Rosa Rasthaus" in Oodnadata

Zu einer Mechanikerwerkstatt kamen eine Snackbar und eine Tankstelle, und irgendwann war das Roadhouse perfekt. Adam begann, alles rosa zu streichen, und so erhielt das Haus seinen heutigen Namen. Noch heute sind Lynnie und Adam für alles und jeden da: Im „Pink

Roadhouse" kann man nicht nur essen und tanken, hier wird auch repariert, beraten und vermittelt. Lynnie kümmert sich sogar um die Post für ganz Oodnadatta, und ein befreundeter Aborigine fährt sie dann zu den Viehstationen hinaus, um sie einzusammeln bzw. zu verteilen.

Einsam sind Lynnie und Adam nie – es kommen immer genügend *Truckdriver*, *Backpacker* und Dorfbewohner auf eine Mahlzeit oder einen Schwatz vorbei. Und trotzdem erfordere das Alles ganz schön viel Enthusiasmus, meinen die beiden. Lynnie beklagt sich dabei vor allem über die Hitze – 50 Grad sind keine Seltenheit –, den Staub und die körperliche Anstrengung. Adam denkt eher daran, dass das Ganze nicht so richtig profitabel ist. „Dauernd geht was kaputt und ich repariere es wieder, alles ist harte Arbeit und viel Gewinn kommt dabei nicht rein." Doch Adam liebt das Outback, im Busch zu sein und die ständige Veränderung der Landschaft zu beobachten, wenn das Licht wechselt oder die Dämmerung hereinbricht. „Ich könnte hier in Rente gehen und nicht viele 'Nicht-Aborigines' sagen das von sich!" Lynnie dagegen vermisst oft ihre Töchter und träumt dabei von einem Leben ohne Stress und harte Arbeit: „Ich wäre manchmal gerne einfach nur arbeitslos, wäre gerne eine Hausfrau ohne kochen und putzen zu müssen und würde dann gerne meine Lebensgeschichte und die Geschichte Oodnadattas zu Papier bringen. Schreiben ist nämlich mein großes Hobby." Doch auch sie würde dann natürlich das Outback vermissen, das sie seit über 30 Jahren ihre Heimat nennt, und Oodnadatta, das sie dabei begleitet hat, wie es von einem einst vielversprechenden kleinen Dorf immer mehr zu einer kleinen, fast vergessenen Buschkolonie abseits des großen Stuart-Highways abgesunken ist.

Lynnie und Adam kennen jeden Nachbarn und alle kennen sie und „selbst wenn man einen nicht mag, hier draußen spricht man miteinander und kümmert sich, denn alle sind für einander verantwortlich", meint Adam. Das Outback sei schließlich gefährlich, und wer hier mit einer Panne liegenbleibe oder einen Unfall habe, sei auf Hilfe angewiesen. Und Adam und Lynnie sind dabei immer die ersten Ansprechpartner für alle!

Australiens Inselarchipel – die Torres Strait Islands

Ein fast noch geheimes Paradies sind die nördlich von Queensland und südlich von Papua-Neuguinea gelegenen Torres Strait Islands. 274 Inseln gehören zu der Inselgruppe, doch nur 17 sind bewohnt. Die Meereswelt um die Inseln ist voller Riffe, in denen sich Dugongs und Meeresschildkröten tummeln. Die bekanntesten Inseln sind Horn Island und Thursday Island. Horn Island ist auch die einzige Insel mit einem kleinen Flughafen. Alle anderen bewohnten Inseln haben nur eine kleine Start- und Landebahn. Horn Island wurde während des Zweiten Weltkrieges bekannt, da die Japaner das kleine Inselchen acht Mal aus der Luft angriffen. Heute leben etwa 650 Ureinwohner auf der Insel. Thursday Island ist das touristisch am besten erschlossene Inselchen, obwohl es nur ganze drei Quadratkilometer groß ist. Die gesamte Inselgruppe ist nach dem Spanier Luiz Váez de Torres benannt, der 1606 durch die Inselgruppe segelte. Nach der britischen Kolonialisierung waren die Inseln Teil der Seeroute zwischen Großbritannien und Australien.

Kulturell ist die Bevölkerung auf den Torres Strait Islands eine interessante Mischung aus melanesischen Einflüssen und der australischen Aborigines-Kultur. Die meisten Menschen sind heute in der Fischerei- und Perlenindustrie beschäftigt.

Australien hat übrigens ein eigenes Südseeparadies. Lord Howe ist auch unter Australiern noch ein echter Geheimtipp. Viele kennen die Insel überhaupt nicht. Nur 400 Menschen dürfen die Insel gleichzeitig besuchen, die nur 350 Bewohner hat. Lord Howe erinnert kaum an das, was Australien ausmacht. Es gibt keine Kängurus oder Koalas und keine Eukalyptusbäume. Auch die Aborigines sind nie bis nach Lord Howe vorgedrungen, das einen etwa zweistündigen Flug von Sydney bzw. Brisbane entfernt im Pazifik liegt. Dafür wachsen hier Banyan-Bäume und Kentia-Palmen, die der Insel das Flair eines Südseeparadieses geben.
Ein tierisches Spektakel...

> **Übrigens...**
> ...ein tierisches Spektakel findet einmal im Jahr auf Christmas Island, der Weihnachtsinsel statt. Etwa 120 Millionen rote Krabben nennen die Insel ihr Zuhause. Im November wandern sie von den Wäldern der Insel zum Meer, um dort ihre Eier abzulegen. Bis zu 18 Tage dauert das Ereignis, das Naturliebhaber aus aller Welt anzieht. Auf den Straßen heißt es dann natürlich: Krabben haben Vorfahrt! Christmas Island liegt 2600 Kilometer nordwestlich von Perth im Indischen Ozean.

Die Torres-Straße aus dem All

Anhang

Was man sonst noch wissen muss

ANHANG

Anhang
Was man sonst noch wissen muss

Australische Sprachen – Beispiele

Aussie Slang

… ist sehr vielfältig und es ließe sich ein eigenes Buch über dieses Thema schreiben. Im Folgenden eine kleine Auflistung der gebräuchlichsten Begriffe, die einem nicht nur das „Überleben" im Land einfacher machen, sondern in mancherlei Hinsicht auch Einsicht in die Mentalität der Australier geben. Zum Beispiel lässt sich aus vielen Wendungen und sprachlichen Eigenheiten die Relaxtheit des Volkes erkennen, wie dem Spruch „No worries", den vielen Abkürzungen und Diminutiven oder dem "-o", das ans Ende von Namen gehängt wird und Vertrautheit und Akzeptanz markiert. Wenn Sie also Down Under einen Spitznamen erhalten, der Ihren Namen abkürzt oder mit einem „o" am Ende „verschönert" – nehmen Sie es als Kompliment. („Hey Barb" ist zum Beispiel eine Begrüßung, die ich häufiger zu Ohren bekomme – und über die ich mich freue!)

A	
Arvo	Afternoon – Nachmittag
Aussie	Australier/-in
Aussie battler	(„Aussie-Kämpfer") Einfacher australischer Arbeiter, der sich durchkämpft
Aussie salute	(„nach Aussie-Art grüßen") Fliegen mit der Hand verscheuchen

B	
Barbie	Barbecue – Grillfest, Grillen
Banana bender	(„Bananenbieger") Queenslander
Bangers and mash	(„Böller und Brei"), Würste mit Kartoffelbrei
Big wet	(„Großes Nass"), Regenzeit
Bikki	*Biscuit* – Keks
Billabong	(aus einer Aborigines-Sprache) Wasserloch
Billy	(von schottisch *billypot*) Wasserkessel als Verb: Tee aufsetzen
Bities	(„Beißerchen") Alle gefährlichen / giftigen Tiere, die zubeißen (Spinnen, Schlangen)
Bloke	(„Typ, Kerl") Mann
Boogie board (auch *Bodyboard*)	verkürztes Surfbrett, das meist in Bauchlage gesteuert wird
Brekkie	*Breakfast* – Frühstück
Brizzie	Brisbane, Hauptstadt von Queensland
Brumby	Wildes Pferd
Bull bar (auch *roo bar*)	(„Bullenbalken") Eine Art Stoßstange, die Kängurus und andere Wildtiere auf der Straße abfangen soll
Bush	Outback
B.Y.O / B.Y.O.G	*Bring Your Own Grog* – alkoholische Getränke müssen mitgebracht werden
C	
Chewie	Chewing gum – Kaugummi
Chokkers	(von to *chock* – „verkeilen") Überfüllt, proppenvoll
Chokkie	*Chocolate* – Schokolade
Cozzie	*Swimming costume* – Badeanzug
Cranky	(„verschroben") Ärgerlich
Crook	(„Krank") schlecht gemacht
D	
Damper	(„Gedampftes" oder „(Stoß-)Dämpfer") Brot aus Mehl und Wasser
Digger	Australischer Soldat, Goldgräber
Dinkum, fair dinkum	(aus dem East-Midlands-Dialekt, „Harte Arbeit") Echt, wirklich, unverfälscht
Dinky-di:	Wahrhaftig, echt, wirklich, ehrlich, ‚eine echte Sache'
Dodgy	Suspekt, fragwürdig, unordentlich
Down Under:	Australien
E	
Esky	(Name eines Kühlschrankproduzenten, abgeleitet von „Eskimo") Kühlschrank

F	
Fair go	Gute Chance
Flake	(„Schuppe") Haifischfleisch
Footy	Australian Rules Football
to fossick	suchen, stöbern
G	
Garbo, garbologist	(„Müllologe") Müllmann
G'Day	Guten Tag
H	
Heaps	(„Haufen") Viel
Hottie	*Hot water bottle* – Wärmflasche
I	
Icy pole, ice block	(„eisige Stange, Eisklotz") Wassereis
J	
Jackaroo	Australischer Cowboy, Farmarbeiter
Jillaroo	Cowgirl
Joey	Känguru- und allgemein Beuteltier-Junges
Journo	Journalist
K	
Kindie	Kindergarten
Kiwi	Neuseeländer
L	
Lollies	Süßigkeiten
M	
Mate	(eigentl. Grad eines Schiffsoffiziers, verwand mit dem dt. „Maat") Guter Freund, Kumpel
Mate's rate, mate's discount	Freundschaftspreis
Mozzie	*Mosquito* – Mücke
Muddy	*Mud Crab* – Krebs
to muster	(„antreten lassen") Vieh zusammentreiben
N	
Nasho	*National Service*, Militärdienst
Never Never	Outback
Nipper	(„kleines Kind") Nachwuchs-Rettungsschwimmer
No worries	Keine Sorge
O	
O.S.	*Overseas* – Übersee
Outback	Binnenland von Australien
Oz	Australien
P	
to pash	knutschen

Pav	Pavlova = australisches Dessert aus Meringue, Sahne und Obst
Plate, bring a	Essen, das auf eine Party mitzubringen ist
Pokies	*Poker Machines* – Glücksspiel-Automaten
Pom, pommy	(von POME „prisoner of mother England") Engländer
Postie	*Postman* – Briefträger
Prezzy	*Present* – Geschenk

Q

Quid, to make a	(„ein Pfund machen") Lebensunterhalt verdienen

R

Reckon? reckon!	(„rechnest du drauf?" „ich rechne drauf!") Glaubst du? Mit Sicherheit!
Reffo	*Refugee* – Flüchtling
Rego	Auto-Registrierung
Rellie	*Relative* – Verwandter
Road train	Lastwagen mit mehreren Anhängern
Roo	Känguru

S

Salvos	*Salvation Army* – Heilsarmee
Sheila	(Frauenname) Mädchen, Frau
to shout	(„rufen") Eine Runde im Pub bestellen (und bezahlen)
Sickie	Krankheitstag (krankgemeldeter Tag)
Sook	Heulsuse
Station	Große Farm
Stock	(„der Bestand") Vieh
Strine	(australische schludrige Aussprache von „australian") Australischer Slang
Stubby	(„plump") Kleine Bierflasche
Sunnies	*Sunglasses* – Sonnenbrille
Surfies	Surfer
Swag	Bettrolle (s.a. Kapitel über „Waltzing Matilda")
Swaggie	*Swagman* – Landstreicher

T

Tall poppies	(„große Mohnblumen") Erfolgreiche Menschen
Thongs	Flip-Flops = rückenlose Gummi-Sandalen
Trackies	*Track Suit* – Jogginganzug
Truckie	*Truck driver* – Lastwagenfahrer
Tucker	Essen

U	
Uni	University – Universität
Unit	(„Einheit") Apartment
Ute	coupé utility – PKW mit offener Ladefläche
V	
to veg out	(von to vegetate „vegetieren") rumhängen
Vegies	Vegetables – Gemüse
W	
to walkabout	(von walkabout – „Rundgang") Auf einen Trip gehen, nicht mehr auffindbar sein
to whinge	jammern
Whopper	Klopper, Kaventsman, große Lüge
Willy-willy	(aus einer Aborigines-Sprache) Kleiner Sandwirbelsturm
Y	
Yewy	U-Turn – 180°-Wendung
Yobbo	Rabauke

Australian Aboriginal English

Aboriginal English beschreibt als einheitlicher Begriff die englischen Dialekte, die von verschiedenen Aborigine-Gruppen gesprochen werden und die vom *Standard Australian English* systematisch abweichen. Die einzelnen Dialekte haben oft viel mit anderen Varianten des australischen Englisch gemeinsam, haben jedoch ihre eigenen Merkmale bezüglich Betonung, Vokabeln und Grammatik entwickelt. Insbesondere die Grammatik ist oft sehr vereinfacht gegenüber dem Standard Englisch.

Aboriginal Englisch	Standard English	Deutsch
big mob	a lot of	viele
business	business (Geschäft)	Angelegenheit
sorry business	funeral, grief	Begräbnis/ Trauer
money business	financial issue	finanzielle Angelegenheit
women's/ men's business		geschlechtsbezogene Geheimrituale
camp	home	Haus, zu Hause
cheeky	mischievous, aggressive, dangerous	schadenfroh, bösartig, aggressiv, gefährlich

Aboriginal Englisch	Standard English	Deutsch
deadly	excellent, very good	super, sehr gut
gammon	pretending, kidding, joking	so tun als ob, herumalbern, scherzen
grow [a child] up	raise [a child]	ein Kind großziehen
gubbah	white person	Weißer Verkürzung des Wortes Government (Regierung), weil Aborigines Weißen üblicherweise als Offiziellen der Regierung und Verwaltung begegneten.
he/ him	he/ him, she/ her, it	maskuline Pronomen werden auch für weibliche oder neutrale Objekte benutzt
fella (auch feller, fullah, fulla)	fellow	Bursche, Kerl, Mitmensch, Kumpel
		auch in Kombination mit Adjektiven und Numeralen genutzt:
big fella business	important business	wichtiges Geschäft
one-feller girl	one girl	ein Mädchen
		auch adverbiale Bedeutung möglich:
sing out big fella	call out loudly	laut rufen
		als Pronomen, um Plural anzuzeigen:
me fella	we/ us	dir/ uns
you fella	you	du/ ihr
mob	group	Gruppe mit starker Zusammengehörigkeit, Familie oder „meine Leute", Sprachgruppe
lingo	Aboriginal language	Aborigine Sprache
solid	fantastic	fantastisch, toll
to tongue for	to long for	etw. ersehnen, Verlangen nach etw. haben

Verwandschaftsbezeichnungen

aunty/ uncle	older people not necessarily related to the speaker	Tante/ Onkel, Anrede für ältere Leute, mit denen der Sprecher nicht verwandt sein muss
Brother/ sister	close relations of the same generation	Bruder/ Schwester bezeichnet nahe Verwandte derselben Generation, nicht nur Geschwister

ANHANG

Aboriginal Englisch	Standard English	Deutsch
cousin	relations of the same generation	alle Verwandten derselben Generation
cousin-brother/ cousin-sister	cousin	biologische Cousins
poison	relations you generally avoid, such as mother-in-law	Gift, Beziehungen, die man vermeidet wie z.B. Schwiegermutter
skin/ skin group		Haut/ Hautgruppe Soziale Gruppe innerhalb eines Stammes. Sie bestimmt u.a., ob jemand eine bestimmte Person heiraten darf

Kriol

Ein paar Beispiele aus dem „Kriol - Inglish Dikshenri" (www1.aiatsis.gov.au/ASEDA/docs/0739-Kriol/index.1.html)

Kriol	Englisch	Deutsch
blandi	plenty	viel/e
budumbudum	accelerate	Fahrt aufnehmen, beschleunigen
eksadint	accident	Unfall
gedap	get up; arise; climb	aufstehen, sich erheben, aufsteigen
git	become, arrive	werden, ankommen
grugidgrugid	zigzag	Zickzack
kipamap	maintain standard	einen Standard pflegen/ halten
mekshuwa	make sure	sicherstellen
menijim	manage	leiten, lenken, bewältigen, schaffen
pipul	people	Leute, Volk
wokawei	walk away	weggehen
waj	watch'n	beobachten, gucken, sehen

Adressen und Websites

Allgemeines

Australien-Websites und -Foren

Internet: www.australien-info.de
www.reisebine.de

Diese Webseiten betreiben Foren, in denen man sich mit anderen Australienbegeisterten austauschen kann.
Ein weiteres Forum:
www.australien-forum.de

Karten und Pläne

Internet: www.whereis.com
Karten, Routenplaner und Ortssuchmaschine für Australien

Telefonnummern

Internet: www.whitepages.com.au (Australisches Telefonbuch)
www.yellowpages.com.au (Australische Gelbe Seiten)

Tourismusinformationen der Regionen

New South Wales
Internet: www.visitnsw.com
www.visitoutbacknsw.com

Queensland
Internet: www.queenslandholidays.com.au

Victoria
Internet: www.visitvictoria.com

Northern Territory
Internet: www.tourismtopend.com.au
www.territorydiscoveries.com

Anhang

Western Australia
Internet: www.westernaustralia.com

Tasmanien
Internet: www.discovertasmania.com

South Australia
Internet: www.southaustralia.com

Australian Capital Territory
Internet: www.visitcanberra.com.au

Zeitzonen

Australien ist in drei Zeitzonen unterteilt:
Die **Australian Eastern Standard Time (AEST)** gilt für New South Wales, Tasmanien, das Australian Capital Territory, Victoria und Queensland. Die AEST ist zehn Stunden später als die Koordinierte Weltzeit (UTC+10, UTC = Coordinated Universal Time, ehemals Greenwich Mean Time).
Die **Australian Central Standard Time (ACST)** ist eine halbe Stunde vor der AEST und gilt für das Northern Territory und Südaustralien
Die Australian **Western Standard Time (AWST)** ist zwei Stunden vor der AEST und gilt nur auf Westaustralien.
Alle Staaten außer Queensland und dem Northern Territory haben Winter- und Sommerzeit (*Daylight Saving Time*) – im Sommer wird die Uhr eine Stunde vor und im Winter wieder zurückgestellt.

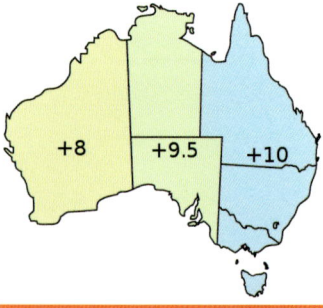

Die australischen Zeitzonen und ihre Zeitverschiebung in Bezug zur Koordinierten Weltzeit (UTC). Oben: Standard-Zeit, unten: Sommerzeit (Daylight saving time)

Deutsche Einwanderer in Australien

Allgemeines

Internet: www.infobahnaustralia.com.au
www.deutscheinmelbourne.net
www.deutscheinperth.net

Geschichte der deutschen Einwanderung in Australien

Internet:
www.teachers.ash.org.au/dnutting/germanaustralia/index.htm.
Viele interessante Informationen zum Thema ‚deutsche Auswanderer'.

Ureinwohner

Aboriginal Tourism Victoria

Internet: www.aboriginaltourismvictoria.com.au
Tourismusangebote der Ureinwohner Victorias: Vermittlung der Kulturgeschichte und Kunst der Aborigines im südlichen Australien.

Aboriginal Songlines

Internet: www.aboriginalsonglines.com
Umfangreiche Informationen zur Aborigines-Kultur und -Geschichte.

Prominenter Auswanderer auf Zeit: Joachim Fuchsberger

Ausstellungen

Geschichte und Gesellschaft

National Museum of Australia
Lawson Crescent, Acton Peninsula. Canberra, ACT 2600
Internet: www.nma.gov.au

Old Melbourne Gaol
377, Russell Street, Melbourne 3000
Internet: www.oldmelbournegaol.com.au
Ehemaliges Gefängnis, in dem u.a. Ned Kelly hingerichtet wurde.

Englische Kolonisierung

Hyde Park Barracks
Queens Square, Macquarie Street, Sydney, NSW 2000
Internet: www.hht.net.au/museums/hyde_park_barracks_museum

State Library of New South Wales
Macquarie Street, Sydney, NSW 2000
Internet: www.sl.nsw.gov.au
Mit wechselnden Ausstellungen.

Kunst

Art Gallery of NSW
Sydney
Internet: www.artgallery.nsw.gov.au

Art Gallery of South Australia
Adelaide
Internet: www.artgallery.sa.gov.au

Art Gallery of Western Australia
Perth
Internet: www.artgallery.wa.gov.au

„Big Things"
Pop-Art oder Kitsch? Diverse Orte in ganz Australien.
Internet: www.bigthings.com.au

Museum of Contemporary Art
Sydney
Internet: www.mca.com.au

Museum of Particularly Bad Art (MoPBA)
Chapel off Chapel
12 Little Chapel Street, Prahran, Melbourne
Internet: www.mopba.org

National Gallery of Australia
Canberra
Internet: nga.gov.au

National Gallery of Victoria
Melbourne
Internet: www.ngv.vic.gov.au

Queensland Art Gallery
Brisbane
Internet: qag.qld.gov.au

Sculptures by the Sea
Sydney, Bondi Beach (November)
Perth, Cottesloe Beach (März)
Internet: sculpturebythesea.com

Musik

Grainger Museum
University of Melbourne
Gate 13, Royal Parade
Parkville, Melbourne
Internet: www.grainger.unimelb.edu.au
Museum zum Leben und Werk des australischen Komponisten und Pianisten Percy Aldridge Grainger.

Sculptures by the Sea am Bondi Beach

Naturkunde

Australian Museum
6 College Street, Sydney
Internet: www.amonline.net.au

Museum Victoria
11 Nicholson Street, Carlton, Melbourne
Internet: museumvictoria.com.au

Northern Territory Museum
Conacher Street, Bullocky Pt, Darwin
Internet: www.magnt.nt.gov.au
www.nt.gov.au/nreta/museums

Queensland Museum
South Bank, Brisbane
Internet: www.qm.qld.gov.au

Western Australian Museum
Perth Cultural Centre, James Street, Perth
Internet: www.museum.wa.gov.au

Veranstaltungen und Festivals

Allgemein

Internet: en.wikipedia.org/wiki/List_of_festivals_in_Australia
Liste von australischen Kultur-Festivals.

Kultur-Festivals: Musik, Theater, Kunst etc.

Adelaide Festival of Arts
Adelaide (März)
Internet: www.adelaidefestival.com.au
Das bisher alle zwei Jahre stattfindende Festival, das zu den größten Kulturfestivals der Welt zählt, soll ab 2012 jährlich stattfinden. Es umfasst auch das Literaturfestival *Adelaide Writers' Week*.

Brisbane Festival
Brisbane (September/ Oktober)
Internet: www.brisbanefestival.com.au

Corinbank Festival
Corin Forest Mountain Recreation Park, südwestlich von Canberra (Februar)
Internet: www.corinbank.com
An einem Wochenende stattfindendes Musik- und Kunst-Festival. ‚Mit dem Drei-Tages-Ticket ist das Campen auf dem Gelände erlaubt.

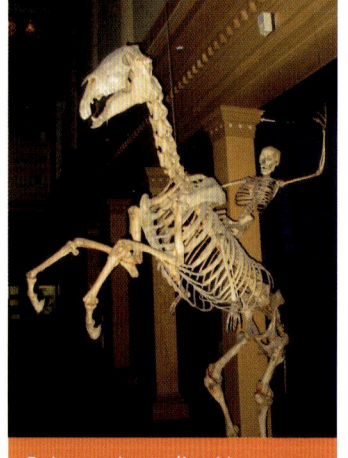
Reiter m Australian Museum

Darwin Festival
Darwin, Northern Territory (August)
Internet: www.darwinfestival.org.au

The Falls Music & Arts Festival
Marion Bay, Tasmanien/ Lorne, Victoria (Dezember/ Januar)
Internet: www.fallsfestival.com.au

Homebake Music, Film & Arts Festival
The Domain, Royal Botanic Gardens, Sydney (Dezember)
Internet: www.homebake.com.au

Melbourne International Arts Festival
Melbourne (Oktober)
Internet: www.melbournefestival.com.au

Mullumbimby Music Festival
Mullumbimby, New South Wales (November)
Internet: mullummusicfestival.com

Nannup Music Festival
Nannup, Western Australia (März)
Internet: www.nannupmusicfestival.org

Perth International Arts Festival
Perth (November bis April)
Internet: www.perthfestival.com.au
Das seit 1953 veranstaltete, älteste Kultur-Festival Australiens mit einem breiten Angebot aus allen kulturellen Sparten umfasst auch das *Perth Writers Festival* (s.u.).

Sydney Festival
Sydney (Januar)
Internet: www.sydneyfestival.org.au

Tamworth Country Music Festival
Tamworth, New South Wales (Januar)
Internet: www.tamworthcountrymusic.com.au

WOMADelaide
Botanic Park, Adelaide, South Australia (März)
Internet: www.womadelaide.com.au
　　　　　womad.org
Seit 1992 veranstaltetes Openair-Festival, das in Kooperation mit dem von Peter Gabriel 1980 in Großbritannien mitbegründeten WOMAD-Festival („World of Music, Arts & Dance") Musiker aus allen Kontinenten präsentiert.

Woodford Folk Festival
Woodford, Queensland (Dezember/ Januar)
Internet: www.woodfordfolkfestival.com

Film-Festivals

Adelaide Film Festival (Bigpond Adelaide Film Festival)
Adelaide (Februar/ März)
Internet: www.adelaidefilmfestival.org
Alle zwei Jahre alternierend mit dem Adelaide Festival of Arts stattfindendes nicht kompetitives Festival.

Brisbane International Film Festival (St.George Bank Brisbane International Film Festival)
Brisbane (November)
Internet: www.stgeorgebiff.com.au
Das seit 1992 ausgerichtete Festival, das Filme der verschiedensten Genres umfasst, ist vor allem auf den asiatisch-pazifischen Raum ausgerichtet.

Canberra International Film Festival
Canberra (Oktober/ November)
Internet: www.canberrafilmfestival.com.au
Das Festival wurde erstmals 1996 unter dem Namen Australian International Film Festival ausgerichtet.

Flickerfest
Bondi Pavilion, Bondi Beach, Sydney (Januar)
Internet: www.flickerfest.com.au

Internationales Kurzfilmfestival, das seit 1993 stattfindet und als einziges australisches Kurzfilmfestival für den us-amerikanischen „Oscar" (Academy Award) akkreditiert ist.

Melbourne International Film Festival
Melbourne (Juli/ August)
Internet: miff.com.au
Das 1951 begründete Film-Festival ist das größte Australiens und zählt neben dem zwei Jahre jüngeren Sydney Film Festival zu den ältesten australischen Festivals überhaupt.

Sydney Film Festival
State Theatre, Sydney (Juni)
Internet: sff.org.au
Einen Ableger des Festivals stellt das *Sydney Travelling Film Festival* dar, in dessen Rahmen besondere nationale und internationale Dokumentar- und Kurzfilm-Produktionen in einigen abgelegeneren und kulturell unterversorgten Orten von New South Wales, Queensland und des Northern Territory gezeigt werden.
Internet: sff.org.au/cms/default.asp?contentID=84

Tropfest
The Domain, Sydney (Februar)
Internet: www.tropfest.com/au
Weltgrößtes Kurzfilmfestival, das mittlerweile auch einen Ableger in New York hat. Namensgeber ist das „Tropicana Cafe" im Sydneyer Vorort Darlinghurst, wo es 1993 als damals noch relativ kleines „Tropicana Short Film Festival" zum ersten Mal stattfand. Nachdem es in den Folgejahren zu einem international beachteten Event geworden war, riefen Kritiker dieser Entwicklung zur Massenveranstaltung und Kommerzialisierung im Jahr 2001 eine Gegenveranstaltung ins Leben, um wieder an seine Wurzeln als lokale Gemeinschaftsveranstaltung anzuknüpfen:

Das Tropfest im Domain-Park in Sydney – ein Massenevent

Das *Squatfest* findet jedes Jahr zur selben Zeit wie das *Tropfest* in einem besetzten Gebäude in Sydney statt. Jeder Filmemacher ist aufgerufen, sein Werk zur Vorführung mitzubringen
Internet: www.squatspace.com/squatfest

Anhang

Der Sieger der World Solar Challenge 2009 „Tokai Challenger" aus Japan (Tokai University Solar Car Team)

Literatur-Festivals

Überblick

Internet: www.literaryfestivals.com.au

Auswahl

Adelaide Writers' Week
Adelaide (März)
Internet: www.adelaidefestival.com.au
Das Festival, das bisher alle zwei Jahre im Rahmen des *Adelaide Festival of Arts* ausgerichtet wird, soll ab 2012 jährlich stattfinden.

Australian Poetry Festival
Sydney (September)
Internet: www.poetsunion.com
Alle zwei Jahre von der *Poets Union* veranstaltetes Festival.

Brisbane Writers Festival
Brisbane (September)
Internet: www.brisbanewritersfestival.com.au

Grenfell Henry Lawson Festival of Arts
Grenfell, New South Wales (Juni)
Internet: www.grenfell.org.au/henrylawsonfestival
Alljährlich am „Queen's Birthday"-Wochenende zu Ehren des in den Goldfeldern von Grenfell geborenen Busch-Poeten. Mit Lesungen, Kunst-Ausstellungen, Wettbewerben und Straßenfest

Melbourne Writers Festival
Melbourne (August/ September)
Internet: www.mwf.com.au
Jährlich stattfindendes großes Festival, teilweise mit freiem Eintritt.

Perth Writers' Festival
University of Western Australia Campus, Perth (März)
Internet: perthfestival.com.au/events/pwf

Sydney Writers' Festival
Walsh Bay, Sydney (Mai)
Internet: www.swf.org.au
Großes Festival. Viele Veranstaltungen mit freiem Eintritt.

Sport-Veranstaltungen

Motorsport

The Australian Grand Prix
Albert Park, Melbourne (März)
Internet: www.grandprix.com.au

World Solar Challenge
Internet: www.worldsolarchallenge.org
Jährlich im Oktober stattfindendes Wettrennen von Solarautos.

Pferderennen

Melbourne's Spring Racing Carnival
Melbourne (September bis November)
Internet: www.springracingcarnival.com.au

Radsport

Tour Down Under (*Santos Tour Down Under*)
Adelaide (Januar)
Internet: www.tourdownunder.com.au

Segelregatta

Sydney to Hobart Yacht Race (*Rolex Sydney Hobart Yacht Race*) (Dezember)
Die berühmte Segelregatta am 26. Dezember jeden Jahres
Internet: rolexsydneyhobart.com

Auf Tuchfühlung mit Delfinen in Monkey Mia, Westaustralien

Henley-on-Todd
Spaß-Segelregatta, Alice Springs (August)
Internet: www.henleyontodd.com.au

Tennis

Australia's Grand Slam Summer of Tennis
Melbourne Park, Melbourne (Januar)
Internet: www.australianopen.com

Umzüge

Chinese New Year
In vielen großen Städten, z.B. Sydney, im Februar.
Internet: www.cultureandrecreation.gov.au/articles/chinese
www.cityofsydney.nsw.gov.au/cny

Mardi Gras
Farbenfrohe Parade der Homosexuellen in Sydney zur Karnevalszeit im Februar.
Internet: www.mardigras.org.au

Zombie Walks
Kostümaufmärsche der Untoten in vielen australischen Großstädten.
Adelaide Zombie Walk (Oktober)
Internet: www.adelaidezombiewalk.vacau.com
Brisbane Zombie Walk (Oktober)
Internet: www.brisbanezombiewalk.com
Hobart Zombie March (Juni)
Internet: www.facebook.com/group.php?gid=297998165130
Melbourne Zombie Shuffle (Mai)
Internet:
www.facebook.com/pages/Melbourne-Zombie-Shuffle/285488313468
Sydney Zombie Walk (März)
Internet: www.sydneyzombiewalk.com

Angesichts der Reizüberflutung können einem beim Zombie Walk in Brisbane schon mal die Augen ausfallen

Tiere und Pflanzen

Allgemeines

Blütenpflanzen

Wildflowers Western Australia
Internet: www.wildflowerswa.com
Verzeichnis der Wildblumen in Westaustralien mit Blütezeiten und Vorkommen. Beschreibung von Wanderwegen, Nationalparks und Tourangeboten, Informationen zu Veranstaltungen und Unterkünften.

Tiere

Internet: australianmuseum.net.au/animals
Die Website des Australischen Museums hat eine hervorragende Übersicht über die Tierwelt des Fünften Kontinents.

Orte zum Beobachten von Tieren in der Wildnis
(gute Zeiten sind der frühe Morgen und die Dämmerung am Abend)

Delfine
Am Ufer von Monkey Mia, (Western Australia)
Bootstouren: z.B. Nelson Bay oder Jervis Bay (New South Wales)

Dingos
Am Strand sowie auf der Wanderung um Rainbow Gorge auf Fraser Island (Queensland)

Emus
Tower Hill National Park, Nähe Port Fairy (Victoria)
Koala Walk, Hanson Bay, Flinders Chase National Park, Kangaroo Island (South Australia)

Flughunde
Im Botanischen Garten in Sydney (New South Wales)
Internet:
www.rbgsyd.nsw.gov.au/welcome_to_bgt/royal_botanic_gardens

Kängurus allgemein
Tower Hill National Park, Nähe Port Fairy (Victoria)
Koala Walk, Hanson Bay, Flinders Chase National Park, Kangaroo Island (South Australia)
Campingplätze und Golfplätze, z. B. Anglesea Golf Club, Great Ocean Road (Victoria)

Baumkängurus
Mit etwas Glück am Curtain Fig Tree bei Yungaburra in den Atherton Tablelands (Queensland)

Felskängurus (Rock–wallaby)
Granite Gorge in der Nähe von Mareeba (Queensland)

Quokkas (eine etwas gedrungene Art von Wallabys)
Geordie Bay Café im Norden von Rottnest Island in der Nähe von Perth (Western Australia)
Internet: www.rottnestisland.com

Koalas
Koala Walk, Hanson Bay, Flinders Chase National Park, Kangaroo Island (South Australia)
Tower Hill National Park, Nähe Port Fairy (Victoria)
Cape Otway an der Great Ocean Road (Victoria)

Königsmakrelen (Kingfish) füttern
Neds Beach auf Lord Howe Island (New South Wales)
Intenet: us.sydney.com/Lord_Howe_beach_p651.aspx

Krokodile
Jim Jim Creek im Kakadu National Park (Northern Territory)
Internet: www.kakadu.com.au
Daintree River, nördlich von Cairns (Queensland)
(aus Sicherheitsgründen immer mit einer Bootstour!)

Papageien und Kakadus
Im Botanischen Garten in Sydney (New South Wales)
www.rbgsyd.nsw.gov.au/welcome_to_bgt/royal_botanic_gardens

Ein Rainbow Lorikeet auf der Suche nach Zuckerkrümeln in einem Café am Botanischen Garten in Sydney

Pinguine
Pinguin-Parade allabendlich auf Philip Island (Victoria)
Internet: www.penguins.org.au
www.visitphillipisland.com
Kingscote und Penneshaw, Kangaroo Island (South Australia)
Manly, in der Nähe des Fähranlegers, Sydney (New South Wales)
Bicheno, an der Küste in der Nähe des Blow Holes (Tasmanien)

Possums
Nur zur Abenddämmerung in vielen Parks überall in Australien, z.B. im Umpherston Sinkhole in Mount Gambier (Victoria)

Schnabeltiere
(mit etwas Glück)
Flinders Chase National Park auf Kangaroo Island (Südaustralien)
Internet:
www.environment.sa.gov.au/parks/sanpr/flinderschasenp/index.html
Am Bach am Ende von Yungaburra in den Atherton Tablelands (Queensland)

Anhang

Wombats

Wilsons Promontory National Park (Victoria)
Internet: www.parkweb.vic.gov.au/1park_display.cfm
Bendeela Camping and Picnic Ground, Kangaroo Valley, Southern Highlands (New South Wales)
Rund um die Crackenback Lodge und den See, Snowy Mountains (New South Wales)

Zoos und Aquarien

Australian Capital Territory – Canberra

National Zoo and Aquarium
Scrivener Dam, Yarralumla, Canberra
Internet: www.zooquarium.com.au

New South Wales – Sydney

Australian Reptile Park
Somersby, Central Coast, 90 Minuten außerhalb von Sydney
Internet: www.reptilepark.com.au

Sydney Aquarium
Aquarium Pier, Darling Harbour, Sydney
Internet: www.sydneyaquarium.com.au

Sydney Wildlife World
Darling Harbour, Sydney
Internet: sydneywildlifeworld.myfun.com.au

Taronga Zoo
Bradleys Head Rd, Mosman, Sydney
Internet: www.taronga.org.au

Northern Territory

Alice Springs Desert Park
Larapinta Drive, Alice Springs
Internet: www.alicespringsdesertpark.com.au

Der Zoo von Sydney: Giraffen vor der Skyline

Queensland

Australia Zoo
Steve Irwin Way, Beerwah, Queensland, eine h nördlich von Brisbane
Internet: www.australiazoo.com.au

Currumbin Wildlife Sanctuary
28 Tomewin Street, Currumbin, Queensland
Internet: www.currumbin-sanctuary.org.au

ReefHQ Aquarium
2-68 Flinders Street, Townsville City
Internet: www.reefhq.com.au

ReefHQ: das größte Korallenriff-Aquarium

Sea World
Sea World Drive, Main Beach, Gold Coast, Queensland
Internet: seaworld.myfun.com.au

South Australia

Adelaide Zoo
Frome Road, Adelaide
Internet: www.adelaidezoo.com.au

Tasmanien

Seahorse World (Aquarium)
Shed 1A, Inspection Head Wharf, Flinders Street, Beauty Point
Internet: www.seahorseworld.com.au

Tasmanian Devil Conservation Park
(Neben Tasmanischen Teufeln auch viele andere Tierarten)
5990 Port Arthur Highway, Taranna, Tasman Peninsula,
Internet: www.tasmaniandevilpark.com

Victoria – Melbourne

Healesville Sanctuary
Badger Creek Road, Healesville, Victoria, eine Stunde außerhalb von

Anhang

Melbourne
Internet: www.zoo.org.au/HealesvilleSanctuary

Melbourne Aquarium
Flinders Lane, Melbourne,
Internet: www.melbourneaquarium.com.au

Melbourne Zoo
Elliott Avenue, Parkville, Melbourne
Internet: www.zoo.org.au/MelbourneZoo

Western Australia

The Aquarium of Western Australia
Hillarys Boat Harbour, 91 Southside Drive, Hillarys, Perth
Internet: www.aqwa.com.au

Perth Zoo
20 Labouchere Road, South Perth
Internet: www.perthzoo.wa.gov.au

Nationalparks

New South Wales

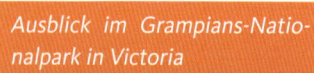
Ausblick im Grampians-Nationalpark in Victoria

Blue Mountains National Park
Hauptattraktion: die *Three Sisters* in Katoomba und wunderschöne Ausblicke in die tiefen Schluchten der „Blauen Berge".
Internet: www.bluemts.com.au
www.nationalparks.nsw.gov.au

Budderoo National Park
Urtümliche Regenwälder. S.a. Minnamurra Rainforest unter **Reservate**.
Internet:
www.visitnsw.com/town/Jamberoo/Budderoo_National_Park/info.aspx

Kosciuszko National Park
Hauptattraktion: der Berg Kosciuszko und seine Wander- und Wintersportmöglichkeiten.
Internet: www.nationalparks.nsw.gov.au

Royal National Park
Ältester Nationalpark Australiens vor den Toren Sydneys mit wunderschönen Küstenabschnitten.
Internet: www.nationalparks.nsw.gov.au

Northern Territory

Kakadu National Park
Ausgedehnte Feuchtgebiete mit großer Vogelpopulation.
Internet: www.kakadu.com.au
Litchfield National Park
Hauptattraktion: riesige Termitenhügel
Internet: www.litchfieldnationalpark.com

Uluru-Kata Tjuta National Park
Neben dem *Uluru/ Ayers Rock* und der benachbarten Felsenformation der *Olgas/ Kata Tjuta* lockt der Nationalpark mit einer besonders umfangreichen Pflanzenwelt.
Internet: www.environment.gov.au/parks/uluru

Watarrka National Park (Kings Canyon National Park)
Tiefe Schluchten, rote Berge und wunderschöne Ausblicke.
Internet: www.nt.gov.au/nreta/parks/find/watarrka.html

Queensland

Daintree National Park
Hauptattraktionen: Cape Tribulation und Krokodile.
Internet: www.daintreenationalpark.com
Great Sandy National Park (Fraser Island)
Große Süßwasserseen und lange Strände.
Internet: www.fraserisland.net

South Australia

Flinders Chase National Park (Kangaroo Island)
Hauptattraktion: Felsformation *Remarkable Rocks*
Internet: www.environment.sa.gov.au/parks/sanpr/flinderschasenp

Flinders Ranges National Park
Hauptattraktion: wilde Bergformationen
Internet: www.environment.sa.gov.au/parks/sanpr/flindersranges

Lake-Eyre-Nationalpark
Hauptattraktion: der Salzsee Lake Eyre, der tiefste Punkt – und wenn er mit Wasser gefüllt ist, der größte See Australiens – in einer der trockensten Gegenden des Landes.
Internet: www.environment.sa.gov.au/parks/sanpr/lakeeyre

Tasmanien

Cradle Mountain - Lake St Clair National Park
Wunderschöne Wanderwege. Hauptattraktion: der Blick vom Rande des Sees auf den Berg Cradle Mountain.
Internet: www.parks.tas.gov.au

Freycinet National Park
Hauptattraktion: Wineglass Bay – eine der schönsten Buchten Australiens.
Internet: www.freycinetcolesbay.com
www.parks.tas.gov.au

Victoria

Grampians National Park
Sensationelle Ausblicke vom Grampians-Gebirge.
Internet: www.thegrampians.com.au

Port Campbell National Park
Hauptattraktion: Die Felsformation der *Zwölf Apostel*.
Internet: www.parkweb.vic.gov.au

Tower Hill National Park
Worn Gundidj
Victoria
www.worngundidj.org.au

Western Australia

Cape Range National Park
Reichhaltige Tier- und Pflanzenwelt, spektakuläre Schluchten und Flusslandschaften.
Internet: www.naturebase.net/component/option,com_hotproperty/task,view/id,1/Itemid,755

Nambung National Park
Hauptattraktion: Felsformation *Pinnacles*.
Internet: www.discoverwest.com.au

Purnululu National Park
Hauptattraktion: die Sandsteinformation der *Bungle Bungles*.
Internet: www.discoverwest.com.au

Australian Capital Territory

Namadgi National Park
Der Park umfasst einen Teil der nördlichen Australischen Alpen mit ihren beeindruckenden Granitformationen und besticht durch eine Abwechslungsreiche Landschaft und Vegetation. Siehe auch Tidbinbilla Nature Reserve unter **Reservate**.
Internet:
www.tams.act.gov.au/play/parks_conservation_and_lands/parks_reserves_and_open_places/national_parks/namadgi_national_park

Reservate (auch für kürzere Besuche geeignet)

Minnamurra Rainforest im Budderoo-Nationalpark

In den Southern Highlands südlich von Sydney gelegen.
Jamberoo Mountain Road, Jamberoo 2533, NSW
Tel.: +61 2 4236 0469
Internet: www.kiama.com.au/accom_result1/minnamurra-rainforest
Tidbinbilla Nature Reserve am Rand des Namadgi-Nationalparks
Paddy's River Rd, Tharwa, Australian Capital Territory
Tel.: +61 2 6205 1233
Internet: www.tidbinbilla.com.au

Tower Hill State Game Reserve
Princess Highway zwischen Warrnambool und Port Fairy an der berühmten Great Ocean Road.
Worn Gundidj, 1-3 Rooneys Road, Warrnambool 3280, Victoria
Tel.: +61 3 55615315
Internet: www.worngundidj.org.au

Einkaufen

Allgemeines

In Australien gibt es deutlich mehr große Einkaufszentren als in Deutschland. *Westfield Shopping Centres* ist nur eine der Ketten mit hunderten auf mehreren Ebenen aneinandergereihten Geschäften.
Zwei altehrwürdige Einkaufszentren, die einen Besuch lohnen, sind zum Beispiel das *Queen Victoria Building* und die *Strand Arcade* in Sydney (beide an der George Street in der Innenstadt gelegen).
Ansonsten sind die bekanntesten Geschäfte:
Supermärkte: *Woolworth, Coles, Aldi, IGA*
Möbel: *Fantastic Furniture, Freedom Furniture, Ikea*
Baumärkte: *Mitre 10, Bunnings*
Elektrogeräte: *Dick Smith, Harvey Norman*
Discounter (Kleidung, Spielsachen, Haushaltswaren, Lebensmittel etc.): *Kaymart, Big W, Target*
Teure Kaufhäuser: *David Jones, Myers*
Spielsachen: *Toys 'R' Us*
Surfmode/ junge Mode: *Billabong, Quiksilver, Mambo*
Modeketten: *Portmans, Jigsaw, Witchery, Sussan, Just Jeans*
Australische Modedesigner: Collette Dinnigan, Sass & Bide, Alannah Hill, Nicole & Simone Zimmermann (Bademode), Scanlan & Theodore, Akira Isogawa, Lisa Ho, Easton Pearson, Carla Zampatti, Tina Kalivas, Ksubi…

Im Buch erwähnte Anbieter

Cuckoo Clock Nest (Kukucksuhren)
Sigrid und Lothar Schafroth
Eagle Heights, Gold Coast, QLD
Internet: www.cuckooclocknest.com.au

Lacemates Lace Retainer (Schnürsenkel-Halter)
1/52 Memorial Avenue, Blackwall, NSW 2256
Internet: www.lacemates.com.au

Rodina Smoked Goods Shop (Gourmet-Lebensmittel)
61 Tweed Centro, Wharf Street, Tweed Heads, NSW 2485
Tel: +61 7 5599 5562
Internet: www.rodinasmokedgoods.com.au

Essen und Trinken

Restaurants allgemein

Internet: www.bestrestaurants.com.au

Im Buch erwähnte Anbieter

Lindt-Cafés (mehr als Schokolade)
in Sydney und Melbourne
Internet: www.lindt.com/au/swf/eng/cafe/store-locations

Stuyvesant's House (Deutsche Küche und Wein!)
45 Alexander St
Crows Nest, NSW 2065
Tel: +61 2 9439 7155
Internet: www.stuyvesantshouse.com

Tetsuya's Restaurant (berühmtestes Restaurant Australiens)
529 Kent Street
Sydney, NSW 2000
Tel: +61 2 9267 2900
Internet: www.tetsuyas.com

Tjanabi (Aborigines-Küche)
Shop 3A, The Atrium
Federation Square
Melbourne, Victoria
Tel: +61 3 9662 1225
Internet: www.tjanabi.com.au

Bei den guten Einkaufsmöglichkeiten in Australien lohnt sich das Selber-Fischen kaum

Unterkünfte

Allgemein

Hotels:
www.hotelclub.com.au
www.hotels.com.au

Pensionen:
www.bedandbreakfast.com.au

Last-Minute-Angebote:
www.wotif.com.au
www.ratestogo.com.au

Im Buch erwähnte Unterkünfte

Hadley's Hotel
Kingston (Nähe Hobarth)
34 Murray Street
Hobart 7000, Tasmanien
Tel: +61 3 6223 4355
Internet: www.grandmercurehadleyshotel.com.au

Palazzo Versace
Gold Coast
Sea World Drive
(PO Box 137)
Main Beach, QLD 4217
Tel: +61 7 5509 8000
reservations@palazzoversace.com
Internet: www.palazzoversace.com

Paperbark Camp
New South Wales
Internet: www.paperbarkcamp.com.au
Etwa 2 ½ Stunden (190 km) mit dem Auto südlich von Sydney in Jervis Bay, das zur Shoalhaven Region gehört.

The Pink Roadhouse
Post Office
Oodnadatta 5734, SA
Tel: +61 8 86 707 822
Internet: www.pinkroadhouse.com.au

Sal Salis Ningaloo Reef
Cape Range National Park
Internet: www.salsalis.com.au
Ein exklusives Safari-Camp, versteckt in den weißen Sanddünen des Western Australia's Cape Range National Park, ca 1 Stunde (70 km) Autofahrt südlich von Exmouth gelegen.

The Underground Motel
Catacomb Road
PO Box 375
Coober Pedy, SA 5723
Tel: +61 8 8672 5324
Internet: www.theundergroundmotel.com.au

Reiseziele außerhalb des Festlandes

Bedarra Island
Tel: +61 7 4047 4747
Internet: www.bedarraisland.com

Christmas Island
Tel: +61 8 9164 8382
Internet: www.christmas.net.au

Dunk Island
Tel: +61 7 4047 4740
Internet: www.dunk-island.com

Kangaroo Island
Tel: +61 8 8553 1185
Internet: www.tourkangarooisland.com.au

Anhang

Schnorcheln mit Königsmakrelen am Neds Beach auf Lord Howe Island

Lord Howe Island
Tel: +61 2 6563 2114
Internet: www.lordhoweisland.info

Macquarie Island
Parks & Wildlife Service Tasmania
Tel: +61 1300 135 513 (Mo- Fr 9- 17 Uhr)
Internet: www.parks.tas.gov.au

Rottnest Island
Internet: www.rottnestisland.com

Tasmanien
Tel: +61 3 62308235
Internet: www.discovertasmania.com

Whitsundays
Internet: www.whitsundaytourism.com

Institutionen, Vereine etc.

Behörden

Einwanderungsbehörde
Internet: www.immi.gov.au

Tourismusbehörde
Internet: www.australia.com

Botschaften

Deutsche Botschaft

Embassy of the Federal Republic of Germany
119 Empire Circuit, Yarralumla ACT 2600
Canberra
Tel: +61 (0) 2 6270 1911 / Fax: +61 (0) 2 6270 1951
Internet www.germanembassy.org.au

Österreichische Botschaft

12 Talbot Street, Forrest ACT 2603
Canberra
Tel: +61 (0) 2 6295 1533 (Amt) / Fax: +61 (0) 2 6239 6751
Internet www.aussenministerium.at/canberra
www.austria.org.au

Schweizer Botschaft

7 Melbourne Avenue, Forrest ACT 2603
Canberra
Tel: +61 (0) 2 6162 8400 / Fax: +61 (0) 2 6273 3428
Internet www.eda.admin.ch/australia

Studium

Deutsch-australisches Netzwerk e.V.
Internet: www.dean-online.de
Netzwerk von Absolventen und Angehörigen deutscher und australischer Bildungseinrichtungen

Institut Ranke-Heinemann
Internet: www.ranke-heinemann.de
Zentrales Studentensekretariat der australischen und neuseeländischen Universitäten in Europa.

Monarchien

Empire of Atlantium
Via PO Box 633, Potts Point NSW 1335
Tel: +61 420 554 949
information@atlantium.org
Internet: www.atlantium.org

The Principality of Hutt River
Government Buildings
Principality of Hutt River,
Via Western Australia 6535
huttriver@principality-hutt-river.com
Internet: www.principality-hutt-river.com

Anhang

Wichtige Adressen und Telefonnummern

Notrufnummer (Polizei, Ambulanz, Feuerwehr): 000

Pannenhilfe im Notfall

New South Wales und Australian Capital Territory
NRMA, National Roads & Motorists Association
Internet: www.nrma.com.au

Northern Territory
AANT, Automobile Association of Northern Territory
Internet: www.aant.com.au

Queensland
RACQ, Royal Automobile Club of Queensland
Internet: www.racq.com.au

South Australia
RAA, Royal Automobile Association
Internet: www.raa.com.au

Tasmanien
RACT, Royal Automobile Club of Tasmanien
Internet: www.ract.com.au

Victoria
RACV, Royal Automobile Club of Victoria
Internet: www.racv.com.au

Western Australia
RAC, Royal Automobile Club of Westaustralien
Internet: rac.com.au

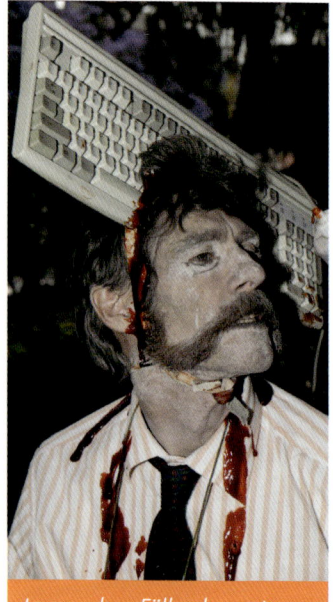

In manchen Fällen kommt leider jede Hilfe zu spät...

Klimatabellen

Adelaide
Monat	JAN	FEB	MÄR	APR	MAI	JUN	JUL	AUG	SEP	OKT	NOV	DEZ	JAHR
Tagestemp. °C	29	29	26	23	19	16	15	17	19	22	25	28	22.2
Nachttemp.r °C	17	17	15	12	10	8	7	8	10	11	14	16	12.2
Sonnenstunden/d	10	10	8	7	5	4	5	6	7	11	9	10	7.3
Regentage/Monat	3	2	3	7	10	10	11	10	9	7	5	4	81
Wassertemp. °C	18	19	19	18	17	15	14	13	14	15	16	20	16

Alice Springs
Monat	JAN	FEB	MÄR	APR	MAI	JUN	JUL	AUG	SEP	OKT	NOV	DEZ	JAHR
Tagestemp. °C	36	35	32	28	23	20	19	23	27	31	34	36	28.6
Nachttemp. °C	21	21	17	13	8	5	4	6	10	15	17	20	13.1
Sonnenstunden/d	10	10	10	9	9	9	9	9	10	10	10	11	9.6
Regentage/Monat	4	4	5	2	2	1	2	1	1	3	4	4	33

Brisbane
Monat	JAN	FEB	MÄR	APR	MAI	JUN	JUL	AUG	SEP	OKT	NOV	DEZ	JAHR
Tagestemp. °C	30	30	28	26	23	21	20	21	24	26	28	29	25.5
Nachttemp. °C	20	20	19	16	13	11	10	10	13	15	17	20	15.3
Sonnenstunden/d	8	8	7	7	7	7	7	7	8	9	9	8	7.6
Regentage/Monat	13	13	12	10	8	7	6	6	5	7	9	11	107
Wassertemp. °C	24	25	25	24	23	22	21	20	20	21	22	23	23

Darwin
Monat	JAN	FEB	MÄR	APR	MAI	JUN	JUL	AUG	SEP	OKT	NOV	DEZ	JAHR
Tagestemp. °C	32	31	32	32	32	31	30	31	33	33	33	33	31.9
Nachttemp. °C	25	25	25	24	22	20	19	21	22	25	25	25	23.2
Sonnenstunden/d	6	6	7	9	10	10	10	11	10	9	9	7	8.6
Regentage/Monat	22	20	18	9	2	1	1	1	2	7	11	15	109
Wassertemp. °C	28	29	29	28	28	27	26	25	25	26	26	27	27

Hobart
Monat	JAN	FEB	MÄR	APR	MAI	JUN	JUL	AUG	SEP	OKT	NOV	DEZ	JAHR
Tagestemp. °C	22	22	20	18	15	12	12	13	15	17	19	20	17.0
Nachttemp. °C	12	13	11	10	7	5	4	5	6	8	10	11	8.5
Sonnenstunden/d	8	8	6	6	4	4	5	5	6	7	7	8	6.1
Regentage/Monat	6	5	6	7	7	6	8	9	7	8	7	7	83
Wassertemp. °C	15	16	16	15	14	13	12	11	11	12	13	14	14

Melbourne
Monat	JAN	FEB	MÄR	APR	MAI	JUN	JUL	AUG	SEP	OKT	NOV	DEZ	JAHR
Tagestemp. °C	26	26	24	21	17	15	14	15	17	20	22	24	20.0
Nachttemp. °C	15	15	14	11	9	7	6	7	9	10	12	14	10.8
Sonnenstunden/d	9	8	8	6	4	4	4	5	6	7	8	8	6.2
Regentage/Monat	5	4	5	7	9	8	9	11	10	9	8	6	91
Wassertemp. °C	17	18	18	17	16	15	14	13	13	14	15	16	16

Perth
Monat	JAN	FEB	MÄR	APR	MAI	JUN	JUL	AUG	SEP	OKT	NOV	DEZ	JAHR
Tagestemp. °C	29	30	28	25	21	18	17	18	20	22	25	29	23.4
Nachttemp. °C	17	18	16	14	11	9	8	9	10	12	14	17	13.0
Sonnenstunden/d	11	10	9	8	6	5	6	6	7	9	10	11	8.1
Regentage/Monat	1	2	3	6	10	15	14	13	9	7	4	2	86
Wassertemp. °C	20	21	21	20	19	19	18	17	17	18	18	19	19

Sydney
Monat	JAN	FEB	MÄR	APR	MAI	JUN	JUL	AUG	SEP	OKT	NOV	DEZ	JAHR
Tagestemp.°C	27	27	26	24	20	18	17	19	21	22	24	26	22.5
Nachttemp.°C	19	19	17	15	12	10	8	9	11	13	15	17	13.7
Sonnenstunden/d	7	7	7	7	6	6	6	7	7	7	8	8	7.0
Regentage/Monat	10	10	12	11	11	9	6	8	7	8	10	9	111
Wassertemp.°C	23	24	23	22	20	19	17	16	17	18	19	21	20

Bildnachweis

Coverbilder, S.19, 20, 27, 28, 32, 33, 34, 36, 37, 39, 40, 42, 46, 47, 48, 49, 52, 53, 54, 57, 58, 60, 61, 62, 63 (Echidna), 64, 66 (Kasuar), 67, 68 (Goanna), 70, 72, 73, 74, 75, 76, 77, 79, 80, 81, 82, 85, 88 (Holzlaster), 98, 100, 116, 146, 148, 149, 150, 151, 152, 153, 155 (Burkes Tod), 177, 180, 181, 184, 185 (Schulkinder), 188, 198, 203, 210 (Opal), 213, 226, 227, 228, 230, 231, 234, 235, 236, 237, 239, 242 (Hobarth), 258, 263, 267, 269, 270, 272, 273, 274 (Hills Hoist), 276, 277, 278, 279, 281, 282, 286, 287 (Sydney), 291 (Dollarnote), 295 (Widder), 296 (Mercedes, Andy Warhol), 299, 300 (MLC Centre), 304, 317, 318, 320 (Cate Blanchett), 324, 335, 339, 340, 342, 343, 344, 346, 347, 348, 349, 351, 352, 354, 355, 356, 365, 366, 367, 368, 387, 389, 399, 402, 407: Barbara Barkhausen, S. 12, 26, 90, 233, 238, 241 (Ningaloo Reef), 248, 256, 262, 284, 285, 288, 332, 358, 359. 362, 370, 395: Tourism Australia, S. 14, 15, 225 (Ausschnitt), 375: NASA (pd), S. 14 (Pangaea): Kieff (cc), S. 16: Unbekannt (pd), S. 17, 18: Smith al. Verisimilus (cc), S. 20: Toby Hudson (cc), S. 21: Klaus-Dieter Liss (cc), S. 22: C. Goodwin (copyleft), S. 23: Bill Bradley (cc), S. 25, 353: Tourism Queensland, S. 29: Unbekannt (pd), S. 30, 334: Tourism Australia/ Tourism NT, S. 31: Kookaburra (cc), S. 38 (Araucarienzapfen Australien): Gordon E. Robertson (cc), S. 38 (Araucarienzapfen versteinert): Mila Zinkowa (cc), S. 40 (Känguru-Blume): Cygnis insignis (pd), S. 40 (Spinifex): Thomas Schoch (cc), S. 41: Fritz Geller Grimm (cc), S. 43 (Eukalyptuswälder): Nicholas (pd), S. 43 (Eukalyptusblüten): Melburnian (cc), S. 44: Kenpei (cc), S. 45: Jörn Brauns (pd), S. 50: E. J. Keller (pd), S. 51: Garry J. Wood (cc), S. 55, 56: Koala Hospital/ Koala Preservation Society of New South Wales Inc., S. 59: Leonard G. (cc), S. 63 (Schnabeltier): Rainbow606 (cc), S, 63 (Echidna Unterseite): Brehms Tierleben (pd), S. 66 (Emu): Günther Dotzler/ Pixelio, S. 68 (Thorny Devil): Clemens Mirwald/ Pixelio.de, S. 69: Miclos Schiberna (cc), S. 71: United States Department of Agriculture (pd), S. 83: Timo1974 (cc), S. 84: ESO/ S. Brunier, S. 87, 102 (Didgeridoo): Nick Carson (cc), S. 88 (Yallourn): Marcus Wong (cc), S. 89: Jeff Schmaltz/ NASA (pd), S. 92: Tourism NT, S. 92 (Felszeichnung Mimi-Geist), 95, 105, 106, 108, 160, 189, 296 (Elefant, Läufer), 393: Anne Möhle, S. 93: Unbekannt (pd), S. 94, 120: Mike Newling/ Tourism Australia, S. 97: Brian Geach/ Tourism Australia, S. 98 (Felszeichnung Carmavon Gorge): Shiftchange (pd), S. 101 (Corroboree): W. B. Spencer (pd), S. 101 (Lendenschurz): Australian Museum (pd), S. 102 (Bumerang): Guillaume Blanchard, S. 102 (Coolamon): Grace Kat, S. 103: Herbert Basedow (pd), S. 104: Schomynv (pd), S. 107: Robert Reilly (cc), S. 109: Bible Society, Australia, S. 111: Government of Van Diemen's Land, Konzept General George Frankland (pd), S. 113: Unbekannt, möglicherweise William Ferguson (pd), S. 114: Grahamec (cc), S. 115: Brian Jenkins, S. 117: Virginia Murdoch (cc), S. 119: Jen Twice (cc), S. 121: Wayne Quilliam, S. 122: James Fisher/ Tourism Australia, S. 123: Bidgee (pd), S. 125: John Leemans 2 (cc), S. 127: Jens-Uwe Korff, S. 129, 145 (First Fleet), 154, 155 (Aufbruch Burke), 159, 163: State Library of NSW, S. 130: Unbekannt (pd), S. 131: William Paul Dowling (pd), S. 133: Roisterer (cc), S. 137: Unbekannt (pd), S. 140: National Library of Australia, S. 141: Jacques de Vaux (cc), S. 142 : Nicholas Vallard (pd), S. 144 : Frank Allen (pd), S. 145 (Arthur Phillip): Francis Wheatley (pd), S. 147: Unbekannt (pd), S. 156: Unbekannt/ State Library of South Australia (pd), S. 157: Unbekannt (pd), S. 158: Unbekannt (pd), S. 161: Southern Rail, S. 162: Unbekannt (pd), S. 164: Charles Doudiet (pd), S. 165 : Unbekannt (pd), S. 167 : Tom Roberts (pd), S. 168: Unbekannt (pd), S. 168 (Gallipoli): Lt. Ernest Brooks, S. 169: Hillel Knows al. Aussieturk79 (pd), S. 170: Simon East (cc), S. 171: Damien Peter Parer, S. 172, 376: Adam Bruzzone/ Tourism Australia, S. 174 (Parlament), 287 (Jessica Watson), 298, 321, 397, 413: John Mewett, S. 174 (Büste Robert Menzies): Towsvillian (cc), S. 176 (Julia Gillard): ALP Communications Unit, S. 178 (Warren Truss): Bidgee (cc), S. 178 (Bob Brown): Australian Greens, S. 179: Bäras (cc), S. 182: Kenzo Uke (cc), S. 183: Jason Jones, S. 185 (Schulbus): Stephanie Barailles, S. 186: Greg O'Beirne (cc), S. 190: Mark al. Disarray , S. 192: Warren Hudson, S. 194: Mark Coulson (cc), S. 195: Unbekannt (cc), S. 196: Andreas Praefcke (cc), S. 197 (HMAS „Sydney", HKS „Kormoran"): Unbekannt, S. 197 (Karin Schaupp): Diane Saldick/ Karin Schaupp, S. 199: Heidi Giersch-Patzold, S. 201: Mark Andrews (cc), S. 204: Ajayvius (cc), S. 205: Anna Ekdahl, S. 207: Adrian Kitch (cc), S. 208: Diana Claxton, S. 210 (Bagger), 223: Argyle Diamonds, S. 211: Andrew Ang, S. 212: Curtis Morton-Lowerlighter, S. 214: Merbabu (pd), S. 217: John Symond, S. 221: Andrew Federowsky, S. 224: Sonja Goernitz, S. 229: Chris Keating (cc), S. 232: Martina Zobel, S. 240 (Philipp Island): Tourism Victoria, S. 240 (Litchfield NP): Karl Diener/ Pixelio.de, S. 241 (Bungle Bungle), 361: W.D. Heeren/ Pixelio.de, S. 242 (Tidbinbilla NR): Geoff Main, S. 243: Paperbark Camp, S. 244 (Underground Motel): Underground Motel, S. 244 (Bedarra Island): Bedarra Island Resort, S. 245 (Palazzo Versace): Palazzo Versace, S. 245 (Macquarie Island): M. Murphy (pd), S. 246: Australian Government/ Department of Defence (pd), S. 247: Ángel R. López Sánchez, S. 250, 252: Graeme Laver, S. 254: Mark von Itzstein, S. 259: Unbekannt (pd), S. 261: John O'Neil (cc), S. 265: Palmiped (cc), S.

271: Kenneth Freeman (cc), S. 274 (Holden): Anthony Wilcox (cc), S. 275: David Neubert (cc), S. 280: Unbekannt (pd), S. 283: Unbekannt (pd), S. 290 (Archie Roach): Anthony Moulay, S. 290 (National Museum): Camille Nuttall, S. 291 (Denkmal): Flagstaffotos (GFDL), S. 292: Unbekannt (Pd), S. 293: Nic Rees, S. 295 (MoPBA): Museum of Particularly Bad Art/ Helen Round, S. 297: Rolf al. ralphb58, S. 300 (Rose House): State Library of NSW, S. 301 (Banjo Paterson): Unbekannt (pd), S. 301 (Henry Lawson): Tony Meehan, S. 302: Hank Kordas, S. 303: Adrian Wiggins, S. 305: Tim Rich, S. 307: Paulscf (cc), S. 308: John Dalkin, S. 309: Unbekannt (pd), S. 310: Jesper Hasselström, S. 311: Alan Kennedy, S. 312: Jean-Jacques Halans, S. 313 (Lloyd Swanton): Ric Brooks, S. 313 (Vince Jones): Anthony Moulay, S. 314: Steve Ford, S. 315 (Cate Blanchett): Lisa Tomasetti, S. 315 (Tjapukai): Amit (al. ZeHawk), S. 319: National Film and Sound Archive Australia, S. 320 (Paul Hogan): Antti Pirskanen, S. 322 (Bondi Pavillion): Charly Brown, S. 322 (Mardi Gras): Basquali Skamaachi/ Tourism Australia, S. 325: Ben Bryant , S. 326 (Robert Menzies): Unbekannt (pd), S. 326 (Donald Bradman): „The Age" (pd), S. 327: Maggie Hannan, S. 328 (Rupert Murdoch): Donkey Hotey, S. 328 (Cathy Freeman): Brandon (al. brunoz1), S. 329 (Dame Edna): James Cridland, S. 329 (Kylie Minoque): Marcin Kubon, S. 330: Fred Hollows Foundation, S. 331 (Geoffrey Blainey): Irene Lorbergs, S. 331 (Nicole Kidman): Valentina Ariete, S. 336, 410: Lord Howe Island Info, S. 345: Damien Dempsey (cc), S. 357: Unbekannt (pd), S. 360: Tourism NT, S. 363: Unbekannt (pd), S. 369: Alexandra (GNU FDL), S. 372 : Johannes Püller (cc), S. 386 : Charles (al. Chuq)/ Martyman (cc), S. 390 : Unbekannt (pd), S. 394 : Hideki Kimura/ Kouhei Sagawa (cc), S. 400 : Unbekannt (pd), S. 401 : Unbekannt (pd)

cc: Creative Commons Share Alike, http://creativecommons.org/licenses/by-sa/3.0/; GNU FDL: GNU Free Documentation License, http://commons.wikimedia.org/wiki/Commons:GNU_Free_Documentation_License; pd: public domain (gemeinfrei)

Die Exkurse auf den Seiten 215, 220 und 249 sind in z.T. veränderteren und ausführlicheren Fassungen bereits im Wirtschaftsmagazin „brand eins" erschienen.

Impressum

© 20011 MANA-Verlag, Eichhorster Weg 80, Haus C, 13435 Berlin
Das Werk ist in allen Teilen Urheberrechtlich geschützt.
Jede Verwertung außerhalb der engen Grenzen des Urheberrechtsgesetzes
ist ohne Zustimmung des Verlages unzulässig.
Das gilt insbesondere für Vervielfältigungen, Übersetzungen,
Mikroverfilmungen und die Einspeisung und Verarbeitung
in elektronischen Systemen.

Umschlaggestaltung, Layout und Satz:
MANA-Verlag
Redaktion:
Patrick Pohlmann, Jürgen Boldt
Druck:
Spauda, Litauen
Bibliografische Informationen der Deutschen Bibliothek:
Die Deutsche Bibliothek verzeichnet diese Publikation in der Deutschen Nationalbibliografie; detaillierte bibliografische Daten sind im Internet über
http://dnb.ddb.de abrufbar
ISBN 978-3-934032-72-2

Sie finden unser gesamtes Programm unter
www.mana-verlag.de

Die AustralienReise

Das neue Magazin Die AustralienReise - alles was Sie für Ihre Australienreise wissen müssen:

Die spannendsten Reiserouten, Portraits der beliebtesten Regionen und aufregendsten Städte.

Alle Anbieter, Tipps zu An- und Abreise, die besten Hotel- und Wellnessangebote, kulinarische und kulturelle Highlights und die neuesten Trends aus Down Under.

Spannende Berichte aus dem australischen Outback, von den paradiesischen Stränden Queenslands und den Weinanbaugebieten Victorias.

Ausführliche Reportagen über die Kultur der Aborigines, die australische Geschichte und aktuelle Ereignisse.

Viele Reiseberichte, Fotos und Geheimtipps von Urlaubern und Auswanderern.

Die AustralienReise - das Magazin von den Australien-Profis für alle Reisenden!

Jetzt bestellen! Weitere Informationen unter:

www.die-AustralienReise.de

Gefährliches Australien

Australien ist nicht nur bekannt für seine faszinierenden Landschaften, sondern auch für seine Vielfalt an gefährlichen Lebewesen. Haie, Krokodile und so manch giftiges Insekt bevölkern den Kontinent: Die Autorin Barbara Barkhausen warnt, klärt auf und weckt das Interesse für diese schillernden Persönlichkeiten der Tierwelt. Reich an praktischen Informationen, aber auch spannenden Geschichten über Begegnungen zwischen Mensch und Tier, ist das Buch nicht nur für Australienfans und Naturliebhaber interessant.

Barbara Barkhausen:
Gefährliches Australien
Giftiges und Bissiges auf dem Fünften Kontinent
Klapp-Broschur, mit vielen farbigen Abb.
ca. 160 Seiten, 18 x 21 cm
ISBN 978-3-934031-63-0
19,80 €